GESELLSCHAFT

#BuildingForward: Eine gerechte Welt mit nachhaltigem
Betriebssystem und wachsender Lebendigkeit
MAJA GÖPEL — 132

Meine Stadt im Jahr 2030
UTE ELISABETH WEILAND — 136

Ein Appell: Die Sache mit dem Apfelbäumchen
FLORIAN LANGENSCHEIDT — 141

Klimaschutz ist in der Vorstandsetage angekommen
ANNA ALEX — 145

Dem Alter Leben und nicht dem Leben Alter geben
HORST KRUMBACH — 148

Lust auf Zukunft: Das bisschen Haushalt macht mein Roboter
CHRISTINE RITTNER — 151

Ein diverses Land – Hin zum »Wir«.
DOMINIQUE LEIKAUF — 155

Megatrend: Rendite, aber bitte mit Purpose
CHRISTIAN VOLLMANN — 159

Ohne Regeln geht es nicht: Die Zukunft der sozialen Netzwerke
in Deutschland
DIANA ZUR LÖWEN — 164

Leben in der Traumrepublik Deutschland
SILKE RICKERT-SPERLING — 167

Germany – Home of the biggest dreams
NEIL HEINISCH — 170

Der neue deutsche Dream: Soziale Marktwirtschaft 4.0
SASKIA BRUYSTEN — 173

Lieber Face-to-Face als 280 Zeichen: Purpose statt Populismus
JULIUS DE GRUYTER — 178

Deutschland – Weltmeister für soziale Innovationen
ANDREAS RICKERT — 182

GESUNDHEIT

Gesundheit im Taschenformat: Wie KI uns gesünder und mobiler macht
DIANA HEINRICHS — 188

2030: Gesunde Erde – Gesunde Menschen
ECKART VON HIRSCHHAUSEN — 192

Reloaded: das deutsche Gesundheitssystem
CHRISTIAN TIDONA — 196

Gesundheitsvisionen: Vorsorge statt Nachsorge
MARIA SIEVERT — 201

Demokratisierung der Gesundheitsversorgung: Das Internet der künstlichen medizinischen Intelligenz
BART DE WITTE — 206

Megatrend Digitale Gesundheit – Wie die Zukunft Gesundheit neu definierte
DAVID MATUSIEWICZ — 211

Gesund sein – wie? Rousseau Revisited
BETTINA BORISCH — 215

POLITIK

Was Politik alles kann
ANNA HERRHAUSEN — 220

Mobilitätstraum: Von fliegenden Taxis und autonom fahrenden Autos
CHRISTOPH PLOSS — 225

New Work mit Lebensarbeitszeitkonto und Midlife-BAföG
JOHANNES VOGEL — 229

Was Volksparteien von Start-ups lernen können: Zielgruppengenaue Mitgestaltung 4.0
VERENA HUBERTZ — 234

Das Morgen beginnt heute
DANYAL BAYAZ — 239

Die Entdeckung eines neuen sozialen Narrativs verändert die Welt
JOHN KORNBLUM — 244

Werteministerium und Orte zum Träumen
DÜZEN TEKKAL — 249

Digitale Süßigkeiten und machtvolle Akteure
THOMAS JARZOMBEK — 252

Staat digital: Für eine erfolgreiche Zukunftsrepublik Deutschland
PHILIPP MÖLLER — 256

Die Vereinten Regionen Europa – Wer hätte das gedacht?!
SONJA STUCHTEY UND LAETITIA STUCHTEY — 259

Liberale Lebensart: Europäische Pässe für Demokraten in der ganzen Welt
CHRISTOPH GIESA — 264

Die Europäische Union 2030: Vorreiter durch Überzeugung
MARIE-CHRISTINE OSTERMANN — 268

WIRTSCHAFT

Als Amazon in der Bedeutungslosigkeit versank
RAOUL ROSSMANN — 274

Eine neue DNA für Deutschland – Innovationsvorreiter und globaler Player
FRANK THELEN — 278

Mehr staatliche Eingriffe, aber ein Tech-Boom, zurück aufs Land und deutlich grüner
NATALIE MEKELBURGER — 283

Bauen für die Zukunft: Digitalpakt für den Wohnungsbau
PATRICK ADENAUER — 289

Schöne neue Welt: Kommunikation mit Haltung
SUSANNE BACHMANN — 295

Deutschland – Investiere in dich und deine Menschen!
CHRISTIAN MIELE — 298

New und Old Economy sind obsolet! Die Zukunft lautet hybride Unternehmensführung – Plädoyer für eine neue Symbiose
FELIX STAERITZ — 302

Meine Vision für die Next Generation: Deutschland, Land der Denker und Gründer
SARNA RÖSER — 307

Zukunft entwerfen: Wir sind die »Generation Saat«
SEBASTIAN BOREK — 311

Handlungsfähig und agil: Europa der Clubs
JOHANNA STRUNZ — 314

Verantwortungseigentum: Unternehmertum nachhaltig stärken
GREGOR ERNST UND ACHIM HENSEN — 318

Glück ist unsere Währung
THOMAS SCHINDLER — 322

Auf digitaler Augenhöhe
CHRISTINA RICHTER — 326

Neu gedacht: Der Nachwuchs macht den Unterschied
THURID KAHL — 330

Deutschland 2030 – Das Land der Weltmutführer
PHILIPP DEPIEREUX — 335

Reaktion des Realen
LAURA TÖNNIES — 339

No risk, no future – Deutschlands Rolle im New Space
CÉLINE FLORES WILLERS — 343

DANKSAGUNG — 350

Vorwort

Woran denken Sie, wenn Sie an die Zukunft denken? Eigentlich eine sehr banale Frage. Denn wir alle denken ständig über den nächsten Tag, den nächsten Schritt, den nächsten Lebensabschnitt nach. Bei unseren Vorstellungen von der Zukunft gehen wir immer vom aktuellen »Ist-Zustand« aus. Obwohl auch in Deutschland große Unterschiede festzustellen sind, was den »Ist-Zustand« unserer Gesellschaftsmitglieder betrifft, geht es uns gut, verglichen mit großen Teilen der restlichen Welt.

Was mir auffällt, wenn ich mit Personen in meinem Umfeld über die Zukunft spreche: Fast immer schwingt beim Gedanken an die Zukunft Angst mit. Die berühmte »German Angst« sind wir seit den 1980er-Jahren nicht mehr losgeworden, obwohl sich die wirtschaftliche Lage seitdem zumindest nicht gravierend verschlechtert hat – im Gegenteil. Eigentlich hat diese Angst vor dem Unbekannten auch keine Berechtigung, denn wir als Deutschland besaßen schon immer Reagibilität, eine hohe Resilienz und die Fähigkeit, gute Ideen zu entwickeln und umzusetzen. In den vergangenen Jahren haben sich die Bedingungen um uns herum allerdings verändert. Der Begriff des Verbrennungsmotors hat seinen Glanz verloren, mit Daten wird ein finanzielles Vermögen generiert, Satellitenkonstellationen werden ins Weltall geschossen, und auf der ganzen Welt machen sich Menschen unter dem Eindruck von Kriegen und der Klimakrise auf, um ein Zuhause mit Perspektiven zu finden. Und in guter alter Manier bekommt die deutsche Gesellschaft: Angst.

Dabei bieten die meisten dieser Veränderungen auch einmalige Chancen, neue Geschäftsmodelle zu generieren, Möglichkeiten für ein besseres Miteinander zu kreieren und die deutsche Wirtschaft weiter voranzutreiben. Was unserem Land bis jetzt jedoch fehlt, sind der *Wille* zur Veränderung und das Bestreben, unsere Kraft nicht in Angst zu investieren, sondern in Ideen, die Angst zu überwinden.

Daher haben sich die sechs Herausgeber*innen Marie-Christine Ostermann (Rullko), Céline Flores Willers (The People Branding

Company), Miriam Wohlfarth (Ratepay), Daniel Krauss (FlixBus), Dr. Andreas Rickert (Phineo) und Hauke Schwiezer (Startup Teens) zusammengetan, um ein Buch herauszugeben, das es so noch nie gegeben hat. Für das Buchprojekt wurden über 80 herausragende Persönlichkeiten eingeladen, ein Feuerwerk an persönlichen Einschätzungen und Wegweisern für Deutschland zu kreieren. Es sind Zukunftsvisionen von Deutschland im Jahr 2030 in den Bereichen Bildung, Wirtschaft, Arbeit, Gesundheit, Politik und Gesellschaft, und es sind Forderungen danach, wie unser Land die notwendige Zukunftsfähigkeit erlangen kann. So viel sei gesagt: Die German Angst findet in keiner der Forderungen statt.

Sie können das Buch auf verschiedene Arten lesen:

- Entweder Sie lassen sich auf das Experiment im Gesamten ein und lesen das Buch chronologisch.
- Oder Sie konzentrieren sich vor allem auf die Forderungen, die jede Expertin und jeder Experte formuliert hat.
- Falls Sie nur einzelne Gastbeiträge interessieren, ist es natürlich auch möglich, die Beiträge einzeln zu lesen.

In jedem Fall leisten Sie beim Lesen einen wichtigen Beitrag: Sie unterstützten unsere Non-Profit-Organisation Startup Teens, die reichweitenstärkste digitale Bildungsplattform für Unternehmertum und Coding in Deutschland – denn die Einnahmen der Herausgeber kommen zu 100 Prozent Startup Teens zugute. Auch Sie wirken also mit daran, jungen Menschen in der »Zukunftsrepublik« den Weg zu ebnen.

Dafür möchte ich mich bei Ihnen bedanken und wünsche Ihnen jetzt viel Spaß beim Lesen!

Ihr Philipp Möller, Beiratsvorsitzender und Mitgesellschafter von Startup Teens

Menschen mit Migrationshintergrund? Gehören dazu!

IRÈNE KILUBI

Deutschland 2030: Hat sich in den vergangenen zehn Jahren tatsächlich etwas geändert in puncto Rassismus? Ganz gleich ob struktureller oder alltäglicher Rassismus – auch er hat sich in den letzten zehn Jahren entwickelt. Und zwar in die Richtung, dass es im Jahr 2030 keineswegs mehr ungewöhnlich ist, dass Menschen mit Migrationshintergrund schon bei der individuellen Berufswahl und Bewerbung viel bessere Chancen haben und auch höhere Positionen in Firmen oder Unternehmen bekleiden. War vorher schon eine Bundeskanzlerin etwas »Besonderes«, so ist es im Jahr 2030 kaum noch eine Erwähnung wert, dass Deutschland einen Außenminister mit türkischen Wurzeln hat. Schaltet man den Fernseher ein, wird man von der beliebten, schwarzen Moderatorin im Frühstücksfernsehen begrüßt, der »Tatort« auf ARD hat mit seinen Lieblingsermittlern »Schneider & Sanchez« einen wahren Glücksgriff gelandet. Doch um all dies zu erreichen, waren etliche Anstrengungen seitens der Politik, aber auch vor allem in den Köpfen der Gesellschaft nötig.

Regelungen in der Politik – und schon den Jüngsten Mut machen

Die Politik unternahm im Laufe der Jahre, angefangen mit der »Deutschland – Das sind wir«-Kampagne, große Anstrengungen, zum Beispiel mit Werbespots, die Menschen mit Migrationshintergrund in alltäglichen Berufen zeigten. Zudem wurde das »Anti-Diskriminierungs-Gesetz in Unternehmen« auf den Weg gebracht, die Regierung unter Bundeskanzler Olaf Scholz ebnete dieses Gesetz, welches unter anderem eine festgeschriebene Quote für Menschen mit Migrationshintergrund ab einer Unternehmensstärke von 100 Mitarbeitern vorsah. Ebenso wird heute in Schulen Aufklärungsarbeit geleistet und in »Problemschulen« auch »schwächere« Schüler überzeugt, zum Beispiel einen höheren Schulabschluss oder ein Studium in Betracht zu ziehen.

Neue Wege im Bewerbungsprozess – faire Chancen für alle
Innerhalb von zehn Jahren wurde ein anonymisiertes Bewerbungsverfahren in Unternehmen eingeführt. Ein pseudonymisiertes Bewerbungsverfahren bietet einen effektiven Schutz vor diskriminierenden Entscheidungen. Schlagen Vorurteile doch oft unbewusst zu. Bei einer Bewerbung ohne Foto und mit einem Code anstelle von Personendaten lassen sich in der ersten Auswahlrunde des Bewerbungsverfahrens neutralere Entscheidungen fällen. Dieses Vorgehen, das sich bis 2030 auch in kleinen und mittelständischen Unternehmen etabliert hat, schützt nicht nur vor Rassismus, sondern auch vor anderen Diskriminierungsarten, zum Beispiel aufgrund des Geschlechts, Körpergewichts oder Alters. Dadurch punkten Unternehmen nicht nur ethisch, sondern verpassen auch weniger Talente.

Wie Unternehmen mit Fehlern umgehen, rückt seit einigen Jahren immer wieder in den Mittelpunkt von gesellschaftlichen Debatten. Eine gelungene Fehlerkultur ist wichtig, damit rassistische Vorfälle aufgeklärt und die Opfer von Diskriminierung besser geschützt werden können. 2030 hat jedes Unternehmen eine Vorstellung davon, wie man mit Fehlern umgeht und welche Konsequenzen sich daraus ergeben. Ein anonymer Briefkasten beispielsweise unterstützt Mitarbeitende dabei, auf systematische Probleme aufmerksam zu machen.

Menschen mit Migrationshintergrund sind in der deutschen Medienwelt alltäglich
Bis zum Jahr 2030 zählen Menschen aller Couleur zum alltäglichen Bild in den zentralen Medien. Damit sind nicht nur Werbung, das Fernsehen oder Plakate gemeint – sondern auch Menschen mit Migrationshintergrund, die hinter der Kamera, als Redakteur, Regisseur oder Texter arbeiten. Es ist inzwischen völlig normal, eine schwarze Frau in der Werbung zu sehen, die mit ihren Kindern spielt oder für Joghurt wirbt, auch ist es kein besonderer Moment mehr, wenn ein türkischstämmiger Mann eine Sendung im Fernsehen moderiert. Menschen, die einen Migrationshintergrund haben, fühlen sich damit auch als Teil von Deutschland – einfach, indem es selbstverständlich geworden ist, Menschen mit Migrationshintergrund im öffentlichen Leben zu sehen.

Auch in Krimiserien wie etwa dem *Tatort* (ja, den gibt es auch 2030 noch) wird ein Mensch mit Migrationshintergrund nicht zwangsläufig als »Drogendealer, Flüchtling, Zeuge oder Opfer« eingesetzt, sondern auch als Ermittler, Arzt/Ärztin, als Vorgesetzter eines Ermittlerteams, Forensiker oder Gerichtsmediziner, Anwalt, Staatsanwalt oder Richter. Somit vermitteln wir schon unseren Kindern: Egal, was du werden möchtest, du kannst es erreichen und wirst nicht wegen der Herkunft deiner Eltern ausgegrenzt. In den Nachrichten oder in Reportagen wird auf ein ungezwungenes Miteinander auf Augenhöhe geachtet.

Nur so wurde der Wandel in den Köpfen der Menschen vollzogen. Was wir dafür brauchten? Gewollte Gesetzesvorgaben in der Politik, ein Rahmen, der nicht so einfach ausgehebelt werden konnte. So bitter es auch klingt: In diesen Fällen muss die Politik die Menschen einfach ein Stück weit »zwingen«, da die Gleichstellung aller Menschen Teil des deutschen Grundgesetzes ist und auch weltweit gilt.

MEINE ZUKUNFTSBAUSTEINE

#1 Gesetzliche Vorgaben einer Quote für Menschen mit Migrationshintergrund in Unternehmen ab 100 Mitarbeitern: »Freikaufen« von der Quote gibt es in diesem Fall nicht mehr – nur so bewegen wir Menschen zum Umdenken.

#2 Ein anonymisiertes Bewerbungsverfahren: Bewerbungen kommen ohne Fotos, Namen oder Angabe von Geschlecht oder sexueller Orientierung aus. Leistung, Abschlüsse und Qualifikationen stehen im Vordergrund.

#3 Eine gute Feedback- und Fehlerkultur eröffnet Betroffenen die Möglichkeit, auf Diskriminierung aufmerksam zu machen, damit rassistische Strukturen abgebaut werden können.

#4 In der Öffentlichkeit und in den Medien tauchen Menschen mit Migrationshintergrund ganz selbstverständlich im Alltag auf.

DR. IRÈNE KILUBI hat als promovierte Wirtschaftsingenieurin und Unternehmensberaterin in ihrer Vita Unternehmen wie BMW, Deloitte, Amazon & Co. auf der Liste. Nach vielen Stationen folgt sie jetzt ihrer ganz persönlichen Leidenschaft und ist mit den Themen Community Building, Corporate Influencer und Connecting GenXYZ unterwegs.

Ich bin die Neue, die neue Arbeit

LARISSA ZEICHHARDT

Modernisierung des Arbeitszeitrechts
Wir haben das Arbeitsgesetz in allen Bereichen reformiert, in denen es keine Sicherheitsbedenken gibt. Denn das Entkoppeln vom Tagwerk auf einen größeren Bezugszeitraum schafft die Grundlage für eine gute Vereinbarkeit und die Flexibilität, die junge Generationen – zu Recht – einfordern. Warum müssen per Gesetz Arbeitnehmer, die mehr freie Tage pro Arbeitswoche haben, einen Gehaltsverzicht akzeptieren? Das passt nicht zu den neuen Lebensformen und dem immer mehr gefragten Sabbatical. Führende Verbände weisen schon lange darauf hin: 2030 haben wir, im Sinne der neuen Arbeit, die Wochenarbeitszeit und die starren Mindestruhezeiten angepasst.

Familienfördernde Maßnahmen flexibel gestalten
Nachweislich fördert Vielfalt die Innovationskraft, die Vollbeschäftigung von Frauen würde die Wirtschaftskraft (BIP) enorm steigern. Schon 2020 wusste der FKI (Frauen Karriere Index): Frauen in Führung haben positiven Einfluss auf die Unternehmenskultur, begünstigen familienfreundliche Maßnahmen für alle und beschleunigen die notwendige Transformation zur Digitalisierung.

Was wir allerdings lange verdrängten: Frauen waren in Deutschland hauptverantwortlich, wenn es um Betreuung und Pflege geht. Der Schlüssel zum Wirtschaftsmotor versteckte sich daher in der Gestaltung von Elternzeit, Kindergeld und Familienförderung.

Statt Familie weiter in eine starre Form zu pressen, brauchten wir eine Art wirtschaftsfreundlichen Baukasten für Familien. Folgende Fragen spielten dabei eine Rolle: Ist es sinnvoll, dass eine Frau in der Elternzeit für jeglichen lohnenden Zuverdienst eine Kürzung des Elterngeldes in Kauf nehmen muss? Inwieweit fördert dieser Ansatz Frauen in Führung? Mutter zu werden hieß lange Zeit auch, Vermögenseinbußen hinzunehmen. Das zeigte auch eine Bertelsmann-Studie aus den 2020er-Jahren: Schon die Entscheidung für ein Kind reduzierte das Lebenserwerbseinkommen von Müttern im Durchschnitt um 40 Prozent im Vergleich zu kinderlosen Frauen. Um an dieser Kennzahl zu rütteln, passen wir die Form der Maßnahmen im Sinne der Vereinbarkeit an:

1. Eine umfassende Kinderbetreuung steht in Form eines Budgets pro Kind jeder Familie von Geburt an zu.
Die Form ist modular: Wer arbeiten möchte, darf selbst über den Zeitpunkt des Wiedereinstiegs entscheiden. Auch die Form ist bedarfsgerecht gestaltbar: Kita kann mit Kindermädchen und Haushaltshilfe nach Bedarf kombiniert werden. Das Budget gilt für Wiedereinsteiger, Arbeitssuchende, in der Zeit der Karriereorientierung und Weiterbildung. Wichtig: Es gilt auch für die Eltern, die sich noch in der Findungsphase befinden. Die Arbeitszeiten können nach und nach aufgestockt werden, das Budget entlastet auch Firmen bei kinderbedingten Krankschreibungen. Damit erhalten Eltern auch die Freiheit, selbst zu entscheiden, wann sie sich um die Kinder kümmern oder eine individuelle Betreuung nutzen. Arbeitgeber werden automatisch familienfreundlicher. Ergänzt wird das Paket durch Gutscheine für flexibles Arbeiten. Digitales Equipment, das zu Hause genutzt wird, ist selbstverständlich subventioniert. Akzeptiert ist inzwischen auch ein Off-Knopf für Familienstunden. Arbeitgeber haben verstanden, dass wir langfristig nur erfolgreich bleiben, wenn die Auszeit ebenso geschätzt wird wie ursprünglich die Präsenzzeit.

2. In Partnerschaften wird das Gehalt nach einem neuen Schlüssel verteilt, Kinderbetreuung ist dabei genauso viel wert wie Arbeitszeit.
Die verstaubte Familienpolitik samt Relikten wie dem Ehegattensplitting ist längst reformiert. Kaum vorstellbar, dass es sogar mal eine

»unbezahlte« Auszeit von der Arbeit gab. Elternzeit heißt längst Familienzeit, ist mit der Arbeit kombinierbar, wird schon lange nicht mehr an einem Stück genommen, sondern von beiden Elternteilen über fünf Jahre wie eine Art Sonderurlaub genutzt; auch in Krankheitszeiten der Kinder. So entfällt der Leistungsdruck. Es gibt seit Einführung der Regelung insgesamt weniger Kita-Krankheiten. Außerdem fällt auf: Dank KI können Vertretungsregelungen am Arbeitsplatz ordentlich greifen. Es bleibt nicht ein undankbarer Stapel an Zusatzarbeit liegen; die Tage, an denen die Kinderlosen als Auffangbecken dienen, sind gezählt.

Unternehmen bekommen einen Ausgleich für Vertretungsregelungen, längst haben wir Springerarbeitskräfte und eine gute Wissensmanagementsoftware, die vermeidet, dass der Schreibtischstapel ungebremst wächst.

Im Lebenslauf ist die Familienzeit mehr wert als eine Weiterbildung. Es ist schließlich nicht von der Hand zu weisen, dass sich der Erfahrungsschatz in Bezug auf wichtige Fähigkeiten (Empathie, Verantwortung, Weitsicht) erweitert. Firmen wie Bosch haben hier bereits Pionierarbeit geleistet, es ist denkbar, deren Erkenntnisse einfach zu übernehmen. Es gibt wieder Großfamilien, die Rente ist gesichert.

3. Teilzeit ist die neue Norm.

Wir haben gelernt, CEO der eigenen Zeit zu werden. Überforderung weicht dem tiefen Verständnis, dass Ereignisse im Leben nacheinander und nicht auf vielen Kanälen gleichzeitig passieren müssen. Außerdem – oh Wunder – sind wir doch alle produktiver als gedacht.

Hobbys gehören als Inspirationsquelle ebenso dazu wie Pflegeverantwortung. Teams gestalten Abläufe um entsprechende Verpflichtungen herum, eine Software hilft dabei. Insgesamt verbringen wir deutlich weniger Zeit am Bildschirm.

Wir haben gelernt, dass effizientes Arbeiten wertvoll ist. Eine Anwesenheitspflicht – was war das noch mal? Bezahlt wird erbrachte Leistung, und zwar fair. Es wird weniger gereist: In dem Outlook-Termin erscheint unter Ort eine dritte Zeile: Einwahldaten. Die Option, virtuell teilzunehmen, wird genauso oft und gern genutzt wie früher die Dienstfahrt.

Ausbildungsberufe als Herz der Wirtschaft verstehen

Wir haben über Jahre die gewerblichen Berufe vernachlässigt. Das bedeutet: Es fließt kein Strom, es fließt kein Wasser. Kein Zug kann fahren und keine Brücke wird gebaut. Viel zu spät fällt uns auf, dass der beste Plan nichts wird, wenn die ausführenden Fachkräfte fehlen.

Für die duale Ausbildung haben wir 2030 eine übergeordnete Steuerungseinheit aus Staat und Wirtschaft, eine Flexibilisierung des Einstiegs in das Berufsschuljahr und mehr Investitionen in ein virtuelles Lernangebote in allen Berufen, um die digitale und analoge Vermittlung von Ausbildungsinhalten in der Berufsschule zu verbessern.

Mehr noch als das: Wir haben gelernt, tatsächlich systemrelevante Berufe zu erkennen und entsprechend zu vergüten.

MEINE ZUKUNFTSBAUSTEINE

 Rechtliche Rahmenbedingungen in der Arbeitswelt sind lebensabschnittsbezogen und flexibel, das Arbeitsrecht ist revolutioniert.

 In Partnerschaften wird das Gehalt nach einem neuen Schlüssel verteilt, Kinderbetreuung ist dabei genauso viel wert wie Arbeitszeit.

 Gewerbliche Berufe gehören zu den bestbezahlten Berufen Deutschlands, die Entscheidung zwischen Ausbildung und Studium wird auf Grundlage persönlicher Stärken getroffen.

LARISSA ZEICHHARDT, Ingenieurin, Aufsichtsrätin, #workingmom. Nach Gründung einer IT-Firma (2006) und Konzernkarriere (2010 bis 2016) leitet Larissa Zeichhardt heute gemeinsam mit ihrer Schwester Berlins familienfreundlichstes Unternehmen (IHK Berlin, 2018): die Elektromontagefirma LAT. Als Präsidiumsmitglied der Gütegemeinschaft Leitungstiefbau setzt sie sich für hohe Qualität im Breitbandausbau ein. Sie sitzt im Aufsichtsrat der Berliner Wasserbetriebe und im Kuratorium der Hochschule für Wirtschaft und Recht. Zeichhardt engagiert sich im IHK-Ausschuss Bildung, Fachkräfte und Arbeitsmarkt. Sie setzt sich für mehr Vielfalt in der Verkehrswirtschaft ein, wird vom Familienministerium als Testimonial für den Fortschrittindex genutzt und wurde für ihre Ideen im Bereich Vereinbarkeit von der DIHK Stiftung Erfolgsfaktor Familie ausgezeichnet.

Selbstbestimmt, sinnhaft und zukunftsfähig: Arbeitswelt wird Lebenswelt

ANNA YONA

Es ist Juni 2030, der dritte Rekordsommer in Folge. Staub klebt an der Windschutzscheibe des autonomen Sammeltaxis, das mich durch die oberbergische Landschaft zu unserem Tagungshaus fährt. Ich freue mich auf diesen Tag – das erste reale Treffen nach vier Monaten. Diese gemeinsamen Offsites gehören zur DNA unserer Unternehmenskultur, obwohl unsere Zusammenarbeit sonst rein virtuell geschieht.

Arbeit in der Wissensgesellschaft – entkoppelt von Zeit und Raum
Diese die Gesellschaft durchdringende Entkopplung von Leistung und Präsenz hat viele Veränderungen angestoßen und das Verständnis von Arbeit maßgeblich geprägt. Während Produktivität im Industriezeitalter durch die Dauer der Anwesenheit am Arbeitsort bestimmt wurde, verschob sich der Fokus in der damaligen Wissensgesellschaft zunehmend auf Arbeit als kreative Leistung. Die Konsequenz daraus, Arbeit als Intelligenzleistung von Ort und Zeit komplett unabhängig zu machen, brauchte aber erst den durch die Corona-Pandemie angestoßenen Transformationsimpuls.

Heute ist es undenkbar, dass jemand nach eingebrachter Lebenszeit entlohnt wird. Was zählt, ist die ergebnisorientierte Zusammenarbeit, bei der ausschließlich das gemeinsam definierte und erreichte Resultat zählt, und nicht die Stempeluhr und Zeiterfassung. Sogar der Begriff »Arbeitszeit« wurde bedeutungslos und aus den Arbeitsverträgen gestrichen. Ziele werden transparent definiert und als Teamleistung betrachtet. Boni, Prämien und andere Incentivierungen, die

Konkurrenzdenken steigern, wurden im Sinne einer kollaborativen Unternehmenskultur abgeschafft. Wann die Mitarbeitenden arbeiten, ist vollkommen egal. Ebenso unwichtig wurde die Frage, an welchem Ort – ob auf dem Land oder an der spanischen Küste – die Arbeit ausgeführt wird.

Was einer flächendeckend ergebnisorientierten und von Zeit und Raum entkoppelten Arbeitswelt zunächst im Weg stand, war die Tatsache, dass es nach wie vor Arbeiten, meist repetitive, gab, deren Produktivität von der eingebrachten Arbeitszeit abhing. Als immer mehr Personen in den Genuss der Freiheiten wissensbasierter Arbeit kamen und ein bedingungsloses Grundeinkommen Arbeit als notwendiges Übel abschaffte, fanden sich immer weniger Menschen, die noch bereit waren, ihre Lebenszeit gegen monotone Arbeitsinhalte einzutauschen.

Eine parallel stattfindende exponentielle Entwicklung von künstlicher Intelligenz, maschinellem Lernen und Robotik machte den Mangel an interessierten Arbeitskräften zum Katalysator für eine grundsätzliche Umstrukturierung. Hochautomatisierte Fertigungen, die nur noch von wenigen Spezialisten virtuell betreut werden, selbst fahrende Busse, Bahnen und Taxen, Supermärkte, die einem voll automatisierten Logistikbetrieb gleichen (wer fährt heute noch zum Einkaufen?), und Qualitätskontrollen, die von Bilderkennungssystemen erledigt werden, haben Arbeitsplätze abgeschafft, die früher von Monotonie, Repetition und menschlichen Fehlern geprägt waren. Sogar Diagnostik und Standard-OPs werden längst besser von Computern erledigt.

Auch in der Pflege und Betreuung sind neue Konzepte entstanden. Vieles davon hat sich in den privaten Bereich verlagert. In der Krise haben wir gelernt, wie wichtig Nähe ist – die Zeit mit unseren Liebsten hat neue Priorität erhalten. Gemeinschaftsbetreuung, flexible Beschäftigungsmöglichkeiten für Kinder und Senioren, robotergestützte Pflegeangebote und Mehrgenerationenkonzepte haben die Welt an vielen Stellen wieder in ein Dorf verwandelt.

Lokales Leben – global vernetzt
Auch der Alltag ist deutlich entschleunigt. Wenn früher unsere Routine von den Systemen beherrscht wurde, die wir aufgebaut haben, um unsere Zusammenarbeit zu gewährleisten – Kinderbetreuung,

Arbeitsweg, Präsenszeit am Arbeitsplatz –, bleibt jetzt mehr Raum für die wichtigen Dinge. Allein der Wegfall der Pendelstrecken hat uns eine Woche Lebenszeit im Jahr geschenkt. Der große Ausbau des Straßennetzes seit Ende des Zweiten Weltkriegs ist erstmals rapide zurückgegangen, da der Berufsverkehr abgenommen hat. Viele asphaltierte Flächen wurden zurückgebaut, Straßen verkleinert und mehr auf öffentliche und autonome Mobilität gesetzt. Arbeit ist von überall möglich. Aus jedem ehemals abgelegenen Dorf können Menschen durch gute Videokonferenztechnologie und Holografie an internationalen Veranstaltungen, Konferenzen und Netzwerk-Events teilnehmen. Auch das spart Zeit und ganz nebenbei eine Menge CO_2. Allein durch den Wegfall des Berufsverkehrs werden pro Person 15 Tonnen CO_2 weniger im Jahr ausgestoßen. Unnötig gewordene Geschäftsreisen sparen jährlich fast 250 Millionen Tonnen CO_2 deutschlandweit. Ein Überseeflug für die Teilnahme an einer Klimakonferenz – das klingt im Nachhinein so absurd, wie es immer schon war.

Durch die Verkehrswende und den Ausbau der öffentlichen und autonomen Mobilität sind die ländlichen Gegenden besser angeschlossen. Da der Wohnort nicht mehr durch den Arbeitsplatz definiert ist, sind viele aufs Land gezogen, die Städte sind leerer geworden. Für viele von der damaligen Krise gebeutelte Unternehmen war die Reduzierung von Büroflächen eine willkommene Möglichkeit, Kosten zu sparen. Viele Unternehmen beschränkten ihre Standorte auf wenige Gemeinschaftsbereiche wie Empfangsräume und Co-Working-Plätze. Anstelle der vielen Gewerbeflächen sind grüne Oasen entstanden, die in renaturierte ländliche Gegenden übergehen und ein Netz natürlicher Lebensräume über den ganzen Kontinent ziehen. Dächer, Hausfassaden, ehemalige Autobahnen und Parkplätze haben sich in Biotope verwandelt. Die Stadt ist keine Betonwüste mehr, sondern von Artenreichtum geprägt.

Auch im Arbeitsalltag hat sich vieles verändert. Wer Lust hat, Kolleg*innen zu treffen, kann sich jederzeit zum gemeinsamen Arbeiten im Büro verabreden, aber das kommt kaum noch vor. Die virtuellen Begegnungsmöglichkeiten sind mittlerweile so realistisch, dass es wenig Unterschied macht, ob man den Kaffee online oder offline zusammen trinkt. Vereinsamung im Homeoffice ist längst kein Thema mehr. Anspruchsvollere Meetings wie Brainstormings, strategische Deep Dives oder Produktentwicklung, die von Interaktion, Haptik und kreativem Input profitieren und damit das physische Beisammensein an einem Ort vorausgesetzt haben, funktionieren dank Holografie wunderbar im virtuellen Raum. Andere Meetings sind aufgrund von intuitiver Wissensvermittlung und guten Softwarealgorithmen nicht mehr notwendig. Statt wie damals einen Großteil unserer aktiven Arbeitszeit in Kommunikation zur reinen Informationsweitergabe zu investieren, können wir uns heute komplett unserer kollektiven Intelligenzleistung widmen.

Arbeit 4.0 – geprägt von Sinn, Purpose und Verantwortungsübernahme
Durch die virtuelle Vernetzung und die gemeinsame Bewältigung der Krise sind auch im Kopf Grenzen gefallen. Mit der ortsunabhängigen Zusammenarbeit begannen sich die Recruiting-Prozesse zu öffnen – Fachkräfte wurden überregional und schließlich international gesucht. Teams wurden bunter und diverser. Das Teilen von Wissen und Expertise durch sogenannte Competence Pools und multinationale Forschungs- und Entwicklungsprojekte, an denen viele Firmen beteiligt sind, hat unseren Fortschritt exponentiell beschleunigt. Vorbei sind die Tage von Betriebsgeheimnissen, Ellbogenmentalität und Sicherheitszäunen. Wir haben verstanden, dass wir die wirklich großen Aufgaben der Menschheit nur gemeinsam bewältigen können.

Mit kollektivem Wissen und globaler Vernetzung die wirklich wichtigen Themen voranzutreiben steht mittlerweile im Fokus jeglicher intelligenten Beschäftigung. Lösungen für echte Probleme zu kreieren, zum Wohl der Allgemeinheit beizutragen – das ist etwas, für das es sich lohnt, jeden Tag aufzustehen und wertvolle persönliche Zeit zu investieren. Arbeit ohne Sinn, ohne Identifikation mit der Sache, ohne »Purpose« – das gibt es nicht mehr. Einige Unternehmen sind ganz von selbst verschwunden, weil sie niemanden mehr gefunden haben, der für sie arbeiten wollte. Waffenhersteller, Schlachthäuser und Kohlekraftwerke waren ohne Arbeitskräfte nicht mehr lebensfähig. Konzerne, die wegen fehlender Integrität und nicht eingehaltenen Klimazielen auf die Blacklist gesetzt wurden, wurden als Geldanlage und Arbeitgeber unattraktiv. Uns ist klar geworden, dass wir alle in einem Boot sitzen, es herrscht ein neuer Anspruch ans eigene Tun. Menschen möchten einen Mehrwert für die Gesellschaft leisten und sich mit Zukunftsfähigem beschäftigen.

Mittlerweile bin ich an unserem Tagungshaus angekommen. Es liegt inmitten eines großen Naturschutzgebiets – Wildling spannt hier die Brücke zwischen nachhaltigem Unternehmertum und aktivem Naturschutz. Die ökologische Bauweise des Tagungshauses und der voll automatisierten Logistikhalle passen sich ideal in die mittlerweile blühende Heidelandschaft ein.

Die Begrüßung im Tagungshaus ist überschwänglich. Bei allen virtuellen Möglichkeiten ist es doch etwas Besonderes, sich von Angesicht zu Angesicht zu begegnen. Heute steht ein Workshop an, um gemeinsam mit anderen Unternehmen und NGOs die Umsetzung eines großen internationalen Renaturierungsprojekts zu planen. Wenn wir das realisiert haben, ist die letzte fehlende Verbindung, die letzte Artenbrücke auf dem eurasischen Kontinent geschaffen.

MEINE ZUKUNFTSBAUSTEINE

#1 Wir arbeiten vor allem virtuell. Damit entfällt ein Großteil des beruflichen Verkehrs, Straßen werden zurückgebaut, neue grüne Flächen entstehen, die das Bild der Städte nachhaltig verändern. Die CO_2 Belastung ist keine mehr.

#2 Wir werden nach Ergebnissen bezahlt, nicht mehr nach Arbeitszeiten, die auch aus den Arbeitsverträgen verschwinden.

#3 Ein neues Verständnis der Menschheit als Gemeinschaft bewirkt grenzenlose Zusammenarbeit an den wirklich wichtigen Themen. Das Teilen von Wissen und Expertise durch sogenannte Competence Pools und multinationale Forschungs- und Entwicklungsprojekte, an denen viele Firmen beteiligt sind, hat unseren Fortschritt exponentiell beschleunigt.

ANNA YONA ist Gründerin von Wildling Shoes. Nach ihrem Studium der Nahostgeschichte und der englischen Literaturwissenschaft an der Tel Aviv University, Stationen im Marketing sowie als freie Übersetzerin und Journalistin fand sie ihren Lebensmittelpunkt in Israel. 2013 zog sie mit Familie zurück nach Deutschland. Die größte Herausforderung hier: der Schuhkauf für die Kinder, die es aus Israel gewohnt waren, vorwiegend barfuß zu laufen. Kein Modell schien den Ansprüchen an Bewegungsfreiheit, nachhaltigen Materialien und fairer Produktion zu genügen. So war schnell die Idee von Wildling Shoes geboren. Heute arbeiten bei Wildling 182 Personen – die meisten davon junge Eltern in Teilzeit und im Homeoffice. Auch für diese familienfreundliche Unternehmenskultur wurde Anna Yona 2018 mit dem Gründerpreis NRW ausgezeichnet.

Zukunft möglich machen: Wie wirtschaftlich denkt Deutschland im Jahr 2030?

HANNO RENNER

Digitale Konzerne als Visitenkarte der deutschen Wirtschaft, München als neues Silicon Valley und eine Gesellschaft, die die Angst vor der Digitalisierung verloren hat – das ist mein Bild von 2030. Die Zukunft soll man aber nicht voraussehen wollen, sondern möglich machen – in diesem Punkt stimme ich dem französischer Schriftsteller Antoine de Saint-Exupery zu. Vor allem im Bereich der Wirtschaft ist das Möglichmachen ein ganz entscheidender Schritt, um zukünftige Erfolge zu erreichen. Denn unsere aktuelle Stellung als viertgrößte Volkswirtschaft weltweit haben wir uns zwar in der Vergangenheit erarbeitet, trotzdem müssen wir uns heute bemühen, diese Stellung auch zu halten. Genauso wie alle Privilegien, die damit einhergehen. Die Veränderungen, die unsere Wirtschaft bis 2030 umkrempeln werden, werden einige Wirtschaftszweige ganz speziell betreffen, aber auch branchenübergreifend für Umstrukturierungen sorgen. Für alle Veränderungen gilt aber: Wir haben heute noch die Möglichkeit, die Weichen zu stellen.

Lernen aus der Gegenwart für den DAX
Wir können gegenwärtig erahnen, wie die Arbeitsabläufe im Jahr 2030 aussehen werden: Geschäftsreisen nach Übersee bedürfen eines triftigen Grundes und Pendlerstaus werden der Vergangenheit angehören – digitalen Lösungen sei Dank. Aber es wird sich nicht nur die Art und Weise, wie wir arbeiten, bis 2030 verändert haben, sondern auch die Art der Unternehmen selbst. Im Jahr 2030 können und werden Unternehmen wie die Daimler AG und Siemens nicht mehr die alleinigen Aushängeschilder der deutschen Wirtschaft sein können. Die Zusammensetzung der Unternehmenslandschaft in Deutschland wird eine drastische Wandlung erfahren. Muss sie auch, wenn man bedenkt, dass der DAX immer noch fast ausschließlich Unternehmen auflistet, die nicht aus dem digitalen Bereich stammen.

Der weltweite Trend spricht eine andere Sprache, denn die zehn wertvollsten Unternehmen der Welt nach Marktkapitalisierung sind zum Großteil Digitalkonzerne. Alle deutschen Aktien zusammen wurden im Jahr 2019 mit 2 027 Milliarden US-Dollar bewertet, während allein die Unternehmen Amazon und Microsoft 2 047 Milliarden US-Dollar wert waren. Von der Corona-Krise »profitieren« aktuell vor allem digitale Unternehmen wie Zoom und Google – und damit wieder keine deutschen Firmen, zumindest nicht im großen Stil. Mithilfe des Konjunkturpakets zur Bewältigung der Krise setzte die Politik zum Glück ein erstes Zeichen: Keine Investition in Branchen, die nur aus guter alter Tradition heraus am Leben gehalten werden. Ein erster, kleiner Schritt, aber noch nicht ausreichend: Deutschland muss anfangen, nach vorne zu springen, wenn wir nicht abgehängt werden wollen.

Start-ups den Start erleichtern
Kein Unternehmen kann jedoch große Sprünge wagen, wenn es nicht die richtigen Investments erhält. In deutsche Start-ups werden große Hoffnungen gesetzt, wenn es darum geht, in den digitalen Wirtschaftszweigen zu Global Playern zu werden – und damit Deutschland und Europa im weltweiten Wettstreit zu vertreten. In Deutschland ein Start-up zu gründen ist in vielen Punkten allerdings kein leichtes Unterfangen – das weiß ich aus eigener Erfahrung. Zu Beginn benötigen

junge, motivierte Start-ups vor allem zwei Dinge: Geld und gut ausgebildete Mitarbeiter.

Eine passende Kapitalform ist das Wagniskapital. Allerdings wurden in Deutschland im Jahr 2018 nur 4,6 Milliarden Euro Wagniskapital eingebracht, während amerikanischen Start-ups fast zehnmal so viel Venture Capital zur Verfügung stand (Bundesverband deutscher Kapitalbeteiligungsgesellschaften e. V., 2018). Das liegt in Deutschland vor allem an der gesetzlichen Reglementierung: Pensionskassen und Versicherungen dürfen nur einen sehr geringen Teil des verwalteten Vermögens in Wagniskapital investieren. Auch die Mitarbeiterbeteiligung – ein Punkt, der in vielen Bewerbungsgesprächen sehr früh zur Sprache kommt – ist für deutsche Start-ups leichter gesagt als getan. Während beispielsweise in den USA die Mitarbeiterbeteiligung als Kapitalertrag versteuert wird, müssen beteiligte Mitarbeiter ihren Anteil hierzulande als Einkommen versteuern. Da bleibt vom ursprünglichen Anreiz nicht mehr viel übrig. Das hat zur Folge, dass es viele motivierte Gründerteams und junge Talente ins Ausland – vor allem in die USA – treibt.

Meine Vorstellung für das Jahr 2030 ist eine Art Aufwärtsspirale: Weil Investitionen in Deutschland möglich gemacht werden und diese sich auszahlen, erkennen auch andere deutschen Investoren, dass es sich lohnt zu investieren. Deutsche Unternehmen könnten es sich so leisten, deutsche Unternehmen zu bleiben.

Erste Krise, nächste Krise?

Es hat wenig Sinn, über die Wirtschaft im Jahr 2030 zu philosophieren, ohne die nächste Krise zu bedenken, die auf uns zurollt. Vor allem aktuell bemerken wir, wie verwundbar unser System ist und welche Macht äußere Umstände haben können. Die Klimakrise ist eine Krise, die im Begriff ist, die globale Wirtschaft komplett auf den Kopf zu stellen. Deshalb müssen wir in Lösungen investieren und Ideen entwickeln, das Klima und damit uns zu schützen. Meine Hoffnung ist, dass viele dieser Ideen aus Deutschland stammen werden und wir in dem Wirtschaftszweig »Klimalösungen« eine Vorreiterrolle einnehmen können. Die dafür benötigte Innovationskraft sollte bereits in der Schule gefördert werden: Im Jahr 2030 sind Wirtschaftsbildung und

Zukunftsthemen fester Bestandteil der Lehrpläne, und Universitäten sollten umfangreiche Förderungen für entsprechende Studiengänge, beispielsweise im IT-Bereich, erhalten. Die schwarze Null sollte gerne geopfert werden für Investitionen in die Zukunft. Der Gründergeist – den wir in Deutschland definitiv spüren können – muss weiter wachsen dürfen.

MEINE ZUKUNFTSBAUSTEINE

#1 Stabiles und schnelles Internet ist großflächig gewährleistet, und alle deutschen Unternehmen gestalten ihre Arbeit mithilfe von digitalen Anwendungen effizienter.

#2 Der DAX hat sich verändert: Mehr Unternehmen aus der Digitalbranche gehören zu den liquidesten Unternehmen des deutschen Aktienmarktes.

#3 Start-ups profitieren vermehrt von Wagniskapital und bieten Mitarbeitern Anreize in Form von gut durchdachten Mitarbeiterbeteiligungsprogrammen.

#4 Schulische Bildung ist nicht auf Beamtentum, sondern auf Gründertum ausgerichtet.

#5 Die schwarze Null ist gewichen: Digitalisierung, Klimawandel und Bildung sind die drei Themen, in die wir gar nicht genug investieren können. Zukunftsthemen bieten einen hohen Return.

HANNO RENNER ist CEO und Mitbegründer von Personio, einem Unternehmen, das Software für Personalbeschaffung und Personalmanagement anbietet. Nach seinem Bachelor in Betriebswirtschaft und Ingenieurwesen absolvierte er erfolgreich seinen Master in München, Auckland und New York.

(Arbeits-)Kultur 2030: Menschlichkeit, Diversität und lebenslanges Lernen

MOHANNA AZARMANDI

Mein Arbeitstag 2030 beginnt nicht um 9 Uhr und endet nicht um 17 Uhr. Wann, wie lange und von wo aus ich meine Aufgaben erledige, mache ich davon abhängig, wie es mir an dem Tag passt. Ich arbeite an jedem Ort, an dem ich kreativ und produktiv sein kann. Apropos Arbeitsort: Was vor Jahren im Arbeitsumfeld noch eine Seltenheit war, ist heute nicht mehr wegzudenken. Augmented und Virtual Reality ermöglichen es uns, mit unserem persönlichen Avatar jederzeit und überall »anwesend« zu sein. Und nein, der persönliche Charakter geht nicht verloren: Dadurch, dass wir Hand in Hand mit verschiedenen Technologien arbeiten, die uns monotone Arbeit abnehmen, konzentrieren wir uns sogar stärker auf die menschlichen Aspekte als früher.

Das flexible Arbeitszeitmodell hat Privatleben und Familie bei vielen stärker in den Fokus gerückt. Und das, ohne Karrierechancen einbüßen zu müssen. Wie das geht? Die Hauptlast der Care-Arbeit liegt nicht mehr auf den Schultern von Frauen, sondern wird von allen getragen. Arbeitnehmer*innen verstehen sich heute nicht als Angestellte eines bestimmen Unternehmens, sondern als Mitglieder eines beruflichen Netzwerks.

»Alte weiße Männer«, die so ein Netzwerk führen? Das ist so was von 2020! Heutzutage sind die Führungsetagen so bunt und vielfältig, wie es unsere Gesellschaft schon immer war. Ein Grund dafür ist, dass Vielfalt endlich als eine Selbstverständlichkeit und Motor für Innovation gesehen wird. Der andere Grund ist, dass Skills inzwischen wichtiger sind als Hochschulabschlüsse. Schließlich wissen wir alle um die Halbwertszeit des Wissens. Und: Lebenslanges Lernen sowie permanente Aus- und Weiterbildung sind feste Bestandteile unser (Arbeits-)Kultur. Menschen stehen im Mittelpunkt der Entwicklungen: Alle Angebote, egal ob Bildung, Beruf, Technologie, sind immer und überall für alle zugänglich.

Wandel der Unternehmens- und Lernkultur
Unsere Welt ist so vernetzt wie nie zuvor. Wir können auf vielfältige Art und Weise voneinander lernen, uns gegenseitig inspirieren und gemeinsam Werte schaffen – was für ein Potenzial! Viele Unternehmen welt- und branchenweit stecken mitten in der digitalen Transformation. Aber das schlichte Implementieren neuer Technologien ist nicht genug. Es geht auch um einen ganzheitlichen Wandel der Unternehmens- und Lernkultur.

Klassische Fortbildungen alle paar Jahre reichen nicht mehr aus. Mit dem Wandel unserer Gesellschaft und der Digitalisierung verändern sich die Anforderungen an Beruf und Alltag. Gleichzeitig entstehen neue Berufe. Folglich veraltet Wissen immer schneller. In Krisenzeiten wird besonders deutlich, was starke Erfolgsfaktoren sind, nämlich Resilienz und Anpassungsfähigkeit. Der Schlüssel dazu liegt im lebenslangen Lernen.

Damit aus Wünschen Wirklichkeit wird, müssen wir alle mitanpacken:

- Jede*r hat die Chance, an den Veränderungen der Arbeitswelt teilzuhaben und sie mitzugestalten. Kein Aspekt unseres Arbeitslebens darf davon ausgeklammert werden, und erst recht kein Mensch.
- Wir entwickeln Programme, die allen Menschen helfen, ihre Skills permanent weiterzuentwickeln. Nichts wird entscheidender sein als die Frage: Welche Fertigkeiten hast du? Und wie gut kannst du neue Fähigkeiten erlernen? Lernzeit wird Arbeitszeit. Skills überwinden künftig alle Hierarchien und Silostrukturen.

ALLE Menschen müssen im Mittelpunkt der Veränderung stehen
Die Technologie, mit der wir arbeiten, die Führungs- und Mitarbeiterkultur in Unternehmen: Alles muss in erster Linie uns Menschen dabei unterstützen, mehr zu erreichen. Gefragt sind Teams, die aus Menschen unterschiedlichen Geschlechts, unterschiedlicher Bildung, unterschiedlicher Herkunft, unterschiedlichen Alters sowie Menschen mit Behinderung bestehen. Solche diversen Teams sind bereits heute erfolgreicher als homogene Gruppen.

Diversität ist für Unternehmen in Zukunft keine nette Nebensächlichkeit, sondern eine Grundvoraussetzung, um am Arbeitsmarkt bestehen zu können. Führungskräfte wissen dann, dass eine vielfältige Belegschaft unterschiedliche Standpunkte und Perspektiven in das Unternehmen einbringt und so Innovation vorantreibt. Außerdem reagieren solche gemischten Teams flexibler auf Veränderungen. Das ist jedoch nur der erste Schritt.

Mindestens ebenso wichtig wie Vielfalt ist die Schaffung einer Kultur, in der sich Menschen mit unterschiedlichem Hintergrund einbezogen fühlen. Inklusion ist der Schlüssel zur tatsächlichen Aufrechterhaltung (und nicht nur zur Schaffung) von Vielfalt. Um Diversität und Inklusion zu etablieren, müssen wir konkrete Maßnahmen ergreifen.

1. **Evaluation des Führungsteams:** Die Zusammensetzung der Geschäftsführung ist für die Belegschaft (aber auch für Kunden und Partner) von großer Bedeutung. Die Führungsspitze eines Unternehmens spricht Bände über ihre Kultur.
2. **Förderung einer Unternehmenskultur, in der jede Stimme gehört und respektiert wird:** Mangelnde Wertschätzung führt zu Kündigungen. Deshalb ist ein Umfeld zu schaffen, in dem Mitarbeitende sich verbunden und akzeptiert fühlen. So ein Umfeld liegt vor, wenn sich alle »sicher« sein und ihre Anliegen sowie Meinungen frei äußern können.
3. **Vermeidung von Bias (Voreingenommenheit):** Wir eliminieren Sexismus, Rassismus oder Altersdiskriminierung aus den Einstellungsprozessen. Eine mögliche Maßnahme ist eine geschlechtsneutrale Stellenbeschreibung, die keine Personengruppen ausschließt. Auch das Erstellen von »blinden Systemen« zur Überprüfung von Lebensläufen, damit »demografische Merkmale« nicht die ersten Entscheidungskriterien sind, ist hilfreich. Konkrete Diversitätsziele in Organisationen, die Durchsetzung von Lohngleichheit und regelmäßige Status-Reviews helfen dabei, Fortschritte nachhaltig zu verfolgen.
4. **Aufbau einer Mehrgenerationenbelegschaft:** Eine Kultur, die verschiedene Generationen anerkennt und berücksichtigt, ist für den Aufbau einer vielfältigen und integrativen Belegschaft unerlässlich.

Millennials wird zum Beispiel ein hohes Maß an technischen Skills zugeschrieben. Aber: Keine Generation ist – trotz eines einheitlichen »Labels« – eine homogene Gruppe. Schon allein aufgrund der Altersspanne werden unterschiedliche Fähigkeiten und Perspektiven eingebracht. Es lohnt sich, in Plattformen zu investieren, die alle Generationen ansprechen und die Zusammenarbeit sowie das Von- und Miteinander-Lernen fördern.

Wollen wir weiterkommen, müssen wir Neues wagen und alte Denkmuster durchbrechen. Das kann auf den ersten Blick beängstigend wirken, ist aber auf den zweiten Blick eine riesige Chance. Die Psychologin Carol Dweck beschreibt diesen Ansatz als »Growth Mindset«. Wenn wir die Zukunft der Arbeit als Raum für neue Möglichkeiten verstehen, müssen Unternehmen ihre Kultur verändern. Daher steht für mich das C in den C-Level-Bezeichnungen der Führungsetage nicht nur für Chief, sondern in erster Linie für Culture. Es ist und wird die Aufgabe von Führungskräften sein, als Vorbild eine Arbeitskultur zu arrangieren, die von Wertschätzung und offenem Miteinander geprägt ist und in der umfangreiche Lernangebote eine Selbstverständlichkeit sind.

Technologie ergänzt Skills

Für Unternehmen sollte es entscheidend sein, die Fähigkeiten der einzelnen Mitarbeitenden zu sehen und zu fördern. Von einer Weiterbildung, darüber sind sich sicher alle einig, profitieren Mitarbeitende und Unternehmen gleichermaßen. Mit der Digitalisierung wird Lernen zur Lebensaufgabe. Die Forderung danach darf keine leere Worthülse bleiben, sondern muss durch massive Investitionen in Qualifizierung für alle Altersstufen unterstützt werden. Unser erklärtes Ziel muss es sein, dass alle Menschen vom Fortschritt und von den Chancen profitieren, die eine digitale Gesellschaft bietet. Das bedeutet auch, dass wir alle neugierig bleiben und bereit sein müssen zu lernen. Sie lässt sich nicht erzwingen, aber wir können an den Dingen arbeiten, die ihr im Weg stehen: zum Beispiel anfangen, sich mit Ungewissheit, Fehlern oder Risiken wohlzufühlen, sie zu akzeptieren und als Möglichkeit zu wachsen ansehen.

Neugier ist besonders im Zeitalter der Digitalisierung wichtig. Technologien wie die Intelligent Cloud, unterstützt von KI und Machine Learning, ermöglichen es, dass Menschen auf neue Art und Weise mit Technologien interagieren. Hierbei müssen wir alle Menschen aktiv einbeziehen. Eine Idee, die Microsoft-CEO Satya Nadella »Tech Intensity« nennt: Je mehr Menschen die technischen Fähigkeiten sowie den Zugang zu modernsten Technologien haben, sie gemeinsam nutzen und weiterentwickeln, desto mehr verstärken sie damit den technologischen Fortschritt.

Die Zukunft gemeinsam gestalten
Die kommenden Jahre werden sehr entscheidend für unsere Gesellschaft und Arbeitswelt sein. Wir gestalten diese Zukunft, gemeinsam. Um dahin zu kommen, brauchen wir nicht nur die Veränderung von Methoden und Prozessen, sondern allem voran die Schaffung neuer Denkweisen und ein Aufbrechen alter Gewohnheiten.

MEINE ZUKUNFTSBAUSTEINE

#1 Keine homogenen Führungsteams, Panels, Magazincover mehr akzeptieren! Diversität wird zur Priorität und ist nicht die Verantwortung der Minderheit oder der Ausgegrenzten, sondern derer, die entscheiden.

#2 Investitionen in die betriebliche Weiterbildung aller Angestellten sind ein Muss. Jedes Unternehmen investiert in kontinuierliche Qualifizierung, um die Belegschaft zukunftssicher aufzustellen und neue Talente anzuziehen.

#3 Wir leben eine Lern- und Fehlerkultur in Deutschland! Weniger »German Angst«, wenn es um neue Themen geht, weniger Risikominimierung und damit Zögerlichkeit, ungewohntes Terrain zu betreten. Wir honorieren Mut und sprechen offen über Misserfolge. Nur so nehmen wir Fehlern das Stigma und sehen sie als Schritte zum Erfolg.

MOHANNA AZARMANDI ist seit 2018 die erste Chief Learning Officer (CLO) von Microsoft Deutschland. In ihrer Rolle entwickelt sie die Lernkultur und Lerninnovationen von Mitarbeiter*innen, Kunden und Partnern. Ihre eigene Karriere spiegelt die Lust aufs lebenslange Lernen wider: Nach ihrem Psychologiestudium zog sie eine Karriere als Profilerin in Erwägung, bevor sie als Projektmanagerin und Consultant ihre Passion für Technologien und Innovationen entdeckte. Mohanna ist bereits seit 2009 in verschiedenen Rollen bei Microsoft tätig. Heute entwickelt sie Lern- und Weiterbildungsprogramme, um die Arbeit der Zukunft zu gestalten.

Von der Lohnarbeit zur Sinnarbeit

LILLI LEIRICH

Warum jetzt alles anders wird
Krisen als besonders schwerwiegende Herausforderungen haben in der Vergangenheit hervorragend die Unfähigkeit von Unternehmen gezeigt, einen fundamentalen Wandel anzustoßen, geschweige denn ihn zu vollziehen, obwohl auch komplexe Ursachen dieser Krisen begriffen worden sind. Stattdessen wurde punktuell mal hier ein Innovationsprogramm ausgerollt, dort ein soziales Projekt gestartet, da mal ein Fahrrad statt des Firmenwagens angeboten, nebenan ein Kreativ- oder Ruheraum eingerichtet oder ordentlich (und vor allem symbolisch) die Führungsspitze ausgetauscht, um danach wieder zu den alten Strukturen zurückzukehren.

Die gute Nachricht ist: Die Gründe für diese »Wandelunfähigkeit« lösen sich sukzessive auf: Es mangelt Individuen wie auch Unternehmen immer weniger an Weitsicht für die Tragweite wie auch Dringlichkeit bestehender Probleme und der Chancen eines Wandels (das heißt, dem Aufbrechen alter und Aufbau neuer Strukturen). Es begegnet uns immer weniger Ignoranz, nicht zuletzt, weil sie zunehmend durch massiven Imageverlust und gesetzliche Sanktionen bestraft wird. Und schließlich verliert das liebe Geld (in den Köpfen der Menschen) immer mehr an Bedeutung.

Stimmt nicht? Zugegeben, bislang waren Unternehmen von dem Gefühl geplagt, alleine ohnehin nichts verändern zu können und zudem der Konkurrenz einen Vorsprung zu verschaffen, die sich ihrerseits nicht mit irgendeinem Wandel beschäftigt, sondern auf das Geschäft konzentriert. Die »guten« (maßvollen, ehrlichen und weisen) Unternehmen aber erkennen, dass die wirklich relevanten Mitbewerber schon bald nicht etwa die großen »konventionellen« Konzerne, sondern die vielen kleineren, neuen, sozialinnovativen Unternehmen sein werden, die sich obendrein gegenseitig unterstützen, partizipativ funktionieren und ganzheitlich nachhaltig aufgestellt sind. Gesund und krisenfähig eben.

Wohin der Wandel geht
In den nächsten zehn Jahren entwickeln sich Unternehmen, wenn auch in unterschiedlichem Tempo, zu gesunden und krisenfähigen Organisationen, die ein erfülltes und angstfreies Arbeiten ermöglichen. Die »schlechten« Unternehmen wird es im Übrigen in absehbarer Zeit nicht mehr geben. Noch eine gute Nachricht also. Das grundlegende Problem in der Arbeit heute ist die Sinn- und Identitätskrise, verursacht durch das Streben nach Gewinnmaximierung: Unbedingte Gewinnmaximierung lässt die Rücksicht auf Natur und Mensch schwinden und führt zu schlechten und belanglosen Produkten – Menschen und ihre Umwelt werden demnach übervorteilt oder übernutzt – Mitglieder derart handelnder Unternehmen entwickeln Gram gegenüber ihrem Unternehmen und erkennen keinen Sinn in ihrer Arbeit, denn das menschliche Naturell strebt nach gesellschaftlichen Besserungen und nachhaltigem Wirtschaften, nach tugendhaftem Handeln und dem Handeln im Sinne der Gemeinschaft – Mitarbeitende verrichten ihre Arbeit hauptsächlich aus Angst, ihre finanzielle Sicherheit zu verlieren (was mit dem bis 2030 sicher eingeführten bedingungslosen Einkommen dann auch kein Grund mehr ist, im Unternehmen zu bleiben), sie verrichten sie unter der psychischen Belastung einer Arbeitsatmosphäre des Grams, des schlechten Gewissens und der Sinnlosigkeit, und sie verrichten sie mit einem Bruchteil ihres vollen Leistungspotenzials oder schlicht gar nicht mehr und verlassen das Unternehmen. Ist das Streben nach Gewinnmaximierung erst mal überwunden, wird alles

besser. Geld wird wieder Mittel zum Zweck im Sinne des menschlichen Naturells.

Wie wir den Wandel vollziehen

Neues Machtgefüge

Unternehmen sind insbesondere in Krisenzeiten auf das Wissen (= Macht) eines jeden Einzelnen im Unternehmen angewiesen, und es sind die Mitarbeitenden, die über ein hohes Maß an relevantem Wissen verfügen, um Problemlösungen zu entwickeln. Hierzu zählt auch das Wissen um die eigene Motivation. Um das volle Potenzial der Unternehmensmitglieder offenzulegen, wird Mitarbeitenden auf allen Ebenen entsprechend mehr Verantwortung und Entscheidungsgewalt übertragen. Was sie für ihr dann im Grunde unternehmerisches Handeln im Unternehmen zusätzlich benötigen, sind Informationen, die heute immer noch nur der Führungsetage zur Verfügung stehen, wie Gehälter, Entscheidungsmöglichkeiten, Kommunikationswege, Prozesse, Absichten, Persönlichkeiten (sich persönlich kennen). Die völlige Transparenz (nach innen) lässt neues Denken, neue Beziehungen und neue Impulse bei allen Unternehmensmitgliedern entstehen. Durch sie und die damit verbundene Aufklärung über die Menschen und Dinge innerhalb des Unternehmens entwickeln seine Mitglieder Empathie und systemisches Denken, sind damit in der Lage, diese rechtzeitig infrage zu stellen und adäquat anzupassen. Das gilt für Unternehmen aller Branchen und Sektoren.

Fokus auf die Persönlichkeit

Was die Persönlichkeit eines Menschen ausmacht, wie sie sich vom Charakter und vom Temperament unterscheidet, warum sie viel wichtiger für den »Fit« innerhalb des Unternehmens ist als Fachkompetenz und wie die Persönlichkeit eines jeden Einzelnen im Unternehmen aussieht, wird bald allen Mitgliedern einer Organisation bekannt sein. Das bedeutet, jeder kennt jeden und niemand ist mehr nur irgendwer, sondern hat eine persönliche Identität (was heute noch mit beinahe lächerlich schicken, natürlich englischen Jobbezeichnungen versucht wird). Zwischenmenschliche Probleme können schneller gelöst werden, weil man einander besser versteht. Es schafft Akzeptanz füreinander und zeigt auf, ob und welche personellen Veränderungen vernünftig sind.

Authentischer Unternehmenszweck
Ein unternehmensweit kommunizierter und gelebter Unternehmenszweck als neuer »Binärcode« im System Unternehmen wird dazu führen, dass alle Mitglieder des Unternehmens an einem Strang ziehen. Dieses übergeordnete Warum wird die Unternehmensmitglieder (auch im Homeoffice) bewegen. Je größer das Unternehmen, desto wichtiger die kräftezehrende, einhellige Formulierung des Warum und dass alle im Unternehmen es kennen. Was an dieser Stelle theoretisch nicht neu erscheinen mag, sucht man in der Praxis weitestgehend vergebens. Bis dieser fundamentale Binärcode im Unternehmen nicht gefunden ist, braucht man aber auch keine weiteren »spektakulär-innovativen« Neuerungen angehen, weil die Menschen im Unternehmen noch nicht so weit sind.

Was dabei herauskommt
Zum verschobenen Machtgefüge zugunsten eines jeden Einzelnen summiert sich also ein Sinn in der Arbeit eines jeden Einzelnen und ergibt zusammen beflügelnde Selbstwirksamkeit, die den Unterschied macht zum »Bullshit-Job« (kurz: eine Tätigkeit ohne Sinn und Wirkung). Selbstwirksamkeit ist das Gefühl oder vielmehr das Wissen um den eigenen Beitrag zum großen Ganzen. Sie wird zur Eigendynamik von Prozessen, zur Agilität und Resilienz des Unternehmens beitragen und im allerbesten Fall dazu führen, dass keine belanglosen Produkte mehr entwickelt werden, weil zuallererst nach dem Sinn und der Wirkung eines Produkts gefragt wird und nicht etwa nach dem Marktpotenzial. Mitarbeitende werden nicht mehr darauf warten, dass man ihnen sagt, was sie tun sollen, sondern sie werden mitdenken und Dinge selbst in die Hand nehmen. Auch einer Automatisierung und Digitalisierung ihrer Arbeit werden sie wohlwollend entgegenblicken, weil sie um ihre (finanzielle) Sicherheit wissen – durch das bedingungslose Grundeinkommen, durch ihre gelernte Fähigkeit, sich neu zu erfinden, und aufgrund der neuen Mentalität des »Keiner bleibt auf der Strecke – auf jeden Einzelnen kommt es an«. Wenn sie sich quer-

stellen, ist das gut, weil sie konstruktive Einwände haben, am Erhalt »ihres« Unternehmens interessiert und in der Lage sind, zielführendere Lösungen zu entwickeln. Wenn man im Unternehmen dann auch noch die Persönlichkeit anstelle der bloßen Fach- und Sachkompetenzen in den Vordergrund rückt, erkennt man, wer welche individuellen Motive und Ängste hat, wer ein Lob mehr braucht als der andere, wer gerne im Vordergrund steht oder die To-dos detaillierter beschrieben braucht, wem im Homeoffice die Decke auf den Kopf fällt oder wem Deadlines eine große Hilfe bei der Selbstorganisation sind. Dieses Bewusstsein führt wiederum zu authentischem Verhalten aller Beteiligten und löst so viele Probleme, die bei einer Krise noch obendrauf kommen, weil sie potenziell permanent existieren.

MEINE ZUKUNFTSBAUSTEINE

#1 Das bedingungslose Grundeinkommen sorgt dafür, dass jeder der Arbeit nachgehen kann, die ihm gefällt, für die er brennt.

#2 Jede/r Arbeitgeber*in kennt und berücksichtigt die Persönlichkeit aller Mitarbeitenden und Kolleg*innen!

#3 Jeder Mensch im Unternehmen erhält die nötigen Informationen und die Entscheidungsfreiheit für schnelles, wirkungsvolles Handeln. Denn jeder besitzt hohes Potenzial und den Willen zu entscheiden.

#4 Seid ehrlich bei der Frage, wofür euer Unternehmen wirklich steht, unter Berücksichtigung eures Handelns auf jeder Stufe der Wertschöpfungskette.

DR. LILLI LEIRICH hat zum Thema Social Entrepreneurship promoviert, ist Mitgründerin und Leitung eines Gründungszentrums und Accelerator-Programms für Social Entre- und Intrapreneurship (S-HUB Mannheim) sowie Mitgründerin und Betreiberin des ersten voll digitalisierten Proberaum-Sharings (NOX – Euer Proberaum) in Mannheim. Sie ist seit fünf Jahren in der Gründungsberatung, -förderung und -lehre tätig.

Banking 2030: eine Arbeitswoche der Zukunft

JENNY FRIESE

Montag, 3. Juni 2030: Arbeitswelt und -kultur haben sich radikal verändert
Am Vormittag gehe ich in mein Heimbüro im Dachgeschoss und leite per Videochat die erste Besprechung mit meinem Team. Homeoffice und agiles Arbeiten sind heute selbstverständlich, ebenso wie der weitgehende Verzicht auf dienstliche Reisen.

So können wir zugleich unseren CO_2-Fußabdruck verkleinern. Zudem reduzieren sich die Kosten für Büros. Rechnete man früher pro Vollzeitkraft mit einer Bürofläche von rund 10 Quadratmetern, so brauchen wir heute nur noch maximal ein Viertel dieser Fläche. Auch der Commerzbank-Tower in Frankfurt, einst ein stolzes Zeichen der wirtschaftlich prosperierenden 1990er-Jahre, ist mittlerweile zu einem Wohnhochhaus umgewandelt worden. Die Zentrale der Bank arbeitet nun in einem digitalen Campus »auf der grünen Wiese« mit einem Bruchteil an Mitarbeiter*innen.

Unsere morgendliche Schaltkonferenz dauert eine knappe halbe Stunde. Auf der Agenda: Wer besucht welche Kunden in der kommenden Woche? Wie steht es um die Weiterentwicklung unserer App? Ein Kollege weist darauf hin, dass es bei einer Blockchain-Anwendung im Privatkundenbereich zu Problemen gekommen sei – Alltag in einer Bank.

Dienstag, 4. Juni 2030: App auf Blockchain-Basis
Morgens geht's von meinem Berliner Büro in der Friedrichstraße zu einem Termin in Kreuzberg. Ich nehme einen Elektroroller, der an der Straße steht. Mir fällt ein, dass ich nachher noch einen Lunchtermin mit einem Frankfurter Kollegen vereinbart habe. Den Roller und den Tisch im Café Einstein buche ich über meine Banking-App. Ich fahre zu einem Industrieloft am Ende des Mehringdamms. Hier sitzt ein Fin-Tech, mit dem wir seit langer Zeit erfolgreich zusammenarbeiten.

Heute geht es um die Weiterentwicklung unserer Banking App. Wie lassen sich neue Cyber-Risiken bei Blockchain-Anwendungen verhindern? Es gibt eine kurze Stand-up-Präsentation eines Experten von Cyber-Risk.

Wenn es um ein neues Produkt für unsere Kunden geht, kommen Mitarbeiter aus verschiedenen Konzernsparten zusammen und bilden Cluster, die als Team das Produkt von Anfang bis Ende entwickeln und an den Markt bringen. Die direkte und enge Zusammenarbeit spart Zeit und Kosten.

Projektarbeit läuft heute ganz anders als noch vor zehn Jahren. Altmodische Titel wie Bereichsleiter, Abteilungsdirektor sind abgeschafft. Funktionen wie »Cluster-Lead«, »Sponsor«, »agiles Team« kennzeichnen bereits seit Jahren die Arbeitsweise. Heute gibt es kurze Abstimmungswege und flache Hierarchien über die Grenzen der Fachabteilungen hinweg. Eine Vielzahl unserer Projekte haben wir mittlerweile in dieser Form umgesetzt. Der Bedarf an Produkten und Prozessvereinfachungen kommt immer bottom-up von den Mitarbeitern, die täglichen Kundenkontakt haben. Sie können das veränderte Kundenverhalten am besten einschätzen, und ihr Feedback hat einen hohen Stellenwert in der Bank.

Mittwoch, 5. Juni 2030: Blockchain ist die Basis für Transaktionen im Bankensektor

Beratungsgespräch mit einem unserer vermögenden Privatkunden im Süden Berlins. Mein autonom fahrendes E-Auto überquert den Potsdamer Platz in Richtung Kreuzberg, vorbei geht's am Tempelhofer Feld nach Marienfelde, wo unser Kunde wohnt. Während der Fahrt kümmere ich mich um eine Kreditvergabe.

Früher erstreckte sich ein so komplexer Kreditvergabeprozess oft über mehrere Wochen. Heute dauert es von der Beantragung über die Genehmigung bis zur Auszahlung nur noch einen Bruchteil dieser Zeit – ein Ergebnis der digitalen Transformation.

Gute Erfahrungen mit Blockchain hatten wir schon vor Jahren bei den grenzüberschreitenden Handelsfinanzierungen im Firmenkundengeschäft gemacht. Beim Warenimport oder -export werden alle am Handel beteiligten Parteien mittels Blockchain über eine dezentrale Datenbank direkt miteinander verbunden. Sie alle können dadurch in

Echtzeit auf die gleichen Daten zugreifen und zum Beispiel sehen, wo sich die Ware gerade befindet. Die einzelnen Vertragsbestandteile von der Bestellung bis zur Rechnung werden über Blockchain abgebildet. Die Akkreditive und die Zolldokumente können digital ausgestellt, alle Handels- und Transportdokumente der Lieferketten können digital verifiziert und bearbeitet werden.

Endlich komme ich bei unserem Kunden an. Zwar nutzt er schon lange alle technischen Möglichkeiten der Vereinfachung administrativer Tätigkeiten, die ihm ein Graus sind. Er schätzt unsere digitalen Angebote, weil sie ihm mehr Zeit für sein Kerngeschäft lassen. Auf die persönliche Beratung bei einer Geldanlage möchte er aber doch nicht ganz verzichten. Sein kleiner Flirt mit einer reinen Onlinebank war daher nur kurz.»Auf eine Bank, die eine persönliche Beratung durch Smileys auf den digitalen Kontoauszügen ersetzt, kann ich gut verzichten«, sagt er schmunzelnd und erzählt, dass seine 14-jährige Tochter, eine engagierte Klimaschützerin, ihn dazu dränge, in den Schutz des Regenwalds zu investieren. Ich informiere ihn über nachhaltige Anlageprodukte.

Für uns ist es heute selbstverständlich, nachhaltige Produkte sowohl für Unternehmerkunden als auch für unsere Privatkunden anzubieten. Der Kunde entscheidet sich schließlich für die Beteiligung an einem Green-Bond, mit dem ein Aufforstungsprojekt in Brasilien finanziert wird.

Donnerstag, 6. Juni 2030: Die Bank wird zum Klima-Enabler der Kunden

Am Donnerstag besuche ich morgens unsere große Filiale am Kudamm. Viele Bankfilialen und mit ihnen die Geldautomaten sind in den vergangenen Jahren verschwunden. Das bargeldlose Zahlen mit Smartphone oder Smartwatch hat sich durchgesetzt. Während der Corona-Krise lernten auch die letzten »Digitalverweigerer«, dass einfache Bankgeschäfte am besten online abzuwickeln sind. Dennoch wollen wir nicht auf alle Filialen verzichten. Unsere Flagship-Stores sind mittlerweile beliebte Treffpunkte für unsere Kunden – Beratung und Kaffee inklusive. Der Kunde kann uns persönlich und digital erleben. Egal welchen Kontaktkanal er zu uns wählt, er erhält eine maßgeschneiderte

Antwort und die verlässliche Erledigung seiner Anliegen.« »Persönlich und digital« wurde zu einem gelebten Leistungsversprechen. Unsere Digitalangebote hatten sich überall durchgesetzt, aber bei wichtigen Finanzanliegen wie Altersvorsorge, Geldanlage oder Immobilienfinanzierung wird die persönliche Beratung nach wie vor sehr geschätzt.

Die Leiterin der Filiale am Kudamm empfängt mich. In der Filiale schalten wir uns mit unseren 3D-Brillen in einen virtuellen Konferenzraum mit Kollegen aus dem Cluster zusammen. Die Filialleiterin gibt aus der Praxis Anregungen für unsere Banking-App. Die hat sich mittlerweile zu einer echten Serviceplattform für unsere Kunden entwickelt. So ist der dazugeschaltete Experte per Video-Chat heute ebenso normal wie die Überweisung per App vor zehn Jahren.

Zurück ins Büro: ein paar Telefonate, zwei Gespräche mit Kolleg*innen, ein kurzer Plausch mit meinem Büronachbarn Christian. Später geht's dann rüber zum Bankenverband am Hackeschen Markt. Um 19.30 Uhr soll die Veranstaltung losgehen.

Es geht um »Banken in Europa«. Mit der vor ein paar Jahren endlich zustande gekommenen europäischen Einlagensicherung ist die Bankenunion vollendet worden. Das erleichtert es Finanzinstituten, sich über nationale Grenzen hinweg zusammenzuschließen. Der letzte Redner schließt mit den Worten: »Nur starke europäische Banken sind die Antwort auf die Herausforderungen durch China und die USA.« Nichts Neues, denke ich, das gilt heute wie vor zehn Jahren. Danach Häppchen, Smalltalk.

Freitag, 7. Juni 2030: »Diversity« ist endlich Normalität!

Nach einigen Kundengesprächen geht's rüber zum Pariser Platz. Dort treffe ich Mitglieder des »Kundenbeirats« der Bank, der sich um die Lösung praktischer Probleme kümmert, mit denen Kunden immer wieder zu kämpfen haben. Eine Juristin aus dem Bundesministerium der Justiz und für Verbraucherschutz und der Ombudsmann der privaten Banken sind auch mit dabei. Wir wollen darüber diskutieren, wie wir die konkrete Rückabwicklung beim Widerruf eines finanzierten Geschäfts möglichst transparent und verständlich machen können. Die Rechtsfolgen des Widerrufs eines kreditfinanzierten Autokaufs sind kompliziert und den Verbrauchern oft nicht klar. Denn die »Widerrufsinformationen«, die bei Abschluss des Vertrages erteilt werden müssen, sind abstrakt und für Laien schwer verständlich.

Am späten Nachmittag bin ich mit den Kolleg*innen von ARCO verabredet. ARCO ist seit fast 30 Jahren das LGBT-Mitarbeiternetzwerk der Commerzbank. Wir diskutieren über unsere nächsten Aktionen. Einer meint, dass ARCO sich doch auflösen könne. »Wir haben doch viel erreicht. Unser neuer CEO ist schwul, und im Vorstand sitzen mittlerweile fünf Frauen, darunter eine Transgender. Was wollen wir noch?« Ich muss über seinen Vorschlag lächeln, denn der Weg bis dahin war mühsam, und noch heute muss angestaubten Denkmustern begegnet werden. Für Respekt und Vielfalt werde ich mich ein Leben lang einsetzen. Wir vertagen das Thema. Morgen soll erst mal gefeiert werden: auf der CSD-Party in Berlin.

MEINE ZUKUNFTSBAUSTEINE

#1 Repräsentative Unternehmensstandorte sind Co-Working-Places und Wohnungen gewichen. Gearbeitet wird virtuell und agil.

#2 Blockchain ist die Basis für alle Transaktionen einer Bank.

#3 Bargeld ist weitestgehend abgeschafft, Geldautomaten sind verschwunden – bezahlt wird per Smartphone.

JENNY FRIESE, Bereichsvorständin bei der Commerzbank AG und für 4500 Mitarbeiter verantwortlich, startete ihre Bankkarriere 1994 in der Deutschen Bank AG. Zum 1. Januar 2021 wurde Jenny Friese vom Aufsichtsrat zur ersten Vorständin in der Geschichte der Deutschen Apotheker- und Ärztebank bestellt. Sie ist verheiratet und Mutter eines Sohnes.

Unternehmer*innen-Mindset: ein Recht auf Gründungszeit

FLORIAN MANN

Bye-bye starre Konstrukte, hallo Assimilation
Vorbei sind die Zeiten etablierter Arbeitsmodelle. Heute gibt es jede Woche ein neues Modell. Arbeitgeber*innen probieren Neues aus, evaluieren und optimieren. Getreu dem Motto »Build-Measure-Learn« werden nicht nur Ideen zu Start-ups, sondern das Start-up-Mindset wird auch Grundeinstellung für die Unternehmensorganisation.

Dabei gibt es keine Hierarchieebenen mehr. Alle Mitarbeiter*innen sind in den Entscheidungsprozess involviert. Dieser holokratische Ansatz ermöglicht eine dynamische Anpassung an Veränderungen – sowohl im Unternehmen selbst als auch in der Arbeitswelt im Allgemeinen.

Von der Utopie zur Realität
Deutschland braucht den besonderen Spirit von Unternehmer*innen, sodass neue Unternehmen entstehen und bestehende unternehmerischer arbeiten können.

Aber wie schaffen wir es, dass jede einzelne Person die Motivation und das Interesse hat, so zu arbeiten, als wäre es das eigene Unternehmen? Wie schaffen wir es, unternehmerisches Denken bei allen Mitarbeiter*innen zu etablieren?

1. Gründungszeit als Option für alle Arbeitnehmer*innen

Um das unternehmerische Potenzial eines jeden Einzelnen bestmöglich zu heben und zu fördern, wird im Jahr 2030 jeder Mitarbeitende einen gesetzlichen Anspruch auf eine Gründungszeit haben. Darunter verstehe ich die Möglichkeit, sich eine Auszeit vom Job zu nehmen, um ein eigenes Start-up zu gründen – allerdings mit der Option, anschließend wieder zurück ins Unternehmen zu kommen.

Mit der Einführung der Gründungszeit hat jeder Angestellte die Möglichkeit, unter bestimmten Bedingungen in seinem Job zu pausieren, Gründungserfahrungen zu sammeln und anschließend wieder zurück in eine gleichwertige Position zu kommen – eine Art Sabbatical oder Elternzeit für Gründungsvisionen.

Wie soll das genau aussehen? Jeder, der mindestens zwei Jahre in einem Unternehmen ist, hat Anspruch auf Gründungszeit. Diese Zeit darf bis zu zwei Jahre betragen. Nach Ablauf der vorher festgelegten Dauer der Gründungszeit hat der Mitarbeitende das Recht auf eine gleichwertige Position im Unternehmen. Ähnlich wie bei einem Sabbatical gibt es hier verschiedene Modelle. Bei allen Modellen besteht die Möglichkeit, einen Gründerzuschuss vom Staat zu bekommen. Dafür sind aber ein solider Businessplan und eine positive Evaluation durch Gründungsexperten notwendig.

Modell 1: Unbezahlte Gründungszeit: In diesem Modell ruht die Beschäftigung für die Dauer der Gründungszeit. Diese wird vorher zwischen den zwei Parteien vereinbart. Der/die Angestellte ist dabei für die ersten zwei Monate weiterhin über den Arbeitgeber versichert. Anschließend muss er/sie sich selbst versichern.

Modell 2: Lohnverzicht: Im zweiten Modell bezieht der Mitarbeitende in den Jahren vor der Gründungszeit nur einen bestimmten Anteil des eigentlichen Gehaltes, beispielsweise 70 Prozent. In der Auszeit vom eigentlichen Job bekommt der Entrepreneur dann den Rest des Gehaltes ausgezahlt. Alternativ können auch die in den Vorjahren angesammelten Überstunden während der Gründungszeit ausgezahlt werden.

Modell 3: Unternehmensbeteiligung: In diesem Modell bekommt der/die Mitarbeiter*in während der Gründungszeit weiterhin einen großen Anteil des Gehaltes. Das Unternehmen bekommt im Gegenzug bei erfolgreicher Gründung des Start-ups eine vorher festgelegte Unternehmensbeteiligung.

Modell 4: Gründungsteiljob: Bei dem Gründungsteiljob-Modell wird der/die Mitarbeiter*in von einem Voll- auf einen Teiljob (mehr dazu unter Punkt 3) umgestellt. In diesem Modell wird dem/der Arbeitnehmer*in die Möglichkeit gegeben, seine/ihre Zeit flexibel zu gestalten.

Neben den Aufgaben für das eigentliche Unternehmen kann er/sie dann auch immer zugleich an der eigenen Idee arbeiten.

Welches Modell gewählt wird, kann zwischen Unternehmen und Arbeitnehmer*in vereinbart werden. Die Gründungszeit ermöglicht es allen, Unternehmertum zu testen und gleichzeitig die Opportunitätskosten gering zu halten. Das theoretische Wissen über Entrepreneurship kann in die Praxis umgesetzt werden. Die daraus entstehende persönliche und fachliche Weiterentwicklung bietet anschließend einen großen Nutzen für das eigentliche Unternehmen. Im besten Fall wird das Start-up erfolgreich und bietet so einen Mehrwert für die Wirtschaft. Eine Win-win-win-Situation.

2. No Responsibility, no company

Mit der Corporate Social Responsibility (CSR) geben Kapitalgesellschaften schon jetzt ihren freiwilligen Beitrag zu einer besseren Gesellschaft an. Das reicht aber bei Weitem nicht aus!

Im Jahr 2030 ist es daher für alle Unternehmen, unabhängig von Größe und Rechtsform, verpflichtend, im Jahresabschluss ihr ethisches, soziales *und* nachhaltiges Verhalten zu dokumentieren: die Corporate Ethical, Social and Sustainable Responsibility *(CESSR)*.

Die CESSR ist dann fester Bestandteil des Jahresabschlusses und der Bilanz eines jeden Unternehmens. Sie ist prozentual zu Unternehmensgewinn und -größe zu betrachten. Der Richtwert speist sich sowohl aus Spenden und aktiver Unterstützung von sozialen oder nachhaltigen Projekten als auch aus der Art und Weise, wie die Gewinne generiert werden.

Dazu zählen außerdem alle Punkte der CSR, wie Umweltschutz, Produktverantwortung, eine werteorientierte Personalwirtschaft und so weiter. Nur wer den CESSR einhält, darf profitorientiert tätig sein.

3. Arbeitsverträge ohne festgelegte Wochenstunden

40-Stunden-Woche und Teilzeit – das sind im Jahr 2030 Wörter der Vergangenheit. In Zukunft werden Menschen nicht mehr für die Stunden, die sie für ein Unternehmen arbeiten, bezahlt.

Statt der Präsenzkultur geht es allein um die Ergebnisorientierung. Das Jahresgehalt eines Einzelnen ist anhand des zu erwartenden

Impacts für die Company und die Verantwortungsbereiche festgelegt. Zusätzlich werden individuell vereinbarte Ziele und Aufgaben zu Beginn des Arbeitsverhältnisses und in quartalsweisen oder monatlichen Meetings bestimmt, die aber keinen Einfluss auf die Entlohnung haben.

Wie viele Stunden die Person zur Erfüllung ihrer Leistungen benötigt und wann und von wo aus sie diese erledigt, spielt keine Rolle. Statt Teilzeitstellen gibt es Teiljobs, bei denen das Arbeitspensum sowie die Aufgaben entsprechend geringer sind. Flexibilität in allen Belangen ist Grundvoraussetzung für das Arbeiten. Diese Variabilität inklusive der Selbstverständlichkeit der Remote Work vereinfacht so auch Müttern und Vätern den Wiedereinstieg. Arbeitswelt und Familie lassen sich besser managen.

Mithilfe von Tools oder Methoden wie OKRs (Objectives and Key Results) oder mit verpflichtenden Zielvereinbarungen werden die Leistungen der Mitarbeiter*innen überprüft. Ein Tracking der Wochenstunden ist dann obsolet. In den 2030er-Jahren ist Ziel- und Performance-Management bereits selbstverständlich und aus keinem Unternehmen mehr wegzudenken.

4. Jeder Mitarbeitende ist T-shaped

Nicht nur der Kunde ist König, sondern auch der Mitarbeitende selbst. Konsens ist, dass Kundenzentrierung von enormer Bedeutung für erfolgreiche Unternehmen ist. 2030 aber werden die Mitarbeitenden an erster Stelle stehen. Denn nur mit motivierten und zufriedenen Mitarbeiter*innen lässt sich das Unternehmensziel vorantreiben. Genau aus diesem Grund haben *alle* Arbeitskräfte der Zukunft ein Recht auf Mitbestimmung.

Es mag noch hierarchische Ansätze geben, aber die Grenzen sind fließend. Jede Person spielt eine Rolle und hat, zumindest in entsprechenden Bereichen, Mitentscheidungsrecht.

Dabei spielen das Alter oder der Hintergrund einer Person kaum noch eine Rolle. Entscheidend sind die individuelle Innovationsfähigkeit und das unternehmerische Handeln. Gerade junge Menschen mit diesen Eigenschaften werden gefragt sein und kommen so auch für potenzielle Vorstandsmandate infrage.

Generalisten und Spezialisten werden in zehn Jahren von T-shaped-Professionals abgelöst, also von Profis, die Generalisten mit einer Kernkompetenz sind. Anstatt auf einem Gebiet Experte zu sein oder viele unterschiedliche Dinge ansatzweise zu beherrschen, besitzt der T-Typ unterschiedliche Fähigkeiten und ist außerdem Experte auf mindestens einem Gebiet. Dadurch versteht jedes Teammitglied das große Ganze besser und kann zugleich im eigenen Fachgebiet mit Detailwissen zum Unternehmenserfolg beitragen. Teammitglieder haben aufgrund ihres T-shaped-Profils Freiräume für Kreativität, aber auch für Kompetenz- und Persönlichkeitsentwicklung. Das wird den Arbeitsmarkt künftig wesentlich beeinflussen.

MEINE ZUKUNFTSBAUSTEINE

#1 Alle Arbeitnehmer*innen haben ein Anrecht auf Gründungszeit.

#2 Ethisches, soziales und nachhaltiges Verhalten ist für Unternehmen ein Must-have und deshalb Pflichtbestandteil im Jahresabschluss.

#3 Ergebnisorientierung löst Präsenzkultur vollständig ab. Organisationen arbeiten holokratisch.

#4 Alle Mitarbeiter*innen sind T-shaped Professionals.

#5 Wir alle sind künftig Entrepreneure oder Intrapreneure, nicht nur Mitarbeitende.

FLORIAN MANNS Mission als WERK1-Geschäftsführer – dem »Startup-freundlichsten Ort Münchens«– ist es, das große Potenzial an Digital-Start-ups in München zu heben. Als Herzblutunternehmer ist er selbst Mitgründer von FERTILA sowie des InsurTech Hub Munich. Frühere Stationen führten ihn als Leiter Unternehmensentwicklung zu Burda Digital und nach Wien als Geschäftsführer der Arbeitgeberbewertung kununu.

Acht visionäre Thesen zur Arbeit in Deutschland im Jahr 2030: Arbeit wird durch Technologie humaner

YASMIN WEISS

These 1: Es ist uns überlassen, von wo aus wir arbeiten

Arbeit ist 2030 das, was wir *tun*, nicht, wohin wir gehen. Digitale Kooperations- und Kommunikationswerkzeuge und das Arbeiten in der Cloud kommen nahezu überall zum Einsatz. Remote-Arbeiten oder Homeoffice an mehreren Tagen pro Woche ist fest etabliert. Die meisten Wissensarbeiter leben eine hybride Form des Büroalltags: Für den kreativen Austausch und zum persönlichen Netzwerken trifft man sich an ausgewählten Tagen persönlich, für alle anderen Aufgaben arbeitet man von einem frei wählbaren Ort aus. Die heute noch weit verbreitete Präsenzkultur in Büros ist durch eine Vertrauenskultur abgelöst worden, in der Ergebnisse und nicht Anwesenheitsstunden zählen. Physische Dienstreisen, die Kosten und CO_2-Ausstoß in die Höhe treiben, finden nur noch selektiv statt. Durch die örtliche Autonomie des Arbeitens und eingesparte Pendelzeiten können Arbeitskräfte ihre privaten und beruflichen Rollen gut miteinander vereinbaren.

Um das bis 2030 zu erreichen, sind massive Investitionen in die digitale Infrastruktur sowie vielerorts eine Transformation der gelebten Unternehmenskulturen erforderlich.

These 2: Permanentes Updaten des Qualifikationsprofils wird Standard

Wer Software nicht versteht und nicht über grundlegende Digitalkompetenz verfügt, kann am Arbeitsleben nicht mehr teilhaben. 2030 wird eine »geteilte Verantwortung« zwischen Arbeitnehmer und Arbeitgeber gelebt: Es ist selbstverständlich, dass alle Arbeitskräfte laufend ihr persönliches Qualifikationsprofil »updaten«. Lernen – gerade wenn es um Digitalkompetenz geht – gilt als attraktiv und »sexy«. Arbeitgeber stellen ausreichend Arbeitszeit – für Wissensarbeiter mindestens einen halben Tag pro Woche – sowie passende Weiterbildungsangebote zur Verfügung und setzen dabei gezielt auf »Edutainment«, eine Mischung aus »Education« und »Entertainment«.

Um dies zu erreichen, müssen viele Arbeitnehmer, insbesondere aus bislang nicht-IT-affinen Aufgabengebieten, einen »Reset-Button« im Kopf drücken und gewillt sein, sich stärker mit den Grundlagen der Digitalisierung auseinanderzusetzen. Arbeitgeber müssen ihre Investitionen in Weiterbildung deutlich steigern. Vor allem müssen die Führungskräfte hier als glaubwürdige Vorbilder voranschreiten.

These 3: Der Mensch tanzt harmonisch mit den Maschinen
Arbeit wird 2030 branchenübergreifend durch den »Tanz des Menschen mit den Maschinen« geprägt sein. Die Menschen bilden mit den Maschinen ein gemischtes Team, in dem die jeweiligen Stärken komplementär zum Einsatz kommen. Mal führt der Mensch, mal die Maschine. Tätigkeiten, die *dumb* (dumm), *dull* (langweilig) oder *dangerous* (gefährlich) sind, werden mehrheitlich von Maschinen übernommen und bleiben den Menschen erspart. Die Technologie dient dabei durchgängig als *bereichernde Ergänzung* der humanen Arbeitskraft, nicht als Ersatz. Die Menschen konzentrieren sich mit den frei gespielten Kapazitäten auf diejenigen Tätigkeiten, bei denen menschliche Interaktion, Wärme und Empathie gefragt sind.

Um das zu erreichen, muss die Offenheit vieler Menschen, sich auf diesen Tanz mit den Maschinen einzulassen, mit der technologischen Entwicklung Schritt halten. Vor allem muss die Arbeitsteilung zwischen Mensch und Maschine stets ethisch diskutiert werden: Für Softwareentwickler und Ingenieure muss ein »Ethik-Eid« entwickelt werden, der sicherstellt, dass die Technologie stets das Wohl des Menschen in den Mittelpunkt stellt.

These 4: Dual-Career Couples sind das dominierende Familienmodell
Bis 2030 befindet sich die gesamte Babyboomer-Generation in Rente, was zu einer erheblichen Fachkräftelücke führt. »Dual-Career Couples« stellen das dominierende Familienmodell dar, das gesellschaftlich voll akzeptiert ist. Beide Partner bringen sich am Arbeitsmarkt ein, sehen sich beruflich als gleichberechtigt an und stimmen ihre Jobs und Karrieren aufeinander ab. Damit kommt es auch zu einer gleichberechtigteren Rollenverteilung im Privatleben. Wie die Karrieren

zweier Partner – auch auf gehobenen Führungspositionen – miteinander zu vereinbaren sind, zählt zur harten Währung, ob ein Arbeitgeber es schafft, herausragende Talente an sich zu binden.

Um das zu erreichen, müssen Arbeitgeber stärker als bislang in lebensphasenbezogene Personalarbeit investieren und Führungsaufgaben von einer Mindestarbeitszeit pro Woche entkoppeln. Die Politik muss massiv in den Ausbau von Betreuungsplätzen für Kinder und pflegebedürftige Angehörige investieren.

These 5: Karrieren finden verstärkt sektorenübergreifend statt
Die Komplexität der Welt nimmt deutlich zu und erhöht damit den Druck, dass Wirtschaft, Politik und Wissenschaft bestmöglich aufeinander abgestimmt sind. 2030 haben sich sektorenübergreifende Laufbahnen als vollwertig anerkannte Karrieremodelle etabliert und werden gezielt gefördert. Damit wechseln Menschen abwechselnd zwischen Jobs in der Wirtschaft, Politik und Wissenschaft hin und her und nehmen ihre diversen Erfahrungen, Sichtweisen und ihr persönliches Netzwerk in ihre neuen Jobs mit.

Um das zu erreichen, muss die Durchlässigkeit von Laufbahnen aus Wirtschaft, Politik und Wissenschaft deutlich ausgebaut werden. Arbeitgeber müssen die Offenheit aufbringen, Quereinsteiger aus anderen Sektoren zu integrieren.

These 6: Lernen und Arbeiten finden synchron statt
Alle haben erkannt, dass das Wissen aus Schule und Hochschule niemanden mehr wohlbehalten in die Rente führt. Die typische Dreiteilung der Lebensphasen in Ausbildung, Arbeit und Ruhestand existiert 2030 nicht mehr. »Learning on the job«, gepaart mit einer »Do what you can't«-Einstellung gehören zu der Haltung, die jeder verinnerlicht hat. Führungskräfte achten gezielt darauf, dass das Tagesgeschäft diverse Herausforderungen mit sich bringt.

Um das zu erreichen, muss Lernen elementarer Bestandteil des laufenden Tagesgeschäfts und so selbstverständlich werden wie tägliches Zähneputzen. Führungskräfte und Mitarbeiter müssen in ihrer Leistungsbeurteilung nicht nur an Arbeits-, sondern auch an Lernergebnissen gemessen werden.

These 7: Metakompetenzen sind die neue Arbeitslosenversicherung
Das Gefühl, einen sicheren Arbeitsplatz zu haben, ist nicht an ein bestimmtes Unternehmen gebunden, sondern an die persönlichen Qualifikationen in Form von Metakompetenzen. Hierzu zählen insbesondere Lern- und Problemlösungskompetenz, mentale Flexibilität, Resilienz sowie die Fähigkeit und Bereitschaft, auch das bisher Undenkbare zu denken.

Um das zu erreichen, müssen Bildungssystem und betriebliche Weiterbildung diese Metakompetenzen gezielt fördern. Auch hier gilt das Prinzip der geteilten Verantwortung zwischen Arbeitnehmer und Arbeitgeber.

These 8: Unternehmenslenker werden an Nachhaltigkeitszielen gemessen
Angesichts der globalen Herausforderungen wie etwa Klimawandel und Umweltverschmutzung haben Unternehmen erkannt: »The business of business is not business, but creating value for society.«

Daher gehört es 2030 zum Standard, dass Unternehmenslenker in ihren Zielvereinbarungen konsequent an ihrem Beitrag zum Erreichen ausgewählter Nachhaltigkeitsziele gemessen werden.

Um dies zu erreichen, braucht es die Erkenntnis der Entscheidungsträger, dass der Dienst an der Gesellschaft geschäftsmodellübergreifend das grundlegende Ziel von Unternehmen darstellt.

MEINE ZUKUNFTSBAUSTEINE

Es spielt keine Rolle mehr, von wo aus wir arbeiten. Privat- und Berufsleben sind gut miteinander zu vereinbaren. In der Wirtschaft herrscht gelebte Gleichberechtigung zwischen den Geschlechtern.

Menschen und Maschinen ergänzen sich. Das Zusammenspiel beider basiert auf einem unverhandelbaren Ethik-Eid für Techniker und Ingenieure, der sicherstellt, dass die Technologie stets das Wohl des Menschen in den Mittelpunkt stellt.

Lernen – insbesondere der Erwerb von Meta- und Digitalkompetenzen – gilt als sexy, weil es ermöglicht, die Zukunft aktiv zu gestalten. Unternehmen stellen sicher, dass Wissenserwerb als Teil der Arbeit gilt.

PROF. DR. YASMIN WEISS lehrt als Professorin an der Technischen Hochschule Nürnberg und an der Technischen Universität Berlin. Sie startete ihre Karriere in den Unternehmen Accenture, E.ON AG und BMW Group und ist derzeit eine der jüngsten Multi-Aufsichtsrätinnen in Deutschland. Von Bundeskanzlerin Angela Merkel wurde sie 2014 in den Innovationssteuerkreis der Bundesregierung berufen, das Wirtschaftsmagazin *Capital* wählte sie in den Kreis der Top 40 unter 40 in Wissenschaft und Gesellschaft. Sie ist zudem Gründerin des Start-ups Yoloa, das junge Menschen unterstützt, Digitalkompetenzen zu erwerben und die passenden Entscheidungen für ihren Berufsweg zu treffen.

New Work: 7 Jobs, Verantwortung, Netzwerkmanagement – bevorzugt zu Hause

TATJANA KIEL

Arbeitsmontag, 29. April 2030

6:33 Uhr: Mein biologischer Tracker lässt mich langsam wach werden, während mein Mann neben mir sich offenbar noch in der REM-Phase befindet. Ich schleiche mich in unseren VR-Raum, in dem ich meine »FoYo« (**Fo**cus-**Yo**ga)-Session starte. Einige meiner Freundinnen befinden sich bereits in ihrem Mix aus Bewegungs- und Mentalübungen, um fokussiert und gleichzeitig relaxed in den Tag zu starten. Die Location ist heute ein virtuelles Reisfeld auf Bali. FoYu-Lehrerin Gayatri aus Mumbai schaltet sich bei jedem Einzelnen zwischendurch ein. FoYo sorgt dafür, dass ich gleich ins Tun komme, ein wichtiger Teil meines Selbstmanagements.

7.31 Uhr: Nach einem inzwischen sehr schmackhaften Enzymwasser geht es zuerst ins Homeoffice – unangenehme Aufgaben erledige ich immer zuerst. Ich habe gelernt, durch digitale Technologie effizient zu kommunizieren, sie zu beherrschen – anstatt umgekehrt. Mails und Messages kommen gesteuert an. Die Vorauswahl und Priorisierung übernimmt mein persönlicher VR-Assistent. Meiner heißt Martin, er lispelt ein bisschen und ist ein großer Star-Trek-Fan. Tastaturen verwende ich kaum noch. Martin hat bereits Nachrichten sortiert, Standardaufträge vergeben und liest mir nun nur noch die Mails vor, auf die ich persönlich reagieren muss.

9:04 Uhr: Ich sitze mit meinen Kolleg*innen im Büro – es gibt eine gesellschaftliche Herausforderung, die sich zuzuspitzen scheint. Wir hatten uns vor über zehn Jahren zum Ziel gesetzt, das Wissen von Dr. Wladimir Klitschko zu transferieren und für jeden nutzbar zu machen. Dafür entwickelten wir die Methode F.A.C.E. the Challenge, die darauf ausgerichtet ist, Willenskraft zu entwickeln. Mittlerweile wird diese Methode gerade in weltpolitischen Krisensituationen angewendet. Wir setzen uns an einen virtuellen Round Table mit allen Beteiligten und definieren einen gemeinsamen Lösungsansatz.

12:05 Uhr: Social Networking! Ich weiß, wie wichtig reale Kontakte sind. Wir arbeiten heute intensiv daran, diese Netzwerke stabil zu halten. Ein Treffen mit Freunden oder der Familie hat 2030 mehr Priorität als noch vor zehn Jahren und steht als wichtiger Termin genauso in meinem Kalender wie der Vertragsabschluss mit dem Kunden. Zum Lunch Date treffe ich Marlene. Mein Tracker hat bereits meine Bio-Daten an das Restaurant geschickt und das bedarfsgerechte Essen für mich bestellt.

12:30 Uhr: Beim Lunch gibt es veganes Steak. Massentierhaltung existiert nicht mehr. Wir debattieren über unsere jeweiligen Herausforderungen und Lösungen, obwohl wir von der Konkurrenz sind. Die Menschheit hat verstanden, dass wir es in der globalisierten und digitalisierten Welt besser gemeinsam schaffen.

15:01 Uhr: Zeit für Weiterbildung: Diskussionen mit der jungen Generation über die Entwicklung von zukünftigen Lebens- und Netzwerkmodellen und deren Konsequenzen. Dabei bin ich sehr dankbar, dieses Projekt gemeinsam mit meiner Tochter wöchentlich weiterentwickeln zu können. Zum einen helfen mir neue Sichtweisen persönlich dabei, offenzubleiben und daraus neue Perspektiven abzuleiten, zum anderen, gesellschaftlich neue Talente zu finden und zu fördern.

16:45 Uhr: Ich bereite den Austausch mit der Netzwerkorganisation Matchmaker-Circle vor. Wir spielen virtuelles Domino. Das ist ein neues Trendspiel, das es ermöglicht, wie früher beim Brainstorming, die Gedanken aller Teilnehmer in unseren Algorithmus einzupflegen, um kollektive internationale Ansätze zu finden.

18:15 Uhr: Familienzeit. Mit meiner Teenagertochter gehe ich eine Runde Boaten, das ist der neueste Insport aus Shanghai. Danach kochen wir alle gemeinsam, jeder das richtige Essen für sich mit den individuellen Nährstoffen. Für mich das wichtigste Ritual des Tages.

22:30 Uhr: Meine abendliche Routine: Wie jeden Abend bereite ich meine Fokusliste vor, ganz manuell auf einem Stück Papier, das hilft mir, mit dem Tag abzuschließen und besser zu schlafen. Auf der Liste stehen zwei große und drei kleine Punkte. Ich bestimme diese Punkte nach unserem Mantrasatz: »Ich bin die bewegende Kraft.« Diese Selbstbestimmtheit ist mein Gegenmittel gegen Stress, gegen Überforderung und vor allem gegen Unterforderung. Prioritäten sind schon lange durch das Wort Fokus ersetzt worden, bei mir, zu Hause und im Team.

22.35 Uhr: Zeit zum Abschalten: für mich seit jeher die Zeit für das Eintauchen in andere Welten. Fantasy war schon immer meine Schwäche in Büchern, Serien oder seit Neuestem in meinen induzierten Träumen.

MEINE ZUKUNFTSBAUSTEINE

 Es gibt keine schöne neue Arbeitswelt. Die existierenden Trends haben sich beschleunigt und vertieft.

 Stabile Netzwerke in jedem Bereich unseres Lebens, vor allem im persönlichen, sind selbstverständlicher Bestandteil unserer Arbeitswelt. Denn Net Work ist das neue New Work.

 Das Management umfasst drei Dimensionen: Netzwerkmanagement, Teammanagement, Selbstmanagement.

TATJANA KIEL arbeitet nach einem Praktikum in New York und der Ausbildung zum Werbetexter im Rahmen ihres dualen Studiums der Betriebswirtschaftslehre in Berlin beim Bundesverband Junger Unternehmer, im Deutschen Bundestag sowie im FDP-Wahlkampfbüro. Im Oktober 2006 wechselte sie zu »SPORTFIVE« und betreute fortan Vitali und Wladimir Klitschko im Veranstaltungsmanagement und im Marketing. Mit Gründung der Klitschko Management Group (KMG) 2007 übernahm sie Führungsverantwortung für die Bereiche Event, Marketing, Neuausrichtung und Positionierung der Marken Klitschko sowie der KMG. Seit Ende 2016 verantwortet sie als CEO von Klitschko Ventures den Aufbau der zweiten Karriere von Dr. Wladimir Klitschko sowie die Skalierung der Methode F.A.C.E. the Challenge. Gemeinsam mit Partnern konzipiert sie neue Formate und Produkte auf Basis der Methode. Zudem ist sie Gründerin des Frauennetzwerkes Ladies Mentoring und ehrenamtliches Mitglied des Beirats der Initiativen Startup Teens und Top Talents under 25.

Und morgen? Studium generale und lebenslang Lernende

GERALDINE ULRICHS

Future Work Skills sind soft und digital
Im Jahr 2030 verfügen alle Beteiligten neben ihren Hard Skills über ausgeprägte Future Work Skills. Diese Schlüsselkompetenzen umfassen sowohl Soft- als auch Digital Skills, wie zum Beispiel Teamfähigkeit, Innovationskraft oder den Umgang mit digitalen Medien. Damit sind wir Teamplayer, Innovatoren, Problemlöser und lebenslange Lerner – gleichzeitig und in einer Person.

Future Skills haben allerdings im Schulsystem und bei privater und beruflicher Weiterbildung lange Zeit zu wenig Beachtung gefunden. Dabei lag die Verantwortung schon immer bei großen Instanzen wie den Schulen, Hochschulen und Unternehmen.

Wie führen wir diesen Wandel im System jedoch herbei?

Kreativitätsförderung ab der 5. Klasse
Ab 2030 profitieren Schüler bereits ab der 5. Klasse durch ein Schulfach für Digitalisierung, Empathie und Innovation. Sie werden dabei nicht mehr einem starren System angepasst, sondern gestalten dieses neu. Dadurch erlangen sie bereits im jungen Alter die Fähigkeit, groß zu denken, und Selbstvertrauen, Dinge selbst in die Hand zu nehmen. Kreativität wird nicht mehr länger unterdrückt, sondern gefördert.

In Kleingruppen arbeiten sie an zukunftsorientierten Themen unter Betreuung von Mentoren aus der Wirtschaft. So erlernen sie frühzeitig Fähigkeiten wie ausgeprägte Agilität, Kollaborationsfähigkeit und Adaptionsfähigkeit. Projektideen werden dabei nicht verworfen, sondern konkret umgesetzt. Somit sind Schüler nicht nur bei der Ideengenerierung gefragt. Sie lernen, Projekte in Eigenverantwortung umzusetzen und den Mehrwert gemeinschaftlichen Handelns zu schätzen.

Unternehmen profitieren als Projektpartner und lernen von der jungen Generation durch »Reverse Mentoring«. Zeitgleich stärken sie ihre Arbeitgebermarke und entdecken Talente wesentlich früher als jene, die auf altbewährte Methoden setzen.

Studienziel: Interdisziplinär!
Reine Studienrichtungen, wie BWL oder Ingenieurwesen, sind verschwunden. Wir benötigen zukünftig wahre Allrounder, um mit der voranschreitenden Digitalisierung umgehen zu können. Fazit: Eine reine Berufsorientierung führt ins Leere. Fächer wie Marketing, Digital Innovation und Empathie gehören nun zu den festen Grundbausteinen jedes Studiengangs.

Theoretische Lernansätze sind kaum noch aufzufinden. Studierende testen ihr Können direkt in der Praxis: durch kollaborative und wirtschaftsbegleitende Projekte.

Unternehmen bieten Wahlfächer an, sodass Studierende die Chance haben, in unterschiedliche Branchen einzutauchen und ein eigenes Projekt zu leiten. Reale Problemstellungen helfen, zukunftsrelevante Fähigkeiten zu trainieren. Ebenfalls findet angesammeltes Wissen der Studierenden direkte Anwendung.

Auch der Frontalunterricht wandelt sich. Studierende haben die Aufgabe, sich durch Peer-Learning, den gemeinsamen Austausch von Wissen, weiterzubilden. Dabei stellen sie sich der Aufgabe, eigene Stärken und angesammeltes Wissen in kurzen Sessions zu präsentieren und für ihre Kommilitonen erlernbar zu machen.

So schreiten junge Erwachsene nicht als scheue Absolventen in die Wirtschaft. Vielmehr als wahre Macher, die wissen, ihre Stärken einzusetzen und Herausforderungen mit Bravour anzugehen.

Studienfach: Start-up
Wie fördern wir zukünftige Durchstarter am besten? Indem wir ihnen neben der Möglichkeit eines Bachelor- oder Masterabschlusses die Chance geben, ein Unternehmen zu gründen. An den Hochschulen und Universitäten tauchen mehrheitlich Studiengänge unter den Titeln »Unternehmensgründung« und »Business Development« auf. So gründen Studierende durch unternehmerisch vermitteltes Knowhow und mit professioneller Unterstützung studienbegleitend ihr eigenes Unternehmen.

Neben Fächern wie Geschäftsentwicklung, Marketing und Finanzen lernen die Studierenden zu pitchen, zu verhandeln und vor allem zukunftsorientiert zu denken. Eine große Rolle spielen ebenfalls Empathie und User Experience Design. Dieses ermöglicht ihnen nicht nur, mit ihrer Geschäftsidee ein wirksames Kundenerlebnis zu erzeugen. Daneben lernen die Studierenden, kollaborativ zu arbeiten, auf andere Menschen eingehen zu können und mit ihrem zukünftigen Unternehmen langfristig erfolgreich zu sein.

Nebenbei haben sie die Chance auf direkten Zugang und eine Betreuung aus der Wirtschaft. So werden Geschäftsideen getestet, validiert und erste Kundenkontakte erzeugt.

Gemeinsam in die digitale Zukunft
Zukunftsvision? Um dieses Bild wahr werden zu lassen, ist es unabdingbar, zukunftsrelevante Skills frühzeitig zu trainieren und neue sowie kollaborative Lernmethoden zu entwickeln. Wenn wir damit fortfahren, weiterhin auf altbewährte Methoden zu setzen, werden wir zukünftig am Bahnhof der unbegrenzten unternehmerischen Möglichkeiten vergeblich auf die Abfahrt warten.

Wir müssen jetzt handeln, die neuen Rahmenbedingungen erkennen und diese zielführend für uns nutzen. Jeder Moment stellt die Möglichkeit dar, unser gemeinsames Zugticket in eine utopische Zukunft einzulösen – mit Chancenblick, Erfindergeist und Innovationskraft. Lasst uns den Weg in die Zukunft gemeinsam beschreiten!

MEINE ZUKUNFTSBAUSTEINE

#1 Future Work Skills sind unabdingbar: Menschen sind Teamplayer, Innovatoren, Problemlöser und lebenslang Lernende.

#2 Schüler*innen profitieren durch ein praxisorientiertes Schulfach, das die frühzeitige Sensibilisierung für Themen wie Digitalisierung, Empathie und Innovation ermöglicht.

#3 Ab 2030 ist jeder Studiengang interdisziplinär aufgestellt und verfolgt einen Peer-Learning-Ansatz.

#4 Start-up studieren: Gegründet wird studienbegleitend mit direktem Anschluss an die Wirtschaft und finanzieller Förderung durch staatliche Stipendien.

GÉRALDINE ULRICHS ist 24 Jahre alt und sammelte während ihres Bachelor-Studiums zahlreiche Erfahrungen in einem Großkonzern. Nebenbei unterstützte sie als Selbstständige Kunden im Personalbereich und bei Webprojekten. Aktuell gründet sie, neben ihrem Master-Studium, mit Janine Weirich das Unternehmen Xeem – eine Onlineplattform, die durch kurze Online-Challenges Unternehmen und junge Talente vernetzt und Future Skills, wie Teamfähigkeit und Innovationskraft, durch Peer-Learning trainiert.

Die Zukunft gehört nicht den Ja-Sagern. Individualisierung wird zum neuen Standard

FABIAN KIENBAUM

Mir ist es gerade wieder passiert: Ich besuche einen Unternehmer – um genau zu sein: einen Familienunternehmer wie ich, gleiche Generation, deutscher Mittelstand, andere Branche –, und mir begegnet eine Firmenkultur, in der zwei Trends aufeinandertreffen: Auf der einen Seite eine rasante Digitalisierung. Das Unternehmen, das eigentlich gar nicht in der IT-Branche zu Hause ist, hat einige Hundert eigene Entwickler eingestellt, um digitale Tools und Apps zu entwerfen, die das Geschäftsmodell deutlich erweitern sollen. Auf der anderen Seite bin ich konfrontiert mit einer Siez-Kultur alter Schule und vielen Einzelbüros. Was auf den ersten Eindruck nicht zusammenpasst, kann eine perfekte Symbiose darstellen. Denn wenn Tradition und Moderne sowie Agilität und Stabilität respektvoll Hand in Hand gehen, dann ist der Boden für Innovation bereitet. Neugeschäft braucht immer Altgeschäft, sonst kann es nicht funktionieren. Anders formuliert: Der Zauber der Zukunft benötigt die Zahlen der Gegenwart.

Innovationen verändern unsere Arbeit in Inhalt und Form. Ich bin kein Hellseher und glaube nicht daran, dass Trends sich fortschreiben lassen. Es gibt sie immer, die Schwarzen Schwäne, die keiner erwartet und Entwicklungen in eine andere Richtung lenken. Dennoch werden sieben Veränderungen unsere Arbeit 2030 kennzeichnen.

1. Wir müssen nicht mehr arbeiten ...
2030 werden die Grenzen zwischen Arbeit und Freizeit vollends verschwimmen: Work-Life-Blending ist das Stichwort. Nicht nur ein großer Teil der Dienstleister kann ständig von überall seine Arbeit erledigen, sondern auch umgekehrt können wir überall unsere Freizeit verbringen. Wenn Arbeit und freie Zeit keine festen Zeiten für sich beanspruchen können, gibt es auch keinen Grund, warum das Büro aussehen muss wie ein Büro und das Wohnzimmer wie ein Wohnzimmer. Die jeweiligen Umgebungen nähern sich in dem Tempo einander an, wie die Distanzen zwischen Arbeit und Freizeit verschwinden. Arbeit fühlt sich dann nicht mehr wie Arbeit an. Freizeit allerdings auch nicht wie Freizeit. Jedenfalls nicht nach der herkömmlichen Art. Der Begriff Heimat bekommt eine neue Bedeutung.

2. ... aber die Arbeit geht uns nicht aus
Arbeit ist kein Abendessen, das alle verzehren, noch einen Absacker nehmen und zu Bett gehen. Die Warnung, dass uns Maschinen die Arbeit vollständig abnehmen und für uns nichts mehr zu tun übrig bleibt, ist übertrieben. Jeder Sprung in eine neue Fertigungs- und Produktgeneration erzeugt eine neue Nachfrage nach dem nächsten neuen Produkt. Während es das Perpetuum mobile in der Physik nicht gibt, funktioniert es in der Gesellschaft: Arbeit schafft Arbeit. Wo Arbeitsplätze der Automatisierung zum Opfer fallen, entstehen neue, von denen wir noch gar nicht wissen, dass sie existieren.

3. Lernen hört nie auf
Es klingt nach einer Binsenweisheit und ist oberflächlich ein Konzept, das in den 1960er-Jahren aus der Sorge entstand, das europäische Wirtschaftssystem sei nicht leistungsfähig genug. Menschen sollen in der Lage sein, sich stets neuen Verhältnissen anzupassen, forderte damals der deutsche Bildungsrat. Die Dynamik dieses Wandels entstand aber bereits im 19. Jahrhundert. Alles schien sich beständig zu verändern, nichts blieb, wie es war. Die Zeit wurde zum Akteur, der die Menschen vor sich hertrieb. Das lebenslange Lernen wurde Notwendigkeit und umgekehrt: Es wurde selbst Motor der Veränderung. Lernen, das nicht aufhört, wird in einer vernetzten, digitalen und demokratischen

Gesellschaft zur wichtigen Ressource, und zwar nicht, weil sich Menschen so den Gegebenheiten anpassen können, sondern gerade im Gegenteil: weil Wissen und daraus resultierende Gewissheiten Persönlichkeiten hervorbringt, die auch Nein sagen können. Genau auf diese Menschen und ihre Mündigkeit wird es ankommen, denn neue, große Ideen werden nicht von Ja-Sagern erfunden. Ja zu unseren humanistisch-universalistischen Werten der europäischen Aufklärung für eine digital-ökologisch geprägte soziale Marktwirtschaft, die digitale Teilhabe und Souveränität erlaubt, Nein zu chinesischem Absolutismus.

4. Glaubt den Robotern
Wenn Lernen nie aufhört und damit Bildung der Schlüssel für Fortschritt ist, dann brauchen wir Ausbilder, die unsere individuellen Talente fördern. Lehrkräfte, die 20 und mehr Schülerinnen und Schüler anhand eines verordneten Lehrplans unterrichten, werden uns auf die Arbeit der Zukunft nicht ausreichend vorbereiten können. Zur Individualisierung der Bildung benötigen wir mehr Kapazitäten, als an Ausbildungskräften zur Verfügung stehen. Dies gilt umso mehr, weil Globalisierung und Migration zu in sich sehr unterschiedlichen Lernklassen führen. Hier setzt der Lehrroboter an, der nicht unbedingt als humanoide Maschine auftreten muss, sondern auch als von künstlicher Intelligenz gesteuerte Lernsoftware daherkommen kann. Die Vorteile der Roboter bestehen darin, durch personenbezogene Aufarbeitung von Inhalten das Lernangebot individueller zu gestalten, um den Ertrag noch größer ausfallen zu lassen.

5. Individualisierung löst den Standard ab
Individuelle Talente lassen sich nicht mit standardisierten Produkten oder Dienstleistungen abspeisen. Die Folge ist, dass niemand mehr Standard liefern kann, weil sich dafür keine Abnehmer finden. Das Bedürfnis nach Individualität geht einher mit einer soliden Einschätzung zum Preis-Leistungs-Verhältnis von Waren und Dienstleistungen. Digitale Vergleichsportale machen möglich, wovon Ökonomen bisher nur zu Unrecht ausgegangen sind: Transparenz der Preise. Die vollkommene Übersicht führt allerdings dazu, dass sich Produzenten im Preis ständig unterbieten. Um diesem Abwärtsstrudel zu entkom-

men, müssen Anbieter ihre Waren und Dienstleistungen individualisieren und mit Sinnversprechen aufladen. Nicht umsonst boomt die sogenannte Purpose-Beratung. Dieser Trend trifft auf Menschen, die individuell aufwachsen und Wert legen auf Produkte, mit denen sie ihre Individualität sichtbar machen: besonders sportlich, besonders nachhaltig, besonders edel, besonders intellektuell, besonders regional. Wer in Zukunft bei seiner Arbeit Standard abliefert, kommt nicht weit. Hyperindividualisierung ist ein integraler Bestandteil von New Work.

6. Nomaden werden sesshaft

Individualisten und Nomaden haben etwas gemeinsam: Sie sind autonom und unterwerfen sich nicht gerne Regierungen und Unternehmenshierarchien. Sie sind Eigentümer ihrer Arbeitskraft, die sie ungern den Anweisungen eines einzigen Arbeitgebers unterstellen wollen. Unternehmen erkennen das und reagieren mit einer größeren Freiheit am Arbeitsplatz: Wo, wann und wie Mitarbeiterinnen und Mitarbeiter ihre Arbeit erledigen, wird ihnen zunehmend selbst überlassen. Unternehmen werden außerdem versuchen, Menschen Aufgaben zu geben, die ihnen entsprechen, und Aufgaben, die sie nicht erfüllen können, in andere Bereiche zu verlagern, ohne gleich die Mitarbeiterin oder den Mitarbeiter vor die Tür zu setzen. Hier liegt eine große Aufgabe für die Personalbereiche. Sie müssen Abteilungsgrenzen aufweichen und Verantwortungsbereiche stetig neu zuschneiden. Ich nenne das Jobrotation 5.0. Um Nomaden sesshaft zu machen, werden Unternehmen mit weitergehenden Benefits die Wanderer aufzuhalten wissen. So werden sie in Dienstleister für Pflege der Eltern und Kinderbetreuung investieren. Wenn dann ein neuer Arbeitgeber anruft, werden die Angesprochenen absagen, weil ihre Kinder über ihr Unternehmen untergebracht sind und ihre Eltern gepflegt werden.

7. Schneller sein als der Schatten

Ich habe zu Beginn die Schwarzen Schwäne erwähnt, die die Unvorhersehbarkeit von Ereignissen symbolisieren. Unser Gefühl, dass sie sich vermehren, geht mit unserer Gewissheit einher, dass wir die Zukunft immer besser berechnen können. Wenn es dann einmal nicht so kommt wie geplant, sind wir umso überraschter. Tatsächlich wird unsere Arbeit dadurch verändert, dass wir Entwicklungen präziser als jemals zuvor voraussagen können. Die gezielte Auswertung digitaler Datenmengen macht es möglich: People Analytics weist uns schon auf potenzielle Kündigungsgefahren hin, bevor die Betroffenen es für sich selbst in Erwägung ziehen. Entscheidungen schneller als in Echtzeit zu treffen wird eine Herausforderung für die Managerinnen und Manager der Zukunft. Ich denke an den Comic-Helden Lucky Luke: Der schoss schneller als sein Schatten und traf zuverlässig.

MEINE ZUKUNFTSBAUSTEINE

#1 Arbeit ist neu definiert; die Grenzen zwischen Freizeit und Arbeit verschwimmen. Auch wenn wir deutlich weniger arbeiten, wird uns die Arbeit nicht ausgehen.

#2 Lernen, das nicht aufhört, wird in einer vernetzten, digitalen und demokratischen Gesellschaft zur wichtigen Ressource. Denn Wissen und daraus resultierende Gewissheiten bringen mündige Persönlichkeiten hervor, die die moderne Gesellschaft prägen werden.

#3 Die humanistisch-universalistischen Werte der europäischen Aufklärung für eine digital-ökologisch geprägte soziale Marktwirtschaft, die digitale Teilhabe und Souveränität erlauben, werden unsere Wettbewerbsfähigkeit zementieren.

#4 Zukunft wird aufgrund der immer besseren Auswertung von Daten berechenbarer. Je präziser wir Entwicklungen vorhersagen können, desto mehr verändert sich unser Arbeitsleben.

FABIAN KIENBAUM ist Unternehmensberater und Chef des gleichnamigen Beratungshauses, dessen Führung er 2018 von seinem Vater Jochen Kienbaum übernommen hat. Kienbaum ist studierter Betriebswirt und Absolvent der ESCP Europe in Paris. Der professionelle Handballspieler beim Bundesligisten VfL Gummersbach war vor seinem Einstieg ins familieneigene Unternehmen bei der Londoner Beratungsfirma The Hackett Group tätig. Kienbaum ist Mitglied im FDP-Wirtschaftsforum und engagiert sich bei der Unternehmerinitiative »Made in Germany – Made by Vielfalt«. Er hat die renommierte Podcast-Serie »Pioniere wie wir« ins Leben gerufen, die junge Familienunternehmer zu Wort kommen lässt, und sitzt im Beirat der Heraeus Bildungsstiftung sowie im Verwaltungsrat des Schweizer Jobportals Jobcloud.

Führungsrolle?
Nicht ohne Tech-Know-how!

MIRIAM WOHLFARTH

Digitale Technologien ermöglichen es großen und kleinen Unternehmen, sich neu zu erfinden. Einhergehend mit dem Wandel der Unternehmen verändert sich automatisch auch die Arbeitswelt und wird immer stärker geprägt von Daten und digitalen Abläufen. Traditionell etablierte Berufsbilder verändern sich – gefühlt entstehen monatlich Dutzende neuer Jobprofile. Eines ist klar: Digitale Skills werden in allen Bereichen immer wichtiger.

Die Digitalisierung ist dabei kein individuelles, auf einzelne Unternehmen bezogenes Projekt, sondern ein übergeordneter Wandel. Damit Unternehmen hierzulande auch im Jahr 2030 erfolgreich sind, sind verschiedene Aspekte digitaler Anpassung gefragt.

Unternehmen mit Tech-DNA gestalten die Zukunft
Im Jahr 2030 werden in erfolgreichen Unternehmen Mitarbeiter mit Tech-Know-how in den entscheidenden Managementrollen sitzen. Denn während Führungskräfte der Vergangenheit oft damit beauftragt waren, vorgegebene Strategien auszuführen, die Effizienz zu steigern und bereits bestehende Prozesse zu optimieren, ist eine der wichtigsten Aufgaben heutiger und auch künftiger Führungskräfte, etwas völlig Neues zu schaffen.

Nur durch tief greifendes Technikverständnis sind genau diese Führungskräfte – und dadurch auch ihr Unternehmen – in der Lage, Daten aufzubauen, diese richtig miteinander in Verbindung zu bringen und so ihre Kunden besser zu verstehen. Wer seine Kunden versteht, baut bessere, kundenorientierte Produkte und bleibt so wettbewerbsfähig – und das langfristig.

Wichtig ist, dass der digitale Kopf eines Unternehmens kein externer Berater ist, sondern idealerweise der CEO selbst oder zumindest ein Mitglied der C-Runde. Diese Person sollte sich auch nicht nur für Innovation aussprechen, sondern ein tatsächliches Tech-Verständnis, das heißt IT- und Digitalwissen, und vor allem Erfahrungen haben.

Future Skills sind nicht nur digital

Damit Unternehmen in Zukunft erfolgreich sind, ist die Verknüpfung von technologischen und digitalen Fähigkeiten gepaart mit Erfahrung aus klassischen Fähigkeiten, wie Kreativität oder Durchhaltevermögen, von entscheidender Bedeutung. Der Stifterverband nennt diese Fähigkeiten Future Skills. Es genügt nicht, nur Mitarbeiter zu beschäftigen, die einzelne dieser oben genannten Fähigkeiten mitbringen – diese Skills gehören in die C-Suite.

Ins Skill-Set jedes Leaders gehören im Jahr 2030 in jedem Fall folgende Fähigkeiten:

- Führungskräfte haben die Fähigkeit, stetig neue Lösungen zu entwickeln: Führungskräfte sind in der Lage, die kontinuierliche Veränderung zu gestalten, anstatt darauf zu reagieren, und damit die Auswirkungen in die richtige Richtung zu lenken. Es sind Führungskräfte, die nach neuen Möglichkeiten suchen, ihr Unternehmen neu zu definieren, sodass es zu dem wird, was es für die Zukunft sein muss.
- Führungskräfte haben die Fähigkeit, emotionale Intelligenz mit Technologie zu verbinden: In einer Zukunft, die mehr künstliche Intelligenz am Arbeitsplatz einbezieht, sind Führungskräfte, die emotional intelligent sind, letztendlich erfolgreich. In dem Maße, wie Technologie in Geschäftsprozessen allgegenwärtiger wird, sind Organisationen flacher und weniger hierarchisch. Da sich Arbeits-

prozesse organischer entwickeln, werden sie von Führungskräften vorangetrieben, die Menschen verstehen und in sie investieren.

Digital Literacy als fester Bestandteil des Curriculums
Im Jahr 2030 erfordern rund 100 Prozent der ausgeschriebenen Stellen digitale Fähigkeiten, und rund 65 Prozent der Kinder, die seinerzeit in die Grundschule kamen, nehmen Arbeitsplätze an, die zu ihrer Grundschulzeit noch nicht existierten. Das hat sich bis heute nicht verändert, denn Technologie entwickelt sich auch heute noch rasant weiter.

Die Zukunft unserer Unternehmen und ihres Erfolgs steht und fällt also mit dem digitalen Know-dow ihrer Mitarbeitenden. Die sich kontinuierlich weiterentwickelnden Technologien brauchen daher solche, die über Selbstorganisations- und Problemlösungsfähigkeiten verfügten, innovativ und in der Lage sind, sich schnell anzupassen und beispielsweise auch aus der Ferne zusammenzuarbeiten. Alle Berufe, von Vertriebsmitarbeitern und Kommunikationsberaterinnen bis zum Sachbearbeiter, benötigen digitale Fähigkeiten, sei es im Umgang mit elektronischen Daten, in Fragen des Datenschutzes, der Kollaboration mit anderen oder bei selbstständigem Arbeiten. Entscheidend ist daher, dass sich unser Bildungs-, Hochschul- und Berufsbildungssystem stärker an den zukünftig benötigten Fähigkeiten orientiert und seine Bildungsangebote stetig weiterentwickelt.

Im Jahr 2030 ist Programmieren in jedem Fall fester Bestandteil des Curriculums, aber auch abstrakte Fächer wie die Nutzung und Weiterentwicklung von Machine Learning, Artificial Intelligence und anderer Technologien. Wir sind einerseits in der Lage, digitale Lösungen zu bauen, andererseits aber auch, diese sinnvoll in bestehende Strukturen einzubinden, sodass sie einen echten Mehrwert schaffen. Denn das digitale Rad dreht sich kontinuierlich weiter. Lifelong Learning ist hier das Stichwort, und große Universitäten bieten entsprechende Kurse an – zum Teil sogar kostenfrei oder als Zertifikat im modularen Verfahren. Wichtig ist, dieses Angebot vor allem auch für Angestellte in Unternehmer attraktiv zu halten.

MEINE ZUKUNFTSBAUSTEINE

 Jedes Unternehmen hat mindestens eine Person mit Tech-Know-how in einer entscheidungsstarken Managementfunktion. Diese Person darf kein Berater sein, sondern ist eine im Unternehmen eingebundene Führungskraft mit tief greifendem Tech-Wissen. Das kann zum Beispiel ein CTO oder sogar der CEO sein.

 Führungskräfte der Zukunft haben nicht nur digitale Fähigkeiten, sondern darüber hinaus vor allem Kompetenzen, die Computer nicht haben. Sie sind in der Lage, kontinuierlich Veränderungen zu gestalten und emotionale Intelligenz mit künstlicher zu verknüpfen.

 Radikaler Fokus darauf, Menschen und den Nachwuchs mit digitalen Fähigkeiten auszustatten. Wir brauchen »digital literacy«, und da sich Technologien rasant weiterentwickeln, darf das Lernen nicht nach der Ausbildung aufhören. Programmieren ist dabei ein Fach, das in jedem Fall ins Curriculum jeder Schule gehört, aber auch die Anwendung neuer Technologien im Business muss kontinuierlich weitergefördert werden.

MIRIAM WOHLFARTH ist als Geschäftsführerin und Gründerin von Ratepay eine der ersten weiblichen Fintech-Gründerinnen in Deutschland und hat fast 20 Jahre Erfahrung im Online-Payment und Vertrieb. Mit Ratepay gestaltet sie aktiv die Entwicklungen in der Payment-Industrie mit und ist immer am Puls der Zeit. Durch die AI-basierte, selbst entwickelte State-of-the-Art-Risikosoftware bei Ratepay sind Fraud und Risk keine Fremdwörter für sie. Sie hat für einige erfolgreiche, internationale Unternehmen gearbeitet (Worldpay, Royal Bank of Scotland), ist als Angel-Investor für Start-ups unterwegs und engagiert sich als Gesellschafterin bei Startup Teens. Neben Ratepay ist Miriam Wohlfarth ebenfalls Gründerin von Banxware, einem Software-as-a-Service-Anbieter für integrierte Finanzdienstleistungen, der es Unternehmen ermöglicht, Darlehen sowie weitere Bankdienstleistungen an ihre Kunden anzubieten.

Die Gleichstellungsdebatte ist Schnee von gestern

DANIEL KRAUSS

Die Weltbevölkerung – so vermitteln es diverse Studien, unter anderem eine von der Washington State University finanzierte – wird in etwa 35 Jahren zu schrumpfen beginnen. Schon in den 2020er-Jahren war klar: Der War for Talent spitzt sich zu. Und doch gab es nach wie vor etliche DAX-Unternehmen, die auf eine wesentliche Ressource im eigenen Land weitestgehend verzichteten: auf die Frauen. In den von Covid-19-geprägten Jahren entbrannte stattdessen die Debatte um Gender Equality neu, weil immer mehr Frauen, statt ihrem Karriereinstinkt zu folgen, gezwungen waren, ihren Heim- und Herdinstinkt neu zu beleben. Sie mussten dafür sorgen, dass der Homeschooling-Betrieb am Laufen blieb und der im Homeoffice arbeitende Ehegatte ungestört seinem Job nachgehen konnte. Mann arbeitet, Frau hütet das Heim – diesem Klischee wollten wir nicht erneut aufsitzen.

Die neue Quote finanziert unsere Arbeitsinfrastruktur
Im Jahr 2030 haben wir eine Infrastruktur geschaffen, die über eine 30-Prozent-Frauenquote im Aufsichtsrat hinausdenkt. Wir haben eine 50-Prozent-Quote etabliert, und zwar durchgängig für alle Bereiche und Branchen. Diese Quote bedeutet nicht, dass Unternehmen einfach eine Frau um »der Frau Willen« auf einen Posten setzen, auch wenn sie für den Job nicht geeignet ist. Diese Quote bedeutet, dass wir es Frauen möglich machen, die Karriere zu verfolgen, die sie möchten.

Zwei der Kernherausforderungen, warum weniger Frauen als Männer arbeiten, sind unser Erziehungs- und Bildungssystem und der damit einhergehende Mangel an Betreuungslösungen sowie unser starres Arbeitsplatzdenken. Mit der neuen Quote sorgen wir nicht nur für ein ausgeglicheneres Gleichstellungsverhältnis zwischen Männern und Frauen, sondern schaffen vor allem die nötige Infrastruktur, um diese Gleichstellung möglich zu machen.

Findet ein Unternehmen vermeintlich keine Frau für einen bestimmten Posten und besetzt ihn stattdessen mit einem Mann, muss es eine empfindliche Strafzahlung leisten – und zwar in unser Bildungs- und Erziehungssystem. So ermöglichen wir die Etablierung einer Infrastruktur in Form von ausreichend Betriebskindergärten oder Kitas. Wir lösen das Problem von zu wenig Erzieherinnen und Erziehern. Unternehmen sind inzwischen gesetzlich verpflichtet, flexiblere Arbeitszeiten einzurichten und damit mitunter auch neue Jobprofile zu etablieren. Das so entstandene Arbeitssystem ist damit insgesamt wesentlich ausgeglichener und sorgt für echte Gender Equality.

Herdprämie und Ehegattensplitting waren gestern – smartes Erziehungswesen ist heute

Wir haben eine überproportionale Förderung von kostenfreien Kitas und Ganztagserziehung etabliert. Und: Wir haben das Betreuungsgeld eingeführt, das es Eltern erlaubt, alternative Betreuungsmöglichkeiten außerhalb des Kita-Systems für die eigenen Kinder zu finden. Auch Elternteile, die keine Kinderpause einlegen wollen oder ihre Kinder nicht in einer Kita unterbringen können (oder wollen), profitieren davon, denn sie können das bereitgestellte Geld für Au-pairs oder jede andere Art von Betreuung einsetzen.

Durch diese Ansätze stärken wir die Wirtschaftsleistung so gut, dass wir sogar noch Strahleffekte generieren. Lange Zeit war es offensichtlich, dass im Bereich Erziehung und Bildung durchaus mehr Frauen als Männer tätig sind. Wir fördern im Jahr 2030 das Erziehungswesen daher in zwei Schritten. Flächendeckend sorgen die Länder für mobile Betreuer oder Erzieher, sodass Eltern entlastet werden und beiden die Möglichkeit gegeben wird, ihrer Arbeit nachgehen zu können. Die Gehälter für Betreuer und Erzieher sind längst angepasst und inzwischen durchaus attraktiv genug, dass die Berufe wieder interessant sind. Übrigens: gleichermaßen für alle Geschlechter.

Und wir lösen gleichzeitig ein weiteres Problem. In der sogenannten Mittelschicht, dem zentralen Bestandteil unserer Bevölkerung, stehen junge Paare vor Herausforderungen: Wohne ich in Berlin oder in München und denke über Eigentum nach, oder mache ich mir Gedanken über Nachwuchs? Es ist aufgrund der Verschiebungen in unserer Wirtschaft nicht mehr so, dass es nur einen »Ernährer« gibt, der die Kosten des Haushalts komplett tragen kann, sondern es müssen praktisch beide arbeiten. Auch hier kann eine etablierte Infrastruktur im Erziehungswesen dazu beitragen, dass Ehepaaren diese Entscheidung erleichtert oder sogar abgenommen wird. Denn ein gutes Erziehungssystem und flexible Arbeitszeitmodelle ermöglichen es beiden, mit Kindern zu arbeiten. Und neben Kindern gibt es im Jahr 2030 zudem immer mehr pflegebedürftige Ältere, das heißt, auch hier fördern wir Flexibilität am Arbeitsplatz, sodass vor allem Frauen nicht benachteiligt sind.

Das Ministerium für Familie, Senioren, Frauen und Jugend hat geschlossen – Bildung wird zentral auf Bundesebene gesteuert

Wenn wir uns mit dem Thema Wirtschaftswachstum beziehungsweise Wohlstand unserer Gesellschaft befassen, gibt es zwei Bereiche, die wir abdecken müssen: Bildung sowie Arbeit und Soziales. Dafür gibt es jeweils ein entsprechendes Ministerium.

Um unseren Wohlstand zu sichern, müssen wir zumindest temporär unsere Produktivität steigern, und dafür müssen wir die Erwerbsquote erhöhen. Das fällt in den Bereich des Ministeriums für Arbeit und Soziales. Das Wirtschaftsministerium wiederum ist ureigenst dafür verantwortlich, dass wir unsere Wirtschaftskraft stark halten.

Da wir aufgrund von besseren Infrastrukturen, besserer Kinderbetreuung und flexibleren Arbeitsmodellen mehr Frauen im Arbeitsleben integriert haben, erledigt sich auch die Debatte um statistische Erhebungen, die schon seit Jahrzehnten besagen, dass Firmen, die Gleichstellung leben, besser performen. Es hat etwas länger gedauert, aber im Jahr 2030 ist auch Deutschland auf dem Niveau amerikanischer quartalsgetriebener börsennotierter Technologieunternehmen, die schon lange auch ihre männlichen Mitarbeiter bei voller Bezahlung in Elternzeit schicken. Wir sorgen jetzt auch auf allen Hierarchiestufen für ein ausgeglichenes Verhältnis und erzielen so bessere Ergebnisse. Davon wiederum profitierten der Staat und unsere Gesellschaft, und die Notwendigkeit eines Ministeriums für Familie, Senioren, Frauen und Jugend ist damit auch obsolet.

Ein wichtiger Schritt für uns ist auch die Steuerung der Bildung auf Bundesebene. Föderalismus ist in vielen Aspekten sinnvoll, nicht aber im Bereich Bildung. Warum? Wir können es uns einfach nicht mehr leisten, dass wir in manchen Bundesländern einen progressiven Ministerpräsidenten vorfinden und anderswo einen konservativen, der sich neuen Lehrmethoden verweigert. Wenn es um die Erziehung und Ausbildung unserer Kinder, sprich unserer Zukunft, geht, müssen wir an einem Strang ziehen. Denn unsere Leistungsfähigkeit baut auf unseren Arbeitskräften auf. Mit Rohstoffen können wir nicht überleben, denn davon haben wir nicht genug. Unser Kapital ist unsere Workforce, die Arbeitskräfte von morgen müssen wir heute schon gut ausbilden – und da darf es keine Unterscheidung geben, ob ein Kind in Hamburg oder Ostwestfalen geboren und aufgewachsen ist.

MEINE ZUKUNFTSBAUSTEINE

 Die neue Quote finanziert unsere Arbeitsinfrastruktur. Wir schaffen eine durchgängige 50-Prozent-Quote und sorgen dafür, dass alle Bereiche damit gefördert werden.

 Wir setzen auf ein smartes Erziehungswesen und fördern zeitgemäße Strukturen – in Familie, Arbeit und vor allem in den Connector dazwischen: das Erziehungssystem.

 Das Ministerium für Familie, Senioren, Frauen und Jugend ist abgeschafft, das Thema Bildung wird zentral auf Bundesebene gesteuert. Denn weder Frauen noch Kinder sollten als Randgruppe behandelt werden, sondern müssen als vollwertige Mitglieder der Gesellschaft auch genauso behandelt werden.

DANIEL KRAUSS ist Co-Founder von FlixBus und kümmert sich als CTO um die Bereiche IT, Mobile und Software Development. Gemeinsam mit seinem Schulfreund André gründete Daniel bereits während des Studiums ein erfolgreiches IT-Start-up. Seinen langjährigen Job bei Microsoft – und seinen Firmenwagen – opferte er schließlich für den Aufbau von Europas größtem Fernbusanbieter.

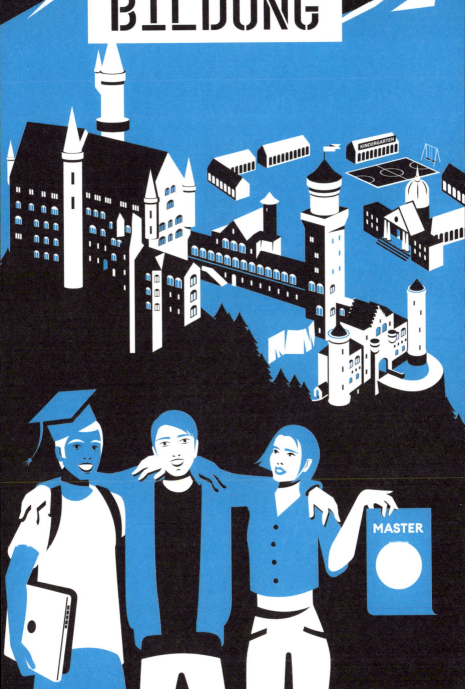

Als Schule nicht mehr Scheiße war ... fürs Leben lernen, aber cool

ALEXANDER GIESECKE UND NICOLAI SCHORK

Es ist der 6. Juli 2030, 10.30 Uhr – Jan, 17, bereitet sich auf die virtuelle Präsentation seines jüngsten Schulprojektes vor. Ein interdisziplinäres Projekt übrigens, das »Anleihen« bei gleich mehreren der früheren klassischen Fächer macht. Neben Mathe und Physik hat sich sein Team auch mit den wirtschaftlichen Aspekten beschäftigt und das Ganze mit einer entsprechenden Businessplanung abgerundet. Die Idee ist simpel und nicht neu, aber deutlich smarter: Jans Team hat einen KI-basierten Algorithmus entwickelt, der das Lernen noch individueller machen soll, als übliche Apps das heute bereits leisten. Berücksichtigt hat die Gruppe dabei vor allem Überlegungen, dass jeder Mensch anders beziehungsweise nicht gleich schnell lernt und dass das Abrufen des Gelernten für das Behalten essenziell ist (»testing effect«). Jans Team ist sich sicher: Die Anwendung wird fliegen, ihre Business-Planung ist daher sehr optimistisch. Für 11.00 Uhr ist die Präsentation vor Lehrern, einem Business Angel und den Mentoren des Teams, die die einzelnen Teammitglieder bereits seit Jahren begleiten, geplant. Da einige der Mentoren in London, Paris und Rom sitzen, findet die Präsentation wie fast immer in diesen Fällen virtuell statt.

Lernen fürs Leben
Um 10.45 Uhr hat sich Jan mit seinem Team verabredet; man trifft sich im Meet-up-Room, einem Coworking Space, in dem Jans Team in den vergangenen Wochen regelmäßig zusammengekommen ist. Neben Rechnern bietet der Raum auch Whiteboards, die zeigen, welche Entwicklungsschritte die Gruppe gemacht hat. Alle sind aufgeregt, aber bestens vorbereitet. Videosequenzen wechseln sich mit Animationen und Grafiken ab, jeder aus dem Team übernimmt einen Präsentationspart. Vier Monate hatte die Gruppe Zeit, die Aufgabe zu bewältigen; jetzt fiebern alle dem Moment entgegen.

Pünktlich um 11.00 Uhr geht es los: Das Team präsentiert in knackigen 30 Minuten die App, ihre Funktionsweise, die Business-Planung inklusive existierender Wettbewerber, der Marketing- und Personalplanung. Die Vorführung mit vielen interaktiven Elementen zum Ausprobieren kommt hervorragend an: Das schlägt sich nicht nur in einer ausgezeichneten Punktzahl nieder, sondern auch in einer ersten Finanzierungszusage des Business Angel. Automatisch geht diese Zusage an das schuleigene Start-up-Team, das ab jetzt die Gruppe aktiv unterstützen wird.

Lehrer machen Zukunft – interdisziplinär und europäisch
Für den Mathematiklehrer Jonas Behrens, der das Projekt gemeinsam mit den Mentoren und dem Business Angel begleitet hat, ist das Ergebnis ebenfalls mehr als erfreulich, hat sich doch sein Konzept, den Lehrstoff mit konkreten Business-Anforderungen aus der realen Welt zu verknüpfen, mehr als bewährt. Die Basis dazu hat er gemeinsam mit ehemaligen Studienkollegen, die es alle in unterschiedliche Bereiche verschlagen hat, entwickelt. Konzernvertreter sind ebenso in diesem Kreis wie ein Banker und eine Unternehmensberaterin – beste Voraussetzungen also für den wirtschaftlichen Touch in Schulprojekten. Ein Ansatz, den übrigens inzwischen viele seiner Kollegen verfolgen und der sich mehr als einmal bewährt hat: gemeinsam mit Wissenschaft, Wirtschaft und Politik über Ideen nachzudenken, die wirtschaftlichen oder gesellschaftlichen Impact haben könnten.

Die Kultusministerien der Länder, die solche Entwicklungen noch bis vor wenigen Jahren behindert hatten, sind aufgelöst und der Institution »KnowlEconomy« gewichen, die die führenden Köpfe aus Wissenschaft und Wirtschaft zusammengebracht hat und so europaweit für einheitliche Standards und kreative Impulse in der Lehre und beim Lernen sorgen. Entscheidungen werden bei »KnowlEconomy« (das Kürzel steht für Knowledge und Economy) deutlich schneller getroffen, als das noch bis vor wenigen Jahren üblich war. 2025 hatte die EU-Kommission beschlossen, dass man die Lehre und das Lernen länder- und wirtschaftsübergreifend neu anlegen müsse. KnowlEconomy hat das gesamte europäische Bildungssystem neu gedacht; die interdisziplinären Projekte sind erste Schritte zu einer völlig anderen Bildungslandschaft. Diskutiert wird derzeit zum Beispiel, wie man welchen Lerntypus fördern und unterstützen kann oder wie Hochbegabte gefördert oder Kinder mit Behinderungen unterstützt werden können. Erste Programme sind entwickelt und werden – anders als früher, als diese Vorhaben für die Umsetzung Jahre brauchten – bereits in der Praxis erprobt.

Behrens erinnert sich nur ungern an seine Anfangszeit als Lehrer, als er curriculumgebunden streng nach Lehrplan unterrichten musste. Heute versteht er sich eher als Coach seiner Schüler, er will inspirieren, motivieren und herausfordern. Er weiß: Mit reiner Wissensvermittlung kann er heute nicht mehr punkten. Der Einsatz unterschiedlichster Technologien, etwa Lernplattformen, die immer individueller werden (wie die neu entwickelte App von Jans Team), helfen, das Lerntempo und die Lerngeschwindigkeit des Einzelnen zu berücksichtigen. Vor Jahren schon wurden alle Schüler mit entsprechenden Endgeräten ausgestattet und erhalten ein neues, wenn sich das alte überlebt hat – ein Schritt, der für deutlich mehr soziale Gerechtigkeit sorgte als alle anderen Programme zuvor.

Auf Behrens Agenda steht jetzt ein Virtual Call mit Kollegen und Kolleginnen aus ganz Europa. Ziel des monatlichen Austausches, der übrigens von KnowlEconomy initiiert wurde, ist das Teilen von gewonnenen Erkenntnissen mit interdisziplinären Projekten. Die besten Projekte werden länderübergreifend ausgewählt und öffentlich vorgestellt. Behrens ist sich sicher, dass es Jans Team auf die Besten-Liste schaffen wird. Nach dem Call trifft er sich mit dem Mentoring-Team der Schule, um das weitere Vorgehen für Jans Projekt festzulegen. Unterrichtsvorbereitungen, die bis vor fünf Jahren noch seinen Tagesplan dominierten, fallen ebenso flach wie der klassische Unterricht.

Back to 2020

Die schöne neue Bildungswelt muss (und wird, wenn es nach uns geht) keine Zukunftsmusik bleiben. Wir haben es jetzt in der Hand, entsprechende Weichen zu stellen und das Thema Bildung neu zu denken. Die Krise zu Beginn des Jahres hat eindeutig gezeigt: Unser Bildungssystem ist für das Morgen nicht besonders gut aufgestellt und kann mit Krisen nur bedingt umgehen. Plötzlich erkannten alle, wie wichtig die Digitalisierung der Schulen ist und wie notwendig man digitale

Inhalte braucht, die das Lernen im Homeschooling spannend, aber auch zielführend macht. Hektisch begannen Schulen, Kultusminister und Länder an Lösungen zu arbeiten, die unterm Strich eher wenig gebracht haben. Immerhin: Der Digitalpakt, der immer wieder diskutiert und kritisiert wurde, kommt. 5 Milliarden Euro lässt der Bund sich den digitalen Bildungsangang kosten.

Allerdings – und hier zitieren wir gern *Die Zeit* vom Februar 2020: »Digitale Bildung geschieht nicht einfach, weil die Geräte da sind. Lehrer müssen auch einschätzen können, wann und wozu sie sie einsetzen können. Welche Spiele, Apps oder Videos motivieren und fördern ihre eigenen Schüler – und welche lassen sie eher wegdösen oder überfordern sie?« Mit anderen Worten: Wie bekommen wir bildungstechnisch die Milliarden an die Schulen und machen diese zukunftsfähig?

Szenario 1: Jeder versucht verzweifelt (weil es schnell gehen muss), eigene Lösungen zu bauen. Nicht von ungefähr tummeln sich auf diesem Markt einige Anbieter mit einer Vielzahl von Lösungen. Auch Schulen arbeiten an singulären Lösungen – nicht alle Ansätze sind schlecht, aber sie sind nicht koordiniert, geschweige denn untereinander kompatibel.

Daher plädieren wir für:

Szenario 2: Politik und private Anbieter arbeiten zusammen und schaffen so eine sinnvolle Bildungslandschaft, die digitale Bildungsanbieter mit vorhandenen Institutionen verknüpft. Nüchtern betrachtet wird dieses Szenario eher wenig Chancen haben, obwohl es etliche Anbieter und gute Lösungen gibt, die nur darauf warten, in einer solchen Landschaft koordiniert und gemeinsam aktiv zu werden. Bei entsprechender Berücksichtigung von Qualitätsmanagement und Datenschutz, versteht sich. Ohne Zertifizierung wird es nicht gehen, aber sie sollte keinesfalls die Entwicklung zukunftsfähiger Lösungen bremsen. Über Lobbyarbeit, Petitionen und die Ansprache von Multiplikatoren gehen wir derzeit den harten Weg der Überzeugungsarbeit und engagieren uns für dieses Szenario.

Denn die Bildung von morgen wird – ob wir das nun wollen oder nicht – eine andere sein.

UNSERE ZUKUNFTSBAUSTEINE

 Bildungsinstitutionen (Schule und Universitäten): Der Flipped Classroom, also der »umgedrehte Unterricht«, macht Schule. Wissen wird über Tools individuell vermittelt, die Anwendungen und die sozialen Aspekte kommen in der Institution dazu.

 Schüler: Sie lernen zu Hause und zeigen in der Schule die Anwendung des Gelernten. Dabei nutzen sie digitale Lösungen, die den individuellen Lernfortschritt berücksichtigen, im und für den Unterricht. Digitales ist wie das Schulbuch selbstverständlicher Baustein in der Bildung.

#3 Lehrer: Die Rolle des Lehrers ist eine andere; er ist Mentor und Coach, er inspiriert, motiviert und fordert heraus.

#4 Chancengleichheit: Durch den sinnvollen Zugang zu Wissen über digitale Lösungen hat jeder die gleiche Chance – vorausgesetzt, wir stellen diese Lösungen für sozial benachteiligte Kinder kostenneutral bereit.

ALEXANDER GIESECKE und NICOLAI SCHORK, 1995 und 1994 in Mosbach geboren, gehören zu den jungen Vorzeigeunternehmern dieses Landes. 2012 gründeten sie gemeinsam simpleclub und revolutionieren seitdem das Thema Lernen. Sie zeigen, wie Digitalisierung geht und wie anfassbar, leicht verständlich und inspirierend Lehre und Wissen sein können. Als Buchautoren und Speaker teilen sie ihre Geschichte, inspirieren Jung wie Alt und stehen für Unternehmertum mit gesellschaftlicher Verantwortung. Alexander Giesecke und Nicolai Schork leben in München.

Schule 2030: Lehrer, die pendeln, und Experten, die ihr Wissen teilen

JOHANNA LANGEMEYER

Heute: Diskriminierung und Ausgrenzung auf der Tagesordnung

Ich habe mich in der Mittelstufe nicht sonderlich für Physik interessiert. Generell habe ich mich mit Naturwissenschaften sehr schwergetan. Bei den Fächern bin ich einfach davon ausgegangen, dass sie mir keinen Spaß machen und ich zu wenig Neugier habe. Im Nachhinein glaube ich allerdings nicht, dass es daran lag, dass ich die Fächer nicht interessant genug fand, sondern es lag an den Kommentaren meines Lehrers – alt, konservativ und irgendwie in der Zeit steckengeblieben. Aussagen wie »Wir brauchen einen Eimer für das Experiment, den kennen die Mädchen ja vom Putzen«, oder »Das hier können jetzt nur Jungs verstehen, ihr Mädchen kennt euch in anderen Bereichen gut aus« kamen regelmäßig in seinen Stunden vor. Selbst wenn ich damals darüber gelacht habe, war es dennoch ein unbewusster und passiver Hinweis, dass ein Thema wie Physik sowieso nichts für mich ist. In der Schule herrscht also selbstverständliche Diskriminierung und unbewusstes, manchmal aber auch absichtliches Ausgrenzen.

Genauso wie in den naturwissenschaftlichen Fächern konnte man in wirtschaftlichen Fächer dasselbe Problem beobachten, von Lehrern, aber auch von Schülern ausgehend. Teilweise wurden mir Aussagen wie »Was interessierst du dich denn für Aktien? Mädchen haben doch gar keine Ahnung davon« an den Kopf geworfen. Anfänglich, als ich wirklich noch nicht so viel Ahnung von Finanzen hatte, haben mich solche Aussagen extrem eingeschüchtert, und ich habe mir lange »im Stillen« Wissen angeeignet, bevor ich wieder an Diskussionen und Gesprächen teilgenommen habe. Auch heute habe ich oft noch das Gefühl, nicht wirklich ernst genommen zu werden, vor allem von männlichen Klassenkameraden und älteren Lehrern.

Es ist schon erschreckend, dass Jungs bei wirtschaftlichen und naturwissenschaftlichen Themen oft mehr zugetraut wird als Mädchen. Ich musste viel zu oft mein Wissen unter Beweis stellen, bevor ich an einer Diskussion teilnehmen durfte und dann auch ernst genommen wurde.

Bei wirtschaftlichen Fächern kommt noch ein weiteres Problem hinzu, zumindest an meiner Schule: Es wird der ganze Themenbereich Wirtschaft und Sozialwissenschaften nur mit einem Fach abgedeckt, also maximal zwei Stunden pro Woche, um über Finanzen, Wirtschaft, Politik, Unternehmertum, soziale Ungleichheit, Europa und noch viele Themen mehr zu sprechen. Entsprechend fallen manche dringend notwendige Unterrichtsreihen einfach aus dem Curriculum raus. Das Thema Finanzen zum Beispiel wurde an meiner Schule aus diesem Grund überhaupt nicht behandelt. Dabei ist es doch heutzutage so wichtig, vor allem für Frauen, sich mit Aktien, Anlagemöglichkeiten, Gehalt und Finanzen allgemein auseinanderzusetzen. Außerdem bin ich mir sicher, dass ein Drittel der Abiturienten noch nie etwas von Entrepreneurship oder ETF gehört hat.

Die oben genannten Probleme sind nur zwei von vielen, die der Förderung von Mädchen in wirtschaftlichen und naturwissenschaftlichen Fächern im Weg stehen, aber auch generell dazu führen, das Schüler*innen ihr Interesse an wichtigen Themen verlieren oder gar nicht erst entdecken.

Schule 2030
Damit Schule ein Ort der Kreativität, Individualität und Gleichberechtigung werden kann, müssen diese Themen schnellstmöglich geändert werden. Daher fordere ich die sofortige Umsetzung folgender Maßnahmen:

1. Als Antwort auf die sinkende Halbwertzeit von Wissen
muss Schule digitaler werden
Lernen mit digitalen Medien bedeutet Lernen mit zeitgemäßen Materialien und Quellen. Aktuell werden noch zu viele Inhalte über Bücher vermittelt, die älter als zehn Jahre sind. Inhalte sowie Grafiken und Bilder sind meist veraltet und nicht ansprechend. Aus finanziellen und umweltbezogenen Aspekten stellt die Erneuerung der Bücher keine Option dar. Die Nutzung von zeitgemäßen Tools wie Videos, Onlinezeitungen, Audios und E-Books stellt die Aktualität der Inhalte sicher. Themenreihen lassen sich hierdurch interessanter, realer und flexibler gestalten.

Die Sicherstellung des Zugangs zu digitalen Tools liegt in den Händen der Schulen. Diese stellen nicht nur die Hardware, sondern auch persönliche E-Mail-Adressen und freie Zugänge, wie beispielsweise zu Microsoft Office, zur Verfügung.

2. Weg vom Frontalunterricht hin zu schulübergreifender Projektarbeit

Schüler müssen individueller gefördert werden und ihre Stärken vertiefen können. Projektbezogenes Arbeiten gibt oft tiefere und praktischere Einblicke in Inhalte als der klassische Tafelunterricht. Wenn Schulen zusätzlich mehr kooperieren würden, kämen auch Projekte zustande, für die an einer Schule die Anzahl der interessierten Schüler nicht gereicht hätten. Projektbezogenes Lernen würde also Stärken fördern und Interessen vertiefen.

Eine engere Kooperation zwischen Schulen würde außerdem dazu führen, dass gut funktionierende Konzepte, Materialien und Strategien konstruktiv ausgetauscht werden und Kommunikation-Skills durch regelmäßigere und intensive Kommunikation der Lehrer und Schüler geschult werden.

3. Aneignung von Kompetenzen und Verhaltensweisen bekommt denselben Stellenwert wie die Vermittlung von Lerninhalten

Genauso wie Lerninhalte bis zur vollständigen Verinnerlichung ständig wiederholt werden, sollten auch Kompetenzen und Verhaltensweisen in der Schule regelmäßig und bewusst vermittelt werden. Dadurch werden von Beginn an wichtige gesellschaftliche Werte wie Demokratie, Gerechtigkeit und die Gleichstellung aller Gender nachhaltig eingeprägt. Deshalb der Aufruf, aktiv und bewusst ohne inhaltliche Bezüge zum Fach regelmäßig wichtige Kompetenzen, Werte und Verhaltensweisen als einzelnes Thema zu wiederholen und zu vertiefen.

4. Um lebenslanges Lernen bei Lehrkräften sicherzustellen, müssen diese in regelmäßigen Abständen ihren Arbeitsort wechseln

Ein Problem, das man in den letzten Jahren beobachten konnte, ist folgendes: Kurz nach dem abgeschlossenen Studium sind Referendare und junge Lehrer sehr engagiert, motiviert und versuchen, ihren

Unterricht aktuell, digital und abwechslungsreich zu gestalten. Nach einigen Jahren und etwas mehr Berufserfahrung entwickeln sie dann eine Routine. Lehrkräfte sehen dann häufig keine Notwendigkeit mehr, Neues auszuprobieren und den Unterricht zeitgemäß sowie aktuell zu gestalten. Besonders ältere Lehrer hängen häufig in alten Zeiten fest und »verweigern« sich neuen Entwicklungen und gesellschaftlichen Veränderungen.

Deshalb die Forderung, Lehrkräfte dazu zu verpflichten, ihren Arbeitsplatz alle drei bis fünf Jahre wechseln zu müssen. Praktisch gesehen sieht das folgendermaßen aus: Ein Lehrer startet an einer Schule, lebt sich ein, tauscht Methoden und Strategien mit Kollegen aus und lässt sein Engagement in die Schule einfließen. Nach fünf Jahren gibt es einen Lehrerwechsel in der Region oder der Stadt. Die Hälfte der Lehrer an jeder Schule wechselt den Arbeitsplatz, sodass über die Jahre alle Lehrer von Schule zu Schule rotieren. Dadurch gibt es gleich mehrere Vorteile: Zunächst sind Lehrer automatisch dazu verpflichtet, sich immer wieder neu zu orientieren. Jede Schule hat andere Zeiten, andere Strukturen und Methoden, als Konsequenz sind also auch Lehrer ständig dazu aufgefordert, den eigenen Unterricht zu überdenken und zu verändern. So können sich keine Strukturen im Unterricht festfahren.

Des Weiteren profitieren aber auch die Schulen von den Lehrern, die neu an die Schule kommen. Es gibt ständig neuen Input für Konzepte und Veränderungen zu Weiterentwicklung der Schule. Schulübergreifende Projekte sind einfacher zu organisieren, weil sich Lehrer von anderen Schulen kennen.

5. Lehrer schaffen die Struktur für den Unterricht – das Fachwissen wird von Fachleuten vermittelt

Lehrer studieren zwar unterschiedliche Fächer, aber dennoch lernen sie während des Studiums, unabhängig von ihren fachlichen Schwerpunkten, alle die gleichen Methoden und Strategien kennen. Der Umgang mit Schülern, pädagogisches Handeln und gesellschaftliche Werte sind ihr Spezialgebiet, und genau deshalb sollte die Kompetenz- und Wertvermittlung an Schüler auch ihre Hauptaufgabe sein. Natürlich gibt es Fächer, die auf theoretischem Wissen basieren und bei denen sich Inhalte nicht ständig verändern. In diesen Fächern sind Lehrer die optimalen Personen für die Wissensweitergabe. Aber vor allem bei spezifischen Themenbereichen in den Bereichen Wirtschaft, Politik, Kunst, Musik und Geschichte könnten Fachleute Inhalte authentischer und spannender vermitteln. Diese können außerdem von persönlichen Erfahrungen berichten. Das kann eine Lehrkraft meist nicht.

MEINE ZUKUNFTSBAUSTEINE

 Weg vom Frontalunterricht hin zu schulübergreifender Projektarbeit.

 Das Aneignen von Kompetenzen und Verhaltensweisen hat denselben Stellenwert wie die Vermittlung von Lerninhalten.

 Um lebenslanges Lernen bei Lehrkräften sicherzustellen, wechseln sie in regelmäßigen Abständen ihren Arbeitsort.

 Lehrer schaffen die Struktur für den Unterricht – das Fachwissen vermitteln Experten.

JOHANNA LANGEMEYER ist 17 Jahre alt, kommt aus Nordrhein-Westfalen und hat 2020 Abitur gemacht. Sie hat während ihrer Zeit als Schülerin der Oberstufe Start-ups und das Thema Finanzen für sich entdeckt. Seit ihrer Teilnahme am Startup Teens-Wettbewerb 2019, bei dem sie den dritten Platz erreichte, engagiert sie sich regelmäßig als Alumni für Startup Teens und arbeitet an eigenen Projekten. Sie studiert BWL.

Blended Learning: Wie die Krise uns half, die richtigen Weichen in der Bildung zu stellen

JÖRG ROCHOLL

Der Digitalisierungsrückstand des deutschen Bildungssystems ist im Jahr 2020 frappierend. Laut einer Studie des Centre for European Policy Studies (CEPS) landete Deutschland beim E-Learning auf dem 27. – und damit letzten – Platz in Europa. Um gegen diesen Zustand – der Öffentlichkeit und Politik seit Langem bekannt war – anzugehen, einigten sich die Bundesländer im Februar 2019 nach zähen Verhandlungen auf den sogenannten »DigitalPakt Schule« in Höhe von 5 Milliarden Euro. Mit dem Geld sollten Schulen mit modernen Geräten ausgestattet, entsprechende Weiterbildungen für Lehrkräfte bezahlt werden. Allerdings: Im ersten Jahr nach der Verabschiedung des Paktes war nur ein Bruchteil der Summe abgerufen. Nicht selten aufgrund langwieriger Prüf- und Bewilligungsverfahren.

Vielversprechendere Ansätze und Initiativen kamen dagegen aus dem privaten Bereich. So startete etwa der gemeinnützige Verein »Digitale Bildung für Alle« kurz nach den bundesweiten Schulschließungen eine Website, um digitale Bildungsangebote zu sammeln, die Eltern und Lehrkräfte beim Homeschooling unterstützen. Auch Workshops für Kinder und die Qualifizierung von Lehrkräften zur Vermittlung technischer Grundkenntnisse wurden gefördert. Die Lernplattform des Berliner Start-ups Sofatutor half vielen Schülerinnen und Schülern mit Lernvideos und interaktiven Aufgaben, mit den Unterrichtsinhalten weiterzukommen. Kurz nach den Schulschließungen hatten sich dort über 10 000 Schülerinnen und Schüler neu angemeldet. Am privaten Jenaplan-Gymnasium in Nürnberg unterrichteten die Lehrer knapp eine Woche nach dem Lockdown per Videokonferenzen – nach regulärem Stundenplan.

Analoge und digitale Bildung gehören zusammen
An der ESMT Berlin investierten wir bereits vor der Krise stark in den Bereich Online und insbesondere Blended Learning, eine Kombination aus Digital- und Präsenzunterricht. So haben wir im Jahr 2017 zusam-

men mit sechs anderen führenden internationalen Business Schools die Future of Management Education (FOME) Alliance gegründet und eine eigene innovative Online-Lernplattform entwickelt. Seit dem Herbst 2020 bietet die ESMT auch einen offenen Blended-MBA mit 80 Prozent Online- und 20 Prozent Präsenzanteil an.

Besonders attraktiv ist die höhere Flexibilität. Ein Blended-MBA lässt sich gut mit einem bestehenden Arbeitsverhältnis vereinbaren. Und: Die Teilnehmenden nutzen den Vorteil, dass sie zu einem echten Jahrgang und einem Netzwerk gehören. Für viele ist das Knüpfen neuer Kontakte ebenso wertvoll wie der Bildungsabschluss an sich. Neben der eingebauten Flexibilität ist das Blended-Modell aus didaktischer Sicht sinnvoll. Onlinemodule eignen sich zum Beispiel sehr gut zum Faktenlernen. Wenn sich die Teilnehmenden dann im Klassenraum treffen, sind sie hier bereits weitgehend auf demselben Stand und können vor Ort Gelerntes anwenden.

Dieser digitale Vorsprung hat uns den durch die Corona-Pandemie bedingten Umstieg vom Präsenz- in den Onlineunterricht an der ESMT vergleichsweise leichtgemacht. Auch wenn die Umstellung für unsere Lehrenden eine große kreative Herausforderung war, kommt es bei einer Onlinevorlesung doch auf andere Aspekte an als bei einer Veranstaltung im Klassenraum. Die Aufmerksamkeitsspanne vor dem Computer ist geringer, die digitale Vorlesung muss daher kürzer sein und auf interaktive Tools wie Live-Umfragen oder Strategiesimulationen setzen, um das Mitmach-Level der Studierenden hochzuhalten.

Zukunftskompetenzen

Doch nicht nur auf das Wie (die Lernmethoden und -kanäle) kommt es an, sondern auch auf das Was (die Lerninhalte). Managementwissen ist wichtiger denn je – auch und gerade für Menschen, die sich nicht als Manager im klassischen Sinne begreifen. Nicht nur Unternehmenslenker, sondern auch Fachleute aus dem Gesundheitswesen oder Führungskräfte in Krankenhäusern brauchen Managementkompetenz. Das weiß auch Dr. Kate Gaynor, ESMT-Alumna und heute Leiterin eines großen Krankenhauses in Südchina. Sie hatte ihre Erkenntnisse aus unserem Executive Transition Program (ETP) bei der Bewältigung des ersten Ansturms von Covid-19-Betroffenen in ihrer Klinik erfolgreich umgesetzt. Im ETP lernen Menschen aus unterschiedlichen Fachbereichen und mit verschiedenen Lebensläufen, wie man ein Team, eine Abteilung oder eine ganze Organisation führt. Das Beispiel zeigt eindrücklich, wie wichtig gerade zukünftig das Zusammenspiel und die engere Verknüpfung von Medizin und Management ist.

Soziale Verantwortung

Die gegenwärtige Gesundheitskrise zeigt vor allem eines: Starke und gleichzeitig verantwortungsvolle Führung ist ein Muss, um Unsicherheiten und Ängste Herr zu werden. Gelernt ist inzwischen die Tatsache, dass Führung in der Lage sein muss, Trade-offs richtig einzuschätzen und eindeutige, verständliche Botschaften zu senden. Führungskräfte wissen heute darum, dass sie neben unternehmerischer auch eine soziale Verantwortung übernehmen müssen.

»Social Impact Projects« können, wie im Curriculum des Master-in-Management-Studiengangs an der ESMT, ein wichtiges Element sein. Kein Studierender erhält einen Abschluss, ohne ein solches Projekt geplant und durchgeführt zu haben. Die Studierenden arbeiten in kleinen Gruppen sechs Wochen pro bono im Inland oder in einem Entwicklungsland, um das Erlernte für einen guten Zweck einzusetzen.

Datenwissen

Der zweite Fokus, auf den die Managementbildung noch stärker setzen muss, ist das Thema Datenanalyse. Hier geht es nicht nur darum, Daten für neuartige Geschäftsmodelle in der Technologiebranche nutzbar zu machen, sondern auch, mithilfe von Daten bessere Entscheidungen zu treffen. Die Fähigkeit, Daten richtig zu lesen und daraus Handlungsempfehlungen abzuleiten, sollte nicht allein Spezialisten überlassen werden, sondern dringend zum notwendigen Grundrepertoire einer Führungskraft gehören.

Innovation und Entrepreneurship

Der dritte große Komplex ist das Thema Innovation. Disruptionen gibt es seit jeher, und die Krise hat sie auf allen Ebenen weiter beschleunigt. Umso mehr gilt: Wer stillsteht, bleibt auf der Strecke. Das Gute ist: Innovation kann man erlernen.

Dazu zählt das grundsätzliche Verständnis digitaler Informationstechnologien, das in die Aus- und Weiterbildung gehört.

Themen wie Blockchain mit ihren derzeit diskutierten breiten Anwendungsmöglichkeiten zum Beispiel im Bereich der Finanzindustrie oder künstliche Intelligenz müssen nicht bis ins letzte technische Detail verstanden werden. Aber die Studierenden sollten ein Verständnis der Funktionsweise und Anwendungsmöglichkeiten entwickeln, um auf Disruptionen besser vorbereitet zu sein oder diese gar eigenständig zu gestalten. Angesichts der teilweise rapiden Dynamik bei diesen Technologien ist zudem ein enger Austausch zwischen Theorie und Praxis notwendig.

Neben dem Wissen um Technologien und Methoden müssen wir uns auch verstärkt um den unternehmerischen Geist kümmern. Der Hang junger Menschen zum Aufbau eines eigenen Unternehmens ist in Deutschland noch immer nicht besonders stark ausgeprägt. Im Gegenteil: Die Jugend strebt in den Staatsdienst. Das jedenfalls zeigt eine EY-Umfrage: 2016 gab knapp ein Drittel aller befragten Studierenden an, dass sie eine Laufbahn im Staatsdienst anstreben – 2018 waren es schon 40 Prozent. Gleichzeitig gab es bei der Anzahl der Unternehmensgründungen in Deutschland in den vergangenen Jahren einen Abwärtstrend, der erst im letzten Jahr gebrochen werden konnte. Mit 605 000 Gründungen war das Jahr 2019 jedoch noch immer das drittschlechteste Gründerjahr seit der Jahrtausendwende. In vielen Unternehmen scheitert die Umsetzung neuer Erfindungen weniger an den erforderlichen finanziellen Ressourcen, sondern an fehlendem unternehmerischem Mut und Weitsicht.

Weiterbildung und lebenslanges (digitales) Lernen sind die entscheidenden Bausteine für eine nachhaltige Zukunft und müssen stärker gefördert werden.

MEINE ZUKUNFTSBAUSTEINE

 2025 setzen alle Bildungsinstitutionen in Deutschland auf Blended-Learning-Formate für lebenslanges Lernen. Von Kindestagen bis ins Rentenalter ist eine intelligente Mischung von Präsenz- und Onlinelehre der neue Standard.

Über den »Digitalpakt« hinaus gibt es einen Schulterschluss zwischen Bildungseinrichtungen und der Politik auf Bundes- und Länderebene.

#2 Die staatlichen Bildungsausgaben berücksichtigen diesen Aspekt des lebenslangen Lernens; in Ergänzung dazu wird privates Vermögen viel stärker für die Bildung mobilisiert.

#3 Führungskräfte denken unternehmerisch *und* sozial. Das heißt: Es reicht nicht, allein gewinnorientiert zu denken.

#4 Die Fähigkeit, Daten richtig zu lesen und daraus Handlungsempfehlungen abzuleiten, ist nicht allein Spezialisten überlassen, sondern gehört zum notwendigen Grundrepertoire einer Führungskraft.

#5 Disruptionen sind Chancen: Deshalb unterstützen wir den unternehmerischen Geist der jungen Generation weiter. Um Innovation und Unternehmertum zu stärken, schließen sich Bildung, Politik und Wirtschaft zusammen, erarbeiten und realisieren konkrete Maßnahmen.

PROF. JÖRG ROCHOLL, Ph.D., ist Präsident der ESMT Berlin. Er ist darüber hinaus stellvertretender Vorsitzender des Wissenschaftlichen Beirats beim Bundesfinanzministerium sowie stellvertretender Vorsitzender des Vereins für Socialpolitik. Jörg Rocholl absolvierte ein Studium der Wirtschaftswissenschaften an der Universität Witten/Herdecke, das er als Diplom-Ökonom (mit Auszeichnung) abschloss. Nach seiner Promotion an der Columbia University in New York wurde er zum Assistant Professor an die University of North Carolina in Chapel Hill berufen. Er forscht und lehrt seit 2007 an der ESMT und wurde 2011 zu deren Präsidenten ernannt.

Zeit für ein Bildungs-Update: Über Menschen lernen

ANNA VIEGENER UND AXEL SCHMITTKNECHT

Stellen Sie sich vor, Sie sind Jugendlicher zwischen 14 und 18 Jahren und gehen zur Schule. Ihre Zukunft breitet sich weit vor Ihnen aus. Eine aufregende und spannungsreiche Zeit mit vielen Fragen. Wer bin ich? Was will das Leben von mir und ich von ihm? Und was erwarten andere von mir?

Jetzt geht es darum, ein eigenbestimmtes Leben anzutreten, unabhängig zu werden und auf die eigene Stimme zu hören. Erstmals hat man ernsthaft die Chance, zu entdecken, was und wer in einem steckt, und besser zu verstehen, welche Einflüsse – egal ob von Freunden, Lehrkräften, Eltern oder Influencern – auf einen einwirken.

Was wäre, wenn Sie in dieser entscheidenden Lebensphase in der Schule die Fähigkeiten vermittelt bekommen hätten, die Ihnen helfen, mit all diesen Fragen umzugehen? Unser aller Leben wäre womöglich anders, vielleicht sogar besser verlaufen. Weil wir früher verstanden hätten, was zählt und wer wir sind.

Im Jahr 2030 bereitet unser Bildungssystem unsere Kinder und Jugendlichen noch besser auf die Welt und das Leben vor. Wichtig sind heute Sozialkompetenzen, die – das weiß man inzwischen – als Lebensqualitäten erlernt werden können.

Wir lernen viel über Dinge und wenig über Menschen

Das Bildungssystem der 2020er Jahre hatte eine Schwachstelle: Unsere Kinder lernten viel über Dinge, aber wenig über Menschen. Wie man eine eigene Haltung entwickelt, die Meinung anderer aushält oder mit Emotionen umgeht, dies zu erlernen gehörte nicht zum Standardprogramm vieler Schulen. Oft kannten unsere Kinder mathematische Kniffe und die Geografie der Alpen besser als sich selbst. Das musste sich ändern. Geht es doch weniger um Fachwissen, sondern um die Fähigkeit, mit Wissen und Wandel umzugehen. Erfolgreich durch ein Leben und eine Zeit im Wandel zu navigieren, ohne dabei sich und seine Mitmenschen aus dem Blick zu verlieren, ist das Gebot der Stunde.

Social und Soft Skills müssen raus aus der Esoterik-Ecke und werden Teil der Curricula

Der Vermittlung von sogenannten »Soft Skills«, also Fähigkeiten im Feld der sozialen, persönlichen oder auch methodischen Kompetenz, wurden lange belächelt. Solch »esoterischer Kram« habe an Schulen nichts zu suchen. Was für ein Trugschluss. Eine wachsende Zahl kluger Köpfe macht sich im Forschungsfeld »Social and Emotional Learning« (SEL) darüber Gedanken, warum soziale Fähigkeiten wichtig sind und wie sie Teil unseres Bildungssystems sein können. Die Untersuchungen und Vorschläge zeigen: Die Vermittlung von sozialer Kompetenz, Resilienz und Wandlungsfähigkeit als Teil eines ganzheitlichen und zeitgemäßen Bildungsansatzes ist möglich – und wichtig. Junge Menschen, die diese Fähigkeiten mit auf den Weg bekommen, führen im Schnitt ein erfolgreicheres, stabileres und glücklicheres Leben. Sie können mit den Unvorhersehbarkeiten der Zukunft flexibler und agiler umgehen. Sie können in Krisen wachsen, statt an ihnen zu zerbrechen, und bessere Prüfungsleistungen erbringen. Kurz: Wir brauchen SEL.

Und zwar nicht als Wahlfach im Nachmittagsprogramm, sondern als integrativen Bestandteil der gesamten Schulausbildung. Dafür braucht es Lehrerinnen und Lehrer, die SEL schon während ihrer Ausbildung vermittelt bekommen, Schulleitungen und Schulbehörden, die Weiterbildungskurse anbieten – und die konsequente Anwendung von SEL-Methoden im Unterricht. SEL steht inzwischen auf der Agenda der Kultusminister. Und die Bundesregierung unterstützt das Thema durch ein umfassendes SEL-Förderprogramm. Nach dem Vorbild des DigitalPakts schafft man so ein Förder-Ökosystem, das Schulen bei der Implementierung von SEL konkret unterstützt.

Sozialkompetenz stärkt unsere Demokratie

Nicht nur unsere Kinder werden von der Förderung der Sozialkompetenz und der Entwicklung einer eigenen Haltung profitieren. Auch unsere Demokratie wird es uns danken. Denn nur wer ein wertschätzendes Bild von sich selbst hat, kann auch andere wertschätzen. Nur wer sich und seine Fähigkeiten kennt, kann andere in ihren Qualitäten und Talenten (an)erkennen und so gemeinsam wachsen. Mit individueller Potenzialentfaltung und der Vermittlung von Sozialkompetenz im Bildungssystem legen wir die Fundamente für Kooperation, Friedfertigkeit und Demokratie.

In Zeiten, in denen unsere Demokratie und freie Gesellschaft zunehmend unter Druck gerät, ist eine Investition in die sozialen Kompetenzen der nächsten Generation elementar wichtig. Die Vermittlung von sozialen Fähigkeiten für unsere Kinder und Jugendlichen wird zu einer breiten gesellschaftlichen Anstrengung. Auch zivilgesellschaftliche Akteure wie Vereine oder Stiftungen leisten ihren Beitrag, damit das Fähigkeiten-Update für unser Bildungssystem gelingt. Sie bieten Trainings und Workshops an und unterstützen so die Schulen bei der Transformation.

Eine Zukunft, an der alle teilhaben
Wenn wir an die Zukunft des Bildungsstandortes Deutschland, unsere Demokratie und das gesellschaftliche Miteinander im Jahr 2030 denken, dann wollen wir in einem demokratischen und freien Land leben, in dem unsere Kinder und Jugendlichen bestmöglich auf ihre Zukunft vorbereitet wurden. Sie verfügen über alle notwendigen sozialen Fähigkeiten, um mit ihrem agilen Lebensumfeld erfolgreich umzugehen, und verstehen sich als verantwortungsbewusster Teil der Gesellschaft. Mit der Vermittlung von Sozialkompetenz in unseren Schulen und Bildungsreinrichtungen können wir für diese Vision heute schon den Grundstein legen.

UNSERE ZUKUNFTSBAUSTEINE

 »Social and Emotional Learning« ist selbstverständlicher Bestandteil der Schulbildung.

 Ein Bundesförderprogramm nach dem Vorbild des DigitalPakt sorgt bundeweit für die Einführung von SEL.

 Eine breite gesellschaftliche Unterstützung erfährt das Bildungs-Update durch Vereine und Stiftungen in Kooperation mit Gemeinden, Städten und Schulen.

ANNA VIEGENER ist Vorsitzende der Geschäftsführung Viega Holding GmbH & Co. KG, und AXEL SCHMITTKNECHT ist Geschäftsführer der Grow GmbH. Mit ihrer Stiftung Grow gGmbH haben sie gemeinsam mit der Stadt Pforzheim eine neue Bildungsinitiative ins Leben gerufen. Die Initiative unterstützt junge Menschen dabei, sich selbst besser kennenzulernen, bewusste Entscheidungen für sich zu treffen und die eigenen Talente und Träume zu entdecken. All das, damit sie noch besser den Weg ins eigene Leben finden. Das Programm erstreckt sich über vier Module unter Begleitung von Expert*innen und richtet sich an neugierige junge Köpfe zwischen 15 und 19 Jahren, die Lust darauf haben, ihre sozialen Fähigkeiten zu schärfen und eine selbstbewusste eigene Haltung zu entwickeln. Ein Pilotprojekt, das wir weiter ausbauen wollen und andere zivilgesellschaftliche Akteure ermutigen, es uns gleich zu tun.

School's out: Die Abschlusspräsentation

NILS REICHARDT

Gleich geht's los! Das Halbjahr des Schuljahrs 2030/2031 ist vorbei, und Tom präsentiert mit seinem Team sein Projekt. Tom hat wie alle anderen Schüler das gesamte Schulhalbjahr in kleinen Teams gearbeitet, die nun bei einer Abschlussveranstaltung ihre Projekte vorstellen. Am Ende wird ein Gewinnerprojekt ausgewählt.

Tom muss vor allen 800 Schülern, Lehrkräften und Eltern auf einer Bühne präsentieren. Die Nervosität steigt, aber Tom ist selbstsicher, weil er schon seit Jahren die Abschlusspräsentation gehalten und so viel Erfahrung gesammelt hat. Er kann sich noch an seinen ersten Vortrag erinnern. Damals hat er vor Nervosität kaum ein Wort herausbekommen. Aber von Vortrag zu Vortrag wurde er immer besser.

Tom und sein Team haben einen kleinen Roboter entwickelt, der selbstständig durch Wohnungen fahren kann und nach Lebewesen sucht, um so zum Beispiel die Feuerwehr im Einsatz bei der Suche nach Vermissten zu unterstützen.

Nun ist es so weit. Tom wird auf die Bühne gebeten und hält eine perfekte Präsentation. Anschließend erhält er sein Zeugnis. Dort sind die verschiedenen Skills vermerkt, die er bei diesem Projekt erlernt hat.

Schule im Jahr 2030 sieht ganz anders aus
Schule muss sich neu erfinden. Die Betonung liegt auf »erfinden«. Möchte man die besten Fenster und Türen in eine alte Kutsche einbauen, bringt dies nichts, wenn eine Kutsche im 21. Jahrhundert nicht mehr zeitgemäß ist und ein Automobil sein müsste. Genauso ist es mit dem Bildungssystem. Man hat immer wieder versucht, mit kleinen Änderungen ein veraltetes Bildungssystem modern zu halten, zum Beispiel mit G8/G9, Ganztagsschule, neuen Fächern et cetera.

Fächer sind abgeschafft
Die Welt besteht nicht aus Fächern, sondern aus Problemen und Herausforderungen. Für die Erforschung des Alls benötigt man Mathematik, Physik, Chemie, Informatik, Biologie, Englisch und noch viele weitere Fächer. Beim Klimawandel sieht es mit Wirtschaft, Politik, Erdkunde, Chemie, Physik nicht anders aus. Somit sollte Schule nicht mehr aus Fächern, sondern aus Projekten bestehen.

Projektorientiertes Lernen
Durch projektorientiertes Lernen wird das Lernen praxisnah und anwendungsorientiert. Durch den hohen Praxisanteil ist immer auch klar, wozu bestimmte Lerneinheiten, wie der Satz des Pythagoras, Trigonometrie oder die Auswertung von Statistiken, gebraucht werden.

Die Schüler*innen lernen viel über Teamarbeit. Funktioniert das Team nicht, funktioniert das Projekt nicht. Es gibt einen größeren Zusammenhalt als in überfüllten Schulklassen. Diese Teams bleiben klein (maximal acht Personen), damit der Überblick nicht verlorengeht.

Schülerinnen und Schüler werden in den Projekten auch Fehler machen (falsche Planung, falsche Umsetzung, falsche Vorgehensweise et cetera). Das ist aber nicht schlecht, sondern gut! Gerade in Deutschland gilt man schnell als gescheitert, wenn Fehler gemacht werden. Aber Fehler gehören zum Lernprozess. Fehler zeigen dem Team, warum bestimmte Prozesse wichtig sind.

Lehrkraft als Mentor

Durch den großen Bestandteil des eigenständigen Lernens ändert sich auch die Rolle der Lehrkraft. Lehrerinnen und Lehrer werden zu Mentoren. Sie unterstützen in Projekten vor allem mit ihrer Lebenserfahrung, die die Schülerinnen und Schüler noch nicht haben. Lehrkräfte unterstützen, greifen bei Fehlern nicht verbessernd ein. Nur so lässt sich der Umgang mit Fehlern lernen, und die Lernkurve steigt enorm.

Die Schule als Kreativwerkstatt

Der Ort Schule wird ein anderer. Sie wandelt sich zu einer Umgebung, in der kreative und innovative Ideen im Team erarbeitet werden können. Klassenräume werden zu Kreativräumen – mit Wänden, die beschrieben werden können, Whiteboards, Post-its und so weiter. Die Schule sollte außerdem mit Werkzeugen ausgestattet sein, die schnelles Ausprobieren erlauben, zum Beispiel mit einem 3D-Drucker. Der Ort Schule schafft somit alle nötigen Rahmenbedingungen.

Außerdem können sich die Teams dort immer wieder untereinander austauschen, um voneinander zu lernen oder Rat bei schwierigen Entscheidungen einzuholen.

Es sollte auch kein verpflichtendes Erscheinen mehr notwendig sein. Das Team muss selber entscheiden, wie und wo es am meisten Fortschritt macht. Ob dies zu Hause oder in der Schule ist, macht keinen Unterschied.

Keine Noten, sondern Förderung von Skills

Noten können etwas über die Leistung einer Person aussagen. Noten können aber auch genauso gut nichts über die Leistung einer Person aussagen. Eine Eins in Biologie bedeutet nicht unbedingt, dass man die Themen in Biologie wirklich verstanden hat, sondern vielmehr, dass man zum Tag X ein bestimmtes Wissen auf ein Blatt Papier schreiben konnte. Bulimie-Lernen wurde so gefördert.

Stattdessen stehen auf einem Zeugnis die Skills, die man entwickelt hat, wie gut man diese beherrscht und wie groß die Lernkurve war. Dabei kann eine solche bewertete Kompetenz alles Mögliche sein, beispielsweise Führungsfähigkeit im Team, Präsentieren, logisches Denken et cetera.

MEINE ZUKUNFTSBAUSTEINE

 Projekte, nicht Fächer sind der Schlüssel zu einer besseren Bildung.

 Der Ort Schule wird zur Kreativwerkstatt, um an innovativen Projekten zu arbeiten

 Noten sind abgeschafft; bewertet werden die Skills, die Menschen erworben haben.

NILS REICHARDT ist 19 Jahre alt und hat neben dem Abitur die App Sharezone entwickelt. Sharezone ist eine Schulplattform, mit der sich Schüler, Lehrkräfte und Eltern gemeinsam, einfach und datenschutzkonform organisieren können. Heute zählt die Plattform sechsstellige Nutzerzahlen. Nils startete mit dieser Idee, weil ihn selber vor zwei Jahren das Problem der umständlichen Organisation störte. Nebenbei teilte er immer wieder seine Erfahrungen aus dem Start-up in Vorträgen und hat mehreren Schulen geholfen, mehr projektorientiertes Lernen zu implementieren.

Bunt ist das neue männlich Weiß – Von männlich weiß zu einer wunderbar bunten Gesellschaft

SABRINA LECHLER

Unsere Gesellschaft ist stark darin, Menschen nach Ethnie, Alter, Geschlecht, sexueller Orientierung, Behinderung oder (religiöser) Weltanschauung zu klassifizieren und ihnen direkt einen Stempel aufzudrücken. Als deutscher, heterosexueller, weißer Mann stehen dir viele Möglichkeiten in unserem Land offen – weicht eine der Eigenschaften ab, dann wird es schon schwieriger. Deutlich wird dieser Fakt, wenn wir einen Blick auf die Vorstände der deutschen Konzerne werfen – die Vorstandsetagen spiegeln nicht ansatzweise wider, wie vielfältig und bunt unsere Gesellschaft über die Jahre geworden ist. Für viele Minderheiten ist der Blick auf die Arbeitswelt oft zweitrangig, sie wünschen sich zunächst ganz allgemein, mit ihrer Individualität von der Gesellschaft angenommen zu werden, ohne alltägliche Diskriminierung. Unsere Gesellschaft ist so wundervoll bunt, und jeder Einzelne muss angenommen und wertgeschätzt werden – Diskriminierung spielt 2030 in Deutschland keine Rolle mehr.

Toleranz durch gegenseitige Begegnung wird bereits im Kleinkind- und Kindesalter gefördert
Vermutlich erkennt sich fast jede/r darin wieder: Wenn ich jemanden oder etwas nicht kenne oder nicht einschätzen kann, dann bin ich erst einmal skeptisch und vorsichtig. Eventuell lasse ich meine persönliche Meinung stark von anderen beeinflussen. Damit sich bei unserem Nachwuchs keine Vorurteile gegenüber bestimmten Personenkreisen einstellen können und sich dieser direkt seine eigenen Meinungen bilden kann, fordere ich, dass Kita- und Kindergartengruppen sowie Schulklassen basierend auf Diversitätskriterien repräsentativ zur Bevölkerungsverteilung zusammengestellt werden. Gleiches gilt auch für betreuendes Personal und Lehrkräfte. Unser Nachwuchs soll nicht länger nur mit Kindern aus direktem Umfeld aufwachsen, sondern die Vielfalt unserer Gesellschaft von klein auf kennenlernen und wertschätzen – »Überschwappungseffekte« auf uns Erwachsene sind selbstverständlich erwünscht. Besonders kritisch sehe ich Kitas und Kindergärten, die von Konzernen für die Kinder der Mitarbeitenden zur Verfügung gestellt werden, oder elitäre private Kindereinrichtungen und Schulen. Ein Aufwachsen in einer gesellschaftlichen Blase kann die gegenseitige Begegnung, die wir für eine tolerante Gesellschaft benötigen, nicht ermöglichen.

Das Fach »Vielfalt« ist fester Bestandteil in Lehrplänen und bereits im Vorschulalter ein regelmäßig behandeltes Thema
Neben der gegenseitigen Begegnung wird auch der inhaltlichen Besprechung des Themas »Vielfalt« ein wichtiger Stellenwert zugesprochen werden müssen. Interkulturelles Verständnis entsteht nämlich auch

dadurch, dass wir lernen, andere Kulturen, Religionen, Denkweisen zu verstehen. Beispielsweise, warum gewisse Gruppen verschiedene religiöse Ansichten haben oder unterschiedliche Gesten nutzen und Verhaltensweisen an den Tag legen. Deswegen fordere ich die regelmäßige Beschäftigung mit dem Thema Vielfalt bereits ab dem Kleinkindesalter in spielerischer Form und die feste curriculare Verankerung an Schulen. Das Thema darf nicht nur rein inhaltlich behandelt, sondern muss durch die Begegnung mit unterschiedlichsten Personengruppen so realitätsnah wie möglich gestaltet werden. Die reine Fokussierung auf religiöse Unterschiede, wie es zumindest häufig im Religionsunterricht stattfindet, ist dabei zu kurz gedacht. Vielfalt muss allumfassend gedacht und vermittelt werden.

Gendergerechte Sprache muss sich durchsetzen, und Role Models aller Geschlechter müssen als Vorbilder für unsere Kinder dienen
2030 verbinden unsere Kinder weder bestimmte Berufe noch Verhaltensweisen mit einem bestimmten Geschlecht und können frei von gesellschaftlichen Konventionen ihre Individualität ausleben. Damit dies Realität werden kann, fordere ich die ganzheitliche Durchsetzung der gendergerechten Sprache, um unterbewusste Prägungen zu vermeiden. Außerdem müssen wir als Gesellschaft darauf achten, Kindern Vorbilder aller Geschlechter für jegliche Verhaltensweisen und Berufe vor Augen zu führen. Die Vermittlung von verkrusteten geschlechterspezifischen Rollenbilder durch Werbung, wie sie heute leider noch gelebte Realität ist, muss verboten und verurteilt werden. Werbeprospekte, die lediglich Spielfiguren wie einen Feuerwehrmann und eine Hausfrau am Herd mit Kindern abbildet, schaden dem Image von Unternehmen 2030 so stark, dass jegliche Firma von Werbung dieser Art Abstand nimmt.

2030 bekommen Kinder vorgelebt, dass es unabhängig des Geschlechtes beispielsweise okay ist, Gefühle zu zeigen oder stark zu sein, Vorlieben für Kunst und Tanz zu haben oder die Themen Finanzen und Naturwissenschaften großartig zu finden. Bekannte Persönlichkeiten dienen als Vorbilder und leben die unterschiedlichen Ansätze vor. Führen wir dies konsequent über Jahre hinweg durch, kann die Vision Realität werden. Dieser Ansatz darf sich allerdings nicht rein auf das Merkmal Geschlecht beschränken, sondern in gleicher Weise auf alle Diversitätskriterien Anwendung finden.

Eine gesellschaftliche Diversity-Bewegung führt zu weniger Diskriminierung und Sicherheit für Minderheiten
In Unternehmen und Institutionen gibt es bereits das Amt der/des Diversity-Manager*in, der/die dafür sorgt, dass Diskriminierung am Arbeitsplatz verhindert wird. Auch an einigen Schulen und Kindertagesstätten haben bestimmte Personalgruppen ein Auge auf dieses Thema. Doch wer kontrolliert das faire Miteinander in unserem Alltag? Wenn es hart auf hart kommt, ist das die Polizei. Doch was passiert bei kleinen Sticheleien oder anderen Ungerechtigkeiten, denen Minderheiten tagtäglich ausgesetzt sind? Um Diskriminierung effektiv und effizient begegnen zu können, fordere ich die Ausbildung von ehrenamtlichen Diversity-Leader*innen. Dies sind Menschen wie Sie und ich, die nicht länger die Augen verschließen möchten, sondern sich stark für die machen möchten, die es aus eigener Kraft nicht schaffen. Diversity-Leader*innen bekommen die Grundlagen zum richtigen Umgang von Diskriminierung in Theorie und Praxis beigebracht – hauptsächlich online, damit sich so viele freiwillige Leader*innen wie möglich der Bewegung anschließen können. Zu den Grundlagen zählen das Erkennen von Diskriminierung, die Gefahreneinschätzung, das Eingreifen in die Gefahrensituation sowie die Dokumentation und das Veröffentlichen des Sachverhaltes. Die umfassende Ausbildung der Leader*innen und die mediale Aufmerksamkeit des Themas führen dazu, dass sich immer mehr Menschen der Bewegung anschließen und den Mut besitzen, Ungerechtigkeiten anzusprechen. Da sich Peiniger*innen 2030 in der Minderheit befinden und Diskriminierung von der Gesellschaft direkt angesprochen und verurteilt wird, hat sich die alltägliche Diskriminierung auf ein Minimum reduziert, und Minderheiten – wobei dieser Begriff 2030 so nicht mehr gebräuchlich sein wird – genießen ein friedliches Miteinander in unserer wundervoll bunten Gesellschaft.

MEINE ZUKUNFTSBAUSTEINE

#1 Kita- und Kindergartengruppen sowie Schulklassen sind basierend auf Diversitätskriterien repräsentativ zur Bevölkerungsverteilung zusammengestellt. So wird Toleranz durch gegenseitige Begegnung bereits im Kleinkind- und Kindesalter gefördert.

#2 Das Thema »Vielfalt« ist fester Bestandteil in Lehrplänen und wird bereits im Kindesalter regelmäßig auf spielerische Art und Weise behandelt.

#3 Durch gendergerechte Sprache und den Einsatz stereountypischer Role Models existieren in den Köpfen unseres Nachwuchses keine typisch männlichen oder weiblichen Verhaltensweisen oder Berufe mehr.

#4 Diversity-Initiativen haben eine effektive Bewegung gegen die Diskriminierung von Minderheiten in der Gesellschaft ausgelöst. Eine stetig wachsende Zahl an Diversity-Leader*innen sorgt in alltäglichen Situationen dafür, dass Diversity-Verstöße angesprochen, transparent offengelegt und hierdurch stark reduziert werden. Im Rahmen dieser Bewegung haben immer mehr Bürger*innen den Mut, sich aktiv gegen Diskriminierung einzusetzen.

DR. SABRINA LECHLER ist Wirtschaftsingenieurin und promovierte 2019 im Bereich technologiebasiertes und nachhaltiges Supply Chain Management an der Friedrich-Alexander-Universität Erlangen-Nürnberg. Aktuell ist sie Geschäftsleiterin für Bayern bei der Non-Profit-Organisation Startup Teens. Im Rahmen dieser Tätigkeit fördert sie aktiv die Gründungskultur in Bayern. Bereits während ihrer Zeit als wissenschaftliche Mitarbeiterin hielt sie das Amt der stellvertretenden Frauenbeauftragten der wirtschaftlichen Fakultät inne und setzt sich seither für die Gleichstellung der Geschlechter ein.

Bildung: digitaler Reset

KLAUS ZEPPENFELD

Das Mooresche Gesetz, das besagt, dass sich circa alle 18 Monate die Integrationsdichte der Speicherchips verdoppelt, gilt auch heute noch, über 60 Jahre nach der Veröffentlichung.

Das hat in den letzten beiden Dekaden dazu geführt, dass in immer kürzeren Abständen neue technische Geräte, wie Tablets und Smartphones oder Haushaltsroboter, unser tägliches Leben beeinflussen und wir immer wieder weiter lernen müssen, damit umzugehen. Für die nächsten Jahre und Jahrzehnte heißt das, dass wir heute noch nicht wissen, was in einigen Jahren technisch weiter möglich ist.

Aber nicht nur die Entwicklung von Hardware, sondern auch die softwaretechnischen Möglichkeiten der künstlichen Intelligenz, des Umgangs mit Big Data und der algorithmischen Betrachtungs- und Problemlösungskompetenz bestimmen den Lern- und den Berufsalltag.

Zu den Kernkompetenzen Lesen, Rechnen, Schreiben und Englisch hat sich ein kompetenter Umgang mit digitalen Medien, wie zum Beispiel Programmieren, als Kernkompetenz des 21. Jahrhunderts fest etabliert. Die technische Infrastruktur für digitale Bildung ist in allen Lebensbereichen gewährleistet. Es wurde erkannt, dass Deutschland als Land ohne nennenswerte Rohstoffe auf einen lebenslangen, hohen Bildungsstandard seiner Bevölkerung angewiesen ist und dementsprechend viel in Bildung investieren muss.

2030: Individualisierung ohne Föderalismus

Die Bildungskette von der Kindertagesstätte, der Grundschule, den weiterführenden Schulen über die Hochschulen oder der beruflichen Ausbildung und Weiterbildung ist als ganzheitliches System angesehen und auch so etabliert.

Die Bildungsbereiche greifen ineinander, Übergänge und Anschlussmöglichkeiten gelingen, lebenslanges Lernen ist Realität, der Bildungsweg ist geprägt von Inklusion, Persönlichkeitsbildung und Integration, ohne gesellschaftliche Rollenbilder und Geschlechterstereotype.

Einheitliche Lehrpläne sind bundesweit aufeinander abgestimmt und die Rolle der Lehrenden hat sich zu einer individuellen, räumlich unabhängigen Förderung und Talentberatung gewandelt.

Die Fächer Programmieren/Informatik und Wirtschaft sind fester Bestandteil der Lehrpläne.

Lerninhalte bauen aufeinander auf, eine große Durchlässigkeit ist vorhanden. Berufsbildung und Hochschulbildung werden als gleichberechtigt nebeneinander wahrgenommen, durch Kooperation und gemeinsame Angebote bestehen Verknüpfungen der beiden Bereiche, ein Wechsel zwischen ihnen ist möglich. So können zum Beispiel Studienabbrecher leicht in die berufliche Ausbildung integriert werden, und auch umgekehrt sind die Aufnahme eines Studiums und die Anerkennung von Leistungen für beruflich Ausgebildete ohne Hürden möglich.

Junge Menschen werden in ihrer persönlichen und Werteentwicklung gefördert und so auf ihrem Weg zu mündigen Personen unterstützt.

Hochschulen und lebenslanges Lernen
Die traditionellen zwei Typen von Hochschulen unterscheiden sich nur noch marginal in der anwendungsorientierten oder theoretischen Ausrichtung der Studiengänge. Wesentliche Ziele sind die Berufsbefähigung und die Persönlichkeitsbildung der Studierenden.

Die Anzahl der Studiengänge ist stark reduziert, da die meisten nun über ein Orientierungsjahr verfügen, sodass Studierende und Lehrende erst einmal über die Neigungen, Fähigkeiten und Talente Klärung erzielen, um dann in vertiefenden Semestern die optimalen Lehr- und Lernergebnisse zu erzielen.

Durch die Digitalisierung gibt es zahlreiche Möglichkeiten zur Flexibilisierung und Individualisierung des Studiums. Das Talentscouting ist integraler Bestandteil eines Studiums, ebenso wie die Förderung von Innovationen und Gründungsinitiativen.

Die optimale Ausgestaltung von lebenslangem Lernen ist ein fundamentaler Bestandteil der Weiterbildungslandschaft an Hochschulen und anderer privater und/oder staatlicher Bildungseinrichtungen.

Durch attraktive Weiterbildungsangebote wird die Bevölkerung über das gesamte Berufsleben auf einem aktuellen Bildungsstand gehalten.

MEINE ZUKUNFTSBAUSTEINE

 Die digitale Bildung ist flächendeckend als ganzheitliches, hohes und lebenslanges Gut politisch und gesellschaftlich anerkannt.

 Die föderalen Unterschiede sind zugunsten einheitlicher bundesweiter Standards verschwunden.

 Die Individualisierung des Lehrens und Lernens hat in die gesamte Bildungskette und Bildungslandschaft Einzug gehalten.

PROF. DR. KLAUS ZEPPENFELD wurde in Werl geboren, studierte an der Universität Paderborn Informatik mit Nebenfach Mathematik. Seine Promotion reichte er an der Universität Osnabrück ein. Als Senior-Berater bei der sd&m AG war Zeppenfeld in verschiedenen Projekten für die ganzheitliche Entwicklung von Individualsoftware für Großkunden verantwortlich. 1997 trat er seine Professur im Fachbereich Informatik an der Fachhochschule Dortmund an und wurde dort 1999 zum Prodekan gewählt, bis er ab 2005 als Dekan die weitere Ausrichtung des Fachbereichs Informatik maßgeblich mitbestimmte. Seit 2009 ist er der Gründungspräsident der Hochschule Hamm-Lippstadt.

Die beste Schule ist eine Schule für die Welt

ANNE KJAER BATHEL UND JAN HEINRICH BATHEL

Welches Wissen, welche Fähigkeiten und welchen moralischen Kompass sollten wir den Kindern von morgen mitgeben, damit sie sich zu engagierten Bürger*innen, produktiven Fachkräften sowie positiven und strahlenden Persönlichkeiten entwickeln?

Wir glauben, dass das 21. Jahrhundert der Beginn einer Ära des lebenslangen Lernens sein wird, in der wir die Leidenschaft für das

Lernen fördern, aber auch einige Dinge wieder verlernen müssen. Bereiten wir uns auf eine emotionale Achterbahnfahrt voller Rückschläge, aber auch Durchbrüche vor.

Die Zukunft ist unvorhersehbar
Die Zukunft ist schwer, wenn nicht sogar unmöglich vorherzusagen. Wen könnte man also besser fragen als die Kinder selbst? Unser Projekt »Kids Have A Dream« hat mehr als 4000 Träume von Jugendlichen in 36 Ländern gesammelt. Aus all den Träumen können viele Lehren gezogen werden, denn die Welt hat sich seit Beginn des Projekts in Südafrika im Jahr 2006 stark verändert.

Überraschenderweise besteht der größte Traum für Kinder in Europa heute darin, YouTuber zu werden. Ruhm und Reichtum sind starke Treiber. Interessanter ist jedoch, dass YouTube 2006 ganz frisch auf dem Markt war. Wäre den Kindern in Johannesburg damals eine »Traum«-Zeichnung eines YouTubers gezeigt worden, hätten sie keine Ahnung gehabt, was das bedeutet. Die Lektion daraus ist, dass die attraktivsten Jobs der Zukunft heute wahrscheinlich noch nicht existieren, wir uns aber jetzt schon darauf vorbereiten müssen. Es ist Zeit, kreativ zu werden und über den Tellerrand hinauszudenken. Data-Set-Bias-Buster, intergalaktische Grenzkontrolle, ethischer KI-Speicheradvisor – sind Ihre Kinder auf diese neuen Berufe und Herausforderungen vorbereitet?

Zuzuschauen, wie sehr sich die Welt jeden Tag verändert, ist nicht leicht. Es ist nur allzu menschlich, dass wir versuchen, 20 Jahre zurückzublicken, um abzuschätzen, wie groß die Veränderungen in 20 Jahren sein mögen. Aber diese Denkweise hat Lücken. Mit den aktuellen Entwicklungen in der Digitalisierung werden wir kein lineares zukünftiges Wachstum sehen, sondern ein exponentielles. Dies ist eine Art Wachstum, das schwer vorherzusagen und für den menschlichen Geist noch schwerer zu verstehen ist.

Zukunftsfähigkeiten
Einen ersten Hinweis, wie diese Fähigkeiten beschrieben werden könnten, finden wir im Weltwirtschaftsforum. Dieses erstellt alle fünf Jahre eine Liste der zehn wichtigsten Fähigkeiten, die die Menschen in

der vierten industriellen Revolution zum Erfolg führen. Im Jahr 2020 stand die Kompetenz, komplexe Probleme zu lösen, erneut an erster Stelle. Keine Änderungen der oberen Plätze. Noch wichtiger war es zu sehen, dass kritisches Denken (zweiter Platz), Kreativität (dritter Platz) und emotionale Intelligenz (sechster Platz) wichtiger wurden. Alle drei Fähigkeiten sind einzigartig menschlich und können nicht von Maschinen kopiert werden, da die Entscheidungs- und Gestaltungprozesse weder logisch noch zufällig sind. Alle genannten Fähigkeiten zahlen auf das ein, was wir Vorstellungskraft nennen.

Aus der WWF-Liste geht hervor, dass sich das Bildungssystem einer Zukunft nähert, in der Mensch und Maschine nebeneinander existieren und zusammenarbeiten werden. Eine Zukunft, in der jeder seine einzigartigen Stärken nutzt.

Empathie und Vorstellungskraft
Wir glauben daran, dass die Schulen der Zukunft die Vorstellungskraft der Kinder und damit ihre Gestaltungskraft ausbilden wird. Diese neue Art der Ausbildung entfaltet sich später immer im Sozialen und basiert auf der Schulung der Empathiefähigkeit in allen Dimensionen der Selbst- und Fremdempathie. Nach unserem Verständnis basiert die Empathiebildung auf fünf Säulen: die Schulung der Imaginationskraft, das spielerische Erlernen von Beziehungsaufbau, das Üben gewaltfreier Kommunikation, das Erlernen von Meditationstechniken und das Schaffen von sozialem Impact.

Die Schulung der Empathiefähigkeit bei Kindern fördert auf vier Arten das Leben in dynamischen Wissensgesellschaften und die Gestaltung komplexer und friedlicher Demokratien:

1. Empathie als aktive Vorstellungskraft: Gestaltung von Zukunftsvisionen sowie friedlichen, sozialen Gemeinschaften und Unternehmen,
2. Empathie als Mittel zum Umgang mit moralischen und sozialen Fragen: Engagement,
3. Empathie als Inklusion: Gestaltung von Beziehungen,
4. Empathie als Hingabe: Zugang zu friedlichen Lösungen.

Die beste Schule der Welt
Die *Financial Times* erstellt jedes Jahr eine Liste der besten Universitäten der Welt für MBA-Studiengänge. Die Konkurrenz ist groß. In letzter Zeit haben jedoch angesehene Universitäten wie die Zaid Business School in Oxford begonnen, aus diesem Rennen auszusteigen, um mehr Unternehmer und gesellschaftliche Innovatoren anzuziehen. Das sind keine Studenten, die später große Gehaltsschecks nach Hause bringen oder die Karriereleiter erklimmen werden – aber es sind sicherlich die Leute, mit denen Sie gerne studieren würden! Die Welt braucht nicht mehr Budgetierung, Projektplanung und Delegation. Das können Maschinen besser. Was die Welt braucht, sind Führungskräfte. Die KaosPilot Business School in Dänemark bringt es mit dem Slogan für uns auf den Punkt: »Wir wollen nicht die beste Schule in der Welt sein. Wir wollen die beste Schule *für* die Welt sein.« Die Welt, das sind alle acht Milliarden von uns, nicht nur die wenigen Privilegierten.

Heute gehört das skandinavische Schulsystem zu den angesehensten der Welt, und Bildung ist in der Tat einer der Hauptgründe dafür, dass unsere Nachbarn im Norden in weniger als 90 Jahren friedlich vom unteren Ende der europäischen Statistik nach oben geklettert sind. Was hat den Unterschied ausgemacht? Der Glaube der Elite, dass Bildung für alle zugänglich sein sollte, weil eine vielfältige Gesellschaft widerstandsfähiger und erfolgreicher ist. Heute leben wir in einer vernetzten und globalisierten Wirtschaft, und es liegt an uns, eine wirklich zugängliche »Earth Citizen School« für eine nachhaltige und gerechte Zukunft für alle zu schaffen.

Inklusion
Diese »Earth Citizen School« folgt dem Prinzip einer konsequenten Auslese von spielerischen Bildungsangeboten. Angebote, die auf den beschriebenen Säulen radikaler Inklusionsperspektiven und ihrer Probleme aufbauen.

Es ist eine Hinwendung dieser neuen Schulen zur Zukunftsgestaltung zu beobachten. Sie lassen die Vergangenheit zurück. Ein Bildungssystem der Zukunft bringt sowohl empathische Gestalter*innen friedvoller und nachhaltiger Gemeinschaften, Organisationen und

Unternehmen hervor als auch kluge Berater- und Gestalter*innen maschineller Intelligenz.

UNSERE ZUKUNFTSBAUSTEINE

 Wir gestalten Bildungssysteme der Zukunft, die für alle zugänglich sind. Ausnahmslos.

 Wir gestalten Bildungsformate, in deren Zentrum Problemlösungsfähigkeit, kritisches Denken, Kreativität, Empathie, Friedensarbeit und Coding eine große Rolle spielen.

 Wir gestalten Bildungsinhalte, die sich lustvoll komplexer Probleme bedienen.

 Wir schulen und trainieren so die Vorstellungskraft der Kinder, damit ihnen die Zukunft ihrer Gemeinschaften und Gesellschaften als gestaltbar, formbar und transformierbar erscheinen.

ANNE KJAER BATHEL hat Innovation und Entrepreneurship bei den Kaos-Piloten studiert und machte ihren Master of Peace Studies an der ICU in Tokyo. 2006 gründete sie Kids Have a Dream, 2012 das Berlin Peace Innovation Lab und 2015 die ReDI School of Digital Integration – ein Ausbildungsprogramm, das Programmier- und Technologiekompetenzen zur Arbeitsmarktintegration vermittelt. Anne wurde 2018 vom Handelsblatt zur »Mutmacherin des Jahres« ernannt und 2020 als »Social Unternehmerin des Jahres« ausgezeichnet.

JAN HEINRICH BATHEL studierte als Unternehmer Bildende Kunst, Wirtschaftswissenschaften und Philosophie. Ihn faszinieren die Gründung sozialer Bewegungen, moderne Weiterbildungsprogramme und demokratische Widerstandsbewegungen. Heute berät er mit seiner Firma Ignore Gravity Führungskräfte von Großorganisationen und Start-ups in Fragen der Strategie, Führung und Innovation. Sein neuestes Projekt ist ein Accelerator für weibliche Gründerinnen: Grace – Accelerate Female Entrepreneurship.

MINT-Bildung 2030: Fundament des gesellschaftlichen Fortschritts

NINA SMIDT

Das Konzept des Präsenz- und Frontalunterrichts ist 2030 überholt. Die klassischen vier Wände des Klassenzimmers sind um digitale Lern-, Kommunikations- und Projektformate zu einem hybriden Schulsystem ergänzt. Bildung und Unterricht unserer Kinder sind nicht mehr an einen einzigen Präsenzort gebunden. Schüler*innen, Familien, zivilgesellschaftliche Organisationen und Wirtschaft sind in die Gestaltung und Entwicklung von Curricula eingebunden. Das Bildungssystem von 2030 bietet einen Raum für Kreativität und selbstständiges, kritisches Denken. Denn neben dem Basiswissen wie Lesen, Schreiben und Rechnen werden auch datenbasierte und digitale Literarität sowie soziale Kompetenzen gefordert und gefördert.

VUKA-Dimensionen treiben Bildungssystem zur Transformation
Dieser Sprung in das hybride Klassenzimmer und transformierte Bildungssystem wurde im vergangenen Jahrzehnt getrieben von einer **v**olatilen, **u**nsicheren, **k**omplexen und **a**mbivalenten Welt – der VUKA-Welt. Diese wurde zunächst von vier Dimensionen geprägt: Klimawandel, Digitalisierung, Globalisierung und Populismus. 2020 kam mit der Corona-Pandemie eine fünfte Dimension hinzu. In immer kürzeren Abständen mussten wir mit Ausnahmesituationen umgehen lernen und daran wachsen. Eine besondere Rolle kommt dabei der MINT-Bildung zu. Bedeutung, Ausstattung und Didaktik der MINT-Fächer wurden neu verhandelt und gewannen mit der Etablierung der Digitalisierung einen großen Aufschwung.

Einen solch einschneidenden Paradigmenwechsel im Bildungssystem gab es zuletzt mit der Industrialisierung mit weitreichenden Wirkungen auf Zivilgesellschaft, Politik und Wirtschaft. Zu Beginn der Industrialisierung litten erste Generationen unter schwierigen Arbeitsbedingungen und Armut. Zum Schutz von Arbeitnehmer*innen und zur Sicherung des sozialen Friedens wurden in Europa infolgedessen sukzessive Gesetze durchgesetzt. Die Schulpflicht wurde eingeführt und ein Bildungssystem institutionalisiert, das in der Art des Lernens dem Industriezeitalter entsprach und bis zum Beginn des 21. Jahrhunderts im Grunde Bestand hatte. Das Bildungssystem sollte den Anforderungen der industriellen Fertigung entsprechen: Standardisierung, Auswendiglernen und Repetieren war von Arbeitskräften in der Industriegesellschaft gefordert.

MINT-Bildung: die Grundlage für Wohlstand und Sicherheit?
2030 kämpfen wir noch immer gegen die problematischen Konsequenzen aus diesem Zeitalter, wie die vom Menschen verursachte Umweltzerstörung und den Klimawandel. Allerdings sind nun virtuelle Kommunikation, digitalisierte Arbeitsprozesse, künstliche Intelligenz und Industrie 4.0 selbstverständliche Bestandteile unserer Lebensweise. Treiber dafür waren weltweite Ereignisse wie die rasant fortgeschrittene Globalisierung im 20. Jahrhundert und die Corona-Pandemie 2020. Die Menschen brauchten für die Bewältigung der VUKA-Herausforderungen allerdings nicht länger Standardisierung und Konformität, sondern neue Kompetenzen. Schließlich konnten künstliche Intelligenzen auch viele Aufgaben besser erfüllen als der Mensch – bis hin zur automatischen Lösung von Teilaufgaben akademischer Berufe wie Medizin oder Rechts- und Ingenieurwissenschaften, die einst als unersetzbar galten.

Unser Schulsystem bereitete aber noch viel zu lang auf eine Industriegesellschaft vor, während die digitale Revolution bereits im vollen Gange war. Deshalb waren es gerade Bildungssysteme, die einer grundsätzlichen Transformation bedurften, um unsere Gesellschaft zukunftsfähig weiterzuentwickeln und ein stabiles Fundament zu schaffen.

Unsere Kinder mussten mithilfe angepasster Curricula und neuer Formen des Unterrichts zu kritischem Denken befähigt werden. Im digitalen Zeitalter wurden dafür neue Kompetenzen wichtiger, wie die Interaktion in kreativen Prozessen und für individuelle Problemlösungen mit Innovationswillen. Diese Kompetenzen benötigen heute insbesondere die klassischen Lehrberufe. Denn die persönliche, empathische, emotionale Kommunikation und ein kritisches Hinterfragen der sich plötzlich verändernden Lebensumstände können nicht automatisiert werden. Dies zu erkennen und unseren Kindern entsprechende Kompetenzen zu vermitteln hat einige Zeit gedauert.

Wertorientierte MINT-Bildung zur Krisenbewältigung

Eine fundierte naturwissenschaftliche, mathematische und auf digitale Kompetenzen ausgerichtete Grundbildung bietet Orientierung in unserer komplexen Welt und unterstützt dabei, das eigene Handeln in der Gesellschaft an einer gemeinsamen Wissens- und Wertebasis auszurichten. Entsprechend ist Bildung, insbesondere MINT-Bildung, für eine nachhaltige Entwicklung und den technologischen Fortschritt von enormer Bedeutung. Einzelne Institutionen, Schulen und Hochschulen sind damit nicht mehr alleine gelassen. Das Bildungssystem ist 2030 gekennzeichnet von einer sektorenübergreifenden Zusammenarbeit zwischen dem privaten und dem öffentlichen Sektor, von Hochschulen, Schulen und Universitäten sowie von Zivilgesellschaft und Wirtschaft. Dafür wurden die Forderungen nach einem Bildungssystem umgesetzt, das nicht an der Klassenzimmertür endet und mit der Abkehr vom Frontalunterricht dem Industriezeitalter entwachsen ist: Innerhalb weniger Jahre wurden der Zugang zu digitalem Lernen aller, die Ausbildung der Lehrenden für eine werteorientierte Wissensvermittlung und die Förderung außerschulischer Lernorte verwirklicht. Dafür musste sich MINT-Bildung neuen didaktischen Ansätzen öffnen.

Die Fortbildung der Lehrkräfte steht dabei nach wie vor im Fokus. Schließlich sind sie es, die unseren Kindern den Impuls für naturwissenschaftlichen Denk- und Arbeitsweisen geben. Eine forschende Haltung, kritisches Denken und Beobachten, Reflektieren und Aneignung von Wissen – selbstständig und/oder mithilfe der Lehrkräfte – helfen, einzelne Ereignisse in Beziehung zu setzen. Kinder erhalten somit eine zentrale Basis für ein reflektiertes und verantwortungsvolles Handeln in der globalen Gemeinschaft aus. Gelingende sowie wertschätzende Kommunikation hat hier seinen Ursprung. MINT-Bildung zeigt sich somit in all ihren Facetten, die über den klassischen Frontalunterricht hinausgehen und Wertebildung inkludieren.

MINT-Kompetenzen für die gesellschaftliche Resilienz

Für die aktuellen und kommenden Herausforderungen unserer schnelllebigen VUKA-Welt, die nicht allein von Pandemie und Klimawandel getrieben ist, aber zugleich Wohlstand und Sicherheit bieten soll, bedarf es innovativer Denker*innen sowie Wissenschaftler*innen: Richtig angewandte und verfügbare Technologien wie Wasserstoff oder Solarenergie sind ein wichtiger Bestandteil der Lösung, die die Abhängigkeit von fossilen Energien noch in diesem Jahrzehnt beendet. Mit kritischem Blick und neuen Perspektiven gelingt es, die Menschen vor lebensbedrohlichen Mikroorganismen zu schützen. Hinsichtlich einer wachsenden Weltbevölkerung und endlicher Ressourcen ermöglichen wir mit dem Bildungsangebot der Digitalisierung 2030 unseren Kindern, selbst ein nachhaltiges Leben durch werteorientierte MINT-Kompetenzen zu gestalten.

Denn die Generation, die von globalen Krisen und extremen Wetterphänomenen geprägt ist, nutzt die Instabilität der Dimensionen der VUKA-Welt wie einen Katalysator für die gesellschaftliche Entwicklung. In diesem Zuge erfährt auch die Ausbildung von Resilienz, die bereits im Kindesalter geprägt wird, eine Stärkung: So verlieren plötzlich auftauchende Ausnahmesituationen ihren Schrecken mittels einer früh geförderten MINT-Kompetenz, wie Ursachen zu erforschen, kritisch zu beobachten und daraus Lösungen abzuleiten sind. Im hybriden Klassenzimmer 2030 bietet sich somit der Raum, so die Fähigkeiten zu stärken, um Widerständen zu trotzen und veränderten Lebensumständen in der VUKA-Welt mit Mut zu begegnen. MINT-Bildung leistet 2030 einen zentralen Wertbeitrag, die Fundamente des gesellschaftlichen Fortschritts sowie Sicherheit und Wohlstand auch im post-fossilen Zeitalter zu sichern.

MEINE ZUKUNFTSBAUSTEINE

Das Konzept des Präsenz- und Frontalunterrichts ist 2030 überholt, das hybride Klassenzimmer hat sich etabliert. Das Bildungssystem basiert auf einer sektorenübergreifenden Zusammenarbeit zwischen dem privaten und dem öffentlichen Sektor, von Hochschulen, Schulen und Universitäten sowie von Zivilgesellschaft und Wirtschaft.

#2 Bildung verläuft nicht länger in statischen, linearen Unterrichtsformaten, sondern bindet Schülerinnen und Schüler, Familien, zivilgesellschaftliche Organisationen und Wirtschaft in die Gestaltung und Entwicklung von Curricula ein.

#3 Der Zugang zu digitalem Lernen für alle, die Ausbildung der Lehrenden für eine werteorientierte Wissensvermittlung und die Förderung außerschulischer Lernorte sind Realität.

#4 MINT-Bildung im Dreiklang aus Wissen, Kreativität und Haltung ist die Grundlage für Wohlstand, Sicherheit und Förderung von Resilienz bei Kindern und Jugendlichen. Somit werden Probleme nicht mehr stur nach einem vorgegebenen »Schema F« gelöst, sondern auf sinnvolle und verantwortungsbewusste Weise angegangen: Eine forschende Haltung, kritisches Denken und Beobachten, Reflektieren und Aneignung von Wissen – selbstständig oder mithilfe der Lehrkräfte – helfen, einzelne Ereignisse in Beziehung zu setzen.

DR. NINA SMIDT ist seit dem 1. April 2020 Geschäftsführende Vorständin und Sprecherin des Vorstands der Siemens Stiftung. Zusammen mit ihren Vorstandkollegen Rolf Huber und Klaus Grünfelder treibt sie die operative Umsetzung der Stiftungsziele voran. Die Siemens Stiftung arbeitet in den Bereichen Entwicklungskooperation, Bildung und Kultur. Als operative Stiftung entwickelt sie ihre Projekte selbst, stößt sie an und gestaltet sie längerfristig mit. Zusammen mit ihren Partnern möchte sie einen Beitrag dazu leisten, dass Menschen ihre Lebensbedingungen verbessern können. Sie engagiert sich bei GenCeo, einem Führungskräftenetzwerk für Frauen im Top-Management.

Sensemaking als Schlüssel zur Zukunftsfähigkeit

CHRISTIAN W. SCHEINER

Ein Blick in die Zukunft ohne Fiktion

Der Blick in die Zukunft gleicht oftmals einem Science-Fiction-Roman. Dies ist pauschal nicht negativ zu beurteilen. Science-Fiction-Romane fungierten in der Vergangenheit teilweise als Inspirationsquelle für Forschungsprojekte oder dienten als Grundlage für die Entwicklung von Technologien und Produkten. Sie zeigten damit eine Richtung für die Zukunftsgestaltung auf. Dies mag der Grund sein, weshalb das bekannte Magazin *Wired* für die Januarausgabe 2019 sieben Science-Fiction-Autoren bat, eine Geschichte zur Zukunft der Arbeit zu schreiben. Das *Wired*-Magazin ist mit diesem Vorgehen nicht allein. Auch Unternehmen nutzen diese Methode, um Gedankenspiele anzustoßen, bestehende Gedankenschranken zu öffnen und Lösungen zu entwickeln.

Trotz der damit verbundenen Vorteile und der Berechtigung der Vorgehensweise soll mein Beitrag in diesem Kapitel kein Bild der Zukunft entwerfen. Ich bin weder Science-Fiction-Autor, noch ist die Zukunftsforschung einer meiner Schwerpunkte. Jedoch versuche ich, das Verhalten von Personen in innovativen und gründungsbezogenen Kontexten zu verstehen. Ziel ist es dabei, nicht nur die Vergangenheit und die Gegenwart zu verstehen, sondern vor allem die gewonnenen Erkenntnisse so zur Verfügung zu stellen, dass die Zukunft aktiv gestaltet werden kann. Mein Beitrag widmet sich deshalb einem zentralen Grundpfeiler der Zukunftsfähigkeit von Unternehmen. Dieser Grundpfeiler bezieht sich auf das Fähigkeitsprofil von Führungskräften und stellt die Frage, welche Fähigkeit Führungskräfte grundsätzlich mitbringen müssen, um die Zukunft von Unternehmen gestalten zu können und darin erfolgreich zu sein oder zu bleiben.

Führungskräfte sind nicht nur Top-Manager

Hier ist es wichtig, dass der Begriff »Führungskräfte« nicht im klassischen Sinne zu verstehen ist. Denn dieses Verständnis schränkt den

Personenkreis auf jene Personen ein, die in höheren Managementebenen zu finden und mit weitreichenden Entscheidungsbefugnissen ausgestattet sind. In meinem Verständnis ist aber jedes Mitglied einer Organisation eine Führungsperson. Denn alle Mitglieder müssen in ihrem gegebenen Rahmen Verantwortung übernehmen und die Gestaltung der Zukunft vorantreiben. Nur so kann sich eine positive Entwicklung für die Organisation ergeben. Veränderungsprozesse, deren Umsetzung an der fehlenden Partizipation und/oder am fehlenden Engagement von Unternehmensmitgliedern scheiterten, können dabei als mahnende Beispiele für eine zu eng verstandene Auslegung des Begriffs einer Führungskraft dienen.

Führungsverhalten beschränkt sich zusätzlich nicht auf das Führen von Personen und das Treffen von Entscheidungen. Vielmehr muss eine Situation in ihrer Gesamtheit erfasst werden. Das alleinige Betrachten von zusammenhangslosen Bruchstücken ist nicht ausreichend. Die einzelnen Bruchstücke müssen als Teile eines Puzzles verstanden und zu einem Gesamtbild für alle sichtbar zusammengesetzt werden.

Führungskräfte müssen Sinnstifter und Sinngeber sein
Das erscheint im ersten Moment einfacher, als es tatsächlich ist. Denn beim Zusammenbauen ist vielleicht nicht einmal das Motiv vorab bekannt, oder es ist unklar, um welche Art von Puzzle es sich handelt. Das Bild kann sich zudem über die Zeit verändern und entwickeln. Erschwerend kann das Handeln der Führungskraft selbst das Bild verändern. Der Prozess läuft auch nicht in vollkommener sozialer Isolation ab. Interessierte Dritte beobachten die Führungskraft beim Zusammenbauen und versuchen vielleicht, selbst Einfluss auf den Prozess oder die Situation zu nehmen, da sie von dem Ergebnis direkt und erheblich betroffen sein werden. Es gilt also andere auf eine ungewisse Reise mitzunehmen und zu motivieren, Richtungsänderungen zu akzeptieren und Herausforderungen anzunehmen. Führungskräfte müssen somit Sinnstifter und Sinngeber für sich und andere sein, was auch als Sensemaking bezeichnet wird.

Sensemaking wird immer dann ausgelöst, wenn eine Diskrepanz zwischen einer erwarteten und einer gegebenen Situation wahrgenommen wird und wenn diese Abweichung nicht einfach ignoriert und gelöst werden kann. Weiterhin muss die Abweichung für die Person und die Organisation eine relevante Bedeutungsschwelle überschreiten. Die Situation muss zudem vollkommen neu sein. Sensemaking ist damit von jenen Lösungsansätzen und Fähigkeiten zu unterscheiden, die zur Behebung von bekannten Herausforderungen genutzt werden können.

Genau darin besteht auch das Problem und die Herausforderung von Sensemaking. Führungskräfte müssen sich erst bewusst werden, dass die Situation vollkommen neu ist und nicht mit bewährten Herangehensweisen gelöst werden kann. Die Tatsache, dass sich Probleme normalerweise auch nicht von selbst präsentieren, sondern man schwache Signale oder Symptome des Problems erst erkennen muss, erschwert diese Aufgabe zusätzlich.

So geht erfolgreiches Sensemaking
Wurde erkannt, dass es sich um eine neuartige Situation handelt, gilt es, das vorhandene Chaos durch aktive Sinnstiftung aufzulösen und durch eine verständliche Beschreibung zu ersetzen. Das Ineinandergreifen der folgenden neun Elemente bestimmt dabei den Erfolg des Sensemaking:

1. Führungskräfte müssen möglichst viele unterschiedliche Arten und Quellen von Informationen nutzen.
2. Sie müssen andere Personen einbinden, um eigene mentale Modelle infrage zu stellen und kontinuierlich zu verbessern.
3. Neuartige Situationen können Angst auslösen und eine Drucksituation schaffen. Menschen neigen in diesen Situationen dazu, ihren Fokus zu verengen. Anstatt die Feinheiten der Situation zu verstehen, wird auf vorhandene Stereotype zurückgegriffen. Hier ist es notwendig, dass Führungskräfte eine Sensibilität entwickeln und sich von ihren vorhandenen Stereotypen befreien.
4. Ähnlich verhält es sich mit der Problematik weiterer kognitiver Verzerrungen. Sie beeinträchtigen unsere Möglichkeit, Informationen korrekt zu verarbeiten und zu nutzen. Auch hier bedarf es eines geschulten und selbstkritischen Gespürs, um deren negativen Einfluss zu reduzieren.

5. Operative Abläufe müssen genau beobachtet werden. Sie bieten einen wertvollen Blick auf das Wesen der neuen Situation und liefern Anhaltspunkte zum Aufbau des neuen Verständnisses.
6. Führungskräfte sollten zudem die Anwendung von bewährten Vorgehensweisen im Umgang mit bereits bekannten Situationen vermeiden und stattdessen das Entstehen von neuen Ansätzen im Gleichschritt mit dem wachsenden Verständnis zulassen.
7. Um das gewonnene Wissen zu verifizieren und zu validieren, eignen sich in einem ersten Schritt besonders kleine Experimente, da hier die Konsequenzen für das Unternehmen überschaubar bleiben und sich die Fragestellungen gut testen lassen.
8. Gleichzeitig müssen sich Führungskräfte bewusst sein, dass sie ihre eigene Umwelt beeinflussen und gestalten. Damit erlegen sie der Umwelt selbst Einschränkungen auf.
9. Zuletzt gilt es, das gewonnene Wissen mit anderen zu teilen, um hier zum Verständnisaufbau beizutragen, Ängste zu reduzieren und Orientierung zu bieten. Die Erstellung von kausalen Landkarten oder das Nutzen von Geschichten können dabei von hohem Wert sein.

MEINE ZUKUNFTSBAUSTEINE

 Führungskräfte sind für eine erfolgreiche Zukunftsgestaltung unerlässlich. Dabei müssen sie die neue Rolle eines Sensemakers übernehmen und ausfüllen.

 Erfolgreiches Sensemaking ergibt sich vor allem durch das Ineinandergreifen von neun Elementen.

 Sensemaking ist der Schlüssel zur Zukunftsfähigkeit!

CHRISTIAN W. SCHEINER ist Professor an der Universität zu Lübeck, wo er das Institut für Entrepreneurship und Business Development sowie die Gründungsberatung leitet. Zudem ist er an der Universität zu Lübeck Leiter des Informatik-Masterstudiengangs »Entrepreneurship in digitalen Technologien«. An der Christian-Albrechts-Universität zu Kiel ist er Zweitmitglied an der Wirtschafts- und Sozialwissenschaftlichen Fakultät. In seiner Forschung stellt er den Menschen in den Mittelpunkt und untersucht das innovative und unternehmerische Verhalten von Menschen sowie dessen Einflussgrößen. Seine jüngsten Forschungsprojekte beschäftigen sich mit ethischen Fragestellungen und Sensemaking. Daneben begleitet und berät er (potenzielle) Führungskräfte und junge sowie jung gebliebene Unternehmen in den Themen Verhandlungsführung, Sensemaking, Wachstumsmanagement und Kulturdesign.

Lernen neu denken: Unternehmen machen Bildung

JULIA FREUDENBERG

Die 21. Century Skills als notwendiger Fokus
Wissenserwerb und die benötigten Fähigkeiten zum Wissenserwerb dürfen nicht mehr separat gedacht werden. Durch die Verkürzung der Innovationszyklen und durch zunehmende Spezialisierungsanforderungen innerhalb der Gesellschaft müssen wir alle in der Lage sein, uns in kürzester Zeit benötigtes Wissen anzueignen.

Aufgrund der aktuellen Umgebung der VUCA-Welt steigt die Bedeutung von Problemlösungsstrategien, Annäherung wird wichtiger als der Allgemeingültigkeitsanspruch einer Lösung.

Die Vermittlung der »21. Century Skills« wie Kreativität, kritisches Denken, Kommunikation und Kollaboration muss oberste Priorität haben und die Bildung maßgeblich beeinflussen. In der VUCA-Welt muss Bildung Kreativität vermitteln, um unbekannte Herausforderungen auch unkonventionell lösen zu können. Sie muss kritisches Denken vermitteln, um basierend auf Wertesystemen fundierte Entscheidungen auch unter herausfordernden Umständen treffen zu können. Sie muss kommunikative Fähigkeiten vermitteln, nicht nur eindimensional, sondern interaktiv und selbstreflektiert. Sie muss auf Kollaboration, auch mit hoher Diversität vorbereiten und ihren Mehrwert verdeutlichen, insbesondere in Zeiten zunehmender Spezialisierung. Der reine Wissenserwerb ohne die Vermittlung des begleitenden Skill-Sets wird in der Bildung der Zukunft keinen Bestand haben können.

Wie sollten junge Menschen heute und in Zukunft lernen?
OER und digitale Lernwerkzeuge als sinnvolle Erweiterung
Wenn ich unser aktuelles Bildungssystem in drei Worten beschreiben soll, fallen mir zuerst die Begriffe robust, stabil und langsam ein. Wäre ein zukünftiges Bildungssystem mit den Worten flexibel, schnell, aber gegebenenfalls auch fehleranfällig zwangsläufig besser? Sicher, es braucht gewisse Verbindlichkeiten, aber auch eine immer weitere Offenheit, mit Hinblick auf den zukünftigen Bedarf flexibel zu sein. Reiner Frontalunterricht muss um digitale Komponenten erweitert werden, kollektiver Lernfortschritt weicht einer zunehmenden Binnendifferenzierung mit individuellen Schwerpunkten. Vergleichbare Abschlüsse weichen individuellen Leistungsbeschreibungen, und der segregierte Fachunterricht wird in größeren integrierten Themenfeldern aufgehen, es wird nicht mehr fachbezogen, sondern fallbezogen unterrichtet. Durch die zunehmenden Möglichkeiten von Open Educational Resources und erweiterter Digitalisierung werden und müssen alternative Wege bisheriger Lernmethodiken entstehen: Wenn Zeitzeugen aussterben oder Bücher nicht mehr den notwendigen Reiz setzen können, wie können wir Erfahrungswissen »konservieren«? Wird Gamification ein großer und wichtiger Baustein des zukünftigen Unterrichts? Durch das eigene Erleben, Tun und Entscheiden ergeben sich auch hier neue und intensive Lernerfahrungen, die durch ihre Vielschichtigkeit nachhaltig Wissen und Wissenserwerb bieten.

Unternehmen übernehmen zusätzlichen Bildungsauftrag
Die Schule als alleiniger Bildungsraum wird von dem sich notwendigerweise verbreitenden Ansatz des lebenslangen Lernens abgelöst. Die Rolle der Schule wird sich wandeln, ebenso wie die Rolle der Lehrerinnen und Lehrer, vom unfehlbaren Pädagogen hin zum Coach und Lernbegleiter. Ich erwarte einen zunehmenden Fokus auf dem Schwerpunkt der Verzahnung von Theorie und Praxis, möglicher-

weise auch mit zunehmender Spezialisierung der Lehrenden in größeren übergreifenden Themenfeldern, nicht mehr einzelnen separierten Fachgebieten.

Wird die Schule auch mit dieser Anpassung ihre Stellung als alleiniger Lernort behaupten können? Hoffentlich wird sie das nicht mal wollen. Bei der Vermittlung der 21. Century Skills spielen die Unternehmen eine essentielle Rolle: Sie haben einen klaren Blick für die Bedarfe der Zukunftsfähigkeit und treiben auch perspektivisch personelle Diversität aus intrinsischer Motivation. Beispielsweise werden Frauen in der IT zu einem kritischen Erfolgsfaktor werden, da Unternehmen heute schon verstehen, dass diverse Teams deutlich besser performieren. Daraus ergibt sich ein wichtiger Schritt für eine gelebte Gleichberechtigung, hoffnungsfroh damit einhergehend auch eine geringere Altersarmut bei Frauen.

Lernort Unternehmen sorgt für mehr Diversität und VUCA-Verständnis

Auch bei der digitalen Bildung unserer Jugend werden die Unternehmen im »battle for talents« eine entscheidende Rolle übernehmen müssen. Zur Abmilderung des Fachkräftemangels, insbesondere in der IT, wird HR frühzeitig und freiwillig die Übernahme von Qualifizierungen, auch schon bei Jugendlichen, als entscheidenden Faktor für zukünftige Personalgewinnung ausmachen. Innerhalb der Unternehmenskultur werden entscheidende Punkte die Übernahme von Verantwortung für die Mitarbeitenden und auch deren Kinder sein, zudem wird in der Kommunikation mit Marketing und PR das Employer Branding ein bürgerschaftliches Engagement erwarten lassen. Konzepte wie die Hacker School werden umso mehr als Brückenkonzepte zwischen Wirtschaft und Bildung fungieren und Programmieren als Basisfähigkeit für ein digitales Grundverständnis mündiger Bürger mit Arbeitsmarktintegrationspotenzial etablieren.

Zudem wird und muss dem Lernort Unternehmen eine wichtige integrative Aufgabe in unserer Gesellschaft zukommen: Die Erkenntnis der Bedeutung von Diversität in Teams unter Berücksichtigung der Einflussfaktoren einer VUCA-Welt steigt. Eine intrinsische Motivation von Unternehmen, durch vielschichtige Inklusion besser für die

Anforderungen des Marktes gerüstet zu sein, wird zu stärkeren Bemühungen führen, nicht nur stärker auf Gender-Diversität zu achten, sondern auch vermehrt alle Gesellschaftsschichten und Altersgruppen jedweder Herkunft zu umwerben – am besten mit (digitaler) Bildung.

Ausgehend von meinem beruflichen Hintergrund argumentiere ich hier natürlich insbesondere aus dem Berufsfeld der IT und der hier essenziell notwendigen Integration der Unternehmen in der (Aus-) Bildung junger Menschen, erhoffe aber eine Übertragbarkeit auch auf andere Arbeitsbereiche – immer unter der Prämisse, dass wir von einer größeren Übernahme von gesamtgesellschaftlicher Verantwortung durch Unternehmen sprechen, nicht von direkten marktwirtschaftlichen Absichten.

Man wird heute nicht mehr bei der Firma alt, in der man seine Ausbildung gemacht hat, und genauso wenig endet das Lernen mit dem Abschluss der Schule.

Varietät der Lernorte sowie die Vernetzung zwischen den Lernformen und den Lernorten wird gelebte Realität.

Lernen neu denken

Aus heutiger Sicht erscheint es fraglich, für welches Tempo das menschliche Gehirn und seine Anpassungsfähigkeit konzipiert sind, denn die Anforderungen der Innovationsbeschleunigung steigen viel schneller als die Anpassungsbereitschaft der Menschen. Früher hatten wir eine ganze Generation Zeit, um aus einem Postkutschenfahrer einen Lkw-Fahrer zu machen. Heute können wir kaum noch vorhersagen, was in zwei Jahren sein wird.

Die heutige Elterngeneration muss noch größere Akzeptanz dahingehend erreichen, dass Kinder heute nicht mehr all das lernen müssen und brauchen, was früher gute Dienste geleistet hat. Gleichzeitig müssen wir akzeptieren, dass wir selbst viel häufiger an den Rand unserer eigenen Komfortzonen gehen und eigene Ängste vor uns unbekannten Themenfeldern ablegen müssen.

So sehr mir große Teile der jetzt entstehenden Zukunft gefallen, ich sehe auch Verlierer. Während wir mit der Hacker School und der GIRLS Hacker School recht reibungslos auf »@home« umstellen konnten, sehen wir uns gesellschaftlich großen Herausforderungen gegenüber, wie wir auch die Hacker School PLUS für sozioökonomisch benachteiligte junge Menschen umsetzen können – es fehlt zumeist an Hardware, Internetzugang und Rückzugsmöglichkeiten. Die Spreizung der Gesellschaft durch die zunehmende Digitalisierung zu verringern, statt sie immer größer werden zu lassen, das wird unsere größte Baustelle sein, die wir, vor allem in der Bildung, lösen müssen.

MEINE ZUKUNFTSBAUSTEINE

#1 Unternehmen übernehmen planmäßig und notwendigerweise einen Teil des (digitalen) Bildungsauftrags.

#2 Digitales Lernen ergänzt das analoge Lernen, anstatt es abzulösen.

#3 Die Vermittlung der 21. Century Skills bestimmen das Lernen in der Schule und im Leben, die Fähigkeit zum Wissenserwerb löst den reinen Wissenserwerb ab.

#4 Nachhaltiger Zugang zu Bildung wird parallel immer maximal divers für alle Gesellschaftsschichten und Altersstufen gedacht.

DR. JULIA FREUDENBERG wechselte 2017 nach langjähriger Erfahrung in der Wirtschaft in den Vorstand des gemeinnützigen Vereins i3 e.V. und leitet dort die Hacker School mit der Vision, die Jugend für das Programmieren zu begeistern. Als überzeugte Netzwerkerin arbeitet sie an engmaschigen Kooperationen zwischen ehrenamtlichen und hauptamtlichen Initiativen im IT-Bereich, ist selbst ehrenamtlich aktiv und glückliche Mutter zweier Kinder.

Das innovativste Land der Welt

HAUKE SCHWIEZER

In einem Land, das keine nennenswerten Rohstoffe mehr hat als geistiges Kapital, wird die Ausbildung junger Menschen immer wichtiger, um Wohlstand, Demokratie und Frieden zu sichern und nachhaltiges Verhalten signifikant auszubauen. Gegenwärtig erscheint die öffentliche Bildungslandschaft dauerhaft sehr träge und schwer zu transformieren.

Warum eigentlich? Machen wir uns doch einmal auf eine Reise, die den Beharrungswillen und die Ängste vor Veränderung außer Acht lässt, und gehen nur einer Frage nach: Wie wird Deutschland im Jahr 2030 zum innovativsten Land der Welt?

1. Kindergartenrevolution

Von der Aufbewahrungsstelle mit wenig individueller Förderung in schlechten Gebäuden und zu großen Gruppen zur Kindernation Nummer eins. Klingt verrückt? Genau, wir verrücken unsere Durchschnittsattitüde. Über Jahrzehnte hat Deutschland eine starke Abhängigkeit zwischen sozialem Hintergrund des Elternhauses und Entwicklungs- und Berufschancen junger Menschen zugelassen. Ebenso lange haben sehr gut ausgebildete Frauen darauf warten müssen, adäquate Betreuungsangebote für ihren Nachwuchs angeboten zu bekommen, für den sie aufgrund eines reichlich antiquierten Rollenbildes in erster Linie zuständig waren.

Wenn wir das innovativste Land der Welt sein wollen, dann müssen wir entsprechend agieren und nicht ängstlich auf dem Minimalkonsens verharren. Und das geht so: Flächendeckende Kindergärten mit einem 24-Stunden-Betreuungsangebot für Mädchen und Jungen im Alter von drei Monaten bis sechs Jahren. Ausgerüstet mit allem, was es braucht, um jungen Menschen eine ganzheitliche Basis zu legen für ein gesundes Leben.

Die vier Bildungsfelder Bewegung, Denken, Sprache und soziale Kompetenz bilden die Grundlage. Der wohl beste deutsche Kindergarten, der Kindergarten Kinderreich in Zuzenhausen, von SAP-Mitgründer Dietmar Hopp vorbildlich gefördert, wird auf ein ganzes Land übertragen. Ausgestattet mit Sporthalle, eigener Küche, Bibliothek, digitalen Bildungsangeboten und Möglichkeiten für kleine Forscher.

Es gibt keine einzelne seriöse wirtschaftliche Studie, die belegt, dass Mädchen und Jungs im Kleinkindalter unterschiedliche Begabungen haben. Im Jahr 2030 gehören daher die verfehlten Rollenbilder, dass Jungs mathematisch und naturwissenschaftlich begabter seien als Mädchen, schon im Kindergarten endlich der Vergangenheit an. Und als kinderfreundlichstes Land der Welt gibt es das Angebot für alle Kinder – egal welcher sozialen Herkunft – kostenlos.

Wie das geht? Indem wir eine einmalige Balance des sozialen Ausgleichs schaffen, bei der Vermögen weiter gemehrt werden darf, mittelständische Firmen ohne große Vermögensteuer zur Sicherung von Arbeitsplätzen leicht vererbt werden können, doch die oberen 15 Prozent unserer Gesellschaft eine Kindergartensteuer auf ihr Vermögen zahlen, die dem Staat als Träger der Kindergärten jährlich einen zweistelligen Milliardenbetrag in die Kassen spült. Diese dürfen ausschließlich für den Bau und Umbau von Kindergärten sowie deren jährliche Budgets verwendet werden.

2. Digitaler Fruchtsaft ist für alle da

Die Vermittlung unternehmerischen Denkens und Handelns ist die Basis, um eigene Ideen überhaupt umsetzen zu können. Das gilt übrigens nicht nur für potenzielle Gründer*innen und Unternehmensnachfolger*innen, sondern gerade auch für potenzielle Angestellte, die den wesentlich größeren Teil der Berufstätigen ausmachen. Die so ausgebildeten Intrapreneure sorgen für eine andere Unternehmenswelt: sozialer, gerechter, inklusiver. Mitarbeiter*innen gestalten inzwischen mit und sind am Unternehmenserfolg beteiligt.

Schon in der Grundschule fangen wir an, die Skills, die ein Entreoder Intrapreneur benötigt, spielerisch zu vermitteln. Als Höhepunkt der Grundschulzeit gelten die letzten beiden Wochen vor Beendigung der 4. Klasse. Finden doch hier alljährlich bundesweit die Fruchtsaftwochen statt. Die Kinder durchlaufen dabei die komplette Wertschöpfungskette des Herstellens, Vermarktens und Verkaufens ihrer selbst produzierten Fruchtsäfte. Dazu gehören auch die Entwicklung einer kleinen Website, das Schalten von digitaler und nicht digitaler Werbung und eine Vollkostenrechnung. Ziel ist es, Kindern schon früh beizubringen, was es heißt und wie viel Freude es bringt, eigene Ideen zu entwickeln.

Vorbild für die Idee ist der amerikanische Lemonade's Day, den es seit 2007 gibt und der sich längst bewährt hat: Nicht umsonst werden etwa 25 Prozent der amerikanischen Firmen, die später einmal 1 Milliarde wert sein werden, die sogenannten Einhörner, von 19- bis 25-Jährigen gegründet. Deutschland hat das Modell zwar adaptiert, fokussiert sich jedoch auf die Altersgruppe um zehn Jahre.

3. Das erfolgreichste Schulsystem der Welt

Als erfolgreichstes Schulsystem der Welt stehen in Deutschland Freiheit und Digitalisierung weit mehr im Mittelpunkt als die Vermittlung von speziellem Fachwissen. Die fachliche Lehre leisten die Universitäten, in der Schule geht es um ganzheitliche Ansätze. Es gibt keine Einzelfächer mehr wie Mathematik oder Biologie, sondern thematische Schwerpunkte, die jeweils mit natur- oder geisteswissenschaftlichen Konzepten angegangen werden.

Auch den Klassenverband gibt es so nicht mehr – zwar gibt es immer eine Kerngruppe der Schüler*innen eines Jahrgangs, aber zu den Themenschwerpunkten finden sich immer wieder neue Teilnehmer*innen zusammen.

Benotet wird übrigens erst ab der Klasse 7.

4. It is the personality, stupid!

Im neuen Schulfach Zukunft stehen die Persönlichkeitsentwicklung und alltagsrelevantes Allgemeinwissen im Vordergrund. Ziel ist es, junge Menschen zu mündigen, mutigen und toleranten jungen Menschen zu erziehen, die die Vorteile heterogener Teams und Netzwerke zur Lösung der zukünftigen Herausforderungen und des friedlichen, demokratischen Lebens verinnerlicht haben.

Zur Ausbildung gehört es auch, Präsentationstechniken und eine integre, sachliche Debatten- und Diskussionskultur zu vermitteln.

Ein weiterer Schwerpunkt des Fachs Zukunft ist die Vermittlung alltagsrelevanter Skills, wie das Schreiben einer Bewerbung, das Führen von Vorstellungsgesprächen, Grundlagen von Recht und Steuern, das Abschließen von Arbeits- und Mietverträgen, Grundlagen des Kapitalmarktes.

5. Das Begabungsjahr

Im Jahr 2030 sind Theorie und Praxis deutlich enger verzahnt. Es gibt einen großen Konsens in Wirtschaft, Wissenschaft, Gesellschaft und Politik, dass es nicht darum geht, Schüler*innen möglichst früh in eine Ausbildung zu bringen und diese möglichst schnell abzuschließen. Stattdessen nimmt jeder junge Mensch nach der Schulzeit, ganz gleich welche Schulform durchlaufen wurde, ein Begabungsjahr.

In zwölf Monaten werden vier Praktika in unterschiedlichen Bereichen durchlaufen, die sich der junge Mensch als Berufsziel vorstellen kann. Die Dauer beträgt je drei Monate. Ein Praktikum muss verpflichtend in einem Non-Profit-Bereich erfolgen.

Zur Vermittlung ist eine große, digitale Plattform der inzwischen transformierten IHK und Handwerkskammern initiiert worden, die Angebot und Nachfrage matcht. Jeder junge Mensch erhält für diese Zeit 1 000 Euro im Monat – steuerfrei. Die Kosten teilen sich der Staat und der/die jeweilige Arbeitgeber*in inklusive der Krankenversicherung.

6. Mentoring in einer anderen Dimension

Die digitale Plattform von IHK und Handwerkskammern zur Vermittlung des Begabungsjahres hat eine zweite, herausragende Funktion. Es gibt kaum etwas, was die Lernkurve junger Menschen höher emporschnellen lässt als substanziell gutes Mentoring. In einer neuen Kultur des Einander-Helfens und -Wertschätzens avanciert die Plattform zur größten Matchmaking-Mentoring-Plattform Europas. Völlig sozialinklusiv kann sich jede/r Schüler*in hier anmelden, um Praxisgespräche über Begabungen, Berufsausbildungs- und Jobwahl zu vereinbaren. In den Ausbau der Plattform fließen jährlich 25 Prozent des Gesamtetats der Betriebsgesellschaften. Das Budget ist für alle IHK- und Handwerkskammer-Mitglieder transparent nachvollziehbar.

Auch dadurch ist es bei den Mentor*innen der ortsansässigen Unternehmen hoch akzeptiert.

Ergänzend dazu entstehen nach dem Vorbild Bayerns und NRWs in allen Bundesländern flächendeckend und gerade auch mit Fokus auf wirtschaftlich schwächere Regionen digitale Gründerzentren. Sie sind nicht, wie bisher, ausschließlich Ansprechpartner für die Zeit nach der Schule. Vielmehr werden mit den Schulen vor Ort bereits Kooperationen ab dem Alter von zwölf Jahren eingerichtet. Eine Aufgabe der Zentren ist der Aufbau eines Mentoring- und Reverse-Mentoring-Programms für Schüler*innen, Auszubildende und Mentor*innen. Heißt: Nicht nur die Älteren teilen ihr Wissen mit der jungen Generation, sondern auch die Jungen werden zu Sparringspartner*innen der älteren Generation.

7. Universität Neuschwanstein

Nachdem Deutschland über sehr viele Jahre im Ranking der besten 100 Universitäten der Welt viele Jahre nur mit ein oder zwei Universitäten auf den hinteren Plätzen vertreten war, hat sich endlich die Erkenntnis durchgesetzt, dass wir nicht nur eine Weltklasse-Uni haben sollten, sondern die beste Uni der Welt für fünf der absoluten Zukunftsthemen: Software & KI, Gesundheit & Medizin, Energie, Immobilien und Konsum – jeweils in Kombination mit Nachhaltigkeit, Software und KI.

Um von Beginn an eine weltweite Strahlkraft zu erreichen, ist in unmittelbarer Nähe von Schloss Neuschwanstein der nachhaltigste Gebäudekomplex einer Universität entstanden, der je gebaut wurde. Der vielfach verpönte Elitegedanken ist durch ein einmaliges Solidarmodell ausgehebelt. Mit 50 Milliarden Euro ist das Stiftungsvermögen der Universität Neuschwanstein weltweit das höchste aller Universitäten. Es wird möglich durch eine solidarische Zustiftung der vermögensstärksten 5 Prozent unserer Gesellschaft, wobei die oberen 2,5 Prozent in Deutschland einen doppelt so hohen Prozentsatz ihres Vermögens stiften. Der Prozentsatz wird von den Finanzbehörden ermittelt und bezieht sich auf das Gesamtvermögen. Auch Unternehmen und Absolvent*innen beteiligen sich am Stiftungsvermögen. Die Rendite – bei einer Durchschnittsrendite von 8 Prozent jährlich wären dies etwa 4 Milliarden Euro – entspricht dem Jahresbudget der Universität.

Der Solidaritätsgedanke setzt sich auch bei der Auswahl der Student*innen fort. Ein Studienplatz kann nicht gekauft werden. Auch Noten sind nicht mehr entscheidend. Gefragt sind vielmehr Begabung und Talent, Sozialkompetenz und nachhaltiges Denken. Die Studierenden verpflichten sich, nach dem Studium über 20 Jahre 10 Prozent ihres Einkommens an die Universität zu spenden, die dem weiteren Ausbau des Stiftungsvermögens dienen. Der fächerübergreifende Ansatz, die sensationelle Location, das höchste Jahresbudget und die talentiertesten Student*innen machen die Universität Neuschwanstein von Beginn an zu einem begehrlichen Ort für die brillantesten Professor*innen.

Das folgerichtige Ziel der Universität ist es, die herausragendste Innovationsschmiede der Welt zu werden. Alle bedeutenden Venture-Capital-Geber und Private-Equity-Fonds unterhalten Anlaufstellen in »Neuschwanstein Valley«.

MEINE ZUKUNFTSBAUSTEINE

#1 Kindergärten bieten 24-Stunden-Betreuung. Die Finanzierung erfolgt über eine Balance des sozialen Ausgleichs, bei der Vermögen weiter gemehrt werden darf, mittelständische Firmen ohne große Vermögenssteuer leicht vererbt werden können, und die oberen 15 Prozent unserer Gesellschaft eine Kindergartensteuer zahlen.

#2 Unternehmertum wird bereits in der Grundschule gelehrt. Die »Fruchtsaft-Wochen« schließen die Grundschulzeit ab, ein Begabungsjahr die Schulzeit allgemein. Talent, Kreativität, aber auch Social Entrepreneurship sind selbstverständliche Bildungsbausteine.

#3 IHK und Handwerkskammern sind deutlich aktiver in die Bildungslandschaft eingebunden als früher. So stellen sie eine digitale Plattform für die Vermittlung der Praktika im Begabungsjahr und von Mentoringprogrammen.

Mit der Universität Neuschwanstein verfügt Deutschland über die innovativste Universität weltweit. Finanziert wird sie aus einem Stiftungsvermögen, das die vermögendsten Menschen Deutschlands, Unternehmen und Alumni ermöglichen. Die Zukunftsschmiede zieht die größten Talente in Lehre und Forschung an.

HAUKE SCHWIEZER ist Mitgründer und Geschäftsführer von Startup Teens. Die Non-Profit Initiative ist die reichweitenstärkste digitale Bildungsplattform für Unternehmertum und Coding in Deutschland. Zielgruppe sind 14- bis 19-jährige Schüler*innen aller Schulformen. Seine Leidenschaft für Unternehmertum und Jugendförderung hat der SAP-Mitbegründer Dietmar Hopp geweckt. Als Marketingleiter bei »Anpfiff ins Leben«, dem Jugendförderprojekt von Dietmar Hopp, hatte Hauke Schwiezer seinen Berufsstart. Davor studierte er Betriebswirtschaftslehre an der DHBW Mannheim.

GESELLSCHAFT

#BuildingForward: Eine gerechte Welt mit nachhaltigem Betriebssystem und wachsender Lebendigkeit

MAJA GÖPEL

Es war erst gestern, dass sich die Welt, wie wir sie kannten, plötzlich anders drehte ... Kurz, aber wirklich nur kurz, haben wir uns geschüttelt, um dann neu durchzustarten: ökologischer, sozialer, nachhaltiger, lebendiger. Unsere Welt von heute ist eine andere und gehorcht neu gedachten Prinzipien.

Wachstum? Gutes Mittel, schlechtes Ziel
Wir haben das Wort Wachstum aus dem ökonomischen Diskurs verbannt. Die Formel »höheres BIP = besseres Wirtschaften und Leben« hatte jede Glaubwürdigkeit verloren. Stattdessen setzen wir nun auf einen konkret greifbaren Fortschrittspfad und messen die Ergebnisse konsequent an den Zielen für nachhaltige Entwicklung (Sustainable Development Goals), wie sie die UN in der Agenda 2030 vorgesehen und Deutschland in seiner übergeordneten Nachhaltigkeitsstrategie konkretisiert hatte. Ökologische, soziale und ökonomische Indikatoren sind jetzt gleichwertige Richtgrößen dafür, ob politische Strategien und gesellschaftliche Innovationen uns Fortschritt ermöglichen oder nicht. Darüber hinaus erheben wir nun regelmäßig das subjektive Wohlergehen der Menschen, also wie hoch sie ihre Lebensqualität empfinden und welche Veränderungen sie sich wünschen. Die neue Formel heißt »hohe Lebensqualität für alle bei kleinstem ökologischem Fußabdruck«. Eine transparente Darstellung der Kosten unserer bisherigen Wirtschaftspraxis hat zunächst einen Schock und dann eine umfassende Aufbruchsstimmung ausgelöst: Sinn und Arbeit, Wertschöpfung und Verdienst, Investition und Gemeinwohl, Innovation und Fortschritt wurden wieder stärker zusammengeführt, und aus Zukunftsangst wurde Zukunftsgestaltung.

Demokratische Erneuerung für Sprunginnovationen
Da wir es leid waren, immer wieder gut begründete Ziele zu setzen und sie zu verfehlen, haben wir einen großen Innovationsschub in

demokratischen Prozessen angestoßen. Zum einen gibt es nun eine zentrale Einheit zur Antizipation der Zukunft im Kanzleramt. Die einzige Aufgabe dieser Einheit ist es, sich mit der erwarteten Wirkung von vorgeschlagenen politischen Maßnahmen und Programmen aus längerfristiger Sicht zu beschäftigen und diese durch multikriterielle Modellierung und Simulationsspiele transparent zu machen. Bürgerinnen und Bürgern können diese kommentieren. Regelmäßige Evaluationen fließen in die Weiterentwicklung der analytischen Instrumente ein. Eine Ombudsperson für zukünftige Generationen bringt diese langfristige Sicht aktiv in Verhandlungen ein, sodass sie nicht zugunsten der Gegenwart unter den Tisch fällt.

In Bereichen wie der Rentenversicherung, des Bildungs-, aber auch des Steuersystems wurde nicht mehr im Kleinen geflickschustert, sondern einmal konsequent ein Update für das 21. Jahrhundert vorgenommen. Bei den Steuern zum Beispiel wurde transparent dargestellt, welche Abgaben heute wo existieren und welche Lenkungswirkung von ihnen ausgeht. Negative Trends wie die Übernutzung ökologischer Ressourcen, die strukturelle Umverteilung nach oben und die Vermeidung von Steuern wurden gemeinsam korrigiert. Besonders die systematische Steuerhinterziehung großer Konzerne und Vermögen wurde durch EU-Regeln im ersten Schritt und dann mit einem globalen Abkommen beendet. Im Rahmen einer zweiten Aufklärung setzte sich auch kulturell die Einsicht durch, dass verlässliche soziale und ökologische Daseinsvorsorge nur durch zukunftsfeste und gerechte Beiträge zu staatlichen Einnahmen realisierbar und finanzierbar sind. Vorbereitet wurden die jeweiligen Sprunginnovationen von ausgelosten Bürgerkonventen, die in intensiven Diskussionen und Anhörungen unabhängiger Expert*innen Vorschläge erarbeitet und präsentiert hatten.

Freiheitsprinzip: Richte keinen unnötigen Schaden an

Das Prinzip »Do no harm« in Bezug auf den Erhalt der natürlichen Lebensgrundlagen ist heute selbstverständlicher Bestandteil vieler Verfassungen und wird mit wissenschaftlichen Zielen zur Einhaltung der planetaren Grenzen untermauert. Insbesondere die liberalen Kräfte hatten die Schrift »System der Natur« von Baron Holbach wiederentdeckt und folgten der Analyse, dass menschliche Lebensqualität unmittelbar mit der Gesundheit der natürlichen Mitwelt verbunden ist. So ist auch die internationale Handelspolitik an diesem Primat ausgerichtet worden. Ein Umweltgerichtshof sorgt für den entsprechenden juristischen Schutz, und die Regeneration und Restauration von Ökosystemen werden systematisch eingebaut in Forschung- und Innovationsbudgets, Technologieentwicklung und Wirtschaftsförderung. Öffentliche Subventionen werden jetzt klar an diesen Zielen ausgerichtet, und Unternehmen bilanzieren ökologische Kosten und sozialen Impact jetzt als selbstverständlichen Teil ihrer Betriebsergebnisse. Internationale Ko-Finanzierung zum Schutz der globalen Gemeingüter, wie der Earth Atmospheric Trust und entsprechende Entschuldungsabkommen (Debt-for-Nature Swaps), machten Finanztransfers für den sofortigen Stopp weiterer Entwaldung sowie den erfolgreichen Wiederaufbau und die regenerative Nutzung von natürlichen Flächen möglich. Durch diese Neuausrichtung ist eine große Welle neuer »Green Jobs« und eine Revolution der Landnutzung entstanden.

Tech4Future
Die digitale Revolution ist heute systematisch mit der Transformation zur Nachhaltigkeit verbunden. Leitbild wurde die Pflege und Potenzialentfaltung der lebendigen Systeme auf diesem Planeten: Mensch und Natur. In vielen Fällen konnten neue Technologien lang bekannte Herausforderungen gezielt überwinden helfen: Big Data, künstliche Intelligenz und Sensorik haben ein sehr detailliertes Verständnis komplexer Ökosysteme ermöglicht, und Erdsystem-Monitoring ist als ein neues globales Gemeingut aufgebaut worden. Regenerative Pflege und Nutzung der Ökosysteme, neue Materialien für Cradle-to-Cradle-Lösungen, Datenbanken und Tracking-Systeme für die möglichst langlebige, korruptionsarme und kaskadierende Nutzung begrenzter Ressourcen in regionalen Kreislaufwirtschaften und Sharing Economies haben eine Neugestaltung der globalen Wertschöpfungsketten unterstützt. Die dezentrale und günstige Bereitstellung von Informationen, Zugang zu Bildung, Geldsystemen und genossenschaftlich organisierten Plattformen der Kooperation konnten besonders in ruralen Räumen und ärmeren Gegenden einen ganz neuen, von den Menschen selbst getragenen Innovationsschub freisetzen. Auch die Prozesse der Sprunginnovationen

wurden durch die Entwicklung von Demokratie-KI so unterstützt, dass alle Informationen transparent zugänglich waren, die Personen in den Konventen aber nicht manipulativ beeinflusst werden konnten.

Geld – im Dienst des Gemeinwohls
Der globale Gipfel zu ökonomischer Stabilität und Erhalt demokratischer Marktwirtschaften legte Rahmenbedingungen fest, mit denen der Trend zu spekulativen und manipulativen Wertabschöpfungs- und plutokratischen Eigentumsstrukturen beendet wurde. Geld allein zur Mehrung von Geld zu nutzen wird nicht mehr als produktive Tätigkeit definiert und damit die Schöpfung von Geld wieder in gemeinwohlverpflichtete Institutionen rückgeführt, die Richtlinien für Shareholder Value und die Besteuerung von Kapitalgewinnen angepasst. Die Finanzialisierung zentraler Bereiche menschlicher Daseinsvorsorge wie Gesundheit, Landnutzung, Wohnraum, Infrastrukturen der Mobilität und Kommunikation werden zurückgedreht, hinterzogene Steuern eingetrieben und mit einer einmaligen Abgabe auf Milliardenvermögen in einem Trust gebündelt. Dieser wird in Form von Grundeinkommen und niedrig verzinsten Mikrokrediten an die ärmsten 3 Milliarden Menschen ausgezahlt, sodass die von der UNDP initiierten temporären Grundeinkommen in der Covid-Pandemie in einen zehnjährigen Übergangsmechanismus verstetigt wurden. Damit nehmen selbstbestimmte, resilienzfördernde Binnenmarktstrukturen zu, und die Struktur des internationalen Handels wird wieder mit der ursprünglichen Idee des komparativen Vorteils zusammengeführt.

MEINE ZUKUNFTSBAUSTEINE

 Ökonomische Entwicklung hat wieder einen klaren Kompass und stellt sich in den Dienst nachhaltigen und differenziert gemessenen menschlichen Wohlergehens.

 Wir besteuern gerecht. Die Übernutzung ökologischer Ressourcen, die systematische Umverteilung nach oben und die Vermeidung von Steuern in den Sektoren Finanzen und Digitales werden gemeinsam korrigiert.

#3 Das Prinzip »Do no harm« ist verfassungsrelevant und sorgt (unter anderem über den Umweltgerichtshof) dafür, das Ökosysteme regeneriert und restauriert werden.

#4 Die digitale Revolution dient dem Gemeinwohl und wirkt als Disruption bisheriger Probleme und Blockaden in der Erreichung etablierter Nachhaltigkeitsziele.

#5 Ein globaler Gipfel definiert die Rolle des Geldes als eine soziale Ermöglichungstechnologie mit Priorität auf den Abbau der Armut und sozialen Ungleichheit sowie den Aufbau von Diversität und Resilienz in globalen Kooperationsstrukturen.

MAJA GÖPEL ist eine der einflussreichsten Stimmen für Nachhaltigkeit in Deutschland und Wissenschaftliche Direktorin am The New Institute. Sie ist in zahlreichen Beiräten aktiv und Professorin an der Leuphana Universität Lüneburg.

Meine Stadt im Jahr 2030

UTE ELISABETH WEILAND

Mein Arbeitstag beginnt mit einem Knopfdruck und verwandelt das Schlafzimmer in meinen Arbeitsbereich: Das Bett klappt in die Wand ein und schafft Raum, der Esstisch verwandelt sich in einen digitalen Schreibtisch. Seit einigen Jahren lebe ich in einer verwandlungsfähigen Wohnung, in der ich mit Robotic Interiors den Zuschnitt meiner Räume auf Knopfdruck verändern kann. Mit flexiblen Modulen kann ich mein Zuhause umbauen, zusätzlich sind meine Möbel, per 3D-Druck für mich angefertigt, multifunktional und beweglich.

Schöne neue Arbeitswelt
Mein Schreibtisch besteht aus einer interaktiven Arbeitsplatte, auf der ich Videos, E-Mails, Fotos und Texte bearbeiten sowie virtuelle Meetings durchführen kann. Nachdem ich mich in meine internationalen Video-Channels eingeloggt habe, werden meine Gesprächspartner aus aller Welt in mein Homeoffice projiziert. So arbeite ich allein und doch verbunden mit Menschen aus der ganzen Welt. In Krisenzeiten, wenn zum Beispiel eine neue Pandemiewelle uns zwingt, für eine Weile in Quarantäne zu leben, ist diese Arbeitsform eine sichere Form der Kollaboration.

Trotzdem bin ich noch immer ein Fan physischer Begegnungen und analoger Brainstorming-Sessions. Und auch die vielen informellen Treffen zwischen Kollegen – im Flur, an der Kaffeemaschine, in der Kantine – gehören zu einem ganzheitlichen Arbeitsalltag. Der goldene Mittelweg ist eine ausgewogene Mischung aus Heim- und Präsenzarbeit, sodass die Vorteile beider Arbeitsformen ausgeschöpft werden können.

Per Flugtaxi ins Büro: Aus Exklusivität wird nachhaltige Normalität
Am Nachmittag stehen Präsenztermine an, und ich buche mir über eine App ein autonomes Flugtaxi. Vor einigen Jahren war es noch ein Privileg, ein Flugtaxi zu besteigen, doch mittlerweile ist es ein kostengünstiges und nachhaltiges Transportmittel geworden: Der Flug mit der Drohne ist preislich mit einer innerstädtischen Taxifahrt oder einem Kurzstreckenflug vergleichbar. Bei Pendlern ist das »Air-Shairing« beliebt, bei dem man sich ein Lufttaxi teilt, um günstig, schnell und umweltfreundlich ans Ziel zu kommen.

Das Flugtaxi holt mich von der Landeplattform unserer Dachterrasse ab und schwebt über die Straßenschluchten – die heute nicht mehr wie vor ein paar Jahren grau in grau daherkommen, sondern grün und blühend strahlen.

Green is the new black
Der eigene Garten hat für die meisten Menschen bei der Wohnungswahl in der Stadt Priorität. Schrebergärten gehören zum Layout der Wohnung dazu. Auch neu angelegte Grünflächen auf Dächern oder

der vertikale Anbau helfen, die Natur näher an die eigenen vier Wände zu bringen. Urban Farming boomt. Die lokale Produktion von Lebensmitteln ist gefragt wie nie – und findet oft auf dem eigenen Dach oder im Garten statt. Auch auf unserem Dach gibt es neben selbst angebautem Gemüse und Obst eine Fischzucht in einer Aquaponik-Anlage sowie Bienenstöcke.

Ich fliege lautlos über einen ansteckungsfreien Spielplatz, der auch in Zeiten einer Pandemie sicher genutzt werden kann: Jedes Kind bekommt seinen eigenen Zugang zu einer individuellen Spieleplattform, die der organischen Blattform einer Riesenseerose ähnelt. Die Spielflächen sind untereinander verbunden, sodass die Kinder in sicherer Distanz mit ihren Freunden spielen können.

Aus Immobilie wird »Mobilie« – Wohnen ist beweglich und temporär
Mein erster Termin ist außerhalb der Stadt, ein Geschäftspartner hat sich mit seiner mobilen Wohn- und Büroeinheit im Grünen niedergelassen. Die Wohnmodule sind so flexibel, dass sie nicht nur innerhalb der Wohnung umgestaltet werden können, sondern auch das Umziehen leichter machen; statt auf Wohnungssuche zu gehen, kann man seine eigenen vier Wände einfach einpacken, mitnehmen und woanders aufbauen: aus Immobilie wird »Mobilie«. Frei verfügbare Flächen, auf denen man sein Zuhause temporär aufbauen kann, sind gefragt, Es entsteht ein neues Gefühl der Freiheit; man bewegt sich und bleibt damit auch im Kopf flexibel. Der Alltag bringt neue Erlebnisse und neue Umgebungen, und das Verreisen in den Ferien nimmt drastisch ab. Ein Segen für die Umwelt.

Individualisiert: Wunschbüros
Für das nächste Meeting bringt mich die Drohne in unser Büro. Genau wie bei der Ausgestaltung meines Zuhauses kann ich auch hier durch Robotic Interiors den Grundriss verändern. Alle Zimmergrößen sind wandelbar, die Wände sind flexibel und können zu immer neuen Raumkonstellationen umgestaltet werden: Um einen Konferenzraum zu schaffen, fahre ich die Beleuchtung komplett in die Decke, sodass sich die Wände zu einem neuen großen Raum zusammenfinden können.

Die einzelnen Arbeitsplätze sind ganz auf meine Mitarbeiter eingestellt; die mobilen Pods sind mit digitalen Assistenten und Schreibtischen ausgestattet. Die Wände sind bepflanzt und sorgen für ein gesundes Raumklima. Jeder kann sich durch individualisierbare Duft-, Klima-, Licht- und Musikregler das Arbeiten so angenehm wie möglich machen.

Innenstädte: paradiesische Zustände für Fahrradfahrer und Spaziergänger
Am frühen Abend verlasse ich das Büro. Wurde das Stadtbild vor ein paar Jahren noch von Autos dominiert, sieht es nun anders aus: Die einspurigen Straßen sind zurückgebaut, und die wenigen Autos, die noch unterwegs sind, sind mit alternativen Antrieben versehen, elektrisch oder mit Wasserstofftechnologie.

Das Fahrrad boomt in all seinen Facetten – als Lastenrad, Familienrad, Dreirad. Ein mehrspuriger, gut sichtbarer Fahrradweg führt an unserem Büro vorbei und mündet in eine überdachte Fahrradschnellstrecke.

Auch die Fußgängerwege haben sich von schmalen Bürgersteigen zu breiten Bereichen entwickelt. Das Spazierengehen erlebte in der letzten Dekade eine Renaissance: nicht nur als entspannender Sonntagsspaziergang, sondern als neue, alte Form der Mobilität: Auf begrünten Fußgängerwegen laufen wir zur Arbeit, zur Schule, zu Freunden, und diese alte Kulturtechnik erhält ihren unverrückbaren Stellenwert in unserem Alltag zurück.

Nahverkehr: effektiv, digital und sicher
Für meinen Rückweg nach Hause wähle ich nun die öffentlichen Verkehrsmittel. Wo es früher um diese Zeit unerträglich voll war, ergibt sich nun ein anderes Bild. Die U- und S-Bahnen kommen dank einer effektiveren Taktung schnell und regelmäßig. Durch großzügiges Design werden Busse und Bahnen in einzelne Abteile aufgeteilt, um in Pandemiezeiten Abstandsregeln umzusetzen. Ich steige in ein Einzelabteil, das sich automatisch an die sich öffnende Bahntür schiebt und mit mir dann ins Innere des Waggons gleitet. Zusätzlich nutze ich eine App, die verschiedene Angebote des öffentlichen Nahverkehrs flexibel

miteinander verknüpft. Sie zeigt mir an, welche Verkehrsmittel aktuell ausgelastet sind und welche Alternativen es dazu gibt. Statt für den letzten Teil meiner Heimfahrt in einen vollen Bus zu steigen, schwinge ich mich lieber auf einen Leihroller.

> »We shape our buildings; thereafter they shape us.«
> **Winston Churchill**

Zu Hause angekommen, blicke ich durch die Fenster auf meine Stadt. Der Wunsch nach Gemeinschaft, gleichwertigen Lebensverhältnissen, nachhaltigen Materialien und Partizipation in Planungsprozessen ist sichtbarer denn je. Statt auf einzelne Gebäude und Häuser zu blicken, schaue ich auf Systemlösungen – kein Unité d'Habitation, wie Le Corbusier sie entworfen hat, aber seine Idee aufgreifend und das menschliche Maß anwendend, mit nachhaltigen, recycelbaren Materialien gebaute Großstrukturen. Hier gibt es Wohnungen für unterschiedliche Einkommen, aber auch Büroflächen, die als Co-Working-Spaces genutzt werden. Einkaufsmöglichkeiten, Kultur- und Kunsträume wechseln sich mit Urban Farming und Grünflächen zum Spielen ab. Die Trennung zwischen Leben und Arbeiten löst sich auf. Aus Kiez wird Community. Denn nicht nur die Baumaterialien und die Mobilitätslösungen sind nachhaltig, auch die soziale Struktur der Städte ist nachhaltig angelegt. Der eigentliche Sinn einer Stadt ist das Zusammensein mit anderen Menschen, die Anregungen, die einem auf Schritt und Tritt begegnen. Die Amerikaner nennen es Serendipity: Dinge zu finden, nach denen man gar nicht gesucht hat.

Am 30. Juni 2030 wird meine Stadt menschlicher, gelassener, sicherer, anregender, mobiler, digitaler, grüner, sauberer, nachhaltiger und schöner gestaltet sein.

MEINE ZUKUNFTSBAUSTEINE

 Die Stadtplaner, Architekten und Designer gehen kreativ mit den Herausforderungen der Zukunft um und finden Wege zu neuen Formen des Zusammenlebens: Aus Kiez wird Community, und die soziale, nachhaltige Struktur der Städte wird von all ihren Bewohnern und Akteuren gepflegt

#2 Die Menschen sind nachhaltig mobil; die Ausgestaltung der Stadt richtet sich danach und garantiert die nötige Infrastruktur und Sicherheit – für autonome Flugtaxis genauso wie für Fahrradschnellbahnen.

#3 Designer und Architekten erfinden mit flexibler Raumaufteilung und mobilen Wohnlösungen das Wohnen und Arbeiten neu

#4 Der Bezug zur Natur ist wichtig – sei es durch Grünflächen, Dachterrassen, Schrebergärten – und dominiert nicht nur die Stadtgestaltung, sondern ist auch Priorität bei der Wohnungswahl

UTE ELISABETH WEILAND ist seit 2016 Geschäftsführerin der Standortinitiative »Deutschland – Land der Ideen«. Zuvor war sie von 2008 bis 2016 stellvertretende Geschäftsführerin der Alfred Herrhausen Gesellschaft. Die studierte Musikpädagogin gründete 1998 das Erich Pommer Medieninstitut. Sie ist Mitglied in internationalen Netzwerken und publiziert regelmäßig zu den Themen Stadt, Bildung und Innovation.

Ein Appell: die Sache mit dem Apfelbäumchen

FLORIAN LANGENSCHEIDT

»Zurechtgedachtes wird immer vom Lebendigen zerkrümelt«, sagte klug Oskar Maria Graf.

Wer in den 1950er-Jahren um eine Bevölkerungsprognose für unser schönes Land gebeten wurde, musste doch scheitern. Oder hätte er all das voraussagen können: Gastarbeiter, Mauer gebaut, Pille, Mauer niedergerissen, Flüchtlingsstrom? Daher misstraue ich Langfristprognosen zutiefst. Graf hat recht. Und egal, welche Grundrichtung der Voraussage eingeschlagen wird, alles wird anders kommen. Wir werden in zehn Jahren weder alle Chips in uns tragen und total überwacht und gesteuert werden noch Ferien auf dem Mars verbringen. Aber es wird auch nicht alles bleiben, wie es ist. Außer dass wir unsere gesammelten Schwächen behalten …

Da wir nicht wissen, was auf uns zukommt (und die Krisen kommen immer schneller), ist Zuversicht am bedeutsamsten. Zuversicht hinsichtlich unserer Fähigkeit zu Anpassung und Überleben, unserer Kreativität, unserer Resilienz und unserer Fähigkeit zu Empathie, gegenseitiger Akzeptanz und Unterstützung, Factfulness und Liebe. Und so wichtig klassische Energiepolitik auch ist, die wichtigste erneuerbare Energie für unser Land ist Optimismus. Als Grundhaltung der Welt gegenüber.

»Wenn ich wüsste, dass morgen die Welt unterginge, würde ich heute noch ein Apfelbäumchen pflanzen.« Martin Luthers berühmter Satz umreißt diese Einstellung auf das Schönste.

Es ist wie beim Fotografieren: Mit falschen Einstellungen kann ich das vollkommenste Motiv ruinieren. Und die meisten Menschen bemühen sich um eine schöne Sicht auf die Dinge, wenn sie fotografieren. Man motiviert die Fotografierten zum Lachen, man komponiert schöne Bildausschnitte, fotografiert lieber das Naturwunder als die Müllhalde.

Damit soll das Negative in der Welt weiß Gott nicht verdrängt oder verleugnet werden. Nur führt es niemanden weiter, sich primär darauf zu fokussieren. Entweder ist es nicht zu ändern, oder wir haben Chancen zur Verbesserung – aber dann ist der Optimist sicherlich der mit der größeren Energie und Hoffnung. Denn um die Welt zu ändern, brauche ich viel Zuversicht, dass das geht. Optimismus eben.

Es war Willy Brandt, dem wir den Kniefall in Warschau und die Entspannungspolitik verdanken, der anmerkte: »Zur Summe meines Lebens gehört im Übrigen, dass es Auswegslosigkeit nicht gibt.«

Und Immanuel Kant notierte lange davor: »Der Himmel hat den Menschen als Gegengewicht zu den vielen Mühseligkeiten des Lebens drei Dinge gegeben: die Hoffnung, den Schlaf und das Lachen.«

Manche Menschen fragen, wie man angesichts der Not und des Elends in dieser Welt Optimismus entwickeln kann. Ich frage eher: Wie kann man existieren ohne? Hätte ich nicht das Gefühl, etwas zum

Positiven hin ändern zu können, wie könnte ich leben in der Ungerechtigkeit? »Die Hoffnung ist der Regenbogen über den herabstürzenden Bach des Lebens«, formulierte Nietzsche.

Optimismus und Hoffnung sind der Treibstoff für den Motor unserer Existenz. Sie treiben uns voran, lassen uns glauben und kämpfen. Ohne sie würde es dunkel werden in der Welt und wirklich Grund zu Pessimismus geben. Mit ihnen – das ist wie eine self-fulfilling prophecy – gibt es Grund zum Hoffen.

Wir kennen das aus dem Alltag: Wer ständig glaubt, dass alles schiefgeht, dem geht alles schief. Wer furchtsam an große Aufgaben herangeht, hat schon halb verloren. Positives Denken hingegen zieht das Gelingen an und rechtfertigt sich dadurch rückwirkend.

»Die Hoffnungslosigkeit ist schon die vorweggenommene Niederlage« (Karl Jaspers).

Kein Unternehmen würde existieren, gäbe es nicht Unternehmer, die optimistisch an die Möglichkeit des Erfolges ihres Produktes glaubten. Und gäbe es keine Unternehmen, es gäbe keine Arbeitsplätze, keine Wirtschaft, keine Rente, keine Arbeitslosenversicherung …

Wie gesagt: Wir können nicht ohne. Politisch, philosophisch, wirtschaftlich, seelisch. Ohne Optimismus bricht alles in sich zusammen.

»Alle Hoffnungen sind naiv, aber wir leben von ihnen« (Primo Levi). Dabei ist der Optimist nicht einer, der aus dem neunten Stock eines Hauses springt und sich beim dritten sagt, er lebe ja noch. Nein, er sieht die Realität in all ihrer Komplexität und macht einfach das Beste daraus. Und weiß, dass ihn ein positives Herangehen zu einem glücklicheren, gesünderen und gewinnenderen Wesen werden lässt. Optimisten »gedeihen«, Pessimisten »welken dahin«, beobachtet die US-Psychologin Barbara Fredrickson.

Optimismus baut den Grund, auf dem er steht. Hoffnung gebiert Veränderung und rechtfertigt sich dadurch selbst – das Gegenteil des Teufelskreises. Da das Leben voll von Angelhaken und Fallstricken ist, kann nur der handeln, der optimistisch daran glaubt, dass sein Ziel schon irgendwie erreichbar ist. Jeder andere wird die Flinte schnell ins Korn werfen. »Ein Optimist sieht eine Gelegenheit in jeder Schwierigkeit; ein Pessimist sieht eine Schwierigkeit in jeder Gelegenheit«, sagte Winston Churchill hierzu. Und Eckart von Hirschhausen etwas salopper: »Shit happens. Die Frage ist nur, ob ich die Taube bin oder das Denkmal.«

Der Optimist atmet auf, wenn er das Licht am Ende des Tunnels sieht; der Pessimist erkennt darin den entgegenkommenden Zug. Vielleicht behalten Pessimisten öfter recht – aber will man das? Und braucht das unser Land?

MEINE ZUKUNFTSBAUSTEINE

 Wir wissen: Die wichtigste erneuerbare Energie für unser Land ist Optimismus.

 Daher lehren und lernen wir, die Dinge positiv und optimistisch anzugehen.

 Wir haben wieder gelernt, an die Zukunft zu glauben.

DR. FLORIAN LANGENSCHEIDT ist Bestsellerautor (Langenscheidts Handbuch zum Glück, Wörterbuch des Optimisten, Alt genug, um glücklich zu sein), Redner, Unternehmer, Business Angel und Gründer von CHILDREN FOR A BETTER WORLD. Er ist Vater von fünf Kindern und lebt an einem See in Berlin.

Klimaschutz ist in der Vorstandsetage angekommen

ANNA ALEX

Anfang des Jahres hat ein befreundeter Unternehmer einen Preis erhalten als »Sozialunternehmer des Jahres«. Ich habe mich sehr für ihn gefreut. Gleichzeitig fragte ich mich, ob es einen solchen Preis in zehn Jahren auch noch geben wird. Ich denke nicht. Im Jahr 2030 werden wir keine dezidierten Sozialunternehmer mehr brauchen, denn bis dahin wird jeder Unternehmer Verantwortung für die großen Probleme der Welt übernommen haben. Eines der größten Probleme unserer Zeit ist die Klimakrise – und die gilt es anzugehen. Heute.

Wir managen aktiv den CO_2-Fußabdruck als den wichtigsten KPI unserer Zeit
Bei der Geschwindigkeit, mit der CO_2 und andere Treibhausgase in die Atmosphäre geblasen werden, könnte der Klimawandel allein aufgrund des steigenden Meeresspiegels etwa 2 Milliarden Menschen aus ihrem Lebensraum verdrängen – vor dem Jahr 2100. Das dürfen wir nicht zulassen.

Denn 97 Prozent der Wissenschaftler sind sich einig, dass der Klimawandel menschengemacht ist. Wir Menschen müssen also auch dafür sorgen, dass wir den Klimawandel in den Griff bekommen. Climate Action ist das Stichwort. Und hier sehe ich die größte Verantwortung auf Unternehmensseite.

Im Jahr 2030 gehört der CO_2 Fußabdruck jedes Unternehmens auf die Executive Agenda und ist Bestandteil unseres Unternehmensalltags. Denn als Unternehmer schauen wir uns kontinuierlich den Umsatz und Profit in unseren Unternehmen an. Da CO_2 die wichtigste Währung unseres Jahrhunderts ist, haben wir CO_2-Emissionen in unseren Management-Meetings auf Prio 1 gesetzt. Wir tracken diese nicht nur kontinuierlich, sondern managen sie aktiv. Wir prüfen jeden Monat, wie sich der CO_2-Fußabdruck verändert und an welchen Stellschrauben wir drehen müssen, um ihn unter einem bestimmten Limit zu halten. Der CO_2-Fußabdruck ist zudem an den Erfolg des

Unternehmens und die Boni des Managements gekoppelt. Werden die CO_2-Ziele nicht erreicht, schrumpft der Bonus.

Der CO_2-Fußabruck spielt aber nicht nur auf der obersten Managementebene eine Rolle, sondern auch in den einzelnen Unternehmensbereichen. Jede Abteilung hat ein CO_2-Budget und muss dieses aktiv managen. Bei der Planung von Produktionen, Lieferkette oder Marketing- und Sales-Aktivitäten gilt es, die CO_2-Emissionen zu berücksichtigen.

Wir reduzieren mithilfe von Technologie laufend unsere CO_2-Emissionen
Carbon-Management-Plattformen, die Unternehmen direkt an ihre Unternehmenssoftware anschließen können und so die Daten, die den CO_2-Emissionen entsprechen, herausfiltern und berechnen, sind ein wichtiger Schritt, um den Kampf gegen den Klimawandel technologisch zu unterstützen.

Für die CO_2-Analyse werden die organisatorischen Einheiten zunächst definiert: Welche Standorte gilt es zu berücksichtigen? Wie geht man mit Tochterunternehmen, Joint Ventures und Franchisenehmern um? Wie sollen die Ergebnisse konsolidiert werden? Auf Basis der umfassenden Datenanalyse wird dann der CO_2-Fußabruck berechnet, den es sukzessive zu reduzieren gilt.

Außerdem gibt es Maschinen, die Kohlendioxid direkt aus der Luft einfangen. Das in der Luft abgeschiedene Kohlendioxid wird entweder recycelt und als Rohstoff verwendet oder durch sichere Lagerung vollständig aus der Luft entfernt. Laufend werden neue CO_2-sparende Produkte auf den Markt gebracht.

Hand in Hand: Purpose und Profit
Technologische Lösungen allein werden aber nicht ausreichen, solange die Verursacher der CO_2-Emissionen nicht aktiv an der Reduktion mitwirken. Unsere Wirtschaft und die Entscheidungen der Unternehmer spielen weiterhin eine tragende Rolle bei der Reduktion der Treibhausgase. Daher haben wir unser Wirtschaftssystem überdacht und arbeiten kontinuierlich an einer neuen nachhaltigeren und widerstandsfähigeren Geschäftswelt.

Wir haben den Purpose der Unternehmen in den Fokus gerückt. Purpose und Profit gehen im Jahr 2030 Hand in Hand, denn Unternehmer wollen wirklich große Wirkung, sprich Impact, erzielen. Das Prinzip »Impact ist eine Gleichung von Purpose und Profit« hat sich mehrheitlich durchgesetzt.

Waren es Angaben des Bundesverband Deutsche Startups zufolge im Jahr 2020 noch 21 Prozent aller deutschen Gründer, die Produkte und Dienstleistungen für den Umwelt- und Klimaschutz anboten, sind es im Jahr 2030 die klare Mehrheit. Entscheidend ist dabei, dass diese Start-ups ihren sozialen und ökologischen Impact direkt in ihr Geschäftsmodell integriert haben. Purpose und Profit sind unwiederbringlich im Business-Modell miteinander verknüpft. Je größer das Unternehmen wird, desto mehr Purpose erzielt es. Die Business-Logik und die Lösung der Probleme der Welt schließen sich nicht aus. Sie gehören zusammen.

So brauchen wir keine dezidierten Sozialunternehmer mehr, da alle Unternehmen sich ihrer Verantwortung gegenüber unserem Planeten bewusst geworden sind und aktiv Purpose und Profit miteinander verknüpfen.

MEINE ZUKUNFTSBAUSTEINE

 Wir setzen den CO_2-Fußabdruck als wichtigsten KPI unserer Zeit auf die Agenda jedes Management-Meetings.

 Wir erfassen mithilfe von Technologie aktiv unsere CO_2-Emissionen, werten sie aus und reduzieren sie kontinuierlich.

 Wir haben eine Generation von Unternehmen, die Purpose & Profit wahrhaftig zu gleichen Teilen gewichten.

ANNA ALEX ist Gründerin und Chief Customer Officer (CCO) von Planetly, einem Climate-Tech-Unternehmen, das digitale Tools für die Berechnung, den Ausgleich und die Reduzierung von CO_2-Emissionen entwickelt. Alex hat erfolgreich den Personal Shopping Service OUTFITTERY aufgebaut. Im Sommer 2019 trat sie der Klimaschutzinitiative *Leaders for Climate Action* bei, die von mehr als 100 digitalen Unternehmern in Deutschland ins Leben gerufen wurde. Inspiriert von den Zielen der Initiative und verstärkt durch den Wunsch, die Klimakrise aktiv und unternehmerisch anzugehen, gründete Anna Alex gemeinsam mit Benedikt Franke Planetly. Anna Alex studierte Wirtschaftswissenschaften, Soziologie und Psychologie in Freiburg und Paris und begann ihre Karriere im Start-up-Inkubator Rocket Internet. Im Laufe ihrer Karriere wurde sie zu Europas Inspiring Fifty, den »inspirierendsten Frauen in der Technik« und »Junge Elite – Top 40 unter 40« gewählt.

Dem Alter Leben und nicht dem Leben Alter geben

HORST KRUMBACH

Unser gesellschaftliches Leben in Deutschland ist klar strukturiert und reglementiert, was sicher vorteilhaft ist. Leider führt es aber oftmals zu einem starren Schubladendenken. Das trifft insbesondere auch auf die Versorgung pflegebedürftiger alter Menschen zu. Seit Einführung der grundsätzlich sehr begrüßenswerten Pflegeversicherung 1996 sind wir in einem Pflegesystem verhaftet, das meist mit jahrelanger Verzögerung und vollkommen unzureichend novelliert worden ist. Drei grundsätzliche Probleme sind entstanden:

»Seelische Pflegefälle« befinden sich heute in einer »Pflegefalle«
Die Pflegeversicherung hat ein gesellschaftliches Vakuum hinterlassen, nämlich die Versorgung beziehungsweise besser gesagt Umsorgung alter Menschen, die nicht körperlich pflegebedürftig, sondern einfach nur sozial vereinsamt sind – diese fanden bis zur Einführung der Pflegeversicherung ein Zuhause in klassischen Altenheimen, in die man auch ohne entsprechende körperliche Pflegebedürftigkeit einziehen konnte. Und heute: kein Pflegegrad – kein Heimplatz! Im Fokus unserer Pflegeversicherung steht nur noch der Grad körperlicher

Beeinträchtigungen, gemessen in Pflegeminuten. Welche Möglichkeiten aber haben all die einsamen alten Menschen, die zwar körperlich noch klarkommen, aber seelische Not verspüren? Unsere Pflegeversicherung sieht für sie keine Form der Unterstützung vor, und es gibt für sie – abgesehen von meist unerschwinglich hochpreisigen Einrichtungen des Betreuten Wohnens – keine adäquaten Wohnformen.

Im Jahr 2030 haben wir Wohnmöglichkeiten beziehungsweise Besuchsdienste und Unterstützung für »seelische Pflegefälle« etabliert, die durch unser heutiges Raster fallen. Der seelische Leidensdruck ist für manch einen noch größer als der körperliche. Aber er lässt sich nicht in Minuten messen, und deshalb passen unsere alten Raster nicht.

Hilfsbedürftige alte Menschen lassen sich nicht in Schubladen unterbringen

Unser Versorgungssystem steht auf viel zu wenigen Säulen. Jeder Mensch ist aber ein Individuum – mit individuellen Vorlieben, Abneigungen und Bedürfnissen. Im Rahmen der Pflegeversicherung bleibt uns jedoch – abhängig vom Grad der Hilfsbedürftigkeit – nicht viel mehr als die Wahl zwischen ambulanten Pflegediensten, teilstationären Tagespflegehäusern oder vollstationären Pflegeheimen. Diese begrenzte Auswahl wird der Vielfältigkeit der Bedürfnisse aber in keiner Weise gerecht.

Deshalb gibt es 2030 ein feingliedrig abgestuftes Pflege- und Unterstützungssystem, das bereits bei so niederschwelligen Angeboten wie Einkaufsdiensten beginnt und bis zur (bereits existierenden) stationären oder auch ambulanten Hospizversorgung reicht. Dazu sind regionale Beratungszentren in kleinen Gemeinden oder Stadtteilen größerer Städte geschaffen worden, die den jeweiligen Hilfsbedarf individuell und ganzheitlich ermitteln und den organisatorischen und finanziellen Zugang zu diesen Diensten und Angeboten – auch jenseits unserer heutigen Schubladen – unbürokratisch ermöglichen:

Zum Beispiel in Form von Alten-WGs, die es gerade pflegebedürftigen einsamen Menschen ermöglichen, zusammen mit alten und neuen Freunden unter einem Dach in einer Art eigenem Zuhause hauswirtschaftlich und pflegerisch versorgt zu werden. Eine hauswirtschaftliche Präsenzkraft mit pflegerischen Grundkenntnissen ist rund um die

Uhr vor Ort und wird zu pflegeintensiven Zeiten durch pflegerisches Fachpersonal stundenweise und bedarfsgerecht ergänzt

Jeder hat sein eigenes Zimmer mit Bad, gemeinsam teilt man sich Küche, Wohn- und Esszimmer sowie im Idealfall einen Garten.

Auch generationenübergreifende Lebenswelten sind entstanden: Altenpflegeeinrichtungen und Kitas unter einem Dach mit gemeinsamen Begegnungs- und Erlebnisflächen als konsequente Weiterentwicklung des heutigen intergenerativen Begegnungskonzepts der Generationsbrücke Deutschland.

Die Pflegedokumentation von 2020 hat sich zum Selbstzweck entwickelt

In unserer Gesellschaft muss 2020 offensichtlich alles gemessen und dokumentiert werden, frei nach dem Motto »Wer schreibt, der bleibt«. Die Notwendigkeit und Sinnhaftigkeit einer nachvollziehbaren Pflegedokumentation sei in keiner Weise angezweifelt, wohl aber ihr Stellenwert, der daraus resultierende zeitliche Aufwand und auch ihre Aussagekraft. Wenn unsere Pflegekräfte im Durchschnitt ein Drittel ihrer Arbeitszeit für die Pflegedokumentation aufbringen mussten, mussten wir von einem deutlichen Missverhältnis zwischen Bürokratie und persönlicher Zuwendung reden. Denn diese wertvolle Zeit stand den Altenpflegeheimbewohnern nicht zur Verfügung. Pflegedokumentation steigerte deren Wohlbefinden aber nur sekundär – stattdessen sehnen sie sich nach sozialer Betreuung.

Die soziale Betreuung aber wurde zugunsten der Pflegedokumentation drastisch reduziert, und das nur, damit gesetzliche Vorgaben erfüllt und die Qualität der Pflegeheime vermeintlich gemessen werden konnten. Das war nicht wirklich transparent: Denn der »Pflege-TÜV« sagte primär etwas über die Qualität der Dokumentation, nicht aber der Pflege selbst aus.

In 2030 ist der zeitliche Aufwand der Pflegedokumentation auf ein Minimum reduziert, innerhalb dessen verlässliche und weiterführende Aussagen möglich sind. Im Mittelpunkt der Pflege steht der Mensch und nicht die Dokumentation. Gerade in unserem heutigen Digitalisierungszeitalter wird das durch kurze Touchscreen-Berührung oder Spracheingaben ermöglicht.

MEINE ZUKUNFTSBAUSTEINE

#1 Unser Altenpflegesystem beschränkt sich nicht länger auf körperliche Hilfsbedürftigkeit – es ist zu einem »Altensorgesystem« umfunktioniert worden.

#2 Wir haben Wohnformen im Alter etabliert, die den individuellen Bedürfnissen pflegebedürftiger alter Menschen gerecht werden.

#3 Der pflegebedürftige Mensch und nicht die Pflegedokumentation steht im Mittelpunkt des Handelns unserer Altenpflegeheime.

HORST KRUMBACH, geboren 1964, war früher Bankkaufmann und tauschte seine Karriere 1996 gegen einen Aushilfsjob in einem Altenpflegeheim. Heute ist er als Vorstand einer Stiftung für Altenpflegeeinrichtungen verantwortlich. 2010 gründete er die Generationsbrücke Deutschland, das bundesweit erste generationenverbindende Sozialunternehmen, mit dem er seither über 10 000 sehr alte und junge Menschen für unzählige Glücksmomente zusammengebracht hat. Schirmherrin ist seit 2018 Bundeskanzlerin Angela Merkel.

Lust auf Zukunft: Das bisschen Haushalt macht mein Roboter

CHRISTINE RITTNER

Ich bin neugierig, von Haus aus. Ich bin neugierig, wohin es uns treibt, wie viel Automatisierung uns das Leben leichter machen wird, wie viel künstliche Intelligenz uns bei Routineaufgaben unterstützen wird. Kurz: Ich bin neugierig auf die Zukunft – denn in ihr gedenke ich zu leben.

Schon immer hat mich die Zukunft interessiert: Nicht nur privat, auch beruflich ist es für mich entscheidend zu wissen, wie sich bestimmte Trends und Strömungen entwickeln, um daraus etwas für mich als Personalerin ableiten zu können. Wie verändern sich Arbeitsplätze mit welchen Konsequenzen für die Mitarbeitenden? Welche Auswirkungen hat das auf unser Miteinander, unsere Gesellschaft? Klar ist, dass sich unsere Gesetzgebung den neuen Entwicklungen anzupassen hat. Wir benötigen klare Regulierungen, damit beispielsweise eindeutig ist, wer die Verantwortung bei Unfällen mit autonomen Fahrzeugen trägt. Wir müssen uns auch fragen, inwieweit wir eine Überwachung unseres Gesundheitszustandes, unserer Laufwege, unserer Tätigkeiten und so weiter zulassen wollen. Und: Wir müssen uns Gedanken machen, wem wir erlauben, unsere Daten zu verwalten, und wer uns automatisiert zum Beispiel Kaufvorschläge machen darf.

Und doch: Ich freue mich auf das Jahr 2030 – denn es hält viele Überraschungen für uns parat.

Das bisschen Haushalt ...

Die künstliche Intelligenz steuert unseren Alltag und nimmt uns schon längst Entscheidungen ab: bei der Geschenkeauswahl für die Freundin, bei der Essensauswahl und der automatischen Zubereitung. Auch die Zutaten, die es für dieses Essen braucht, wandern via App an den Feinkosthändler und dann in meine Küche. Allergien der Gäste mitberücksichtigend, versteht sich. Das bisschen Haushalt erledigt sich nahezu von selbst: Per Sensor meldet mein Kühlschrank, wenn die Getränke knapp werden, der automatisch generierte Einkaufszettel landet beim Lebensmittelhändler meines Vertrauens. Die Lieferung erfolgt per Drohne direkt vor die Haustür. Frisches Gemüse kommt bei uns allerdings weiterhin vom Bauern nebenan – er liefert persönlich und hat im Gegensatz zur Drohne immer noch ein paar Minuten für den Nachbarschaftsklatsch. Automatisiert dagegen läuft auch der Hausputz: Fenster, Fußböden und Möbel melden Reinigungsbedarf, ebenfalls per Sensor, und werden regelmäßig von meinen Haushaltsrobotern gereinigt.

Dass ich Kleidung nur noch kaufe, wenn mein Smartphone mir grünes Licht hinsichtlich nachhaltiger Herstellung gegeben hat, ist für mich inzwischen längst zur Selbstverständlichkeit geworden.

Wir bleiben weitestgehend gesund und arbeiten so lange, wie wir möchten
Jeden Morgen sagt mir mein Health-Armreif, wie fit ich wirklich bin: Puls, Temperatur, Blutsättigung ... Alles wird erfasst, analysiert und bei Auffälligkeiten direkt an meinen Hausarzt übermittelt. Unsere Lebenserwartung ist aufgrund der Erfolge in der Genforschung und auch in der Produktion künstlicher Ersatzorgane durch 3D-Drucker immer weiter gestiegen. Viele Krankheiten, wie Krebs oder starkes Übergewicht, gibt es nicht mehr. Auch den Alterungsprozess haben wir verlangsamen könne. Derzeit diskutiert der »Generationenrat«, den es seit fünf Jahren gibt, welche Modelle sich eignen, um diese gewonnene Lebenszeit sinnvoll füllen zu können. Das Thema Rente wird schon lange nicht mehr diskutiert: Jeder entscheidet, wie lange er arbeiten möchte, die Unternehmen haben sich darauf eingestellt und bieten individuelle Mentoringprogramme, die den Nachwuchs mit älteren Mitarbeitenden eng vernetzen. Auch Arbeitsplatz-Sharing ist in diesen Programmen enthalten. So arbeiten zwei Kollegen, die eine 68, der andere 24, gemeinsam im Marketingbereich und verantworten die virtuelle Kampagnenplanung eines großen Logistikkonzerns.

Trotz aller positiven Entwicklungen im Gesundheitsbereich sind neue Krankheiten entstanden; neue Viren machen uns das Leben schwer – auch wenn Impfstoffe heute deutlich schneller entwickelt werden als früher, sind Viruserkrankungen die neue Geißel der Menschen.

Schöne neue digitale Welt
Digitalisierung und Automatisierung haben für zahlreiche neue Berufsbilder gesorgt: So gehören die klassischen Sekretariate der Vergangenheit an, virtuelle Assistenten haben die Vorzimmer des Landes erobert. Auch Touristenführer gibt es nicht mehr: Eine App führt uns mit 3D-Animationen und spannenden Erzählungen durch Städte und historische Stätten. Auch beim Einkaufen beraten uns schon lange keine Verkäufer*innen mehr, sondern virtuelle Einkaufsberater – eine individuelle Stilberatung gehört übrigens selbstverständlich zum Angebot. Gibt es Angebote in meiner Lieblings-Boutique, die zu mir passen, poppt automatisch ein Hinweis auf meinem smarten Telecommander auf.

Die schöne neue digitale Welt hat auch dazu geführt, dass uns bei der Berufs- und Jobwahl die persönliche Herausforderung, Sinnstiftung und Zusammenarbeit in exzellenten Teams immer wichtiger geworden ist.

Die Diskussion um Quoten braucht es heute nicht mehr: Denn längst haben Unternehmen erkannt, dass gemischte Vorstände deutlich erfolgreicher agieren als rein männlich besetzte Gremien.

Inzwischen gibt es auch eine integrierte Lösung für den gesamten Employee Life Cycle, die für einfache Prozesse im HR-Bereich sorgen. Chatbots erleichtern die Steuerung und das Handling.

MEINE ZUKUNFTSBAUSTEINE

#1 Die Regelungen für den Umgang mit unseren Daten liegen nicht mehr allein in den Händen des Gesetzgebers: Bürgergremien sind an den entscheidenden Gesetzesvorlagen beteiligt, spiegeln die Kritik der Öffentlichkeit und sorgen so für deutlich akzeptiertere Gesetze.

#2 Der Generationenrat sorgt für die Balance zwischen den Generationen und so für mehr Gerechtigkeit zwischen Jung und Alt; er schlichtet bei Bedarf, entwickelt aber auch Programme über Altersgrenzen hinweg.

#3 Reine Service- oder Hilfstätigkeiten überlassen wir Chatbots und der KI. Algorithmen greifen dort in unser Leben ein, wo wir es wollen und zulassen. Die damit verbundene Automatisierung von ungeliebten Berufsfeldern sorgt so dafür, dass wir uns bei der Jobwahl individuell für die persönliche Herausforderung und Sinnhaftigkeit entscheiden können.

CHRISTINE RITTNER studierte von 1997 bis 2002 Baltic Management an der Fachhochschule Stralsund, 1999 verbrachte sie in Finnland und studierte dort Business Administration and Management. Ihre erste Anstellung hatte sie während des Studiums im Business Development bei Abbey Tours in Irland. 2002 begann die heute 43-Jährige ihre Karriere bei Lidl. Viele Jahre verbrachte sie in Irland und Österreich, verantwortlich für den Vertrieb, und in Litauen als Landeschefin. Von 2016 bis 2020 war sie im Lidl-Vorstand für das Personalressort verantwortlich. Sie engagiert sich bei GenCeo, einem Führungskräftenetzwerk für Frauen im Top-Management. Christine Rittner lebt mit ihrer Familie in Baden-Württemberg.

Ein diverses Land – hin zum »Wir«

DOMINIQUE LEIKAUF

Wenn man sich in seinem Umfeld umschaut, merkt man schnell eines sehr deutlich: Wir sind nicht alle gleich. Welch Trugschluss der Vergangenheit also, dass eine Einzelperson, nämlich »der Chef«, alleine die richtige Entscheidung über Erfolg oder Misserfolg eines Unternehmens treffen sollte und konnte.

Genauso ist nämlich auch die Kundenstruktur – divers. Das bedeutet: Wenn ich eine diverse Zielgruppe ansprechen möchte, benötige ich auch diverse Mitarbeiter*innen, die diese versteht. Zusammengefasst: Je diverser das Unternehmen aufgestellt ist, desto mehr Umsatz macht ein Unternehmen, weil es eine Mehrzahl von Menschen mit seinem Produkt begeistern kann. Früher schon gewusst, heute gelebt!

Die Welt als Zielgruppe

Unternehmen werden gegründet, um Umsatz zu generieren und Gewinne zu erwirtschaften. Kein Unternehmen entscheidet sich somit für eine kleinere Zielgruppe, wenn es auch mit seinem Produkt die ganze Welt ansprechen könnte.

Die Grenzen sind in den letzten Jahren verschmolzen. Heute gibt es keine Arbeitserlaubnis mehr, die man benötigt. Man gibt einfach nur noch die Steuernummer an und kann so wirklich global arbeiten – nämlich für jedes Unternehmen in jedem Land. Echte Globalisierung also. Damit wurde die Zielgruppe »Welt« nicht nur für das eigene Produkt interessant, sondern auch für den Arbeitsmarkt: Der Kampf um die richtigen Arbeitnehmer*innen findet heute weltweit statt. Auch Mitarbeiter*innen orientieren sich längst weltweit. Das sind gelebte unbegrenzte Möglichkeiten.

Diversität ist ein »Nice to have« und kein »Must have«
Viele werden nun sagen: »Wie bitte?« Natürlich muss Diversität gelebt werden. Ja natürlich, aber genauso, wie wir uns 2020 aktiv gegen eine 60-Stunden-Woche und für ein achtsames Leben entschieden haben, weil wir es konnten, ist es heute in der diversen Welt der Fall, dass wir es aktiv zu schätzen wissen, je diverser ein Team ist und man niemanden zwingen muss, ein solches Team zusammenzustellen wie damals.

Die nächste Stufe der Diversität
Jetzt können wir uns sogar mit einer weiteren Abstufung der Diversität beschäftigen, dem Mindset. Es gibt nicht nur die sechs Dimensionen der Diversität: Geschlecht, sexuelle Orientierung, Alter, ethnische Herkunft, Religion und Behinderung – es gibt noch so viel mehr! Und das ist gut so. Denn natürlich können sich zum einen die verschiedenen Dimensionen der Diversität entsprechend vermischen, aber es gibt auch ein anderes Thema: Natürlich ähneln sich Menschen oft äußerlich – aber sie unterscheiden sich in ihrer Persönlichkeit. Aber welche diversen Persönlichkeiten und Rollen benötigt ein optimales Team? Genau das ist die Diversitätsfrage 2030.

Wie kam es dazu? Toleranz und Diversität gehen seit Kindertagen Hand in Hand
Heute, zehn Jahre später, ist das »Gender-*« Teil der deutschen Rechtschreibung, es gibt ein »Hautfarben-Wachsmalkreiden-Set«, jede Puppe schaut anders aus, und die Erzieher*innen sind weiblich, männlich und divers. Kinder erleben ein »Wir« und das Begrüßen der Andersartigkeit wird ihnen von klein auf mitgegeben. Kein Wunder also, dass sie es auch in der Schule und im Job später als normal erachten. Und genau das ist es ja auch!

Bilinguale Erziehung ist Standard und kein Privileg

Sprache manifestiert. Sprache verbindet. Sprache hilft. Bilinguale Erziehung ist nicht länger ein Privileg für diejenigen, die sich private Erziehungseinrichtungen leisten können, sondern ist für alle zugänglich. So lernen heute bereits Krippenkinder spielerisch die Weltsprache Englisch. Die Freund*innen finden sie auf der ganzen Welt; andere Kulturen, Gewohnheiten oder Sitten und Gebräuche sind normal.

Diversität durch Einheitlichkeit

Rosa für Jungs. Blau für Mädchen. Oder wie war das noch gleich? Ach ja, umgekehrt. Diese Stereotype haben wir schon vor langer Zeit abgelegt. Ein elementarer Schritt hierfür war die Einheitskleidung für Kinder in allen öffentlichen Einrichtungen. So hatten sie die Möglichkeit, sich durch ihren Individualismus und Charakter voneinander zu unterscheiden und nicht durch ihre Kleidung. Auch das trug zum Respekt vor Andersartigkeit und Vielfalt bei.

Frauenquote adé! Hallo KI!

Die Diskussion um die Gleichberechtigung und das Thema Quote haben wir heute längst hinter uns gelassen. Die KI regelt das Thema inzwischen vorurteilsfrei. Denn eine wirklich bias-freie Entscheidung über den »perfect fit« auf eine ausgeschriebene Vakanz kann keine menschliche sein. Die einzige menschliche Entscheidung, die im HR-Prozess noch bleibt, ist die des Bewerbers oder der Bewerberin für oder gegen den Job.

Natürlich gibt es auch keine gläserne Decke mehr, denn wir haben nicht bei der Einstellung via KI aufgehört, auch Beförderungen und Karrieremöglichkeiten werden heute maschinell geregelt. Das ist nur fair und vor allem auch sehr profitabel. Denn endlich sind die richtigen Menschen auf den richtigen Positionen. Um diese Entscheidungen treffen zu können, benötigt es Daten, Daten, Daten. Und damit auch eine ganz neue Form des New Work, 360-Grad-Feedback, OKRs (Objectives and Key Results), Jahresziele, quartalsweise Mitarbeitergespräche und vieles mehr. Damit kann sich die HR endlich auf die Rolle konzentrieren, die ihre eigentliche ist: Feelgood-Manager der Mitarbeiter*innen.

MEINE ZUKUNFTSBAUSTEINE

#1 Diversität ist Normalität und damit kein »Must have« mehr, sondern ein »Nice to have«, das die Leute zu schätzen wissen und sich nicht zur Umsetzung ebendieser gezwungen fühlen.

#2 Die sechs Dimensionen der Diversität waren erst der Anfang, nun kann man sich auf die diversen Persönlichkeiten der individuellen Personen konzentrieren und auf die benötigte Zusammensetzung eines optimalen Teams.

#3 Jedes Kind hat Anspruch auf eine bilinguale Erziehung und lernt spielerisch, dass andere Kulturen, Sitten und Gebräuche selbstverständlich sind.

#4 Erst wenn man sich wirklich auf die Verschiedenartigkeit eines Einzelnen konzentrieren kann, kommt es zur wirklichen Wertschätzung der diversen Persönlichkeiten.

#5 Künstliche Intelligenz übernimmt dort Entscheidungen, wo menschlich gesehen keine faire, bias-freie Entscheidung getroffen werden kann – beispielsweise bei der Einstellung, der Beförderung sowie der Karriereplanung.

DOMINIQUE LEIKAUF ist als Transformation Manager bei DKB Service verantwortlich für die Themen Transformation und Change. Mit über neun Jahren Erfahrung im Bereich Sales, Change-Management und Marketing war sie zuletzt COO bei Global Digital Women, wobei sie den Vertrieb verantwortete sowie die Diversity Consulting Agentur aufbaute. Neben ihrer aktuellen Position engagiert sich Dominique Leikauf im Beirat von Startup Teens für die Gründungsförderung, setzt sich als Unterstützerin von Female Empowerment für verschiedene Initiativen, wie beispielsweise die Hacker School, ein und unterstützt junge Gründer*innen und talentierte Jugendliche als Beirat für Top Talents under 25.

Megatrend: Rendite, aber bitte mit Purpose

CHRISTIAN VOLLMANN

Achtsamkeit, Nachhaltigkeit. An diese Buzz-Words aus Instagram-Hashtags werden wir uns in zehn Jahren nur noch dunkel erinnern. Damals, als unser Leben komplett durchkommerzialisiert war und uns die gesellschaftlich-ökologischen Probleme der Wegwerfgesellschaft immer bewusster wurden. Damit alle alles besitzen können, hatten wir uns an eine durchgängig minderwertigere Qualität unserer Alltagsprodukte gewöhnt und nahmen sie in Kauf. Zum Teilen und Reparieren taugten diese Produkte eigentlich nicht. Und jetzt, 2030? Wir wurden zur Entschleunigung und zum Umdenken gezwungen. Die Erkenntnis, dass wir wirklich weniger brauchen und Ressourcen viel zu schnell verbraucht haben, hat sich in der Gesellschaft mittlerweile manifestiert. Dennoch: Bis zur notwendigen Konsumwende war und ist es ein langwieriger Prozess.

Die Chancen von Impact Entrepreneurship für die Gesellschaft
Eines ist schon jetzt sicher: Der starke Bewusstseinswandel der Menschen und Konsumenten hat unser wirtschaftliches Ökosystem verändert. Soziales Unternehmertum – Impact Business – ist bereits ein Megatrend. Ohne dieses unternehmerische Engagement werden wir den massiven gesellschaftlich-sozialen und ökologischen Herausforderungen in Zukunft nicht begegnen können.

Unternehmerische Innovationskraft entfaltet sich aufgrund der wirtschaftlichen Motivation von Menschen. Der Ansporn, Geld zu verdienen, kann den gesellschaftlichen Wandel positiv beeinflussen. Allerdings: Wenn wir diese Kraft nicht mehr nur darauf ausrichten, den höchstmöglichen Profit zu generieren, um damit eigentlich noch mehr Probleme zu schaffen, kann Unternehmertum deutlich dazu beitragen, die Lösung unserer Probleme herbeizuführen.

Die Mobilitätswende wurde von einem einzigen Unternehmen angetrieben. Wo stünde die Elektromobilität heute, wenn es Tesla nicht gäbe? Ein weiteres Beispiel im Bereich der Energiewende ist ecoworks.

tech, das alte Plattenbauten und energieineffiziente Häuser aus den 1960er-Jahren schnell und kostengünstig energetisch saniert und mit erneuerbarer Energie wie Solarzellen und Stromspeichern ausstattet. Potenziell können so Millionen Tonnen CO_2-Äquivalent vermieden werden.

Die Beispiele zeigen: Ein skalierbares Geschäftsmodell mit der klaren Absicht der Gewinnerzielung hat durchaus einen enormen Impact für Gesellschaft und Umwelt.

Kapital für Social Entrepreneurship: namenlose Bankkonten, Lockstep und Impact Investment

Wir brauchen also mehr Impact Entrepreneure, wir benötigen aber definitiv auch deutlich mehr Investoren, die solche Unternehmen unterstützen. Social Entrepreneurship und Impact Business sind in Deutschland momentan noch fast eine Randerscheinung. Was müssen wir tun, damit aus dieser Randerscheinung ein wesentlicher Bestandteil unserer Wirtschaft wird?

Es gibt auch in Deutschland bereits Investoren, die Kapitaleinsatz mit gesellschaftlichem Impact verbinden wollen. Anspruch ist hier oft »nur« Werterhalt und nicht unbedingt, Rendite zu machen. Aber darin liegt auch die Krux. Das Ziel, als Impact Business Gewinn zu erwirtschaften, muss man ähnlich betrachten wie einen 100-Meter-Läufer, der 10 Meter vor dem Startblock loslaufen muss und trotzdem das Rennen gewinnen will. Es ist einfach schwerer, und man kommt langsamer zum Ziel. Das schreckt Investoren in der Regel ab.

Vergessenes Kapital für gesellschaftlichen Fortschritt nutzen

Aufgrund der Schwierigkeit, Investoren für soziales Unternehmertum zu finden, entstand die Idee von Antonis Schwarz und des Vereins Social Entrepreneurship Network Deutschland, einen Fonds für soziale Innovationen zu etablieren, der sich aus sogenannten »nachrichtenlosen Konten« speist.

Das sind »vergessene« Bankkonten von Verstorbenen, die keine Erben haben. Das Geld liegt teilweise 30 bis 40 Jahre unangetastet auf diesen Konten: Wenn kein Kontakt zu Nachfahren hergestellt werden kann, bleibt das Geld bei den Banken. Schätzungen gehen davon aus, dass hierzulande auf solchen Konten rund 9 Milliarden Euro brachliegen. Deutschland ist eines der wenigen Länder in Europa, das dieses Geld unangetastet lässt, anstatt es arbeiten zu lassen.

Unsere Idee: dieses Geld als Finanzierungsinstrument für soziale Start-ups zu nutzen. Das Bestechende daran: Es wäre eine wirtschaftliche Anschubfinanzierung, die den Staat nichts kostet. Noch gibt es dazu in Deutschland leider keine gesetzliche Grundlage.

In Großbritannien dagegen schon: Dort fließen bereits seit Jahren 60 Prozent dieses nachrichtenlosen Geldes in einen Fonds, aus dem soziale Innovationen finanziert werden. Mit den verbleibenden 40 Prozent wird sichergestellt, dass alle legitimen Erben vollständig ausbezahlt werden können. Somit wird niemand übervorteilt, und das Geld kann produktiv zum Wohle der Gesellschaft eingesetzt werden.

Auch Stiftungen und staatliche Entwicklungsbanken könnten eine große Rolle bei der Bereitstellung von geduldigem oder sogar katalytischem (First-Loss) Kapital für Impact-Investitionen spielen. Viele dieser gemischten Finanzierungsformen (öffentlich-privat) werden erfolgreich im Ausland eingesetzt (zum Beispiel Impact Bonds).

Attraktiv für Investoren: der gesellschaftliche Mehrwert
Man kann zwischen drei Modellen des sozialen Unternehmertums unterscheiden: Firmen, die das »Profit Generator Model« nutzen, liefern mit ihrer Geschäftstätigkeit keinen direkten sozialen Impact, nutzen Teile ihres Profits allerdings zur Unterstützung sozialer Aktivitäten. Mit dem sogenannten »Trade-Off Model« leisten Unternehmen einen direkten sozialen Mehrwert mit ihrer Geschäftstätigkeit, allerdings sind sie stets darauf bedacht, dass finanzieller und sozialer Mehrwert sich die Waage halten. Solche Firmen erkennt man daran, dass sie ihren sozialen Impact nur durch die Reduktion der finanziellen Rendite erhöhen können. Aber: Antworten für das Impact Business kann vor allem das dritte Modell, »Lockstep«, liefern. Diese Geschäftsmodelle haben direkte soziale Auswirkungen, die in direkter Korrelation zum erwirtschafteten finanziellen Ertrag des Unternehmens stehen. Heißt: Je mehr sozialer Impact, umso höher ist gleichzeitig auch der finanzielle Erfolg. Impact-Investoren suchen gerade nach Start-ups

dieser Art! Sozialer Impact, der generiert wird, ist hier inhärent im Geschäftsmodell integriert. Je mehr Menschen also die Dienstleistung oder das Produkt nutzen, desto mehr gesellschaftlicher Mehrwert wird generiert. Nebenan.de ist ein Beispiel dafür, wie so etwas funktioniert. Das Geschäftsmodell darf diesem sozialen Mehrwert nicht widersprechen. Lockstep bedeutet ja »im Gleichschritt«: Mehr Nutzer auf der Nachbarschaftsplattform bedeutet mehr sozialer Mehrwert, aber eben auch mehr Umsatz und Rendite.

Wirkungsmessung
Im Vergleich zum finanziellen Erfolg lässt sich der soziale Impact eines Unternehmens nicht so einfach in Zahlen messen. Und doch ist es möglich.

Der Sektor der Wirkungsmessung ist noch relativ jung, es gibt heute noch keinen internationalen Standard. Initiativen wie das Impact Measurement Project haben großartige Arbeit geleistet, verschiedenen Akteure und Ansätze untersucht und ein Modell entwickelt, wie Impact Measurement aussehen könnte. Dies ist sehr wichtig für eine Skalierung des Wirkungssektors.

Die richtige Zeit und die richtigen Ressourcen zu haben, um einen solchen Messprozess abzuschließen, ist oft eine Hürde, mit der viele soziale Unternehmen konfrontiert sind. Erfolgreich sind hier Geschäftsmodelle, die gute Feedback-Prozesse mit Nutzern ermöglichen und so wiederum die Messbarkeit erleichtern.

Wesentlich für eine Nachvollziehbarkeit des sozialen Erfolgs ist es, strategisch über Wirkung nachdenken. Klar sein sollten auch die Ziele, die man erreichen will, und die Wege zur Zielerreichung. Während eines gut konzipierten Wirkungsmessungsprozesses kann das Unternehmen klare und kohärente Nachrichten über Wirkung erstellen, die dann für externe Parteien (zum Beispiel Investoren) leichter zu verstehen sind.

MEINE ZUKUNFTSBAUSTEINE

 Impact Businesses fördern: Geschäftsmodelle dieser Art machen Zukunft und sorgen für gesellschaftlichen Mehrwert.

 Alternatives Investment sicherstellen: Impact Investments müssen sich anders finanzieren dürfen. Fonds aus namenlosen Bankkonten, First-Loss-Kapital und steuerliche Anreize für Impact Investments müssen eingerichtet werden.

 Gesellschaftlichen Mehrwert messbar machen: Einheitliche Faktoren zur Messbarkeit von gesellschaftlichem Mehrwert von sozialen Unternehmen sind zu etablieren (Impact Measurement Project).

CHRISTIAN VOLLMANN (Diplom-Kaufmann) ist Unternehmer und hat mehrere Internetunternehmen gegründet (iLove, MyVideo, eDarling) oder als Business Angel mitgeholfen, diese aufzubauen (unter anderem ResearchGate, Trivago, StudiVZ, SumUp, PlusDental). Insgesamt war er an mehr als 75 Gründungen beteiligt. Seit 2015 baut Christian als Gründer von Nebenan.de ein soziales Netzwerk für Nachbarn auf. Anfang 2020 hatten sich auf der Plattform bereits mehr als 1,6 Millionen Nachbarn in ganz Deutschland vernetzt, um sich gegenseitig zu unterstützen. Christian ist Venture Partner und Mitglied im Investment Committee von PropTech1 Ventures, Deutschlands erstem auf das ungenutzte Innovationspotenzial der Immobilienwirtschaft fokussierter Venture-Capital-Fonds. Im Ehrenamt setzt sich Christian als Vizepräsident des Bundesverband Deutsche Startups für die Interessen von Unternehmensgründern ein und berät das Bundeswirtschaftsministerium als Vorsitzender im Beirat junge digitale Wirtschaft. Christian ist verheiratet und Vater dreier Söhne. Er lebt mit seiner Familie in Berlin.

Ohne Regeln geht es nicht: Die Zukunft der sozialen Netzwerke in Deutschland

DIANA ZUR LÖWEN

Aktuell nutzen 21 Millionen Menschen in Deutschland die Plattform Instagram. Und ich bin eine davon. Da Instagram und die anderen sozialen Netzwerke praktisch mein Arbeitsplatz sind, verbringe ich viel Zeit auf diesen Plattformen. Für das Jahr 2030 muss die Social-Media-Welt stärker reglementiert sein – sowohl für die Unternehmen, die hinter den Angeboten stehen, als auch für das Miteinander auf den Plattformen selbst. Denn während in der deutschen Offlinewelt Regelungen und Limitationen gang und gäbe sind, heißt es auf Social Media oft: höher, schneller, weiter. Oder auch: härteres Mobbing, immer längere Nutzungszeiten, kürzere Aufmerksamkeitsspannen und mehr Macht für Facebook und Co. Bis 2030 muss dieser Dynamik einen Riegel vorgeschoben werden.

Die Plattformen als Verantwortungsträger
Wie viel Freiheit ermöglichen die sozialen Netzwerke und an welchem Punkt ist es gerechtfertigt, diese Freiheit einzuschränken? Viele – auch grenzüberschreitende Kommentare – werden einfach unter dem Deckmantel der Meinungsfreiheit abgetan und die Möglichkeit, Fake-Accounts zu erstellen, gewährleistet vielen Menschen Anonymität, die sie eigentlich nicht verdient hätten. Die sozialen Netzwerke haben im Jahr 2030 effektivere Werkzeuge in der Hand, um ein gutes Miteinander auf den Plattformen zu ermöglichen. Ein wichtiger Schritt ist die Einführung von Klarnamen auf allen sozialen Netzwerken. Es ist außerdem wichtig, dass die Plattformen anfangen, Verantwortung zu übernehmen – nicht nur dafür, dass sie als Dienstleister digitale Möglichkeiten zur Meinungsäußerung bieten, sondern auch für die Inhalte, die im Zuge dessen produziert werden.

Ein rechtlicher Rahmen und mehr Transparenz
Auch die Schaffung einer umfassenden rechtlichen Grundlage für den Umgang mit den sozialen Netzwerken ist längst überfällig. Noch im-

mer werden Produktplatzierungen auf YouTube, Instagram und Co. mithilfe des Telemediengesetzes abgewickelt. Da diese Art zu werben aber mittlerweile einen so großen Stellenwert besitzt, müssen Gesetze geschaffen werden, um die Verbraucher – aber auch die Inhalteanbieter – zu schützen. Weiterhin sollten die sozialen Netzwerke dazu verpflichtet werden, mehr Transparenz für die Nutzer zu schaffen. Jeder User hat das Recht, genau zu wissen, was mit seinen Daten passiert und wie die Algorithmen hinter den Plattformen konkret funktionieren. Ich habe die Vorstellung eines wöchentlichen Newsletters an die Nutzer, der ihnen offenbart, welche ihrer Likes, welche Informationen über sie preisgeben und zu welchen Werbezwecken diese genutzt wurden.

Machtschranken für die Unternehmen
Dass Daten das neue Öl sind, ist uns allen bekannt. Obwohl sich Alphabet Inc. und Co. an diesem Öl in unvorstellbarer Weise bereichern, ist gerade die EU immer noch sehr nachlässig, wenn es um die Besteuerung der großen Digitalkonzerne geht. So passiert es immer noch, dass die Onlinenutzer ihre Daten Facebook, YouTube und Co. zur Verfügung stellen und für die Nutzung der Plattformen teilweise sogar bezahlen – die Unternehmen selbst sich aber aus der steuerlichen Verantwortung ziehen können.

Auch die *politische* Macht der sozialen Netzwerke ist nicht zu unterschätzen und muss weiter diskutiert werden. Aktuell kennzeichnet und sperrt Twitter immer mehr Posts des US-Präsidenten Donald Trump. Zu Recht, meinen vielen. Dennoch ist es wichtig zu verstehen, dass es nicht die demokratische Mehrheit der US-Amerikaner war, die diese Maßnahme beschlossen hat, sondern Twitter allein. Dabei entsteht eine Form von Macht, deren Gefahren bis jetzt noch niemand so recht einzuschätzen weiß. Wir können sie nur erahnen. Deutschland – aber auch alle anderen Regierungen weltweit – müssen anfangen, die Macht der Digitalunternehmen anzuerkennen, um dann einen gemeinsamen Umgang für die »Machtverteilung« zu finden. Auf der ganzen Welt ermitteln Kartellbehörden, ob Riesenkonzerne nur reguliert oder sogar zerschlagen werden müssen. Ich will hier nur am Rande daran erinnern, dass Facebook mit WhatsApp und Instagram ebenso drei der wichtigsten sozialen Netzwerke der Welt kontrolliert …

Onlinebildung ist wichtig

Als ich begonnen habe, auf den sozialen Netzwerken Inhalte zu produzieren, war ich 16 Jahre alt. Niemand hatte mich an mögliche Problematiken herangeführt, aber ich war einfach zu neugierig, um mich von der Nutzung abhalten zu lassen. Ich denke nicht, dass Verbote in Bezug auf Instagram und Co. für Kinder im Jahr 2030 effektiv sind. Im Gegenteil: Das Interesse der Kinder sollte berücksichtigt werden und der richtige Umgang mit den Plattformen spielerisch erlernt werden können. Für das Jahr 2030 stelle ich mir deshalb die Einführung des Schulfachs »Medienkompetenz« vor. Es soll sowohl Wissen über die konkrete Nutzung vermittelt werden – zum Beispiel, wie Videos geschnitten werden oder Postings gestaltet werden können – als auch darüber, ab welchem Alter welche Plattform genutzt werden darf und welche Regeln für die Nutzung gelten.

Social Media macht uns abhängig, ohne wahren Nutzen zu bieten. Wir sollten daher wirklich hinterfragen, wie viel Zeit man darauf verwenden mag, damit es die Realität nicht überholt. Auch gesichtsverändernde Filter spielen uns eine falsche Realität vor. So schaffen wir uns ein virtuelles Bild von uns selbst, das einigen Personen mehr gefällt als unser wahres Ich. Ein hochkompliziertes Thema, das man in Zukunft beobachten sollte!

MEINE ZUKUNFTSBAUSTEINE

#1 Die Plattformen übernehmen Verantwortung für die geteilten Inhalte und setzen Hebel in Bewegung, um Mobbing und Rassismus keine Chance zu geben und eine offene Debattenkultur zu gewährleisten.

#2 Die Nutzung der sozialen Netzwerke ist rechtlich besser erfasst. Es gibt beispielsweise klare Gesetze für Produktplatzierungen auf YouTube, Instagram und Co.

#3 Die Plattformen gewährleisten mehr Transparenz. Den Facebook-Usern ist so bewusst, wie der Facebook-Algorithmus funktioniert und wofür ihre Daten verwendet werden.

Im Jahr 2030 haben Schüler*innen die Möglichkeit, mithilfe des Schulfachs »Medienkompetenz« den Umgang mit sozialen Netzwerken fundiert zu erlernen.

DIANA ZUR LÖWEN ist eine der erfolgreichsten deutschen Influencerinnen auf Instagram auf YouTube. Fast eine Millionen Follower verfolgen täglich ihre neuen Beiträge und Inhalte. Sie setzt sich vor allem für die Themen Female Empowerment und die politische Zukunft in Deutschland ein.

Leben in der Traumrepublik Deutschland

SILKE RICKERT-SPERLING

Der Mensch

Homo sapiens, der Mensch, höheres Säugetier, hochintelligent, denkend und doch getrieben von der Zeit; 80 bis 85 Jahre Lebenserwartung. Bäume überdauern uns; Linden – 1000 Jahre, Mammutbäume – über 1500 Jahre. Unsere Gesellschaft, über 83 Millionen Menschen. Über 11 Millionen Kinder in 8 Millionen Familien.

Kinder sind das höchste Gut, sind die Essenz. Die Eltern, zentral Fürsorgende, sind die Architekten der Kindheit. Sie geben das Gerüst vor. Ein Gerüst, geprägt von Türen und Fenstern, offenen und geschlossenen Räumen, Tag und Nacht. Ein Gerüst ist nur ein Gerüst, doch es gibt Halt. Eltern erkannt als Nährboden für Kinder, die Zukunft, den Fortbestand des ganzen Großen. Doch Eltern sind nicht allein. Und so säen, pflegen und ernten wir sorgsam. Kinder stehen im Fokus, werden aufgezogen und gebildet von der Gesellschaft. Die besten Köpfe und Herzen widmen sich ihnen, ein buntes Potpourri an Fähigkeiten, hochgeschätzt; Eltern, Familie, Alte und Junge, Freunde, Hebammen, Erzieher, Lehrerinnen, Ausbilder, Künstlerinnen, Sportler, Politikerinnen, alle nach ihren Möglichkeiten.

Arbeit
Was ist Arbeit? Was ist bezahlte Arbeit? Was ist Bezahlung? Euro, Dollar, Bitcoin? Selbst gezogener Salat zum Abendbrot? Der Vorlesezirkel der Kita mit bestechend leckeren Keksen als Dank? Wir haben das bedingungslose Grundeinkommen für jeden in unserer Gesellschaft erreicht. Damit hat jeder seine finanzielle Basis, doch noch keine Sinnhaftigkeit. Wir haben ein Recht auf Arbeit. Und Arbeit ist neu definiert, inkludiert gemein-gesellschaftliches Arbeiten gleichberechtigt. Alte Begriffe in neuem Gewand. Respektgleichheit zwischen unterschiedlichen Arbeiten als ein Baustein für Gerechtigkeit in der Gesellschaft.

Bildung
Bildung in der Kindheit ist Bildung in einem von vielen Lebensabschnitten, sie ist Teil einer jeden Phase unseres Lebens. Bildung erworben digital und in persona, lokal und global. Bildung muss Kinder zukunftsfähig machen. Die Zukunft, dies ist gewiss – weil es schon immer so war –, die Zukunft wird keine Blaupause unserer Vision von ihr sein.

Das Schulcurriculum ein Kompendium aus erlerntem Wissen, Fähigkeiten und Fertigkeiten. Soziale Bildung als Kernfach der Schule, lokal und in der Gemeinschaft in persona. Exkursionen raus aus dem Klassenzimmer, naturwissenschaftlich erforschen mit allen Sinnen. Wissensvermittlung ist divers, Wissen als solches breit verfügbar, digital – immer und überall –, für jeden, auch für Kinder. Überfluss an Wissen, das gesichtet, recherchiert, sortiert, bewertet und summiert werden muss. Wissen als solches ein mittleres Gut, die Fertigkeit, es zu verarbeite, ein hohes. Kinder brauchen kein Lexikonwissen, sondern die Fertigkeit, es aufzufinden und zu benutzen. Was ist in der Schultüte der 1. Klasse? Bücher und Stifte und Papier; und ein Tablet mit Zugang zum größten Wissensspeicher unserer Welt.

Anthropozän
Wir leben im Anthropozän, dem Zeitalter des Menschen als zentralem Gestalter der Natur auf Erden. Die Natur ist ein Netzwerk aus großen und kleinen Knoten, und wir sind ein Teil davon. Die Natur unterliegt ihren Gesetzmäßigkeiten, basierend auf Physik, Chemie, Mathematik und einen Schuss Stochastik. Unsere Gesellschaft ist ein Netzwerk im

Netzwerk, ein von uns gemachtes Netzwerk, frei in seiner Gestaltung durch uns.

Technologisch hoch entwickelt, Automatisierung auf breiter Linie, Digitalisierung im Alltag. 5G, digitale Bildung, autonomes Fahren, Post per Drohne. Digitaler Fortschritt überwindet Grenzen von Bildung, Lebensräumen, sozialer Zugehörigkeiten, ethischer Befindlichkeiten und eröffnet Freiräume. Freiräume für Empathie, fürs Zuhören beim Arzt, Vorlesezirkel im Altenheim, Kochkurs mit Freunden, Wandern in den Bergen, Schwimmenlernen im See. Reisen in die Ferne; andere Kulturen erleben, erfühlen, riechen, verstehen und unsere bewerben. Nahes erkunden, Stadt, Land, Fläche. Digitalisierung und Befriedigung unserer fünf Sinne (Sehen, Hören, Schmecken, Riechen, Tasten) im Einklang. Technologischer Fortschritt genutzt zur Rehabilitierung der Irrwege des Menschen im Umgang mit der Natur, seinem Lebensraum. Der Mensch als Gestalter der Natur ist achtsam und lernfähig, wie er schon immer war.

MEINE ZUKUNFTSBAUSTEINE

#1 Kinder stehen im Fokus, werden aufgezogen und gebildet von der Gesellschaft.

#2 Respektgleichheit zwischen unterschiedlichen Arbeiten als ein Baustein für Gerechtigkeit in der Gesellschaft.

#3 Ein Tablet mit Zugang zum größten Wissensspeicher unserer Welt zur Einschulung.

#4 Technologischer Fortschritt genutzt zur Rehabilitierung der Irrwege des Menschen im Umgang mit der Natur.

PROF. DR. SILKE RICKERT-SPERLING ist Ärztin und habilitiert für Molekularbiologie und Bioinformatik. Seit zehn Jahren ist sie Universitätsprofessorin (W3) für Kardiovaskuläre Genetik an der Charité – Universitätsmedizin Berlin. Neben zahlreichen wissenschaftlichen Publikationen ist sie Herausgeberin der Buchs Congenital Heart Diseases: The Broken

Heart. Prof. Rickert-Sperling sitzt in diversen Boards und ist als Business Angel im Gesundheitsbereich tätig. Sie ist verheiratet und hat drei Kinder.

Germany – Home of the biggest dreams

NEIL HEINISCH

Deutschland 2030: *A dream came true.* Der lang ersehnte Umschwung von klassischen Strukturen und Arbeitswelten hin zu einer Gesellschaft, in der wir die Talente und Stärken der verschiedenen Generationen zusammenbringen und ihre verschiedenen Rollen wertschätzen, ist gelungen. Ein Impuls, den vor allem die Generation Z in den vergangenen Jahren unter anderem durch das Einführen von kollaborativen digitalen Tools massiv vorangetrieben hat und der vor allem durch eine Anpassung des Bildungssystems gelang.

Wie hat sich dieser Wandel erfolgreich vollzogen? Früher wurden junge Leute häufig dafür kritisiert, was ihnen fehlt. Es wurde bemängelt, dass sie bestimmte Fähigkeiten nicht mehr beherrschten. So wurde zum Beispiel behauptet, junge Leute könnten nicht mehr anständig schreiben. Schon seinerzeit war ungewiss, ob dies nicht nur eines von vielen Vorurteilen gegenüber der Gen Z war. Doch mit dem Umdenken, den eigenen Talenten mehr Beachtung zu schenken, kam die Auffassung, manche Entwicklungen einfach zu akzeptieren und stattdessen den Fokus darauf zu richten, welches Talent diese jungen Leute im Gegenzug besitzen.

Aber Schulen als Talentförderer? In einem System, in dem Noten nach festgelegten Formeln und in einem fixen Fächerkanon vergeben werden? In dem Wissen meist abgefragt und nicht hinterfragt wird? Klar, dass sich dieses System nur langsam verändern würde.

Lieber motivieren statt kritisieren

Mit einer Fähigkeit stach die Generation Z, damals auch »Digital Natives« genannt, schon damals besonders hervor: Sie hatte ein exzellentes

Verständnis für digitale Dinge. Und genau diese Fähigkeiten wurden in einem Land wie Deutschland, das in der Digitalisierung allerdings auch heute im Jahr 2030 noch hinterherhinkt, dringend benötigt.

Doch bis zu dieser Erkenntnis war es ein steiniger Weg. Ältere, teilweise nicht mehr benötigte Kompetenzen wurden als sehr wichtig anerkannt. Kritik gab es in Form von Noten – meist schlechten Noten, die für viele wenig transparent waren. Außerdem wurden Fähigkeiten, wie die eigene Handschrift, gleichgesetzt und gleichbewertet mit digitalen Skills.

Ein Ökosystem für Talente

Eines war und ist bekannt: Menschen werden bei der Entwicklung ihrer Fähigkeiten schon immer von ihrem engsten Umfeld und den Themen, mit denen sie sich beschäftigen, geprägt. Neue Impulse kamen von der Digitalisierung der 2020er-Jahre: Plötzlich war die Vernetzung zwischen den Generationen, vor allem zwischen Jugendlichen, Vorbildern, Mentoren, potenziellen Arbeitgeberinnen und Unternehmen, außerhalb des Klassenraums und über alle (sozialen) Grenzen hinweg deutlich intensiver als vorher möglich. Durch Videos und mit anderen Formaten konnten sich alle neue Fähigkeiten außerhalb der Schule aneignen. Foren und soziale Netzwerke sorgten für die Vernetzung mit Gleichgesinnten. So wurden Fähigkeiten freigesetzt und geschärft, die für jede innovative Entwicklung relevant sind.

Stärken stärken mit Effekt

Das Ergebnis ist beeindruckend: Im Jahr 2030 hat Deutschland den Mindset-Change geschafft. Im Fokus steht dabei die Zielsetzung und -erreichung besonders von jungen Menschen. Ihre Ziele, scheinen sie auch noch so utopisch, werden von der Gesellschaft akzeptiert, und sogar die Politik steht für die erfolgreiche Umsetzung ein.

In Ländern wie den USA war der Leitsatz »Dream Big« schon früher völlig akzeptiert, wurde unterstützt und mit großer Empathie geteilt. Große Ziele wurden einfach gesetzt und demonstrativ visualisiert. Deutschland dagegen gab Kindern eher die Vorstellung mit, lieber den klassischen Weg zu gehen und eine Karriere einzuschlagen, bei der man möglichst keine Grenzen überschreitet.

Sind Träumer gleich Spinner?

Träume, Visionen gar, galten als utopisch, stießen oft auf Ablehnung. Die Akzeptanz für solche Ziele, die für viele »unmöglich« erschienen, bestand in Deutschland einfach nicht.

Inzwischen werden solche visionären Träume akzeptiert und unterstützt. Das Mindset für Träumer hat sich geändert. Alles, so die aktuelle Devise, ist erreichbar, wenn man genug Arbeit investiert. Und sich einer Herausforderung oder seinen Zielen und Träumen gemeinsam mit anderen stellt. Denn Herausforderungen und eben auch Visionen und Träume, darüber ist man sich einig, lassen sich besser gemeinsam als alleine lösen.

Was war der Gamechanger für die Wandlung des Mindset? Wann konnte konkret der Hebel umgelegt werden?

Es begann mit der wachsenden Akzeptanz gegenüber Zielen und Träumen in Deutschland, unterstützt durch die Politik und begünstigt durch offenere Diskussionen in den Social Media und in der Schule. Erst durch diese Entwicklung wurde unsere Generation ermutigt zu träumen. Und zwar groß!

Träume sind Chancen – für alle

Lange war der Begriff des Unternehmertums besonders bei jungen Menschen negativ besetzt. Unternehmer, das waren doch die, die Menschen, die Arbeitsplätze strichen, Steuern hinterzogen oder in Skandale verwickelt waren.

Außerdem gab es in den Social Media »Unternehmer«, die fragwürdig damit warben, schnelles Geld zu verdienen. Auch sie zeigten nur ein unseriöses Bild. Das hat viele Jugendliche davon abgehalten, sich überhaupt mit dem Thema Unternehmertum zu beschäftigen und so auch die positiven Aspekte zu sehen. Die Chancen, nämlich Lösungen zu kreieren, die Gesellschaft mitzugestalten und Arbeitsplätze zu schaffen, sahen die meisten nicht.

Als wir aufhörten, Berufsgruppen oder allgemein wirtschaftlichen und gesellschaftlichn Akteure mit irgendwelchen Vorurteilen zu begegnen, und ihnen stattdessen die ausreichende Wertschätzung gesellschaftlich sowie monetär zugesprochen haben, näherten wir uns einem Zustand im Jahr 2030, in dem es keine Probleme mehr gibt,

Nachwuchstalente in bestimmten Geschäftsbereichen zu finden und zu halten.

MEINE ZUKUNFTSBAUSTEINE

#1 Die Stärken der Jugendlichen werden individuell gefördert werden; was man nicht kann, spielt immer weniger eine Rolle.

#2 Jeder hat die Chance, seinen eigenen Traum zu leben, und wird von anderen dabei unterstützt, nicht gebremst.

#3 Berufsgruppen sind nicht mehr in Statusklassen eingeteilt. Stattdessen zählt der individuelle Beitrag, den der Einzelne für die Gesellschaft leistet.

NEIL HEINISCH ist 17 Jahre alt. Mit 14 begann er sein erstes Start-up im Rahmen des Business-Plan-Wettbewerbes von Startup Teens. Anschließend hat er Blockchain-Projekte und andere Unternehmen unter NyteBit beraten, und seit Sommer 2019 hilft er mit seiner Agentur PlayTheHype anderen Agenturen, Unternehmen und Organisationen, die Generation Z besser zu verstehen sowie über die verschiedenen Themen und Plattformen zu erreichen.

Der neue deutsche Dream: soziale Marktwirtschaft 4.0

SASKIA BRUYSTEN

Erinnern wir uns: Bereits im 19. Jahrhundert führte Bismarck die allererste Sozialversicherung ein. Er wusste: Das ist gut für die Gesellschaft und gut für die Wirtschaft. Auch das in dieser Zeit von Raiffeisen entwickelte Genossenschaftsmodell erfreut sich noch heute mit über 7000 Genossenschaften und 20 Millionen Mitgliedern in Deutschland großer Beliebtheit. Beide Ansätze zeigen täglich das von Ludwig Erhard 1949 entwickelte Modell der sozialen Marktwirtschaft.

Diese urdeutsche Denkweise haben wir in den vergangenen zwei Jahrzehnten aus den Augen verloren und uns stattdessen mehr und mehr dem angloamerikanischen Modell des Shareholder Value verschrieben. Um die großen Probleme unserer Zeit wie Klimakrise, Armut und Ungleichheit aber zu lösen, müssen wir uns auf unsere Ursprünge besinnen.

Statt Shareholder Value soziale und gesellschaftliche Performance-Ziele

Allein den Shareholder Value zu maximieren ist langfristig weder für Anteilseigner noch Unternehmen selbst sinnvoll. Die fast schon ikonisch gewordene Forderung einer Kapitalrendite von 25 Prozent des ehemaligen Deutsche-Bank-Chefs Josef Ackermann schickte nicht nur das ethische Verhalten, sondern auch den Aktienkurs auf Talfahrt. Stattdessen setzen CEOs im Jahr 2030 neben Finanzzielen auch ehrgeizige soziale und ökologische Ziele für ihr Unternehmen.

Wie man das umsetzen kann, zeigte beispielsweise Paul Polman, der 2009 Chef von Unilever wurde. Er schaffte sofort die Quartalsberichte an die Finanzmärkte ab und führte durch den »Unilever Sustainable Living Plan« ambitionierte gesellschaftliche Ziele ein. Im Ergebnis hat die Firma ihren Wasserverbrauch beinahe halbiert, ihren CO_2-Ausstoß aus der Produktion um 65 Prozent reduziert, inzwischen einen Frauenanteil in Führungspositionen von über 50 Prozent und 1,8 Millionen kleinen Einzelhändlern den Zugang zu höherem Einkommen verschafft. Obendrein hinterließ Polman 2019 einen verdoppelten Aktienpreis.

Allerdings sind solche gesellschaftlichen Firmenziele nur umsetzbar, wenn sie auf individuelle Managerziele heruntergebrochen werden. Wie das geht, zeigt seit 2010 Danone. Hier hängt ein Drittel der Managementvergütung von der sozialen und ökologischen Performance ab. Beispielsweise wird ein Produktionsmanager nicht mehr nur danach beurteilt und bezahlt, wie viele Joghurts im Quartal produziert wurden (operative KPIs) und mit welcher Marge (finanzielle KPIs), sondern auch danach, wie wenig CO_2 dafür ausgestoßen wurde (ökologische KPIs) und wie hoch der Frauenanteil im Team (soziale KPIs) war.

Vom Activist-Investor zum Social-Activist-Investor
Finanzinvestoren haben in Deutschland nicht den besten Ruf. 2005 verglich sie der SPD-Vorsitzende Franz Müntefering mit Heuschrecken, die nur auf Profit aus seien. In den Köpfen erster Investoren beginnt langsam ein Umdenken. So erklärte Larry Fink, CEO des weltweit größten Investors, 2018, dass BlackRock nur noch in Firmen investieren würde, die einen positiven Purpose verfolgen. Unternehmen sollten nicht nur den Anteilseignern dienen, sondern auch der Gesellschaft. Nur so können sie langfristig profitabel sein.

BlackRock ist ein sogenannter Activist-Investor, der sich direkt in Unternehmensstrategien einmischt und bei Uneinigkeit bei der Aktionärsversammlung gegen den CEO stimmt. In der Vergangenheit ging es hier um Themen wie Governance oder Dividendenzahlungen. Jetzt bewegt sich der Fonds langsam in die Richtung Social-Activist-Investor. BlackRock hat in diesem Jahr bereits gegen die Vorstände von 53 Firmen gestimmt, die aus ihrer Sicht nicht ausreichend gegen die Klimakrise vorgegangen sind. 244 weitere Unternehmen stehen aufgrund fehlender Fortschritte auf der Beobachtungsliste.

Dass der weltgrößte Vermögensverwalter schon anfängt, seine Macht aktiv für gesellschaftliche Ziele zu nutzen, ist ein guter Start. Doch beim Klima darf es nicht enden. Themen wie Diversität, Arbeitsbedingungen oder eine nachhaltige Wertschöpfungskette gehören ebenfalls auf die Agenda. Schließlich haben Investoren auch die Macht, neue Posten in Aufsichtsräten und Vorständen zu schaffen, und können so gesellschaftliche Themen noch stärker verankern. Ziel: Jedes Unternehmen benennt einen Chief Sustainability Officer sowie ein Äquivalent im Aufsichtsrat.

Social Intrapreneure verändern von innen
Soll man allein den NGOs und Politikern die Lösung der großen gesellschaftlichen Probleme überlassen? Ein klares Nein. Die Wirtschaft kann als die stärkste Kraft echte Probleme wie Klimawandel oder Ungleichheit in der Welt lösen. Mitarbeitende sind aufgerufen,

sich als Social Intrapreneurs zu positionieren und Unternehmen von innen heraus positiv zu verändern.

Diese unternehmerisch denkenden Mitarbeiter schaffen profitable neue Produkte, Dienstleistungen und Geschäftsmodelle und lösen damit gleichzeitig gesellschaftliche Probleme. Ein Beispiel für ein solches Social Business: Eine Initiative von Novartis bringt durch ein nachhaltiges Geschäftsmodell Gesundheitsversorgung und Aufklärung für 15 Millionen sozial benachteiligte Menschen in 33 Entwicklungsländern. Novartis nutzt so seine eigene Kernkompetenz, um die großen Probleme in der Welt anzugehen. Die Initiative wurde übrigens von einem Mitarbeiter zunächst gegen den Willen seiner Vorgesetzten ins Leben gerufen und hat sich dann etabliert.

Social Intrapreneurs bleiben keine Ausnahmen, sondern werden zur Norm. Jeder Mitarbeiter muss die schwierige Position übernehmen, sein soziales Thema zu vertreten und voranzutreiben. Jedes Meeting ist ein Schlachtfeld für die Zukunft, die wir haben wollen.

Gefordert: eine Rechtsform, die gesellschaftliche Ziele den finanziellen gleichstellt

Börsennotierte Unternehmen haben die Pflicht, Gewinnmaximierung für ihr Unternehmen zu betreiben. Tun sie es nicht, können sie von Anteilseignern verklagt werden. Selbst CEOs, die anders handeln wollen, sind so im System gefangen. Das müssen wir ändern. Deutschland wird weltweit zum Vorbild als ein Land, in dem soziale Vorhaben von Unternehmen rechtlich gefördert werden.

Dafür implementieren wir in Deutschland eine neue Rechtsform, die es Unternehmen ermöglicht, sowohl Gewinne zu erzielen als auch gesellschaftliche Ziele gleichberechtigt zu erreichen.

Einige Länder können hier als Vorbild dienen. So wurde 2019 in Frankreich das Entreprise à Mission eingeführt, das bereits 2020 vom börsennotierten Konzern Danone angenommen wurde. So machte Danone seine Mission, Gesundheit durch Ernährung für möglichst viele zu schaffen, zu seiner rechtlichen Pflicht. Sie steht gleichberechtigt neben dem klassischen Ziel eines Unternehmens, Gewinne für Aktionäre zu erzielen.

Der deutsche Gesetzgeber hat eine große Chance, durch eine solche

Rechtsform soziales Unternehmertum zu ermöglichen und Deutschland damit zu einem Vorzeigeland für dieses Unternehmertum zu machen.

Jeder Einzelne ist ein Teil unserer Wirtschaft und ein Teil unserer Gesellschaft. Jeder Einzelne kann heute beginnen, seine Verantwortung zu tragen. Deutschland und Europa müssen sich beweisen, um in der Zukunft zwischen den Großmächten USA und China relevant zu bleiben. Die soziale Marktwirtschaft 4.0 bis 2030 zu entwickeln ist der richtige Weg, um Deutschlands zu modernisieren und das Land als attraktiven Standort zu halten. Das ist »der neue deutsche Dream«.

MEINE ZUKUNFTSBAUSTEINE

#1 CEOs haben soziale, gesellschaftliche und Umweltziele auf ihrer Agenda und werden auch an ihnen gemessen.

#2 Investoren verstehen sich zunehmend als Social-Activist-Investor und investieren nur noch in Unternehmen, die Haltung zeigen.

#3 Mitarbeitende werden zu Social Intrapreneuren und verändern Unternehmen von innen.

#4 Eine neue Rechtsform ermöglicht Unternehmen, soziale Ziele den finanziellen gleichzustellen.

SASKIA BRUYSTEN gründete 2011 gemeinsam mit Friedensnobelpreisträger Prof. Yunus Yunus Social Business (YSB). YSB finanziert Social Businesses in Entwicklungsländern, die bereits über 13 Millionen Menschen mit Jobs, Trinkwasser, Gesundheit und Bildung versorgt haben. Die Firma berät auch globale Konzerne dabei, wie sie ihre Kernkompetenzen nutzen können, um gesellschaftliche Herausforderungen wie die Klimakrise, Ungleichheit und Armut anzugehen. Ihr Engagement wurde unter anderem durch Handelsblatt/ BCG (Vordenker), Capital (Young Elite) und Wired (Smart List) gewürdigt. 2020 hat sie gemeinsam mit dem World Economic Forum die Covid-19-Allianz für Sozialunternehmen ins Leben gerufen.

Lieber Face-to-Face als 280 Zeichen: Purpose statt Populismus

JULIUS DE GRUYTER

Ich selbst beschäftige mich als Gründer einer Anti-Mobbing-App natürlich viel mit dem Thema Social Media, denn das digitale Zeitalter hat den Umgang miteinander völlig verändert. Durch Cybermobbing sitzt der Täter (das Smartphone) immer in der Hosentasche. Und: Die Anonymität im Netz macht Beleidigungen möglich, die man sich im echten Leben, also Face-to-Face, nicht trauen würde.

Das liegt nicht nur an unserer menschlichen Natur, sondern auch daran, wie soziale Netzwerke im Jahr 2020 funktionierten. Twitter ist ein gutes Beispiel: Mit nur 280 Zeichen ist es schwer, Meinungen differenziert darzustellen, und der Algorithmus sowie unser »Like«-Verhalten fördern besonders polarisierende Beiträge. In der Debatte kann es ja auch manchmal förderlich sein, eine Meinung zu teilen, die aneckt, damit Dynamik in eine Diskussion kommt, aber Hass und Hetze haben überhandgenommen, Grenzen wurden überschritten, und die sozialen Medien haben sich teilweise selbst abgeschafft. Inzwischen wurden Facebook und Google stark reglementiert, Selbstdarstellungsplattformen wie Instagram, TikTok und Snapchat wurden aufgrund der erwiesenen Gefahr für Leib und Seele teilweise eingestellt beziehungsweise sind nur noch ohne Werbung zugelassen.

Es kam zu einem gewaltigen Backlash. Im Jahr 2030 sind wir zwar auch nicht völlig frei von Shit Storms und Trollen. Aber: Durch das gemeinsame Anpacken der zentralen Probleme haben wir die Spaltung der Gesellschaft in Teilen überwunden. Denn Social Media hilft uns auch im Jahr 2030 dabei, wichtige Themen gesellschaftlich zu platzieren, Menschen zu informieren und in konstruktive Diskussion miteinander zu bringen, und nicht, um Verschwörungstheorien zu verbreiten. Wir haben uns auf alte Werte zurückbesonnen und nutzen die immensen Reichweiten für Positives – es geht um Purpose und nicht um Populismus.

2030 ist das Zeitalter der Empathie!

Therapie für alle – Zugang zu psychischer Hilfe demokratisieren
Im Zeitalter der Empathie 2030 ist es genauso normal, sich Hilfe zu holen, wenn es einem psychisch nicht gut geht, wie der Arztbesuch nach einem Beinbruch.

Wir alle wissen, wie schwierig es ist, Verletzlichkeit zu zeigen und öffentlich zu machen, dass man gerade eine schwere Phase durchläuft. Verzerrte Vorbilder durch Influencer und Stars, die ein scheinbar perfektes Leben führen, machten die Sache nicht einfacher. Das hatte vor allem auf die Jugendlichen in Deutschland Einfluss: 2020 litten laut Bundespsychotherapeutenkammer 18 Prozent der Jugendlichen an psychischen Krankheiten, das waren fast 3,5 Millionen Menschen!

Wir hatten in der Corona-Krise das gemeinnützige Projekt krisenchat.de gegründet und boten damit die erste 24/7-psycho-soziale Beratung per Chat in Deutschland: Rund um die Uhr konnten junge Leute uns zu Themen wie Liebeskummer, Depressionen oder auch Suizidalität kontaktieren und bekamen schnelle Ersthilfe durch professionelle Krisenberater*innen. In den ersten sechs Monaten hatten wir über 5 000 Fälle, was uns deutlich zeigte, wie groß das Problem war – auch unabhängig von Corona. Und wie wichtig es ist, schon frühzeitig eine niedrigschwellige Hilfe anzubieten, um schlimmere Entwicklungen verhindern zu können.

Im Jahr 2030 sind wir an einem Punkt, wo wir offener über Verletzlichkeit reden und gerade in Deutschland eine Fehlerkultur etabliert haben. Wo Meinungsführer*innen das Thema stärker thematisieren und eigene Erfahrungen teilen, um dem Rest Mut zu geben. Außerdem leisten wir Aufklärungsarbeit, wo sich Hilfesuchende (vor allem Kinder und Jugendliche) hinwenden können. Neben Angeboten zur Ersthilfe wird auch stärker darüber informiert, welche Möglichkeiten man hat, langfristig Hilfe zu bekommen. Die Erfahrungen bei krisenchat.de offenbarten schon in den ersten Wochen nach Gründung, dass eine nachhaltige Behandlung durch Unwissenheit über das Angebot und lange Wartezeiten auf Therapieplätze massiv erschwert wurde.

In unserer Mission bei krisenchat.de und exclamo verfolgten wir vor allem zwei Ziele:

Wir wollten den Zugang zu therapeutischer Ersthilfe vereinfachen und damit das ganze Thema Psychotherapie demokratisieren. Außerdem hatten wir uns vorgenommen, das Wort »Dunkelziffer« bei den Themen psychische Gesundheit und Mobbing aus dem Sprachgebrauch zu streichen: Denn nur, wenn jeder Fall offen wird, wenn jede Person sich traut, Hilfe zu suchen, kann auch effektiv und frühzeitig geholfen werden.

Von wegen »verlorene Generation« – Gen Z ist Vorreiter bei psychischer Gesundheit

Die Gen Z ist die erste Generation, die mit den digitalen Medien aufgewachsen und daher anderen Generationen bei der Nutzung von Apps, neuen Geräten und Technologie intuitiv überlegen ist. Gleichzeitig ist die Gen Z auch eine Generation, die größeren Wert auf psychische Gesundheit und Digital Wellbeing legt. Genau deshalb sind im Jahr 2030 alle Zweifel ausgeräumt, dass die Gen Z eine »verlorene Generation sei«

Meine Generation nehme ich nicht als verdrossen und abgehängt wahr: Sie möchte sich gesellschaftlich einbringen und etwas bewirken. Meine Forderung aus 2020, die Generation Z in die Aufsichtsräte der größten deutschen Unternehmen zu bringen und auch – zumindest beratend – in die Politik, trägt inzwischen Früchte. Immer mehr Unternehmen setzen auf junge Köpfe in ihren Gremien und nutzen deren Impulse. Junge Leute sollen über unsere Zukunft mitbestimmen können und tun es mittlerweile auch. Der Gen Z, lange verkannt, ist es gelungen, die Digitalisierung zu »leben« und die beiden Themen »Umgang miteinander« und »Demokratisierung von Psychotherapie« in der Gesellschaft zu etablieren – auch bei älteren Generationen.

Die Welt im Jahr 2030 verändert sich extrem schnell. Bei diesem Tempo wird es schwierig für alle sein, mitzukommen. Umso wichtiger ist es, eine psychische Versorgung zu garantieren, die niemanden auf der Strecke lässt.

Im Jahr 2030 ist therapeutische Ersthilfe für alle verfügbar. Persönlich, wie wir es heute schon kennen, aber auch unter Nutzung der digitalen Möglichkeiten, zum Beispiel per Chat oder künstliche Intelligenz.

Mit dem Thema Verletzlichkeit gehen wir offener um, was uns dabei hilft, auch auf Social Media wieder einen besseren Umgang miteinander zu finden. Und wir schaffen es, dass nicht mehr die Algorithmen von Twitter und Facebook unseren digitalen Alltag bestimmen, sondern wir selbst.

Wir sind dann an einem Punkt, an dem es selbstverständlich ist, sich Hilfe zu holen, wenn es einem mental nicht gut geht, und wo man weiß, welche Möglichkeiten und Anlaufstellen verfügbar sind. An einem Punkt, wo es das Wort »Dunkelziffer« in diesem Zusammenhang nicht mehr gibt, weil wir es schaffen, sowohl Mut zu wecken als auch die Hemmschwelle zu senken, über psychische Gesundheit zu sprechen.

MEINE ZUKUNFTSBAUSTEINE

#1 Die Rückbesinnung auf alte analoge Werte hilft uns im Umgang auf Social Media. Wir übertragen die Face-to-Face-Regeln in die sozial-mediale Welt.

#2 Wir thematisieren selbstverständlich und ohne Angst vor Repressalien die eigene Verletzlichkeit, aber auch psychische Probleme.

#3 Wir demokratisieren die therapeutische Ersthilfe durch digitale Möglichkeiten und eröffnen Hilfesuchenden so einen schnelleren Zugang zu Hilfsangeboten.

#4 Wir haben das Wort »Dunkelziffer« aus dem Sprachgebrauch gestrichen: Jede*r traut sich, über seine*ihre Probleme zu sprechen, und hat keine Angst mehr vor Ausgrenzung oder Mobbing.

JULIUS DE GRUYTER ist 19 Jahre alt und Mitgründer der Anti-Mobbing-App exclamo, die er während der Schule gegründet hat, sowie der psychosozialen Beratungsplattform krisenchat.de. Das Thema mentale Gesundheit von Kindern und Jugendlichen liegt ihm sehr am Herzen, und er wünscht sich einen offeneren Umgang mit psychischen Problemen in der Gesellschaft. In seiner Freizeit ist er großer Hertha-BSC-Fan und leidenschaftlicher Saxophonspieler.

Deutschland – Weltmeister für soziale Innovationen

ANDREAS RICKERT

Deutschland ist das innovativste Land der Welt. Das besagt der Bloomberg-Innovations-Index 2020, nach dem wir Top-Bewertungen in den Bereichen wertschöpfende Produktion, sprich hoch entwickelter Maschinenbau, High-Tech-Dichte und Patentaktivität erreichen. Alles traditionelle Branchen, in denen wir seit Jahrzehnten als Weltmarktführer etabliert sind.

Meine Vision ist es, dass Deutschland auch im Jahr 2030 Innovationsweltmeister ist, und ich wünsche mir, dass wir besonders für unsere Aktivitäten im Bereich Social Innovation ausgezeichnet werden. Denn das ist es, was ich als wichtigstes zukunftsorientiertes Business-Modell betrachte. Wir leisten einen klaren Beitrag zur Lösung der lokalen und globalen Herausforderungen.

Ich sehe dabei vier Elemente, die uns für den Titel innovatives, sozial und gesellschaftlich engagiertes Deutschland im Jahr 2030 ins Rennen schicken werden.

Deutschland steht für Werte
Wir haben einen globalen Ruf als eine moralisch integre Nation und Gesellschaft. Diesem normativen Anspruch werden wir zukünftig auch durch unser Handeln in der Politik, der Wirtschaft und der Gesellschaft absolut gerecht. Damit schaffen wir nicht nur eine plurale, offene, wertebasierte und starke Gesellschaft, sondern wir ziehen auch Talente und Kapital nach Deutschland.

Deutschland ist radikal innovativ
Wir verstehen die Herausforderung unsere Zeit – gut zusammengefasst in den Sustainable Development Goals (SDGs) der UN – nicht primär als Probleme sondern auch als Chancen, Chancen für eine bessere Welt und Chancen für wirtschaftliche Entwicklungen.

Im Jahr 2030 haben wir eine neue Generation an Impact-Akteuren, die mit sozialen Innovationen Lösungsansätze für gesellschaftliche, soziale und ökologische Herausforderungen bieten. Ein maßgebliches Unterscheidungsmerkmal sozialer Innovationen gegenüber anderen Innovationsformen liegt in der Zielsetzung: Bei sozialen Innovationen geht es um die Schaffung eines klaren gesellschaftlichen Mehrwerts beziehungsweise einer sozialen Wirkung (Social Impact).

Vorreiter sind hierbei Start-ups: Bereits 2019 war laut dem Deutschen Social Entrepreneurship Monitor für 83,5 Prozent der Gründer die gesellschaftliche Wirkung bedeutsamer als finanzielle Rendite und für 96,7 Prozent mindestens gleichwertig mit finanzieller Rendite. Ein starkes Zeichen, was in den nachfolgenden Jahren für viel Veränderung in der Start-up-Szene gesorgt hat. Wir sind mittlerweile Vorreiter in Bereichen wie Klimaschutz, beispielsweise mit Ecosia, Ed-Tech mit der Ready School, Food mit SirPlus und sehr vielen nachhaltigen Produkten aus den Bereichen Fashion und Beauty.

Und auch die Großkonzerne erkennen ihre Verantwortung und die Opportunitäten. So legte beispielsweise mit »value balancing alliance« der BASF und anderer Konzerne einen strategischen Ansatz vor, um die ökonomischen, ökologischen und sozialen Auswirkungen der gesamten Wertschöpfungskette zu messen. Damit wurden in der Folge bei der Bewertung von Unternehmen alle Kosten, also sowohl angerichteter Schaden als auch positive Wirkungen, mit einberechnet. Wir treiben auch die deutsche Schlüsselindustrie Mobility nachhaltig voran. Circular Economy und Share Economy sind hierbei treibende Prinzipien. So war etwa Share Now aus dem Zusammenschluss von Daimler und BMW nur der erste Schritt. 2030 sind Autos, Scooter und Roller elektrisch und miteinander verbunden, und Mobility Apps zeigen uns das jeweils beste Verkehrsmittel an, um an unser Ziel zu kommen.

Insgesamt haben wir in den 2020er-Jahren verstärkt in Innovationen investiert und uns dabei darauf konzentriert den rapiden Fortschritt in digitalen Bereichen wie Big Data, IoT, Blockchain, aber auch in anderen neuen Technologiefeldern wie der künstlichen Intelligenz oder der Biotechnologie zugunsten des Gemeinwohls zu widmen.

Was uns erfolgreich gelungen ist, ist die Verknüpfung aller relevanten Akteure in Wirtschaft, Politik, Zivilgesellschaft und Wissenschaft, um radikal neue Fragestellungen und Antworten zu erarbeiten, anstatt an der inkrementellen Verbesserung bestehender (und oftmals mangelhafter) Lösungsansätze zu arbeiten. Diverse Programme zur Förderung von Sozialunternehmen, Inkubatoren und Hubs sowie das Social Entrepreneurship Netzwerk Deutschland (SEND) und die Bundesinitiative Impact Investing als Interessenvertretung gegenüber der Politik sind etablierter denn je. Unser Fokus liegt heute darauf, das Potenzial neuer (disruptiver) Technologien für eine weitreichende positive soziale Wirkung auszuloten.

Impact Investing ist Mainstram
Spiegelbildlich zur Impact-Realwirtschaft erlebt Impact Investing eine enorme Dynamik. Grundsätzlich gibt es in 2030 nur nachhaltige Geldanlagen – das heißt, Kapital darf nur angelegt werden, ohne Schaden anzurichten –; und der Anteil von Impact Investing – das heißt, Investments mit beabsichtigten und messbaren positiven Wirkungen – hat sich ausgehend von 6 Milliarden Euro im Jahr 2020 innerhalb von zehn Jahren verzehnfacht.

Private Investoren und VC investieren dabei noch gezielter in Ideen mit sozialer Wirkung, und institutionelle Investoren speisen große Fonds zum Beispiel für Klimainvestments.

Ein großer Katalysator war in den 2020er-Jahren die Mobilisierung von nachrichtenlosen Konten. Bis zu 9 Milliarden Euro von Konten, die keinen Eigentümer*innen zugeordnet werden können, wurden für die Finanzierung sozialer Innovationen verwendet.

Auf staatlicher Seite haben sich in Deutschland insbesondere das BMFSFJ, das BMWi und das BMBF zum Thema soziale Innovationen positioniert und stellen entsprechende Fördermittel zur Verfügung. Ob der übergeordneten Bedeutung des Themas hat das Kanzleramt aber eine koordinierende Funktion übernommen und dem Vorbild von NESTA in UK eine staatliche Agentur für die Stärkung von sozialen Innovationen ins Leben gerufen.

Diese staatlichen Maßnahmen und Mittel werden durch Stiftungen und private Philanthropen flankiert. Hier ist weniger das Volumen entscheidend, sondern der hohe Freiheitsgrad und die Risikobereitschaft dieser Gelder, womit durch Förderungen und Impact Investing besonders innovative, aber auch risikoreiche Ansätze in der Frühphase angeschoben werden können.

In keinem anderen Land wird so viel Kapital für Impact bereitgestellt, und nirgendwo werden so geschickt die verschiedenen Finanzierungsquellen miteinander verzahnt wie in Deutschland.

Berlin: Social Innovation Capital
Damit Innovationen »on the ground« entstehen, braucht es ein stimulierendes Umfeld, ein Cluster. Und Berlin hat hierfür alle Zutaten: eine lange Tradition von sozial-ökologischer Wirtschaft, Forschung und Lehre an Universitäten mit Weltruf, Politik und Verbände, eine hohe Dichte an gemeinnützigen Organisationen und NGOs, eine plurale, kreative und agile Bevölkerung. Und eine besondere Bedeutung in diesem Ökosystem kommt der Social-Entrepreneurship-Szene zu, die sich durch eine hohe Dynamik auszeichnet.

Und so hat sich Berlin in den 2020ern als globaler Vorreiter etabliert – aber auch in anderen Städten Deutschlands hat sich diese Entwicklung immer stärker gezeigt.

Unser Erfolgsrezept: Wir verfolgen einen ganzheitlichen Ansatz, indem wir innovative und agile Start-ups fördern und gleichzeitig etablierte Wirtschaftsunternehmen und zivilgesellschaftliche Organisationen involvieren. Eine weitere wichtige Rolle spielen Universitäten und Forschungseinrichtungen, indem Forschungserkenntnisse mit hohem Potenzial zur Lösung gesellschaftlicher Herausforderungen in Inkubatoren in die Praxis transferiert und skaliert werden.

Für die Entwicklung von Berlin als weltweit anerkanntem »Social Innovation Capital« sind neben dem Handeln der Innovationen schaffenden Akteuren stimulierende Rahmenbedingungen von entscheidender Bedeutung: Ein »Social Innovation Hub« hat eine koordinierende Funktion und verknüpft die einzelnen Player aus den verschiedenen Sektoren. Ein »Social Innovation Fund« hebelt weiteres Kapital und finanziert besonders potenzialträchtige innovative Projekte. Eine klare Kommunikationsstrategie, koordiniert von Berlin Partner, positioniert Berlin im globalen Kontext und zieht so Impact-Investitionen und Talente nach Berlin.

Im globalen Kontext hat Berlin, hat Deutschland, hat die EU mit werbebasiertem Handeln, mit sozialen Innovationen und mit Impact-Kapital klar einen Wettbewerbsvorteil!

MEINE ZUKUNFTSBAUSTEINE

#1 Werte als Wettbewerbsvorteil nutzen. Deutschland handelt konsequent wertebasiert und erkennt beispielsweise in den Herausforderungen unserer Zeit auch Marktopportunitäten.

#2 Radikal innovativ denken. Deutschland bietet Raum für radikal neue Fragestellungen und Antworten. Der Fokus liegt darauf, Potenziale neuer (disruptiver) Technologien für eine weitreichende positive soziale Wirkung auszuloten.

#3 In Social Innovation investieren. Zur Finanzierung der sozialen Innovationen werden alle Quellen – wie VCs, Privatinvestoren, institutionelle Investoren, Stiftungen, staatliche Mittel – mobilisiert und entsprechend den jeweiligen Stärken miteinander kombiniert.

#4 Berlin als neue Hauptstadt für soziale Innovationen etablieren. Berlin als Social Innovation Capital ist ein Impact-Epizentrum, wo Start-up-Szene, etablierte Wirtschaft, Wissenschaft, Zivilgesellschaft, Verwaltung und Politik zusammenarbeiten zugunsten des Gemeinwohls.

DR. ANDREAS M. RICKERT gründete 2010 PHINEO und führt diesen Think-and-Do-Tank seitdem als Vorstandsvorsitzender. Zuvor war Andreas Rickert als Director in der Bertelsmann Stiftung und bei der Weltbank in Washington, D.C., als Senior Governance Specialist. Seine Karriere begann er bei der Unternehmensberatung McKinsey & Company. Andreas Rickert hat Biologie in Düsseldorf, Davis und Bonn studiert und in Molekularbiologie in Köln und Stanford promoviert. Ferner hat Andreas Rickert mehrere Aufsichtsratsposten bei mittelständischen Unternehmen inne und ist als Impact Business Angel aktiv. Die Mitwirkung in diversen Gremien, wie beispielsweise dem Kuratorium der Studienstiftung des Deutschen Volkes oder dem Rat für Nachhaltige Entwicklung, rundet das Tätigkeitsprofil ab. Andreas Rickert ist verheiratet und hat drei Töchter.

Gesundheit im Taschenformat: Wie KI uns gesünder und mobiler macht

DIANA HEINRICHS

Meine Zukunftsvision für 2030 ist eine individualisierte, patientenzentrierte und präventionsorientierte Gesundheitsversorgung und Vorsorge, die unsere Beweglichkeit in jeder Phase des Lebens erhält. Denn sich bewegen können ist gleichbedeutend mit Freiheit, Unabhängigkeit und Selbstbestimmtheit. Jetzt mag manch eine*r vielleicht einwenden, dass dies nicht möglich sei: Die Oma kann aufgrund des fortgeschrittenen Alters schließlich nicht mehr laufen, wie sie es gerne würde, der Sohn vom Nachbarn ist querschnittsgelähmt auf die Welt gekommen, oder der Bekannte, der durch einen Unfall einen Finger verloren hat, wird ihn auch durch bloßen Willen nicht wieder erlangen. Doch was ist körperliche Mobilität?

Für die eine ist es ein Rückwärtssalto, für den anderen schlichtweg der tägliche Weg mit dem Rollator zum Lebensmittelgeschäft um die Ecke. Ich persönlich definiere körperliche Mobilität, mich in meiner Umgebung frei und ohne Schmerzen bewegen zu können – am besten 360 Grad um meine eigene Achse. Joggen, Tennis spielen, tanzen – all das ist Teil meiner persönlichen körperlichen Mobilität. Wie subjektiv dieses Empfinden ist, habe ich erst kürzlich eindrucksvoll erfahren. Am Strand beobachtete ich einen Rollstuhlfahrer, der gerade in einem speziell angefertigten Board Kite surfte. Ich als voll beweglicher Mensch kann nur erahnen, welches unglaubliche Gefühl von Freiheit er dabei in der Luft erlebt. Was mich von diesem Sport zurückhält: der Respekt vor den Elementen, die mangelnde Kraft und der fehlende Wille. Ihn wiederum hat das alles nicht aufgehalten.

Pushing our limits

Uns stehen bereits heute viele Möglichkeiten zur Verfügung, um ein selbstbestimmtes Leben zu führen und an der Gesellschaft teilzuhaben. Allerdings wissen wir auch, dass wir alle älter, pflegebedürftiger und im Schnitt weniger körperlich mobil werden. Damit steigt die Gefahr für Stürze, die zumeist kostspielige und einschneidende Operationen nach sich ziehen. Gleichzeitig kommt unser bestehendes Gesundheitssystem an seine Kapazitätsgrenzen, wenn es darum geht, uns individuell mobil zu halten. Sechs Einheiten Physiotherapie à 20 Minuten, wie es Ärzt*innen nur pauschal verschreiben können, reichen in vielen Fälle nicht aus. Geriatrische Assessments zur Sturzprävention im Alter werden nur selten in der Arztpraxis angewendet – auch deshalb, weil die nach Gebührenordnung festgelegten 13 Euro nur wenige Ärzt*innen für den mehr als 45 Minuten langen Aufwand motiviert.

Das alles zeigt, dass gerade im Gesundheitsbereich noch so viele ungenutzte Potenziale schlummern. Ich bin überzeugt, dass es uns schon in naher Zukunft gelingen wird, Immobilität endgültig zu beseitigen. Der Schlüssel zum Erfolg ist die Precision Medicine – die Anwendung von KI-Algorithmen zur Verbesserung der Patientenversorgung.

Dein persönlicher 3D-Avatar

Im Jahr 2030 ist jede*r von uns mit einem persönlichen 3D-Avatar im Smartphone ausgestattet, der uns Kennzahlen über unsere körperliche Mobilität und unser Skelettsystem liefert. Durch integrierte Bewegungsanalysen und Assessments haben wir damit einen Überblick über unsere persönliche Beweglichkeit. Auf Basis der eigenen Körperdaten werden Empfehlungen, Übungen und Therapiepläne vermittelt, um die körperliche Mobilität bis ins hohe Alter zu erhalten.

Wir kennen dieses digitale Angebot bereits aus anderen Bereichen: Heute besitzen Milliarden von Menschen ein Smartphone mit Onlinekartendiensten inklusive Navigationsfunktion. Dank dieser Apps sind wir immer bestens über Verkehrslage, Standort, Reisemöglichkeiten, Baustellen und viele andere Dinge informiert. Die Technik steckt also bereits in unseren Hosentaschen. Warum richten wir das Gerät nicht regelmäßig auch auf uns und analysieren unsere Mobilität – im Wachstum als Kinder und Jugendliche, nach Operationen oder im hohen Alter? Immer und überall verfügbar und nicht erst dann, wenn die Immobilität bereits eingetreten ist?

Bisher begeben wir uns in überfüllte Praxen oder Notaufnahmen, wenn es eigentlich schon zu spät ist. Zwar haben wir damit begonnen, unsere Schritte zu zählen, unseren Puls eigenständig zu messen oder unsere Sportaktivitäten per App aufzuzeichnen – doch das sind alles nur Puzzleteile auf dem Weg zu einer nachhaltigen, digitalen Gesundheitsvorsorge.

Wir brauchen ein umfassendes Abbild unseres Körpers, das uns fortlaufend über unseren Gesundheitszustand informiert und uns in Echtzeit mit Handlungsempfehlungen unterstützt – ganz im Sinne einer Präzisionsmedizin, die sich umfassend und vorausschauend mit unseren individuellen Besonderheiten und Bedürfnissen auseinandersetzt. Ein solches Abbild unserer skelettalen Anatomie kann uns auch mit Blick auf unsere eigene Mobilität besser assistieren. Wir würden wissen, wo es Baustellen wie beispielsweise Fehlhaltungen gibt, welche Ursachen dahinterstecken und wann der richtige Zeitpunkt ist, geeignete Maßnahmen zur Rehabilitation oder Prävention anzugehen.

Mobilität von morgen: individuell und ortsunabhängig mit jeder Krankheit leben

Im Jahr 2030 unterstützt uns unser Mobilitätsassistent dabei, unseren Körper, unsere Gesundheit und unsere Beweglichkeit genauer zu lesen und besser zu verstehen. Entscheidungen für oder gegen eine Operation werden uns in Zukunft dank einer nie da gewesenen Aufgeklärtheit leichterfallen und zu einer drastischen Reduzierung unnötiger Eingriffe beitragen. Die digitale Prävention beginnt nicht erst, wenn Operationen anstehen, sondern bereits viel früher im Kindesalter. Von klein auf stehen uns maßgeschneiderte Programme und Lösungen zur Verfügung, die bestmöglich auf unsere individuellen Bedürfnisse ausgerichtet sind. Unsere künstliche Intelligenz präzisiert Trainingsmethoden und lernt für dich, deinen Körper besser als je zuvor kennenzulernen. Übungen werden automatisch korrigiert und Fortschritte gemessen. Schon heute unterstützen wir Menschen erfolgreich dabei, das Leben ihrer geliebten pflegebedürftigen Eltern lebenswerter zu gestalten, indem wir frühzeitig das Sturzrisiko im Alter minimieren. Und das ohne spezielles Fachwissen – die Handykamera reicht schon aus. Wir arbeiten jeden Tag hart daran, um Ärzt*innen, Pflege- und medizinischem Fachpersonal dabei zu helfen, die körperliche Mobilität für unterschiedliche Krankheitsbilder wie Parkinson oder Multiple Sklerose zu verbessern. Diese Erkenntnisse leisten einen wichtigen Beitrag, dass jede*r selbstbestimmt mit diesen Krankheiten leben kann.

Pushing the limits – in jeder Lebensphase

Unser 3D-Avatar basiert auf einer mächtigen künstlichen Intelligenz, die gelernt hat, unsere individuelle Mobilität zu verstehen und mit ihr zu arbeiten. Sie vereint verschiedene Komponenten, arbeitet an der Schnittstelle zwischen physischen und psychischen Eigenschaften und entwickelt sich mit uns gemeinsam immer weiter. Sie lernt uns und unsere Eigenschaften kennen und weiß, was wir zur Motivation für die Sport- und Therapieprogramme benötigen. Sie hat unseren Körper auf den Millimeter genau vermessen, kann unsere Kraft und unseren Bewegungsradius messen, um die Belastung genau zu steuern und passende Trainings- oder Therapiepläne zu erstellen. Der Schlüssel dafür sind medizinische validierte Bewegungsparameter, die höchste Anforderungen an Präzision erfüllen und Qualität sicherstellen. Ein digitales Abbild unserer Selbst mit dem Ziel, unsere Freiheit und Selbstbestimmtheit zu erhalten. Die Zukunft beginnt bereits heute.

MEINE ZUKUNFTSBAUSTEINE

 Precision Medicine, also eine individualisierte, patientenzentrierte und präventionsorientierte Gesundheitsversorgung, erhält unsere Beweglichkeit in jeder Phase des Lebens.

 KI-basierte 3D-Skelett-Avatare sind digitale Abbilder unseres Körpers, sodass das Gesundheitsinformationssystem genau weiß, was gut für uns ist.

 Unser Avatar versteht auch unsere Mobilität; er versorgt uns mit für uns optimierten Trainingsplänen und sorgt so dafür, dass wir zwar körperlich an, aber niemals über unsere Grenzen gehen.

DIANA HEINRICHS war vor ihrer Tätigkeit bei Lindera sechs Jahre als Communications und Business-Development-Managerin bei Microsoft Deutschland tätig. Sie hat Linguistik auf der Schnittstelle zur Psychologie an den Universitäten Bonn, Florenz und Oxford studiert und einen

MBA an der Universität St. Gallen absolviert. Anfang 2017 erfolgte die Gründung von Lindera, um smarte Lösungen für eine alternde Bevölkerung zu finden. Dort ist sie bis heute als CEO tätig.

2030: Gesunde Erde – Gesunde Menschen

ECKART VON HIRSCHHAUSEN

Bis 2030 wird sich entschieden haben, ob diese Erde für Menschen überhaupt dauerhaft bewohnbar bleibt. Ich wünsche mir das sehr, für mich, meine Familie und alle zukünftigen Generationen, die auf das Jahr 2020 zurückschauen werden und sich fragen: Sie wussten alles, sie hatten das Geld und die Technik, wofür haben sie sich eingesetzt? Und wie ist die Transformation gelungen?

2020 hätte jedem klar sein müssen, dass wir einen entscheidenden Faktor der menschlichen Gesundheit ausgeblendet haben: unser tiefes Verwobensein mit Mutter Erde, mit den Kräften der Natur und der Physik. Wir haben rücksichtslos planetare Grenzen überschritten, indem wir an einem einzigen Tag die Menge an fossilen Brennstoffen verfeuert haben, die Mutter Erde in 1000 Jahren Erdgeschichte mühselig gebildet hat. Wir haben gedacht, dass die Atmosphäre als Müllhalde alles schlucken und verdünnen würde, dabei ist die Atmosphäre eine hauchdünne atmende Schicht zwischen uns und dem Weltall, dünner als die Haut eines Apfels, unser Mantel des Lebens. Gott sei Dank haben genug Menschen kapiert, dass wir uns durch den Treibhauseffekt mit jeder Tonne CO_2 in den Schwitzkasten nehmen und uns damit selber die Luft abdrücken. 2020 haben neun von zehn Menschen auf der Erde dreckige Luft eingeatmet. Über acht Millionen sind jedes Jahr daran gestorben. Und als das Corona-Virus kam, sind die Menschen, die in den Orten mit der dreckigsten Luft gelebt haben, doppelt geschädigt worden.

Es brauchte die Klarheit von Kindern und Jugendlichen der Fridays-for-Future-Bewegung, um die Absurdität der Situation aufzuzeigen. So wie in dem Märchen »Des Kaisers neue Kleider« wurde immer mehr Wirtschaftsführern klar, wie nackt sie dastehen vor der Verantwortung, die Lebensbedingungen zu sichern. Wenn im Körper etwas dauerhaft wächst, ist das Krebs. Der Gedanke andauernden Wirtschaftswachstums ist auf einem endlichen Planeten selbstmörderischer Quatsch. 2030 wissen das alle und konzentrieren sich auf die Dinge, die glücklich machen – und das sind meistens keine Dinge.

2030 haben alle kapiert, dass es gesunde Menschen nur auf einer gesunden Erde gibt. Es gibt internationale Organisationen, die über die Einhaltung der planetaren Grenzen wachen. Keiner glaubt mehr daran, dass sich Krankheitserreger durch Ländergrenzen oder durch Einkommensunterschiede beeindrucken lassen. »One Health« bedeutet, je mehr Menschen es auf der Erde gutgeht, desto besser geht es auch uns in Deutschland. Deshalb transferieren wir 2030 Wissen, Technologie und Geld massiv in andere Länder, weil uns unser ganzer Reichtum ja nichts nutzt, wenn Millionen Menschen heimatlos werden und Kriege um Wasser, Essen und Lebensraum die ganze Zivilisation destabilisiert, inklusive Europa. Bis 2030 gehen alle Mädchen weltweit in die Schule, haben Berufsperspektiven, entscheiden selber, ob, wann und wie viele Kinder sie wollen, und damit schaffen wir den zentralen Schritt zu einer stabilen und perspektivisch sinkenden Bevölkerung.

Es gibt eine globale Krankenversicherung, jeder Mensch hat über sein Smartphone Zugang zu Expertenwissen, egal, wo er gerade medizinische Hilfe braucht.

Angehörige der Gesundheitsberufe gehören zu den vertrauenswürdigsten Mitgliedern der Gesellschaft. Um dieses Vertrauen im Anthropozän aufrechtzuerhalten, müssen die Angehörigen der Gesundheitsberufe die Auslegung von *primum non nocere* (zuerst keinen Schaden zufügen) ausweiten und die Vitalität des Planeten als Grundlage für das menschliche Wohlergehen betrachten. Die Gesundheitsberufe haben die Aufgabe, Leben zu schützen, Gesundheit zu fördern und dort, wo es nötig ist, unangenehme Wahrheiten zu vermitteln. Deshalb haben sie bis 2030 eine zentrale Rolle als geschulte Kommunikatoren und als Vermittler zwischen Wissenschaft, Politik und Praxis gespielt. Wenn die Politik auf Virologen hören kann, kann sie auch auf Umweltmediziner, Klimawissenschaftlerinnen und Pflegefachkräfte hören. Bis

2030 haben wir unser Gesundheitswesen resilienter gemacht für die Anforderungen der Hitzewellen, neuer Infektionskrankheiten und Allergien. Denn was nutzt einem der ganze Hype um digitale Gesundheit, wenn die versammelten Server mit ihrem kollossalen Energie- und Ressourcenverbrauch und mit dreckigem Strom die Erde weiter aufheizen? Was nutzt uns die beste Präzisionsmedizin, wenn die Patienten aus einem klimatisierten Krankenhaus entlassen werden und vor der Tür herrschen 42 Grad? Es gibt kein Säugetier der Erde, das auf Dauer eine Kerntemperatur von über 41 Grad aushält. 2030 haben Menschen erkannt, dass Gesundheit als Allererstes nicht in Tabletten, Operationen und Nahrungsergänzungsmitteln besteht. Gesundheit beginnt mit sauberer Luft zum Atmen, genug sauberem Wasser zum Trinken, genug pflanzenbasierter Nahrung, um satt zu werden, einem Dach über dem Kopf gegen die Extremwetterereignisse, die sich häufen, und einem Schutz vor der Hitze.

2030 ist das die oberste Priorität von nationaler und internationaler Gesundheitspolitik. Denn die Erde kann gut ohne Menschen – aber wir nicht ohne die Erde.

Fazit: Mensch, Erde! Wir könnten es echt schön haben!

MEINE ZUKUNFTSBAUSTEINE

 2030 steht die Hälfte der Erde, also Land und Meere, unter Naturschutz, weil alle Menschen kapiert haben, dass sie nicht die Krone der Schöpfung, sondern ein Teil von ihr sind. Durch die intakten Wälder wird der Planet gekühlt, beatmet und stabilisiert. Die intakten Ökosysteme bieten der Vielfalt der Arten genug Lebensraum. Die Wildtiere werden weder gejagt noch gehandelt noch gegessen, und damit werden weitere Pandemien wie HIV, SARS, Ebola und Covid-19 seltener statt häufiger.

 2030 leben die meisten Menschen in gesunden Städten, die sich an den Grundbedürfnissen von Menschen orientieren und nicht um Autos geplant und umgebaut wurden. Sie bewegen sich aus eigener Kraft auf Fahrrädern, mit kostenlosem öffentlichem Nahverkehr oder zu Fuß. Die Gebäude haben alle Solarpanels, sind rundum begrünt, es gibt genug Frischluftschneisen, um Hitzeinseln zu vermeiden, viele Grünflächen, Schwimmbäder und Parks zur gemeinsamen Erholung und Abkühlung. Und es gibt ein so reichhaltiges Kulturangebot, dass sich Menschen gerne vor Ort mit Musik, mit Theater, mit Kabarett und Kino beschäftigen, statt wie bekloppt durch die Gegend zu düsen, weil sie es mit sich nicht aushalten.

#3 2030 hat sich die Menschheit darauf geeinigt, alle Reserven von fossiler Energie dort zu belassen, wo sie hingehören: im Boden. Dort, wo sie Mutter Natur über Jahrmillionen sicher weggeschlossen hat. Die Atmosphäre beginnt sich zu erholen. Der Ausstieg aus Kohle und Atomstrom ist in Deutschland früher als geplant vollzogen. Deutschland ist wieder führend in Forschung, Entwicklung und Export der erneuerbaren Energien.

#4 2030 stellen wir die Dinge her, die wir brauchen, und schaffen steigende Lebensqualität bei sinkendem Ressourcenverbrauch. Dazu hat maßgeblich die CO_2-Umlage beigetragen, die 2030 bei 500 Euro pro Tonne liegt und damit einen verlässlichen Rahmen für nachhaltiges Wirtschaften geschaffen hat.

#5 2030 sind Menschen gesünder als 2020, weil sie saubere Luft atmen, wenig Fleisch essen und damit auch weniger Übergewicht, Herzinfarkte und Schlaganfälle erleiden. Und vor allem sind die seelischen Erkrankungen zurückgegangen, weil sich Menschen ihr Leben nach übergeordnetem Sinn und Gemeinwohl ausrichten statt nach kurzfristigem Profit und Eigennutz.

DR. ECKART VON HIRSCHHAUSEN studierte Medizin und Wissenschaftsjournalismus. Durch seine verschiedenen Bücher, zuletzt *Die Bessere Hälfte. Worauf wir uns mitten im Leben freuen können* (gemeinsam mit

Tobias Esch) wurde er mit insgesamt über fünf Millionen Auflage einer der erfolgreichsten Sachbuchautoren und der wohl bekannteste Arzt Deutschlands. Seit 2018 ist er Chefreporter der Zeitschrift *Hirschhausen Stern Gesund leben.* Er moderiert die Wissens-Shows »Frag doch mal die Maus« und »Hirschhausens Quiz des Menschen« sowie die Doku-Reihe »Hirschhausens Check-up«. Hinter den Kulissen engagiert er sich mit seiner Stiftung HUMOR HILFT HEILEN für mehr gesundes Lachen im Krankenhaus und mehr Humanität in der Humanmedizin. In diesem Jahr hat er die Stiftung »Gesunde Erde – Gesunde Menschen« gegründet, um die wissenschaftlichen Grundlagen und den engen Zusammenhang von Klimaschutz und Gesundheitsschutz zu erforschen und sich durch eine Schärfung des öffentlichen Bewusstsein und die Förderung von fachübergreifende Kooperationen für eine medizinisch und wissenschaftlich fundierte Klimapolitik einzusetzen.

Reloaded: das deutsche Gesundheitssystem

CHRISTIAN TIDONA

Was sollte ein ideales Gesundheitssystem leisten? Ganz einfach: Es sollte sicherstellen, dass möglichst wenige Menschen krank werden und dass diejenigen, die dennoch erkranken, möglichst schnell, effizient und langfristig geheilt werden. Davon waren wir 2020 leider noch meilenweit entfernt. Das Gesundheitssystem in Deutschland und in den meisten anderen Industrienationen war auf kurzfristige Effizienz ausgerichtet. Polemisch gesprochen wurde zur Behandlung von Kranken nur gerade so viel aufgewendet, wie es eine Linderung innerhalb der aktuellen Wahlperiode erfordert. Investitionen in eine langfristige Prävention bedeuten, dass man als politische Führung heute sehr viel Steuergeld für etwas ausgibt, das erst der nächsten politischen Führungsgeneration zugutekommen wird. Auf diese Weise gewinnt man auf dem politischen Parkett heute keinen Blumentopf. Das gilt in gleichem Maße für alle großen gesellschaftspolitischen Herausforderungen unserer Tage: Neben dem Gesundheitssystem betrifft das die Sozialversicherung und das Steuersystem. Aber mit dem Damoklesschwert der nächsten Wahl im Nacken fasst kein Politiker diese Themen wirklich ernsthaft an.

Aus dieser Beobachtung heraus ergibt sich meine erste Forderung: *Verdopplung der Legislaturperiode des Bundestages auf acht Jahre unter Ausschluss einer möglichen Wiederwahl.* Nur unter diesen Bedingungen könnte sich eine demokratisch gewählte politische Führung auf notwendige Investitionen in langfristige Reformen konzentrieren. So würde ein Anreiz geschaffen, sich auf die großen Herausforderungen der Gesellschaft zu konzentrieren wie eben auf eine grundlegende Reform des Gesundheitssystems. Das Schöne an der Idee: Sie erhöht die Chance, gegen Ende der Wahlperiode die ersten Früchte der eigenen Arbeit mitzuerleben.

Beutegemeinschaft: Kuchen aus dem Kaiserreich

Wie wird die Behandlung von Patientinnen und Patienten in einem idealen Gesundheitssystem der Zukunft vergütet? Ganz einfach: Derjenige, der die Behandlungsleistung erbracht hat, erhält direkt von der Solidargemeinschaft eine Vergütung seiner Leistung nach bundesweit einheitlichen Regeln. 2020 ist das zentrale Merkmal unseres Gesundheitssystems in Deutschland die sogenannte Selbstverwaltung mit ihrem höchsten Beschlussgremium, dem Gemeinsamen Bundesausschuss. Ein Modell, das seine Wurzeln in der Sozialpolitik des Deutschen Kaiserreichs hat. Von außen betrachtet handelt es sich dabei um ein komplexes Zusammenspiel verschiedenster Interessenvertreter, die den Finanzstrom zwischen dem Patienten (also dem Leistungsempfänger) und dem Arzt oder dem Krankenhaus (dem Leistungserbringer) kontrollieren und sich dabei immer selbst eine ordentliche Scheibe vom Kuchen abschneiden. In der Biologie nennen wir so etwas eine »Beutegemeinschaft«, die nur deshalb kooperiert, weil der Einzelne in der Gemeinschaft größere Beute erlegen und dadurch mehr fressen kann als im Alleingang. Objektiv betrachtet wird durch die komplexe Selbstverwaltung keinerlei Mehrwert für den Patienten generiert. Im Gegenteil: Die Gesundheitskosten werden durch einen riesigen Verwaltungskreislauf unnötig aufgebläht und aus der Perspektive der Bürgerinnen und Bürger bis zur Unkenntlichkeit vernebelt. Das Ergebnis ist vollkommene Intransparenz der Kosten und unnötige Mehrfachuntersuchungen und -behandlungen der Patientinnen und Patienten, da die verschiedenen Sektoren des Gesundheitssystems die jeweils erhobenen Patientendaten als ihr Tafelsilber betrachten und nur die nötigsten Informationen untereinander austauschen. Ich erinnere mich noch gut an ein Gespräch vor einigen Jahren mit dem Vorstandsvorsitzenden einer großen gesetzlichen Krankenversicherung, der in gut einstudiertem Börsenjargon von Wettbewerbsfähigkeit und Profitabilität sprach. Es kam mir unweigerlich das Bild eines Löwen in den Sinn, der von der Freiheit in der Savanne schwärmt, aber auf die tägliche Fütterung im Zoo nicht verzichten möchte.

Hieraus folgt meine nächste Forderung: *Verschlankung des Selbstverwaltungsapparats auf eine einzige gesetzliche Krankenversicherung und eine einzige bundesweit einheitliche Interessenvertretung der Leistungserbringer.* Damit garantieren wir eine Basisversorgung zu bundesweit einheitlichen Preisen für jeden Bundesbürger und jede Bundesbürgerin. Das System wird dadurch transparent, allgemein verständlich und nachvollziehbar. Über die Basisleistungen hinausgehende Zusatzleistungen vergütet jeder nach eigenem Ermessen entweder privat oder über eine private Zusatzversicherung. Die durch die Abschaffung der Selbstverwaltung eingesparten Mittel fließen in höhere Basisleistungen, die allen Patientinnen und Patienten zugutekämen.

Die föderalistische Gießkanne
Talent ist weltweit gleichverteilt. Die Gelegenheit, dieses Talent zu nutzen, ist es nicht. Im Zuge der globalen Mobilität befinden sich die weltweiten Spitzenstandorte für Forschung und Innovation in einem erbarmungslosen Kampf um die besten Köpfe. In anderen Worten: Wer nicht auf der Top-10-Liste der besten Köpfe dieser Welt steht, wo diese ihre kreativsten Jahre verbringen wollen, hat bereits verloren. Hinzu kommt, dass die Innovationskraft eines Forschungsstandortes nicht linear, sondern exponentiell mit der lokalen Dichte und Diversität an Talent steigt. Das heißt, je mehr internationale Talente mit unterschiedlichem Hintergrund an einem Standort gemeinsam an der

Lösung des gleichen Problems arbeiten, umso wahrscheinlicher ist es, dass dabei eine Sprunginnovation herauskommt. Gute Beispiele sind in den USA das Silicon Valley und Boston, deren Innovationskraft besonders in der Biomedizin weit über allem steht, was Europa oder Asien je hervorgebracht hat. Die deutsche Bundesregierung hat das bereits im Jahr 2007 erkannt und versucht, mit ihrer Hightech-Strategie dem zunehmenden Brain-Drain, also dem Nettoverlust an Top-Talenten und Fachkräften in Deutschland, entgegenzuwirken. Ein zentraler Baustein dieser Hightech-Strategie war der sogenannte Spitzencluster-Wettbewerb. Mit ihm sollten in drei Wettbewerbsrunden die insgesamt 15 stärksten Hochtechnologie-Standorte in Deutschland identifiziert und mit Fördermitteln in Höhe von insgesamt 600 Millionen Euro (also 40 Millionen Euro pro Standort) zur Weltspitze weiterentwickelt werden. Eigentlich eine gute Idee. Doch schon nach der Prämierung der ersten fünf Gewinner – ich schrieb damals den Antrag, mit dem mein Heimatstandort Heidelberg gewann – kam in den Folgerunden wieder die altbewährte föderalistische Gießkanne zum Einsatz. In Deutschland lebt die Mehrheit der Wähler nun einmal nicht in den Spitzenstandorten, sondern in der Fläche. Daraus leitet sich der föderalistische Anspruch einer Gleichverteilung von Fördermitteln in der Fläche ab, eben mit der Gießkanne. Top-Talente dieser Welt werden damit kaum bewegt, an unseren Spitzenstandorten zu forschen und Unternehmen zu gründen. Das Ergebnis ist eine europäische Krankheit, die ich Fragmentitis nenne und in deren Ergebnis an keinem Standort in Europa eine kritische Masse entstehen kann.

Das bringt mich zu meiner dritten Forderung: *Fokussierung der politischen Aufmerksamkeit und finanziellen Unterstützung des Bundes auf wenige nationale Spitzenstandorte*. Einige werden einwenden, dass mit der zunehmenden Digitalisierung die räumliche Nähe keine Rolle mehr spielt und Top-Wissenschaftler auch über große Entfernungen hinweg kooperieren können. Das stimmt. Die Erfahrung zeigt aber auch, dass die besten Ideen nicht bei einer Videokonferenz entstehen, sondern in einer Bar oder bei einer gemeinsamen Wanderung.

Die intelligente Toilette

Eines ist klar: Der Patient rückt immer mehr in den Mittelpunkt des Geschehens. Neue molekularbiologische Methoden geben uns immer tiefere Einblicke in die individuelle Situation des Patienten. Und auch die Behandlung wird immer besser auf den einzelnen Patienten zugeschnitten. Insbesondere bei sehr komplizierten Krankheiten, wie zum Beispiel bei Krebs. »Personalisierte Medizin« ist das neue Zauberwort, wenngleich noch niemand weiß, wer das alles bezahlen soll. Die Digitalisierung eröffnet hier neue Möglichkeiten. Stellen Sie sich vor, Ihre Toilette zu Hause sei ein hochkompliziertes diagnostisches Gerät, das Ihre Urin- und Stuhlproben aufs Genaueste untersucht. Die darin eingebaute künstliche Intelligenz ermittelt dann die exakte Zusammensetzung verschiedener chemischer Stoffe, die Ihr Körper an genau diesem Tag benötigt, um gesund zu bleiben. Diese Information schickt Ihre Toilette dann an den pharmazeutischen Drucker in Ihrer Küche, der Ihre persönliche Pille für diesen Tag ausdruckt. Science-Fiction? Viele der dafür benötigten Technologien existieren bereits heute, und es ist nur eine Frage von wenigen Jahren, bis diese Technologien reif für den Endanwender sind. Allerdings sehe ich hier weder ein pharmazeutisches Unternehmen, das die Pille herstellt, noch einen Arzt, der sie Ihnen verschreibt, noch einen Apotheker, der sie Ihnen verkauft.

MEINE ZUKUNFTSBAUSTEINE

Die Legislaturperiode des Bundestages verdoppelt sich auf acht Jahre unter Ausschluss einer möglichen Wiederwahl.

Der Selbstverwaltungsapparat verschlankt sich auf eine einzige gesetzliche Krankenversicherung und eine einzige bundesweit einheitliche Interessenvertretung der Leistungserbringer.

Die politische Aufmerksamkeit und finanzielle Unterstützung des Bundes fokussiert sich auf wenige nationale Spitzenstandorte.

DR. CHRISTIAN TIDONA ist Molekularbiologe, Unternehmer, Business Angel und Gründer des BioMed X Instituts in Heidelberg. Seit mehr als 20 Jahren widmet er sich der Förderung von medizinischen Innovationen an der Schnittstelle zwischen akademischer und industrieller Forschung. Er ist Mitbegründer der Health Axis Europe, einer Allianz zwischen den europäischen Gesundheitsinnovations-Clustern in Leuven, Maastricht, Kopenhagen und Heidelberg, des Weizmann Young European Network (WYEN) und Mitglied des Internationalen Vorstands des Weizmann-Instituts in Israel.

Gesundheitsvisionen: Vorsorge statt Nachsorge

MARIA SIEVERT

Wenn das Smartphone bei Krankheit Alarm schlägt
Deutschland hat sich zur Vorsorgenation entwickelt. Das Motto der Gesundheitsversorgung von 2030: präventiv agieren anstatt kurativ reagieren. Körpertemperaturchecks erfolgen im großen Stil – durch Scanner an Eingängen zu Büros, Supermärkten, öffentlichen Gebäuden und Verkehrsmitteln, die uns bei Anzeichen einer möglichen Erkrankung alarmieren. Die Gesundheits-App auf unserem Smartphone registriert solch einen Alarm und fordert uns auf, den Hausarzt zu kontaktieren.

Auch auf dem Vormarsch: innovative Früherkennungsmethoden zur Identifikation bestimmter Auffälligkeiten in Patienten, lange bevor eine Erkrankung ausbricht. Mithilfe künstlicher Intelligenz wird etwa das Sprechverhalten von Patienten auf Muster hin untersucht, die zum Beispiel auf eine Veranlagung zu Depressionen oder frühe Stadien von Schizophrenie hindeuten können. In der Krebsdiagnostik haben sich Multi-Screening-Verfahren etabliert, die die Untersuchung einer einzigen Blutprobe auf eine große Anzahl verschiedener Genmutationen ermöglichen, die wiederum auf diverse Tumorarten hinweisen können.

Smartwatches, die zur Früherkennung von Herzerkrankungen Daten zu Blutdruck, Bewegungsverhalten und Schlafqualität aufzeichnen, Tracking-Apps, die Infektionsketten bei Krankheitsausbrüchen nachvollziehbar machen – das Deutschland der Zukunft pflegt eine ausgesprochene »Präventionsmentalität«, setzt auf Früherkennung und geht dabei innovative Wege.

Per Videochat zur Pandemieeindämmung
Es gibt eine große Bandbreite technologiebasierter Gesundheitsangebote. Unseren Arzttermin vereinbaren wir online, das Gespräch mit dem Facharzt erfolgt über eine Video-App. Das Rezept übermittelt die Praxis elektronisch an die Apotheke, das Medikament erreicht uns per Kurier. Alle wichtigen Gesundheitsdaten werden in unserer elektronischen Patientenakte vermerkt und sind für künftige Konsultationen direkt verfügbar.

An vielen Stellen hat sich eine neue digitale Form der Diagnostik etabliert. Pathologen arbeiten mit virtueller Mikroskopie: Sie untersuchen digitale Abbilder reeller histologischer Präparate und besprechen ihre Befunde instituts- und disziplinübergreifend in Online-Boards mit Kollegen. Auch in der Radiologie ist digitale Diagnostik neuer Standard. Bildaufnahmen liegen nicht mehr analog auf Film, sondern als digitale Datensätze vor – zentral gespeichert und für alle an der Behandlung beteiligten Institutionen direkt verfügbar.

Personalisierung ist Leitmotiv der medizinischen Versorgung: Mithilfe von innovativen Technologien, aufbereiteten Daten und einem intensiven, interdisziplinären Austausch werden Therapieansätze gezielt auf den Einzelfall zugeschnitten. Anstatt Standardverfahren anzuwenden, bezieht die Diagnostik genetische Prädispositionen, Vorerkrankungen und andere individuelle Merkmale des einzelnen Patienten in die Behandlung ein. Durch das Sammeln der Daten jedes Einzelfalls ergeben sich Wiederholungsmuster, die Rückschlüsse auf Therapieverläufe bei spezifischen Dispositionsprofilen ermöglichen. Die Therapien von 2030 sind um ein Vielfaches verfeinert, was für Patienten Entlastung durch geringere Nebenwirkungen, mehr Lebensqualität in der Krankheit oder gar bessere Heilungschancen bedeuten kann.

Das Konzept der Personalisierung ist von der Onkologie auf andere Bereiche übergegangen: Infektiologen etwa fertigen digitale immunologische Profile von Patienten an und verknüpfen diese mit global zugänglichen elektronischen Patientenakten, um beispielsweise im Fall einer Viruspandemie Personen mit hohem Risiko schnell identifizieren und frühzeitig präventive Maßnahmen einleiten zu können.

Global und gemeinsam für die Gesundheit vieler
Auch die Zusammenarbeit in der Gesundheitsversorgung hat neue Formen angenommen und sich von einer bilateralen Angelegenheit zwischen Arzt und Patient zu einer internationalen, disziplinübergreifenden Angelegenheit entwickelt.

Die Kommunikation erfolgt digital, was den Austausch zwischen Forschung, medizinischen Einrichtungen, Ärzten und Patienten beschleunigt und vereinfacht – auch über Landesgrenzen hinweg. Die zentrale Datenspeicherung erlaubt von überall den Zugriff auf wichtige Gesundheitsdaten. So fällt etwa bei der Verlegung von Patienten das Nachfordern einzelner Röntgenbilder, Kurven und Informationen zum Behandlungsverlauf weg – das behandelnde Ärzteteam greift auf alle Daten direkt über die elektronische Patientenakte zu und zieht bei Bedarf per Videokonferenz Spezialisten aus aller Welt zurate.

Auf welchen Bereich man auch blickt: Die Gesundheitsversorgung von 2030 ist ohne Zusammenarbeit über Landes- und Branchengrenzen hinaus undenkbar – ob es darum geht, Verbrauchsgüter, Medikamente und Wirkstoffe aus anderen Teilen der Welt zu beschaffen, Patienten zu verlegen oder in Pandemiefällen Ansteckungsrisiken zu minimieren.

Auch in Bezug auf eine zunehmend personalisierte Medizin sind die Zusammenarbeit aller Akteure und der Informationsaustausch auf internationalem Niveau Voraussetzung. Obgleich es auf den ersten Blick kontrovers erscheint: Der Schlüssel zur Personalisierung ist Globalisierung – bestmögliche Behandlung im Einzelfall durch grenzübergreifende Zusammenarbeit und globalen Austausch.

Weichen stellen für die Gesundheitsvision 2030
Wir verlassen das Zukunftsdeutschland 2030, kehren zurück in die Gegenwart und ziehen Bilanz: Wie müssen wir die Weichen stellen, damit unsere Gesundheitsvision 2030 Realität werden kann?

Um die bestmögliche Prävention zu leisten, benötigen wir das größtmögliche Maß an Information. Der Weg in die Vorsorgenation 2030 führt daher nicht an der globalen Nutzbarmachung von Daten als primäre Informationsquelle vorbei. Die dafür nötigen Technologien sind in vielen Bereichen bereits vorhanden – die Herausforderung besteht nun darin, sie gezielt einzusetzen, Daten zu sammeln, diese sinnvoll zu verknüpfen und dadurch tatsächlich nutzbar zu machen.

Bis 2030 wird es primär darum gehen, Strukturen für Sammlung, Digitalisierung und Aufbereitung großer Datenmengen zu schaffen. Es ist Zeit, dass sich Politik, Ärzte, Patienten und Industrie intensiv mit der Notwendigkeit des Datenaustauschs und mit dem Thema Datenschutz befassen. Es muss ein gesetzlicher Rahmen geschaffen werden, der alle Teilhaber unserer Gesundheitsversorgung zum Umstieg auf digitales Arbeiten anhält. Ebenso nötig: international gültige Standards für die Entwicklung der entsprechenden Hard- und Softwarelösungen sowie Schnittstellen, damit künftig ein agiler, hürdenfreier Informationsaustausch möglich ist.

Gleichzeitig bedarf es Anpassungen der datenschutzrechtlichen Grundlagen. Aufgabe für alle Akteure im Gesundheitswesen ist es, in Bezug auf Privatsphäre und Datensicherheit eine regulative Vertrauensbasis zu schaffen – durch klare IT-Sicherheitsstandards, bestmögliche Anonymisierung von Daten sowie Aufklärung und Transparenz gegenüber Patienten.

Jeder Einzelne von uns ist aufgefordert, die eigene Bereitschaft im Hinblick auf das Teilen unserer Gesundheitsdaten zu überdenken. Eine gewisse Skepsis ist verständlich, wenn es um unsere sensiblen Daten geht; gleichwohl kommt auch uns die Verfügbarkeit jeder Information zugute, wenn wir selbst erkranken und auf bestmögliche Behandlung hoffen.

Nicht zuletzt kann der Umstieg auf eine digitale Gesundheitsversorgung nur durch die ausreichende Förderung der Entwicklung digitaler Lösungen gelingen. Politik und Krankenkassen sind aufgerufen, die hierfür notwendigen Fonds zu mobilisieren, patientenorientiert in die Innovationskraft des Gesundheitssystems zu investieren und zukunftsweisende Lösungen rasch in der Versorgung zu implementieren.

Mit der Ausrichtung unseres Systems auf digitales Arbeiten und der Schaffung eines gesetzlichen Rahmens stellen wir heute die Weichen für die global vernetzte, personalisierte Gesundheitsversorgung von 2030.

MEINE ZUKUNFTSBAUSTEINE

#1 Deutschland ist eine Vorsorgenation: Durch den Ausbau unserer Prävention optimieren wir die Gesundheitsversorgung.

#2 Digitale Diagnostik und elektronische Patientenakte: Technologie wird zum wesentlichen Baustein einer modernen Gesundheitsversorgung.

#3 Personalisierte Gesundheitsversorgung: Wir schaffen einen gesetzlichen Rahmen, der eine global vernetzte, personalisierte Gesundheitsversorgung ermöglicht.

MARIA SIEVERT. Beruf: Wirtschaftsingenieurin. Berufung: Healthcare-Pionierin. Als Gründerin und Geschäftsführerin von inveox digitalisiert und automatisiert sie Pathologielabore, um deren Effizienz zu steigern und Krebsdiagnosen sicherer zu machen. Die Alumna von TUM und Manage&More wurde mit verschiedenen Preisen ausgezeichnet und von ZEIT und Edition F zu einer der »25 Frauen, die die Welt verändern« ernannt. inveox wurde vom Magazin Für-Gründer zum Start-up des Jahres 2017 gekürt, schaffte es auf die Forbes-Liste der »Vielversprechendsten Start-ups 2018« und wurde 2019 Mitglied des World Economic Forum.

Demokratisierung der Gesundheitsversorgung: Das Internet der künstlichen medizinischen Intelligenz

BART DE WITTE

1986, im goldenen Zeitalter der Home-Videospiele und noch während meiner Schulzeit schrieb ich meinen ersten Aufsatz über künstliche Intelligenz (KI). Mein Onkel arbeitete an Expertensystemen, und als begeisterter Computerspieler und früher Programmierer hatte ich ein starkes Interesse an Technologie. Die Idee der KI wurde weitgehend durch den wachsenden Erfolg von Space Invaders, Pac-Man und Donkey Kong populär. Meine Eltern lebten ziemlich isoliert, ich hatte nicht so viele Freunde, daher fand ich die Idee, KI-Systeme in unserem Leben zu haben, absolut faszinierend. In diesem Aufsatz schrieb ich, dass wir mit KI einen gleichberechtigten Zugang zu einer guten Gesundheitsversorgung gewähren können.

In den letzten 60 Jahren sind fast alle Informationstechnologien demokratisiert worden. Das bedeutet, dass sich der Zugang zur Technologie für immer mehr Menschen rasch verbessert. Wenn jemand, der heute in Nigeria lebt, ein Smartphone benutzt, hat er Zugang zu mehr Informationen als Präsident Clinton vor 15 Jahren. Und wenn er eine 3D-gedruckte Linse hinzufügt und KI-Methoden verwendet, kann er mit seinem Smartphone Gebärmutterhalskrebs genauer diagnostizieren, als wir es heute hier mit einem Pap-Abstrich tun, und das zum Preis von fast nichts. Bei der Entwicklung von Medikamenten sehen wir aber eine umgekehrte Bewegung, dort steigen die Gesamtkosten für die Forschung und Entwicklung neuer Medikamente seit 60 Jahre exponentiell an. Es gibt auch Gründe zu der Annahme, dass der gegenwärtige Fortschritt in der KI-gesteuerten Gesundheitsversorgung hier wenig verändern wird. Letztes Jahr habe ich meinen hoch qualifizierten Job bei IBM als Leiter des Bereichs Digital Health aufgegeben, um herauszufinden, wie die digitale Gesundheitsfürsorge weltweit demokratisiert werden kann, sodass am Ende alle den gleichen Zugang zur Gesundheitsfürsorge haben.

Die Entdeckung des Heiligen Grals einer krankheitsfreien Welt
Der gegenwärtige Stand der Technik im Bereich der KI basiert auf der Mustererkennung. Und im Vergleich zum Menschen haben hochleistungsfähige Maschinen eine fast unendliche Fähigkeit, riesige Datenmengen zu sortieren und Muster besser zu erkennen. Die Mustererkennungsfähigkeiten der KI können sowohl im Bereich der medizinischen Wissensentdeckung als auch der Wissensanwendung eingesetzt werden. In einem digitalisierten Gesundheitssystem wird uns die KI dabei helfen, unsere Gesundheit zu schützen und zu verbessern, während Gesundheitsdienstleister in der Lage sein werden, Krankheiten zu verhindern, zu erkennen und zu heilen.

Auch im Bereich der Arzneimittelentdeckung hat die KI bereits gezeigt, wie sie den Prozess der Arzneimittelentdeckung von Jahren auf Tage dramatisch beschleunigen kann. Auch wenn dieser Ansatz noch in den Kinderschuhen steckt: Er wird die Welt verändern. So sind einige Forscher bereits dabei, den Heiligen Gral der menschlichen Langlebigkeit zu erforschen. Jeden Monat können wir Forschungsergebnisse lesen, die uns dieser größeren Vision näherbringen, einer Vision zur Schaffung einer Superintelligenz, die uns dabei helfen kann, die größten Herausforderungen zu lösen, wenn es darum geht, die Gesundheit und ein langes Leben ohne Unterbrechungen zu erhalten.

Die einzige Einschränkung, die es derzeit gibt, ist der Zugang zu den Daten, die diese Systeme versorgen. Da die meisten Algorithmen öffentlich zugänglich sind, sind es die Daten, die den entscheidenden Unterschied machen. Die größte Herausforderung besteht darin, »gute« Daten zu finden, die frei von menschlichen Vorurteilen und Fehlern sind und die Weltbevölkerung repräsentieren. Um diese Datensätze aufzubauen, damit diese KI-Systeme weiterentwickelt werden können, sehe ich zwei Möglichkeiten. Die erste und derzeit populärste ist die Kommodifizierung von Daten, einfach ausgedrückt, die Umwandlung von etwas, das nicht kommerziell handelbar war, in etwas, das verkauft werden kann. Es ist der Akt, einen Preis auf etwas zu setzen. Dieses Modell hat zur Folge, dass jedes einzelne Molekül in unserem Körper, jede einzelne Schicht der Lebenserfahrung für einen wirtschaftlichen Wert extrahiert werden kann. Die andere Möglichkeit besteht darin, Daten als menschliches Leben und digitale Nachbildungen des menschlichen Körpers zu betrachten. Daten im Gesundheitswesen können also das Lebenselixier sein, um einen Unternehmenswert oder einen gesellschaftlichen Wert zu erzeugen.

Um die KI zu demokratisieren, müssen wir Daten als Gemeingüter zur Verfügung stellen. Die Daten, die aus unserem Körper extrahiert werden, und das Wissen, dass Algorithmen aus der Gesamtheit all dieser Daten erzeugt werden, sind der Gesellschaft oder der Menschheit als Ganzes vorbehalten. Die Betrachtung von Daten als digitale Gemeingüter wird der Schlüssel sein, um Machtasymmetrien zwischen den betroffenen Personen und Monopolisten, zu beseitigen.

Eine Reihe von Wirtschaftswissenschaftlern – unter denen der Nobelpreisträger Joseph Stiglitz besonders hervorzuheben ist – haben argumentiert, dass Marktwirtschaften durch die Existenz »asymmetrischer Informationen«, die eine dominierende Marktmacht schaffen, unter einer dem Wirtschaftssystem innewohnenden Ungerechtigkeit leiden. Diese »privilegierte« Information kann es einigen ermöglichen, andere auszubeuten.

Eine zentrale Voraussetzung für eine funktionierende Marktwirtschaft, die dem Mooreschen Gesetz folgt und den Preis nach unten treibt, ist das Fehlen einer dominanten Marktmacht. Wenn wir medizinische Daten als Handelsware und nicht als freies Gut betrachten, werden die Besonderheiten in den Eigenschaften digitaler Güter die Entstehung von Monopolen erleichtern. In dieser Hinsicht sind das Wegschauen und der Glaube an die Selbstregulierung des Marktes zum Aufbau einer medizinischen KI, die dem Interesse der Gesellschaft dient, wie das Warten auf Godot.

Entwicklung einer gerechteren Gesellschaft
Um medizinische KI zu schaffen, sollten wir sie auf demselben universellen Ethikkodex aufbauen, den Hippokrates vor mehreren tausend Jahren aufgestellt hat Und: Sie sollte immer in Übereinstimmung mit unseren Grundrechten stehen. Wenn wir in die Zukunft der medizinischen KI blicken, sollten wir sie als ein Ökosystem und Netzwerk intelligenter Agenten betrachten, die über ein dezentralisiertes Netzwerk nach gleichen Prinzipien und offenen Standards miteinander interagieren. Die Technologie zum Aufbau eines solchen Netzes ist

bereits vorhanden, was aber fehlt, sind die Datensätze, die wir zum Aufbau dieses Netzes benötigen. Freie Datensätze sind für den Aufbau einer freien und offenen medizinischen KI unverzichtbar. Aus diesem Grund habe ich die Hippo AI foundation ins Leben gerufen, eine humanitäre und gemeinnützige Organisation, die es uns ermöglicht, die KI für den medizinischen Bereich zu demokratisieren.

Ähnlich wie es das ursprüngliche Internet für die Gesellschaft getan hat, wollen wir jedem Menschen oder jeder Organisation den Zugang zu den besten medizinischen Kenntnissen ermöglichen. Durch Spendensammlungen können wir in den Aufbau globaler Datensätze investieren. Wir werden diese Datensätze zur Verfügung stellen, um offenes Wissen im Gesundheitswesen zu schaffen. Der Aufbau solcher offenen Datensätze wird eine unabdingbare Voraussetzung für den Aufbau freier medizinischer KI sein. Nur wenn wir als Gesellschaft vorab in kostenlose Daten investieren, werden diese zu einem nicht-kommerziellen Gut, das wir mit der Hippo-AI-Lizenz schützen.

Dieses einzigartige Open-Knowledge-Lizenzmodell stellt sicher, dass das gesamte generierte Wissen kostenlos mit dem Netzwerk geteilt wird, was den ethischen Grundsätzen des Hippokrates entspricht, der die Ärzte zwang, ihr Wissen ohne ökonomische Interessen zu teilen. Die Architektur des Netzwerks schafft medizinische KI als ein Gemeingut, ein Gut, das nicht knapp ist und daher unbegrenzt zur Verfügung steht.

Wir würden 30 oder 40 Jahre brauchen, um Maschinen zu bauen, die uns helfen, die größten Herausforderungen zu lösen, mit denen wir im Gesundheitswesen konfrontiert sind. Maschinen, die uns helfen, eine Welt ohne Krankheiten aufzubauen. Wenn wir dies in Relation setzen zu den Architekten, die mit dem Bau von Kathedralen beauftragt wurden, von denen keine zu ihren Lebzeiten fertiggestellt werden würde, bin ich überzeugt, dass wir das als globale Gesellschaft schaffen. Dafür sollten wir auf eine höhere Bewusstseinsebene aufsteigen, um dem Gemeinwohl und unseren Kindern zu dienen. Die Vision ist bereits da, lasst sie uns umsetzen. Damit wir gesundheitliche Ungleichheiten für immer lösen können.

MEINE ZUKUNFTSBAUSTEINE

 Die Kraft der Demokratisierung von Technologie kann übertragen werden auf das Gesundheitswesen, in dem wir die KI demokratisieren

 Gesundheitsdaten und KI-Modelle sollen als Gemeingüter statt Handelbaren zur Verfügung gestellt werden

 Spenden ermöglichen den Aufbau der globalen Gemeingüter, die im Interesse der Allgemeinheit sind.

BART DE WITTE ist einer der führenden europäischen Experten für die digitale Transformation des Gesundheitswesens. Er arbeitete über 19 Jahre lang in leitenden Funktionen bei IBM und SAP. Er ist der Gründer der HIPPO Foundation gGmbH in Berlin, der ersten globalen NGO für offene KI in der Medizin. Er war als Mentor für ein Dutzend digitale Gesundheits-Start-ups tätig und ist Dozent an verschiedenen Universitäten in Deutschland, Belgien, der Schweiz, Österreich und China. Bart de Witte ist außerdem Fakultätsmitglied der Gründungsfakultät des Europäischen Instituts für exponentielle Technologien und wünschenswerte Zukunft, futur.io, eines Instituts, das sich darauf konzentriert, alternative europäische Strategien für die gegenwärtige postmoderne Welt zu finden, um eine wünschenswerte Zukunft mit größerem sozialen Nutzen zu schaffen.

Megatrend digitale Gesundheit – wie die Zukunft Gesundheit neu definierte

DAVID MATUSIEWICZ

Mensch 2030

Digital macht gesund. Die digitalen Möglichkeiten rund um die digitale Prävention, Medizin und Gesundheit werden immer zahlreicher. Der Patient wird zum smarten Patienten, der »vorgegoogelt« in die Arztpraxis kommt, die nur noch bestenfalls als Zweitmeinung dient. In Form von Gesundheits-Apps nutzt dieser etwa Entscheidungsunterstützungssysteme (schwieriges Wort), trackt sowohl sein Sportverhalten als auch seinen Schlaf und tauscht sich in digitalen Selbsthilfegruppen online aus. Die digitale Gesundheit hat allerdings noch viele weitere Facetten: Was kann ich alles in meiner elektronischen Patientenakte speichern? Was bringt mir eine App (künstliche Intelligenz) beim Hautkrebs-Screening? Muss ich in Zukunft meinen Impfausweis nicht mehr suchen? Wie buche ich einen Arzttermin? Wie steht es mit meinem Datenschutz und meiner Datensicherheit? Welche Robotik in der Physiotherapie hilft mir heute, meine Behinderung auszugleichen? Werde ich mit Technik im Körper zu einem Cyborg? Wie kann der Patient mithilfe von virtueller Realität und seinem Avatar seine Depression kurieren? Ersetzen Apps im Sinne von digitalen Therapeutika bald meine Tabletten? Oder kommen diese aus dem 3D-Drucker? Wirft mich der Arzt aus der Praxis, wenn ich mein Smartphone zücke und den anderen »Arzt aus der Hosentasche« hole? Der Ratgeber für digitale Medizin und Gesundheit, eine Open-Source-Entwicklung der 2025er-Jahre, zeigt Ihnen als digital lebendem Menschen, wie Sie in den beiden Welten – analog und digital – am besten zurechtkommen. Und das auf eine übersichtliche und fundierte Art und Weise. Der abgedroschene Satz »Patient im Mittelpunkt« wird erstmals wahr der aufgeklärte Patient nimmt das Projekt Gesundheit selbst in die Hand und informiert sich digital. All diese neuen Technologien – was bedeuten sie konkret für Sie? Was ist ihr Nutzen und wie können Sie heute in der Versorgung davon profitieren? Ein smarter Patient lebt länger!

Der Patient musste erst zum souveränen Kunden werden, um Mensch zu sein. Das bedeutet, dass dieser nicht mehr ein hilfloses Objekt der Medizin ist, sondern er durch die zunehmende Transparenz im Gesundheitswesen immer mehr mit den Füßen abstimmen kann und fordernd gegenüber den Akteuren im Gesundheitswesen auftritt. Und so emanzipiert sich der Mensch und nimmt das »Projekt Gesundheit« in den kommenden Jahren immer mehr selbst in die Hand.

Was sich im vergangenen Jahrzehnt hinsichtlich der Eigenverantwortung und Prävention (nennen wir es Präzisionsprävention) getan hat, ist mehr als in dem vorangegangenen halben Jahrhundert. Durch immer besser verfügbare Daten wird zunehmend ein ganzheitlicher Blick auf den Menschen geworfen. Mit seinen medizinischen Daten und den Daten aus Freizeit, Beruf und Schlaf kann der Mensch im Jahr 2030 sein persönliches »Health Cockpit« via Augmented Reality Glasses betrachten und frühzeitig nachjustieren. Der vorher abgedroschene Satz »Patient im Mittelpunkt« hat sich zum Satz »der Mensch im Driverseat seiner Gesundheit« und damit zum wichtigsten Co-Produzenten seiner Gesundheit emanzipiert. Der Gesundheitsbegriff wurde neu definiert, da er sich zunehmend zu einem Healthstyle entwickelt hat.

Das Gesundheitssystem 2030

Das analoge Gesundheitswesen hat sich im Laufe der Zeit zu einem digitalen Gesundheitswesen gewandelt. Die Menschen blickten zurück und sahen Impfausweise mit Stempeln, gelbe Arbeitsunfähigkeitsscheine mit mehrfachen Druckseiten oder das – man glaubt es kaum – Faxgerät als damals immer noch vielfach genutztes Kommunikationsmedium im Gesundheitswesen. So gibt es zunehmend weniger papierbezogene Prozesse, und generell hat sich die Behandlung komplett verändert. Durch neue »Multi-Sided-Gespräche« läuft der Patient nicht mehr spießrutenartig durch das System und spricht nacheinander mit dem einzelnen Leistungserbringer (Arzt – Apotheker – Reha), sondern die Akteure schalten sich gleichzeitig zu einer virtuellen Konferenz mit dem Patienten zusammen und können ihre Perspektiven miteinander besprechen. Die Arzt-Patienten-Kommunikation hat sich zu einem Dreiergespräch zwischen Arzt, Patient und Maschine entwickelt. Die Maschine ist das Bindeglied und kann sowohl für den Arzt als auch für den Patienten bei der Diagnostik und Therapie sinnvolle Informationen liefern. Diese Entscheidungsunterstützungssysteme werden immer wichtiger und zum neuen Standard im Gesundheitssystem. Die Sektorengrenzen zwischen ambulant, stationär, Reha und Pflege sind im Jahr 2030 verschwunden, denn in der digitalen Welt gibt es sie nicht mehr – dafür viel mehr integrale, in sich greifende Prozesse. Und so weiß der Patient auch, wo die Behandlung anfängt, nämlich meist bei ihm zu Hause, und wo diese aufhört, ebenso digital unterstützt auf seiner Wohnzimmer-Couch.

Auch die Regulierung im Gesundheitssystem ist einer Marktorientierung teilweise gewichen, da viel mehr Lösungen auf den Out-of-Pocket-Markt durch die Konsumenten beansprucht werden. Im Jahr 2030 gibt es nach wie vor solidarisch finanzierte Gesundheitsgüter, aber daneben eine ganze Reihe von privaten Lösungen für diejenigen, die als Selbstzahler im Gesundheitswesen bereit sind, dafür Geld auszugeben. So gibt es immer neue Player im Gesundheitswesen wie Tech- oder Marketingkonzerne (Google, Apple, Amazon und Co.), die zunehmend Einzug ins Gesundheitswesen halten. Die vielen Schnittstellen im Gesundheitswesen sind zu Nahtstellen geworden, sodass auch der Kommunikationsbedarf geringer ist. Die Produktorientierung wird zur Lösungsorientierung, einzelne Anbieter haben sich in großen Partnerstrukturen zusammengefunden. Das ehemalige kurative Gesundheitswesen hat sich zu einem präventiven Markt entwickelt, der ein großes Interesse daran hat, die Gesundheit aufrechtzuerhalten, sodass niemand mehr krank werden muss. Das Krankheitssystem entwickelt sich im Laufe der Zeit zum Gesundheitssystem. Prävention über die Smartwatch beim Joggen oder mit einem Wearable beim Schlafen führt dazu, dass die Menschen erst gar nicht so schnell krank werden. Konzepte wie Disease Interception (Verhinderung einer Krankheit vor dem Ausbrechen von ersten Symptomen) und Pay-for-Performance-Konzepte (Zahlen für Leistung und Qualität) sowie Value Based Medicine sind nicht mehr graue Theorie, sondern halten Einzug in das Gesundheitssystem. Durch exponentielle Technologien wie zum Beispiel 3D-Drucker können Medikamente personalisiert hergestellt werden, und so gehört die Standardisierung in der Medikation (eine

Kopfschmerztabelle für alle) zunehmend auch der Vergangenheit an. Die alte Systemzentrierung ist der Kundenzentrierung gewichen, das gesamte System transparenter geworden.

Auch der Umgang mit Daten hat sich seit Corona grundlegend verändert. Von Data Protection ist im Jahr 2030 keine Rede mehr, da ohnehin alles sicher mit Blockchain-Technologien auf Supercomputern abgesichert ist. Vielmehr ist die Rede davon, wie mit Open Data und Open AI das Thema Datasharing einen größtmöglichen Nutzen entfaltet wird. Das Gesundheitswesen hat sich ohnehin von einem nationalen Gesundheitswesen zu einem internationalen Gesundheitswesen entwickelt und befindet sich damit im globalen Wettbewerb hinsichtlich Know-how, Fachkräften und Absatzmärkten.

Ethischer Ausblick
Ethik im Gesundheitswesen wird dann erst diskutiert, wenn etwas schiefgelaufen ist (so beispielsweise bei Arzneimittelskandalen). Im Jahr 2030 wird man sich das nicht mehr leisten können, da die Dynamik im Gesundheitswesen derart zugenommen hat, dass ethische Leitplanken im Vorfeld genau definiert werden, da die Digitalisierung sonst Kräfte entfacht, die nicht mehr kontrollierbar sind. Die zentrale Forderung an das Gesundheitssystem 2030 ist, dass es interprofessionelle Berufsbilder gibt, dass Patienten wie Kunden behandeln werden, die sich souverän am Gesundheitsmarkt orientieren können. Nicht zuletzt nimmt das europäische Gesundheitssystem mit seinen Werten (der Mensch im Fokus, Datenschutz und Datensicherheit) im Vergleich zu den USA (Geschäftsmodelle im Vordergrund) oder China (Kontrolle der Bürger im Vordergrund) auch global eine zentrale Rolle ein.

MEINE ZUKUNFTSBAUSTEINE

Durch Präzisionsmedizin und die damit einhergehende Genomanalyse erkennen wir neue Krankheiten und Zusammenhänge zwischen Krankheiten. Gesundheit ist neu definiert, denn wir können viel tiefer in den menschlichen Körper hineinschauen als mit dem Mikroskop.

#2 Die neuen Player, wie Google, Apple, Amazon und Co., sehen den Patienten als Kunden und können auf Basis der gelebten User Centricity in kurzer Zeit neue Dienstleistungen um den klassischen ersten Gesundheitsmarkt herum anbieten und in Zukunft vielleicht auch Einzug in den ersten Gesundheitsmarkt halten (digitale Gesundheitsanwendungen – DiGA).

#3 Alles, was heute technisch möglich ist, wie beispielsweise die Hightech-Medizin am Lebensende der Menschen, muss auch kritisch bewerten werden. Die ethische Einordnung des technologiebasierten Gesundheitssystems wird in Zukunft einen noch höheren Stellenwert haben.

DAVID MATUSIEWICZ ist Professor für Medizinmanagement an der FOM Hochschule, der größten Privathochschule in Deutschland. Seit 2015 verantwortet er als Dekan den Hochschulbereich Gesundheit & Soziales und leitet als Direktor das Forschungsinstitut für Gesundheit & Soziales (ifgs). Darüber hinaus ist er Gründungsgesellschafter der Digital Health Academy und unterstützt als Gründer beziehungsweise Business Angel technologiegetriebene Start-ups im Gesundheitswesen.

Gesund sein – wie?
Rousseau Revisited

BETTINA BORISCH

Gesund sein (und es auch bleiben), das können wir nur gemeinsam!

Diese These mag verwundern, zielt doch alles darauf ab, dem Einzelnen auch die Verantwortung für seine Gesundheit zu übertragen.

Aber gesund sein kann man nicht alleine. Pandemien zeigen es: Auch wenn die Einzelperson alle Vorschriften einhält, so hängt ihre Gesundheit doch vom Verhalten der Gesamtheit ab.

Unsere Gesundheitssysteme sind jedoch auf die individuelle, akute Einzelerkrankung ausgerichtet – also eher Krankheitsmanagementsysteme. Somit können sich nur wenige Menschen Gesundheit als das Produkt von mehreren denken. Demokratien haben im weitesten Sinne eine bessere Gesundheit der Gesamtbevölkerung als diktatoriale Systeme. Eine Gesundheitskrise braucht vor allen Dingen das Vertrauen der Bevölkerung in die Vorgaben.

Gesundheit ist fachübergreifend
Die Medizin hat zu immer weitergehender Spezialisierung geführt. Wir wissen, dass spezialisierte Zentren eine bessere Versorgung bieten – es gibt also gute Gründe für diese Entwicklung. Sehen wir es nun aber nicht von der Seite Krankheit, sondern von der Seite Gesundheit aus, so bräuchten wir den »Spezialisten für den Gesamtüberblick«, um es überspitzt zu formulieren, da Gesundheit das Endergebnis von sozialen, politischen und wirtschaftlichen Faktoren ist.

Nehmen wir die nicht übertragbaren Krankheiten, die die Mehrheit aller Gesundheitsprobleme darstellen. Sie sind weitestgehend chronisch, sind durch Lebensbedingungen und soziale Faktoren wie Erziehung, Einkommen und Umfeld bestimmt. Bei Infektionskrankheiten sind diese Personen mit einem höheren Risiko behaftet.

Wollen wir also gesund sein, dann müssen wir die Ursachen von Krankheit angehen. Diese liegen in Bereichen, die vom »Gesundheitssystem« – besser »Krankheitsmanagementsystem« – nicht oder nur unzureichend erfasst werden. Daher brauchen wir andere Strukturen. Bis jetzt geben westliche Länder etwa 90 Prozent für Akutmedizin aus und lediglich 10 Prozent oder gar weniger für den Erhalt und die Förderung von Gesundheit. Um die Ursachen von guter Gesundheit anzugehen, müssen auch Architekten oder Stadtplaner einbezogen werden. Gesundheit findet dort statt, wo wir leben, arbeiten und lieben. Gesundheit entsteht (oder vergeht), wenn wir damit beschäftigt sind, gerade viele andere Dinge zu tun. Daher werden wir alle Strukturen und Maßnahmen immer daraufhin ausloten müssen, in welcher Hinsicht sie die Gesundheit und Umwelt beeinflussen. Bei einem Strukturwandel werden wir inklusiver und umfassender denken müssen und versuchen, unnötige Fragmentierungen zu vermeiden.

»Only a crisis – actual or perceived – produces real change«
Dieses Zitat von Milton Friedman endet mit dem Satz: »That, I believe, is our basic function: to develop alternatives to existing policies, to keep them alive and available until the politically impossible becomes the politically inevitable.«

Es sind Veränderungen auf allen Ebenen unseres Lebens notwendig, wenn wir in Gesundheit leben wollen. Vielen ist bewusst geworden, wie vernetzt wir sind und dass Gesundheit global, politisch und wirtschaftlich ist. Nach Friedman gäbe es Momente, wo das politisch bis dahin Unmögliche nun unumgänglich wird.

Wir sind in einer solchen Situation oder in einem »kosmopolitischen Moment« (Ulrich Beck). Lasst ihn uns nutzen. Der Vorschläge gibt es viele, hier einer:

Ein neuer Gesellschaftsvertrag

Die Gesundheit ist ein sehr gutes Barometer für den Gesamtzustand einer Gesellschaft. So ist es nicht verwunderlich, dass eine globale Gesundheitskrise die jeweiligen Stärken und Schwächen von Gesellschaftsstrukturen unter ein Vergrößerungsglas legt.

Gesellschaft ist ein Vertrag, den wir abschließen, um miteinander leben zu können. In diesem Vertrag einigen wir uns auf Regeln des Zusammenlebens. Ein solcher Gesellschaftsvertrag muss regelmäßig den Gegebenheiten angepasst werden. Er ist die Basis des Vertrauens in die Autoritäten des Staates und die Grundlage des Zusammenlebens.

Wann ist eine Autorität anerkannt? Wenn das Gefühl besteht, angehört zu werden, dass die Regeln fair eingehalten werden und die Autorität alle Personen gleichbehandelt.

In Deutschland gibt es Teile der Bevölkerung, die sich nicht gleichbehandelt fühlen.

Alle Akteure müssen zusammenkommen, damit die politisch unmöglich gedachten Dinge nun politisch unausweichlich werden. Die Grundlage ist ein Gesellschaftsvertrag, den wir alle »unterschreiben«. Dieser Vertrag sollte auf Solidarität gegründet sein. Das Wort ist überstrapaziert; dennoch ein Konzept, das hilft, Ungleichheiten zu beseitigen oder zu mildern.

Nun sind wir ja nicht einfach gute, solidarische Menschen; wir haben in den vergangenen Monaten verstanden, dass es nur gemeinsam geht. Was wir rational verstanden haben, müssen wir noch stückweise emotional erlernen. So müssen wir Solidarität lernen. Solidarität lernen geschieht täglich, es ist lebenslang, und es sollte die Grundlage des neuen Gesellschaftsvertrags werden. Dann erst können wir uns allen Fragen widmen, die uns in die nahe Zukunft 2030 und darüber hinaus bringen werden. Vertrauen in uns als Gesellschaft ist die Grundlage. Für den Einzelnen ist es die Möglichkeit, ein sinnerfülltes Leben zu führen. Und vielleicht nehmen wir die Gesundheit als Maßstab unseres Erfolgs?

MEINE ZUKUNFTSBAUSTEINE

#1 Gesellschaftsvertrag Gesundheit: Gesundheit ist das Ergebnis von sozialen, politischen und wirtschaftlichen Faktoren und damit nur im Zusammenspiel zu erreichen.

#2 Gerechtigkeit: Gesundheit ist keine Handelsware, sondern ein Grundrecht. Weltweit.

#3 Erfolgsmessung: Gesundheit ist das Barometer für den Erfolg der gesamtgesellschaftlichen Veränderungen.

BETTINA BORISCH studierte Medizin und Geschichte. Sie ist Fachärztin für Pathologie, Professorin am Institut für Globale Gesundheit, Universität Genf, und CEO der World Federation of Public Health Associations. Weiter: www.borisch.ch

Was Politik alles kann

ANNA HERRHAUSEN

2030. In zehn Jahren. Verändert sich da wirklich so viel in einem Land, das stolz den Titel »Stabilitätsanker« trägt? In dem die »Politik der ruhigen Hand« zwar meist mit einem Schmunzeln im Mundwinkel zitiert wird, aber eben auch gern?

Zu Beginn des Jahres 2020 gab es keinen breiten gesellschaftlichen Diskurs darüber, wie das Jahr 2030 aussehen sollte. Bereits sechs Monate später jedoch sind Gewissheiten infrage gestellt, und Unternehmen, Behörden oder auch Infrastrukturen sollen »zukunftsfähig«, »fit für die Zukunft« oder gar »zukunftssicher« gemacht werden.

Das Corona-Virus hat das Leben, wie wir es kannten, radikal unterbrochen. Nun scheinen wir gewillt, die »Krise als Chance« zu begreifen, »gestärkt aus der Krise« zu gehen und die »Zukunft zu gestalten«.

Was heißt das eigentlich genau?

Schaut man sich die vorgestellten Nachtragshaushalte, Konjunkturpakete oder Fonds zur wirtschaftlichen Erholung an, heißt das vor allem: Geld.

Was könnte es noch heißen?

Wie wird im Jahr 2030 Politik gemacht werden? Und von wem?
Stellen wir uns vor: Das Jahr 2020 hat einen Wendepunkt markiert für die Politik der einfachen Botschaften. Zehn Jahre später haben die Bürger*innen verinnerlicht, dass die Welt komplex ist und dass sie Überraschungen bereithält. Wähler*innen und Politiker*innen haben sich darauf eingestellt.

Fachliche Expert*innen sind systematisch eingebunden. Der Flickenteppich von einst, bestehend aus Ad-hoc-Kommissionen, Sachverständigen- und wissenschaftlichen Beiräten oder Ähnlichem, ist einer klar strukturierten und gleichzeitig diversen Gruppe von Expertengremien gewichen, die mit ihren Analysen und Empfehlungen Politiker*innen beraten und den öffentlichen Diskurs bereichern. Übergeordnete Ziele sind hierbei die Sicherstellung der ökologischen und damit auch der ökonomischen Nachhaltigkeit der Wirtschaft, der gesellschaftlichen Teilhabe und der öffentlichen Gesundheitsfürsorge (public health). Die Gremien – ihre inhaltlichen Schwerpunkte, ihre Mitglieder, ihre Arbeitsweise und Aufgabengebiete – sind dem Großteil der Bevölkerung bekannt. Regelmäßig finden politische Auseinandersetzungen auf Basis der von den Experten diskutierten Fakten und Analysen statt.

Ergänzt wird dieser Austausch von Politik und Wissenschaft dadurch, dass auch innerhalb der Institutionen eine systematische und regelmäßige Beschäftigung mit der Langfristperspektive und deren Implikationen verankert wird. Das heißt: Die **strategische Vorausschau** nimmt einen festen Platz im politischen Kalender und in den Aufbauorganisationen der Behörden ein. Hier gibt es Räume, innerhalb derer bewusst interdisziplinär und weit nach vorne gedacht wird – über das Ende der aktuellen und auch der kommenden Legislaturperiode hinaus. Schlüsselfaktoren (game changer) für mögliche Entwicklungen werden identifiziert, und darauf aufbauend werden konsistente Szenarien entwickelt, die mögliche Zukünfte beschreiben. Schließlich werden ausgehend von den Szenarien passende Maßnahmen zur Förderung oder Regulierung der Sektoren von Wirtschaft und Allgemeinwesen abgeleitet, in politische Programme aufgenommen und öffentlich erläutert.

Bürgernah, inklusiv, pragmatisch

Politik hat es einerseits geschafft, Expertise systematisch zu nutzen. Andererseits konnte durch Zuhören, regelmäßige Information, sachliche Erklärungen und gemeinsames Bearbeiten von Themen der Eindruck von einer Kluft zwischen »denen da oben« und »uns hier unten« weitgehend aufgelöst werden. Populistische Parteien, die gerade in der zweiten Hälfte der 2010er-Jahre stets wachsenden Zulauf erfahren hatten, sind 2030 nur noch eine Randerscheinung.

An die Stelle der von Populisten betriebenen Agitation ist die deliberative Demokratie getreten, die das weiterhin bestehende Modell der repräsentativen Demokratie in Deutschland unterfüttert. So tagen bundesweit auf kommunaler Ebene regelmäßig **Bürgerräte**. Sie werden von den gewählten Volksvertreter*innen einberufen und mit einem klar definierten Mandat betraut. Mitglieder eines Bürgerrats werden per Losverfahren identifiziert und erarbeiten im direkten Gespräch und in kleinen Gruppen Vorschläge für die Politik. Durch die diverse Zusammensetzung und das deliberative Verfahren der Bürgerräte gelingt es meist, Kompromisse und Vorschläge zu finden, die von einer breiten Mehrheit getragen werden.

So wie die gewählten Volksvertreter in bestimmten Fällen die Analysen und Einschätzungen von wissenschaftlichen Experten in politische Entscheidungen einfließen lassen, tun sie dies ebenso mit den Ausarbeitungen der Bürgerräte. Im Ergebnis ist die Politikverdrossenheit, die zuvor jahrelang beobachtet und beklagt worden war, Interesse und Engagement gewichen. Die Wahlbeteiligung bei Kommunal-, Bundestags- und Europawahlen ist jeweils hoch, Bürger*innen engagieren sich in Bürgerräten – und sie sind wieder Mitglieder demokratischer Parteien. Insbesondere junge Menschen, die lange bemängelt hatten, dass die verkrusteten Strukturen und Prozesse der Parteien mit ihren Lebensentwürfen nicht vereinbar seien, haben die Sache selbst in die Hand genommen und es geschafft, die Parteien von innen heraus zu reformieren. Nachdem in den Jahren bis 2020 insbesondere die Volksparteien stetig Mitglieder und Wähler verloren hatten, war das Bewusstsein, dass es ein »Weiter so« nicht geben kann, schließlich auch in den Parteien weit genug verbreitet und die Impulse der Reformer auf fruchtbaren Boden gefallen.

Dezentral, vernetzt, agil
Dezentral, vernetzt, agil: So arbeiten im Jahr 2030 auch die politischen Parteien, und zwar selbstverständlich. Wo früher die Macht althergebrachter Seilschaften und die damit einhergehende Intransparenz zu beklagen waren, wird heute – neben offiziellen Organisationsstrukturen – auch die Schwarmintelligenz genutzt. Auf Basis von Ideen und Erfahrungen, die bereits in den 2000er- und 2010er-Jahren vereinzelt gemacht wurden, haben alle demokratischen Parteien *Online-Beteiligungsformate* für Initiativen, Ideenaustausch und Abstimmungen eingeführt und laufend verbessert.

Die neuen Beteiligungsformate – und auch die explizite Ansprache, Gewinnung und Förderung von Minderheiten – haben Parteien und somit die Politik insgesamt deutlich repräsentativer werden lassen. Das wiederum hat sowohl die Verankerung innerhalb der Gesellschaft erhöht als auch das Vertrauen in das politische System. Die zahlreichen, trotz Corona-Auflagen stattgefundenen Kundgebungen und Proteste nach dem Mord an George Floyd in den USA haben in Deutschland die Debatte zur gesellschaftlichen Teilhabe erneut aufleben lassen und zu nachhaltigen Veränderungen geführt. Die Debatte hatte es zwar im zweiten Halbjahr 2015, als eine hohe Anzahl Geflüchteter nach Deutschland gekommen war, wie auch im Zuge der Reflexion auf 30 Jahre Mauerfall im Herbst 2019 bereits gegeben. Erst im Jahr 2020 aber war die Bereitschaft für gesellschaftliche Transformation schließlich hoch genug, und **Diversität und Repräsentativität** erhielten nachhaltig mehr Gewicht bei der Auswahl von Führungskräften und der Besetzung von Gremien. So finden sich im Jahr 2030 in der Politik anteilig in etwa so viele Menschen unterschiedlichster Herkunft, Religion, sexueller Orientierung und Geschlechtsidentität, wie sie auch in Deutschland leben.

Fit für die Zukunft: Bei aller Achtung vor Erfahrung und Lebensleistung gibt es im Jahr 2030 ein gemeinsames Verständnis darüber, dass vor allem diejenigen dazu gehört werden müssen, die in dieser Zukunft leben werden. So wird ein beachtlicher Anteil der politischen Ämter von *jungen Menschen* bekleidet, und zwar auf allen Ebenen. Nur wenige von ihnen werden ihr Leben lang Politiker bleiben – die meisten werden sich im Laufe ihrer Karrieren auch wieder ihren Unternehmen, ihrer Forschung oder ihrer Kunst widmen. Dann werden sie ihre Expertisen und Perspektiven in die Politik eingebracht haben – und so ihren Beitrag dafür geleistet haben, dass auch 2030 Deutschland noch eine Zukunftsrepublik ist.

MEINE ZUKUNFTSBAUSTEINE

Expertengremien werden strategisch aufgesetzt und genutzt. Sie sind mit klar definierten Mandaten ausgestattet, divers zusammengesetzt und politisch unabhängig. Es gibt sowohl ständige als auch anlassbezogene Gremien. Bürger sind über Mandate und Empfehlungen von Expertengremien regelmäßig zu informieren. Zudem sind Informationen zu den Gremien und ihrer Arbeit zentral gebündelt abrufbar.

#2 Bürger*innen arbeiten im Rahmen von Bürgerräten regelmäßig selbst Entscheidungen aus und bringen sie ins politische Tagesgeschäft ein.

#3 Parteien setzen Formate für Mitglieder- *und* Bürgerbeteiligung konsequent um – offline *und* online.

#4 Die Diversität und damit Repräsentativität in Entscheidungsgremien auf kommunaler, Landes- und Bundesebene ist deutlich erhöht – über Status quo und Veränderung wird regelmäßig berichtet.

#5 Junge Politiker*innen sind inzwischen etabliert und bekleiden politische Ämter auf allen Ebenen. Die meisten wechseln aus einem politischen Amt, das sie nur temporär besetzen, zurück in den Beruf oder ihr eigenes Unternehmen.

ANNA HERRHAUSEN ist seit 2016 Geschäftsführerin der Alfred Herrhausen Gesellschaft. Seit Mitte 2020 leitet sie außerdem die Abteilung Kunst, Kultur und Sport der Deutschen Bank. Sie hat einen Bachelor in Philosophie, Politik- und Wirtschaftswissenschaften der Oxford University, einen Master of International Affairs der Columbia University und wurde an der Freien Universität Berlin im Fachbereich Internationale Beziehungen promoviert. Anna Herrhausen ist Mitglied im European Council on Foreign Relations (ECFR) und im Kuratorium der Hertie School, der University of Governance in Berlin.

Mobilitätstraum: Von fliegenden Taxis und autonom fahrenden Autos

CHRISTOPH PLOSS

Los geht's! Reisen wir in das Deutschland der 2030er-Jahre: Wir sehen Flugtaxis, autonom fahrende Elektroautos und U-Bahnen, voll automatisierte Lkw mit Brennstoffzellen, Flugzeuge und Schiffe, die mit synthetischen Kraftstoffen wie E-Fuels betankt werden. Wasserstoff, erzeugt mithilfe von nachhaltigem, sauberem Strom, dient als Energieträger etwa für die Chemieindustrie, um Produkte wie Kunststoff, Kupfer oder Lacke herzustellen. Auch beim Heizen von Gebäuden findet dieser Energieträger Anwendung. Verwundert erinnern sich Zeitgenossen an Diskussionen der Vergangenheit, als Klimaschutz- und Wirtschaftspolitik als Gegensatz gesehen und nicht zusammengedacht wurden.

Für die Umsetzung in die Praxis investiert Deutschland heute massiv in die Digitalisierung – und eine andere Mentalität. Unsere neue Mobilitätsgesellschaft basiert auf einer umfassenden Vernetzung und dem Einsatz künstlicher Intelligenz. Weniger Luftverschmutzung und effizienter Verkehr verbessern unsere Lebensqualität, retten Menschenleben und führen dazu, dass langfristig Kosten eingespart und Gelder für Zukunftsinvestitionen eingesetzt werden können. Denn wenn ein Verkehrssystem seine Leistungsgrenze von Jahr zu Jahr überschreitet, hat dies nicht nur wirtschaftliche, sondern auch ökologische und soziale Folgen. Erst durch einen umfassenden technologieoffenen Ansatz ist es uns gelungen, innovative Angebote und Dienstleistungen für den Mobilitätssektor zu schaffen, die in der Lage sind, die Verkehrsprobleme der 2020er-Jahre nachhaltig und flächendeckend zu lösen. Dafür werden Verkehr, Transport und Mobilität in Teilen neu gedacht. Dieser Leitgedanke zieht sich wie ein roter Faden durch sämtliche Politikfelder und Lebensbereiche.

Mobilitätsgesellschaft setzt auf Autos – selbstfahrende allerdings
Fast alle schweren Verkehrsunfälle waren 2020 darauf zurückzuführen, dass ein Fahrer hinter dem Steuer einen Fehler gemacht hat. Eine Unaufmerksamkeit, Sekundenschlaf oder fehlendes Reaktionsver-

mögen können tödliche Folgen haben. Heute, im Jahr 2030, setzen wir auf Autos und Lkw, die mithilfe moderner Technologie intelligent gesteuert werden. So sind wir der »Vision Zero«, also dem Ziel, dass kein Mensch mehr im Straßenverkehr ums Leben kommt, deutlich nähergekommen.

Es kann uns gelingen, dass der Verkehr immer stärker vernetzt ist, dadurch besser fließt und Staus auf den Autobahnen und in den Großstädten vermieden werden. Lkw können elektronisch miteinander verbunden werden und dadurch effizienter Produkte zu den Supermärkten bringen. Davon profitieren nicht nur das Klima und die Natur, sondern auch die Unternehmen in unserem Land, die auf eine funktionierende Logistik und eine leistungsfähige Mobilitätsinfrastruktur angewiesen sind. Zahlreiche Menschen, die noch 2020 jeden Tag mitunter Stunden im nervenaufreibenden Verkehr verlieren, pendeln durch autonom fahrende Autos stressfreier zur Arbeit. Somit ist das Auto der entscheidende Faktor geworden, um den Straßenverkehr leiser, sauberer und sicherer zu machen, und der Verkehr wird reduziert. Dafür werden alternative Nutzungsformen wie etwa das Carsharing weiter ausgebaut und durch den Einsatz anderer Verkehrsmittel wie autonom fahrender Kleinbusse ergänzt. Ein dichtes Netz an Ladesäulen und Wasserstofftankstellen stellt sicher, dass die Versorgung mit Strom und Wasserstoff sowohl auf dem Land als auch in der Stadt stets gewährleistet ist.

Lange stießen autonome Fahrzeuge und die Personenbeförderung ohne Fahrer bei der Bevölkerung auf Skepsis, die Veränderungsbereitschaft war gering. Viele Menschen hatten Angst vor technischen Problemen, machten sich Sorgen um Hacker-Angriffe und die Verwendung ihrer Daten; hinzu kam die bisher nicht geklärte Haftungsfrage bei Schäden und Verkehrsunfällen. Das Potenzial des autonomen Fahrens, etwa bei der technologisch unterstützten Parkplatzsuche oder der intelligenteren Lenkung von Verkehrsströmen in Metropolregionen, wurde lange nicht erkannt.

Da immer mehr Menschen in die Städte zogen, wurde der Platz für alle Verkehrsteilnehmer auf den Straßen sowie auf Rad- und Gehwegen immer geringer. Mit traditionellen Verkehrskonzepten konnten wir dieser Situation nicht Herr werden. Für eine Mobilität der Zukunft mussten andere Konzepte her. So setzten wir zum Beispiel neben dem

Ausbau des öffentlichen Nahverkehrs und Investitionen in die Radinfrastruktur auf einen immer besser vernetzten, sichereren und effizienteren Verkehr. Staus, Lärm und Verkehrsinfarkte gehören heute nicht mehr in das Bild unserer Metropolen.

Investitionen in eine mobile und digitale Infrastruktur
Auf was kommt es also jetzt an, damit die Vision nicht Science-Fiction bleibt, sondern Realität wird und die Autos selbst fahren?

Deutschland sollte Steuergelder nicht nach dem Gießkannenprinzip verteilen. Die Finanzmittel sollten konsequent in den weiteren Ausbau der mobilen und digitalen Infrastruktur investiert werden. Bis spätestens Mitte der 2020er-Jahre brauchen wir eine Gigabit-Gesellschaft und ein flächendeckendes Glasfasernetz. Das geht jedoch nur, wenn die Telekommunikationsunternehmen bestehende Versorgungsauflagen erfüllen. Hier ist die Bundesnetzagentur gefordert. Wir brauchen nicht nur eine ausreichende Versorgung der Haushalte, sondern gerade auch an den Verkehrswegen 5G-Sendemasten mit 100 Megabit pro Sekunde und eine Vorgabe für die schnelle Übermittlung von Datenpaketen, damit Pkw und Lkw mit Echtzeitinformationen bewegt und erfasst werden können. Auch bestehende Systeme wie Ampelanlagen und Verkehrszeichen müssen für den automatisierten und vernetzten Verkehr umgerüstet werden. Das verhindert Staus und unnötige Umwege und hilft bei der Planung von Baustellen und Umleitungen.

So wichtig der Ausbau der digitalen Infrastruktur auch ist: Das allein wird nicht reichen. Der Teufel steckt im Detail, wenn Pkw und Lkw nicht nur autonom fahren, sondern auch miteinander vernetzt sein sollen. Wie wird der Datenschutz gewährleistet? Wem gehören die Daten und wo und wie lange werden sie gespeichert? Wie werden die Daten vor Hacker-Angriffen geschützt? Klar ist: Die Daten sollten immer dem Nutzer gehören; nur er entscheidet, welche Daten er abgibt. Dafür müssen diese auf neutralen Servern gespeichert werden.

Neues Denken – auch an den Schulen
Um Themen wie autonomes Fahren voranzutreiben, brauchen wir auch ein neues umfassendes Denken in Deutschland, das schon in der Schule beginnen muss. Viele Lehrpläne sind nicht mehr zeitgemäß,

denn sie enthalten das, was vor 30 oder 40 Jahren aktuell war. Da die meisten Grundschüler später in Berufsfeldern arbeiten werden, die es noch gar nicht gibt, sind neue Lehr- und Lernkonzepte notwendig. Wie man mit den eigenen Daten umgeht, wie man sich souverän in digitalen Welten bewegt und wie man mit Clouds Probleme löst, sollte neben dem Erlernen von Programmiersprachen elementarer Teil des Unterrichts werden. An den Schulen muss vermittelt werden: Die Digitalisierung bietet vor allem Chancen!

Am Beispiel des autonomen Fahrens können wir sehen, welches enorme Potenzial künstliche Intelligenz, Digitalisierung und der Aufbau neuer Strukturen wie 5G entfalten können. Diese Vorteile sind auch auf andere Bereiche wie Gesundheit, Landwirtschaft und öffentliche Verwaltung übertragbar. In der Industrie können Prozesse besser aufeinander abgestimmt werden, die Landwirte müssen weniger düngen und behördliche Vorgänge wie das Ummelden der Adresse oder das Anmelden eines Gewerbes finden ausschließlich online statt. Im Gesundheitswesen kann auf Infektionen mit Echtzeitdaten reagiert werden.

MEINE ZUKUNFTSBAUSTEINE

In Deutschland herrscht eine neue Mentalität, die Digitalisierung und künstliche Intelligenz als Chance und Gemeinschaftsprojekt begreift: Um den Wettbewerb des digitalen Wandels zu gestalten, ändern sich nicht nur die Lehrpläne an den Schulen, sondern fließen auch die erforderlichen Investitionen in die digitale Infrastruktur und insbesondere in den *Breitbandausbau*. Schnelles Internet und einen zuverlässigen Mobilfunk muss es jederzeit für alle überall geben.

#2
Wir gestalten die Mobilität der Zukunft aktiv, indem wir auf smarte und nachhaltige Verkehrskonzepte setzen: durch den Ausbau des öffentlichen Nahverkehrs, durch Investitionen in die Radinfrastruktur und durch die digitale und intelligente Vernetzung des Straßen- und Schienenverkehrs – Stichwort: autonomes Fahren.

Die Politik verabschiedet sich von konventionellen Ansätzen, ist offen für Neues und setzt die entscheidenden Impulse, damit Deutschland gemeinsam mit seinen europäischen Partnern Antworten für ein wohlhabendes und nachhaltiges Europa geben kann, mit einem starken Binnenmarkt und einer wachsenden Wirtschaft.

DR. CHRISTOPH PLOSS (Jahrgang 1985) wurde im Jahr 2017 für die CDU in den Deutschen Bundestag gewählt. Er gewann seinen Hamburger Wahlkreis direkt und ist Mitglied im Verkehrs- und im Europaausschuss des Deutschen Bundestages. Neben der Verkehrs- und Europapolitik zählen zu seinen Themenschwerpunkten die Generationengerechtigkeit sowie die Verknüpfung von Klimaschutz und Stärkung des Wirtschaftsstandorts Deutschland. So plädiert er für die Weiterentwicklung der Europäischen Union zu einem außenpolitischen Akteur, für eine Flexibilisierung des deutschen Rentensystems und für den Aufbau einer Wasserstoffinfrastruktur in Deutschland.

New Work mit Lebensarbeitszeitkonto und Midlife-BAföG

JOHANNES VOGEL

2020 sah nicht nur anders aus als gedacht, sondern auch oft komplett anders aus als 2010. Das zeigt, was in einem Jahrzehnt alles möglich ist und welches Veränderungspotenzial die nächsten Jahre haben. Es liegt an uns, wie das Jahr 2030 aussehen wird. Die wichtigste Aufgabe ist dabei, endlich Ernst zu machen mit echten Reformen. Denn wir haben keine Zeit mehr. Wir brauchen ein Denken in Jahrzehnten. Das heißt: Jetzt muss der Kick-off zu einer mutigen Agenda 2030 kommen. Dafür gibt es drei konkrete Bausteine:

Ernst gemeint: lebenslanges Lernen
In jeder politischen Sonntagsrede hört man, wie wichtig lebenslanges Lernen sei. Was folgt denn daraus? Jedenfalls nicht, dass es so weitergehen kann wie bisher. Zwei Drittel aller Beschäftigten in Deutschland bilden sich *nicht* weiter. Nach Ausbildung oder Studium hat man »ausgelernt« und wird aus dem Bildungssystem ausgesteuert, das ist immer noch die gesellschaftliche Realität – und die könnte für das Jahr 2030 nicht anachronistischer sein. Zeitgemäß wäre hingegen das wirklich substanzielle Versprechen, auch im Wandel gut teilhaben zu können, eine Gesellschaft, in der Aufstiegschancen nicht nur im ersten Lebensdrittel verteilt werden, und ein Land, das im 21. Jahrhundert wieder so innovativ sein will, wie es das seit der Gründerzeit des vorletzten Jahrhunderts schon oft war.

Meine Vision ist eine Arbeitswelt, in der es für jede und jeden ebenso finanziell möglich wie kulturell selbstverständlich ist, alle zehn Jahre ein halbes oder ein ganzes Jahr noch mal wirklich rauszugehen, um den eigenen Horizont zu erweitern und die Welt, auch die eigene, noch mal mit neuen Augen anzusehen. Sei es am Stück in einer Art Weiterbildungs-Sabbatical, sei es gestückelt über die Jahre. Sei es eine betriebliche Weiterbildung, eine externe Fortbildung oder eine völlig neue Zusatzqualifikation im Sinne einer Ausbildung oder eines Studiums.

Das fordert Führungskräfte und das Umfeld in allen beruflichen Sektoren heraus: Fortbildung ja, aber doch bitte nur nachts oder nach der Karriere – das musste ich mir selbst für einen Monat Fellowship in Harvard sagen lassen. Genau dieses Denken müssen wir in Deutschland hinter uns lassen. Und das fordert auch die Politik heraus. Denn wir brauchen einen wirklich neuen Kristallisationspunkt, an dem Bildung, Erwerbsleben und – und das wird gerne mal vergessen – auch Finanzierung zusammenlaufen. Mein Vorschlag ist ein lebenslanges Freiraumkonto samt einem Midlife-BAföG: Alle Erwerbstätigen sparen in arbeitsintensiven Zeiten Teile des Entgelts, Überstunden oder auch nicht genutzten Urlaub auf diesem Konto. Steuerfrei, wie bisher schon für die Altersvorsorge. Selbstständige erhalten dabei spezielle steuerliche Unterstützung und Geringverdiener ein gänzlich neues Instrument, eben das Midlife-BAföG. Damit werden die gezielt gefördert, die sich ansonsten keine Weiterbildung leisten können. Die auf dem Freiraumkonto angesparten Mittel werden später abgerufen und Zeitsouveränität und Weiterbildung damit finanziell möglich – in der Arbeitswelt 2030 eben wirklich in jedem Lebensjahrzehnt.

Das Büro ist tot, es lebe die Lounge

Zweitens: Der Ort »Büro« wird sich 2030 drastisch verändert haben, er muss es auch. Individuelle Büros sterben ganz aus, während attraktive Meetingräume und Lounges so etwas wie die firmeneigene Piazza der kollektiven Kreativität darstellen. Im War for Talent wird Innenarchitektur für die gemeinsame Kreativität zum betrieblichen Standortfaktor. Die Phasen von Deep Work – die Zeiten der gedanklichen Versenkung – werden die Wissensarbeiterinnen und Wissensarbeiter der Zukunft aber am selbst gewählten Schreibtisch verbringen – eben remote, also zu Hause oder im Café am See. Die Vorteile sind potenziell gigantisch: Menschen müssen weniger pendeln. Das entlastet die Straßen und ist gut für die Umwelt.

In vielen Innenstädten wird es nicht mehr so sein, dass nach Büroschluss der Hund begraben liegt – weil sie eben wieder mehr sind als moderne Gewerbegebiete. In New York City haben die großen Banken bereits heute angekündigt, nach der Covid-19 Pandemie nicht mehr alle ihre Mitarbeiterinnen und Mitarbeiter in die Bürotürme Manhattans zurückzuschicken. Das wird weitreichende Konsequenzen haben, und Städteplaner sind jetzt gut beraten, sich mit dem Jahrhundertprojekt der Revitalisierung unpersönlicher Stadtviertel zu befassen. Was für eine Chance für Stadtentwicklung und Architektur – vor allem wenn Wohn- und Büroräume, Coworking-Spaces, Community-Hubs, »third places«, MakerSpaces und mehr neu gedacht, kombiniert und ausprobiert werden.

All das wird aber nicht gelingen, wenn Deutschland weiter ein Arbeitsrecht aus einer Zeit mit sich herumschleppt, in der das Smarteste an Telefonen war, dass sie keine Wählscheibe mehr hatten. Dazu brauchen wir eine große Reform, die die Regeln unseres Arbeitsmarktes endlich auf Augenhöhe mit dem digitalen Zeitalter bringt: ein modernes Arbeitszeitgesetz mit wöchentlicher statt täglicher Höchstarbeitszeit, entrümpelte Arbeitsschutzvorschriften und einen

Rechtsrahmen für Beschäftigte wie Arbeitgeber, der mobiles Arbeiten und Homeoffice tatsächlich deutlich leichter macht als heute. Heute schon wird jeden Tag millionenfach gegen das Arbeitszeitgesetz verstoßen, weil Beschäftigte, die um 22 oder 23 Uhr eine E-Mail lesen, die Arbeit am nächsten Tag offiziell nicht vor 10 Uhr wieder aufnehmen dürfen. Und beim Homeoffice sind Arbeitgeberinnen und Arbeitgeber de jure dafür verantwortlich, wie der Lichteinfallswinkel der Schreibtischlampe verläuft. Das alles ist lebensfremd.

Runderneuert: der Sozialstaat

Schließlich ist es drittens mitnichten so, dass man 2030 abwarten könnte, um Sozialsysteme endgültig vom 19. Jahrhundert zu befreien und für eine nachhaltige Zukunft vorzubereiten. Es ist absurd, bei der Alterssicherung alle Biografien über einen Kamm zu scheren und enge, gesetzliche Vorgaben zu machen, wann der Ruhestand beginnt und wann nicht. Das ist altes Denken. Schaffen wir einfach einen flexiblen Renteneintritt. Darüber soll jede und jeder 2030 selbst entscheiden. Was in Schweden schon lange funktioniert, kann auch in Deutschland gelingen. In Schweden entscheidet man jenseits der 60 selbst, ob der Ruhestand schon ansteht oder nicht. So wird mehr Individualität und Elastizität möglich – und finanziell ist es für alle Generationen fair, weil die Rente je höher ausfällt, desto länger man arbeitet und die Lebenserwartung automatisch in die Formel integriert wird. Auch die leidige Debatte, die wir nur allzu gut kennen, wenn es um die Rente mit 65, 67 oder 70 geht, wäre dann weg. Das steigert nach allem, was uns das schwedische Beispiel zeigt, auch die Nachhaltigkeit des ganzen Systems – denn im Schnitt wollen die Menschen länger arbeiten als bei uns, wenn sie es denn selbst entscheiden und zum Beispiel durch Teilrentenmodelle flexibel gestalten können.

Wir brauchen einen echten Game Change im Sozialstaat, denn unser Staat atmet immer noch viel zu sehr längst Vergangenes, nämlich eine Erwerbswelt, in der man sich sehr früh im Leben für eine Laufbahn zu entscheiden hat, von der man nie mehr wieder runterkommt – geschweige denn die Laufrichtung wechselt. Besser wäre, nicht nur mehr Selbstständigkeit in der Anstellung, sondern auch eine stärkere Wertschätzung der Innovationskraft von Selbstständigen, von

Unternehmerinnen und Unternehmern. Dazu gehören ganz allgemein vielfältigere und buntere Lebensläufe.

Heute geht es nicht mehr vorrangig von der Ausbildung bis zur Rente durch ein und dasselbe Werkstor. Was das Heute ausmacht, sind die Zickzack-Biografien – und das ist gut so. Ich will, dass wir den Menschen mehr Lebenslaufhoheit geben und nicht wie heute Steine in den Weg legen beim Wechsel zwischen Anstellung, Selbstständigkeit, Gründung und zurück. Denn es sind starke Individuen, die eine starke Gemeinschaft formen. Eine Gesellschaft, die wir alle als schöne, dynamische und menschliche Zukunftsrepublik Deutschland vor Augen haben sollten, wird den Stärken und Herausforderungen von Menschen im Lauf ihres Lebens immer gerecht. Darum geht es!

MEINE ZUKUNFTSBAUSTEINE

#1 Ein Bildungssystem für das ganze Leben wird Wirklichkeit: in jedem Lebensjahrzehnt ein Jahr raus aus dem Trott, rein in die Horizonterweiterung – politisch ermöglicht durch Lebensarbeitszeitkonto und Midlife-BAföG.

#2 Individuelle Büros sterben aus, echte Beweglichkeit bei Arbeitszeiten und Arbeitsorten wird Normalität – und das dazu passende Arbeitsrecht ist etabliert.

#3 Ein Sozialstaat, der zur Arbeitswelt 2030 passt. Zickzack-Lebensläufe werden einfach, über ihren Renteneintritt entscheiden die Menschen selbst.

JOHANNES VOGEL führte fünf Jahre lang die Jungen Liberalen als Bundesvorsitzender an, von 2009 bis 2013 war er erstmals Mitglied des Deutschen Bundestags. Beruflich ging er nach kurzem Aufenthalt in Peking 2014 zur Bundesagentur für Arbeit, wo er als Leiter Strategie- und Geschäftsentwicklung der Internationalen Abteilung (ZAV) und zuletzt als Geschäftsführer einer Arbeitsagentur mit 400 Beschäftigten arbeitete. Er ist Generalsekretär der Freien Demokraten NRW und leitete hauptverantwortlich den erfolgreichen Wahlkampf bei der Landtagswahl 2017. Zur Bundestagswahl 2017 trat Vogel erneut an und ist seitdem Mitglied des 19. Deutschen Bundestages. Er verantwortet die Arbeitsmarkt- und Sozialpolitik der Fraktion der Freien Demokraten. Im Frühjahr 2019 war er John F. Kennedy Memorial Policy Fellow an der Harvard University.

Was Volksparteien von Start-ups lernen können: zielgruppengenaue Mitgestaltung 4.0

VERENA HUBERTZ

Den Parteien ist bewusst, dass sie offener, jünger, digitaler und vielfältiger werden müssen. Bei der SPD beispielsweise fanden dazu bereits viele Vorschläge Mehrheiten. Allerdings: Progressive Veränderungsvorschläge der bestehenden Strukturen, die für eine jüngere und vielfältige Partei sorgen könnten, wurden nur vereinzelt übernommen. Hier besteht – über alle Parteien hinweg – weiter Änderungsbedarf! Unsere großen politischen Parteien haben mit Start-ups nicht viel gemein, können allerdings einiges von ihnen und ihrem Vorgehen lernen. Zum Beispiel ihre Zielgruppen genau in den Blick zu nehmen und auf ihr Nutzerverhalten abgestimmte Angebote zu entwickeln.

Wir brauchen ein eBay der politischen Meinungsfindung
Mitmach-Möglichkeiten, die eher der Lebensrealität von beruflich und familiär stark eingespannten Menschen entsprechen, sind ein Schritt in die richtige Richtung. Dabei werden digitale Strukturen analoge komplettieren und erweitern. Ich bin zum Beispiel »offline« in meinem Ortsverein SPD Alexanderplatz aktiv, würde mich aber gerne online zu Themen einbringen, die wir vor Ort nicht behandeln können. Das ist bisher nicht möglich. Was eBay für Kaufwillige ist, könnte eine neue Onlineplattform für politisch Engagierte sein. Finde die Themen, die dich interessieren, und entscheide, was für dich relevant ist und wie du dich einbringen kannst (ob lokal via «Kleinanzeigen« oder zu überregionalen Themen, um beim eBay-Vergleich zu bleiben).

Insbesondere die Generation Z kommuniziert und informiert viel stärker digital als die vorherigen Generationen. Speziell für sie braucht es weitere Angebote, die dezentral, ortsunabhängig und online diskutiert werden können – zum Beispiel zur Umwelt- oder Europapolitik. Deutschlandweit werden sich Parteimitglieder künftig zu ihrer eigenen politischen Agenda zusammenfinden. Ihre Themen werden antragsberechtigt auf einem Parteitag sein. Und damit bei der innerparteilichen Willensbildung berücksichtigt. Man motiviert Mitglieder, teilzuhaben, ihre Stimme zu erheben und beste Lösungen gemeinsam zu entwickeln.

Mehr Ü25-Politiker für eine jüngere Politik
Ältere Abgeordnete haben nicht immer zwingend die nachfolgende Generation im Blick ihrer Politik. Das Durchschnittsalter der Mitglieder des Bundestages liegt bei 49,4 Jahren. Nur knapp 6 Prozent der Abgeordneten sind jünger als 35 Jahre, verschwindend geringe 2 Prozent jünger als 30 (Stand Juli 2019, www.bundestag.de). Das bedeutet, dass Themen der jungen Generationen wie Umweltschutz, Chancengleichheit oder Bildung eine kleinere Lobby innerhalb des Parlaments haben. Das Wahlrecht ab 16 Jahren wird das verändern. In Österreich ist das schon seit zwölf Jahren umgesetzt, Malta senkte vor zwei Jahren das generelle Wahlalter von 18 auf 16 Jahre.

In Deutschland sind mittlerweile in zehn Bundesländern 16- und 17-Jährige bei Kommunalwahlen wahlberechtigt. In Brandenburg, Bremen, Hamburg und Schleswig-Holstein dürfen sie sogar bei Landtagswahlen mitbestimmen. Um den Themen der jungen Generation mehr Gewicht zu verleihen und ein Gegengewicht zur immer größer werdenden Wählergruppe der über 60-Jährigen zu schaffen, sollte das generelle Wahlrecht ab 16 Jahren in Deutschland überall eingeführt werden. Dieser mutige Schritt hat noch einen weiteren Effekt: Wer die Gesellschaft mitgestaltet, Beschlüsse beispielsweise zu Staatsverschuldung oder Umweltschutz heute mitentscheidet und morgen auch die Folgen tragen muss, der entwickelt automatisch mehr Interesse an politischen Themen.

Die Potenziale des Einzelnen werden für gemeinsame Ziele genutzt

Skill Sharing, also das Teilen von Kompetenzen und Fähigkeiten, ist in Start-up-Teams gängige Praxis, um Projekte gemeinsam zu stemmen und zu den besten Ergebnissen zu kommen. Auch Parteien sollten die Kompetenzen ihrer Mitglieder viel mehr für sich nutzen und deren individuellen Zeitkontingente und Interessenschwerpunkte stärker abfragen und einbinden. Dem einen brennt vielleicht ein besonderes Thema unter den Nägeln, dem er sich die nächsten Monate verstärkt widmen kann, die andere möchte zwei Stunden im Monat in die Parteiarbeit investieren und zum Beispiel mit Grafikkenntnissen lokale Veranstaltungen in der Bewerbung unterstützen. Manche moderieren gerne, andere sind die perfekten DJs für Sommerfeste oder Bäcker für das Kuchenbuffet. Warum bündeln wir dieses Engagement und die Expertise des Einzelnen nicht auf einer Onlineplattform wie bei nebenan.de? Dort können die individuellen Kapazitäten und Skills abgefragt und den anderen Parteimitgliedern zur Verfügung gestellt werden (regional und überregional). Denn wenn wir ehrlich sind, wissen wir oftmals nicht, was die Leute um uns herum antreibt und was sie gut können. Lasst es uns herausfinden.

Start-ups machen vor, wie Projektmanagement und agile Methoden funktionieren

Kein Projektplan ohne Zielsetzung: Was will ich erreichen, mit welchen Methoden, in welchem Zeithorizont? Wer macht was bis wann?! Agile Ansätze und Methoden wie Timeboxing (Zeitvorgaben), Fortschritts- und Budgetkontrolle und viele mehr beziehen Veränderungen dabei von vornherein mit ein. Im politischen Alltag ist das oftmals anders. Auf Parteitagen werden vermehrt Anträge beschlossen, ohne zu klären, welche Priorität der Antrag hat und mit welchen Ressourcen er umgesetzt werden kann und soll. Das führt dazu, dass Prozesse sehr langwierig und teilweise intransparent sind, was bei Wählern und Parteimitgliedern zu Enttäuschungen führen kann. Wir setzen also zur Umsetzung auf klare Verantwortlichkeiten oder Zwischenstände zum Status quo (meistens entscheidet man als Partei im demokratischen Prozess ja auch nicht alleine). Eine digitale Antragsverfolgung, die dem Projektplan folgt, sorgt für zusätzliche Transparenz: Was wurde aus dem Beschluss, was sind die nächsten Schritte und in welchem Zeithorizont erfolgen sie?!

Neue Politik: inspirierende Persönlichkeiten und Vielfalt auf allen Ebenen
In einer idealen Welt spiegeln politischen Akteure alle Gruppen der Gesellschaft wider. Tun sie aber nicht.

Alleine bei der Bildung geht die Schere weit auseinander. Aktuell sitzen im Parlament sehr viele Juristen, Mediziner und Lehrer und sehr wenig Frauen, Nicht-Akademiker, junge Menschen und solche mit Zuwanderungsgeschichte.

Die Parteien brauchen transparente Talentförderprogramme für den politischen Nachwuchs. Es muss klare Perspektiven für junge und neue Talente geben, die Verantwortung übernehmen und gestalten möchten. Politische Parteien werden sich wie Unternehmen um die passendsten Köpfe bemühen und sie motivieren, sich aufstellen zu lassen. Um Platz zu schaffen für Vielfalt sollten sich die Parteien verpflichten, nach einer bestimmten Laufzeit Posten zu tauschen. Ja, die Frauenquote wird auch in der Wirtschaft kontrovers diskutiert. Aber sie sorgt dafür, dass sich in den Führungsriegen, Vorstands- und Aufsichtsratsetagen schneller etwas bewegt. Einige Parteien – wie die SPD – arbeiten schon mit verbindlich quotierten Wahllisten. Dort liegt der Anteil der weiblichen Abgeordneten inzwischen bei rund 43 Prozent. In der CDU/CSU machen die Frauen nur ein Fünftel der Abgeordneten aus, bei der AfD sind es gar nur knapp 11 Prozent (www.bundestag.de). Ein Paritätsgesetz, das nur Parteien mit quotierten Listen an Wahlen teilnehmen lässt, kann hier schnell für Veränderung sorgen.

Unsere Wirtschaft braucht Start-ups, um innovations- und zukunftsfähig zu bleiben. Unsere Politik braucht sie auch – nicht nur um neue Arbeitsplätze zu schaffen, sondern um von ihnen zu lernen. Start-ups sind innovationsfähig, reagieren schnell und setzen Projekte kundenzentriert um. Sie haben flache Hierarchien, (meist) transparente Prozesse und teilen Kompetenzen und Erfahrungen. Sie probieren Neues aus und iterieren nach ersten Erfahrungen.

Wie ein Gründer müssen die Parteien nun mutig den ersten Schritt gehen, um die Zukunft innovativ zu gestalten.

MEINE ZUKUNFTSBAUSTEINE

 Die Politik spiegelt alle gesellschaftlichen Schichten und Gruppierungen wider.

 Gewählt wird künftig ab 16. So stellen wir sicher, dass die Themen der jungen Generation auf der politischen Agenda landen.

 Eine politische Onlineplattform bündelt die unterschiedlichsten Interessen und ermöglicht es jedem, an den Themen mitzuarbeiten, die für ihn relevant sind.

 Parteien nutzen Start-up-Strategien für sich, werden agiler und zeigen so klar und transparent, wie ihre politischen Ideen wirken.

VERENA HUBERTZ ist studierte Betriebswirtin und Gründerin des Berliner Start-ups Kitchen Stories, das 50 Mitarbeiter*innern beschäftigt. Die beliebte videobasierte Kochplattform wird monatlich millionenfach genutzt und wurde von Apple und Google als eine der besten Apps ausgezeichnet. Verena hat beschlossen, Kitchen Stories zum Jahresende 2020 zu verlassen, um sich für das SPD-Bundestagsmandat in ihrer Heimat Trier zu bewerben. In der SPD engagiert sich Verena schon seit über zehn Jahren aktiv und hat als eine der Initiator*innen im Jahr 2017 die Erneuerungs-Initiative SPD++ ins Leben gerufen. SPD++ hat sich zum Ziel gesetzt, die SPD jünger, digitaler, weiblicher und vielfältiger aufzustellen. Diese und viele weitere Ideen möchte Verena nun aktiv in der Politik vorantreiben. Zudem engagiert sich Verena im Ortsverein SPD Alexanderplatz, in der Programmkommission zur Landtagswahl 2021 in Rheinland-Pfalz sowie in der Organisationspolitischen Kommission des SPD-Parteivorstandes.

Das Morgen beginnt heute

DANYAL BAYAZ

Die 2020er werden entscheidende Jahre für die Bekämpfung der Klimakrise. Wissenschaftlerinnen und Wissenschaftler erklären uns, dass Kipppunkte früher als erwartet erreicht werden könnten. Wir erleben Hitzewellen in der Arktis und Sibirien mit enormen Flächenbränden, das Auftauen des Permafrostes und die Freisetzung von erheblichen Mengen des dort gebundenen CO_2. Die Entwicklung ist dynamisch und verheißt so lange nichts Gutes, wie sie in die falsche Richtung geht. Wir müssen die Dynamik in die richtigen Bahnen lenken.

Oder ist es zu spät? Ganz und gar nicht! Wir können anders wirtschaften. Wir können Strukturen verändern. Wir können mit Kreativität und Innovation gleichzeitig Freiheit bewahren und Lebensqualität verbessern. Wir Menschen sind zu vielem imstande, wenn wir Werte wie Freiheit, Gleichheit und Solidarität tatsächlich ernst nehmen und uns davon leiten lassen. Der Weg von Werten hin zur Praxis ist natürlich steinig. Es muss abgewogen, gestritten – und gemacht werden.

Was müssen wir in ökonomischer, sozialer und ökologischer Hinsicht tun, um 2030 gut dazustehen? Es geht nicht darum, bis dahin alle Probleme gelöst zu haben. Es geht um den richtigen Weg, um dem Ziel Schritt für Schritt näherzukommen. Manche plädieren für große Sprünge. Doch auch kleinere, dafür aber schnelle Schritte können ans Ziel führen.

Der sozialen Marktwirtschaft ein ökologisches Upgrade verpassen

Der Markt ist grundsätzlich ein brillanter Mechanismus, um Bedürfnisse zu befriedigen und Innovationen anzureizen. Diese Bedingungen kann der Markt nicht einfach aus sich selbst heraus schaffen, dazu braucht es eine ordnende Hand. Sie schafft die Voraussetzungen für fairen Wettbewerb, aber auch Zusammenarbeit. Es braucht zudem staatliches Engagement, aber auch privates Kapital. Entsprechende Leitplanken sind unverzichtbar, um dem wirtschaftlichen Handeln eine gesellschaftlich gewünschte Richtung zu geben.

Sozialer Fortschritt hat viel mit unternehmerischer Freiheit zu tun, aber eben auch damit, dass diese Freiheit nicht grenzenlos gilt, sondern dem Gemeinwohl verpflichtet ist. Das spiegelt sich im Leitbild der sozialen Marktwirtschaft wider. Leitbilder geben Orientierung. Doch sie verhindern keine Irrwege – wie die Klimakrise, das Artensterben, Schadstoffe in der Luft und Plastikmüll im Meer uns deutlich zeigten. Unsere soziale Marktwirtschaft braucht daher zwingend ein ökologisches Upgrade. Die soziale muss zur ökologisch-sozialen Marktwirtschaft weiterentwickelt werden. Das bedeutet allen voran, dass Preise die ökologische Wahrheit sagen. Ein angemessener und steigender CO_2-Preis bietet unserer Industrie einen planbaren und langfristigen Rahmen, in dem sie nachhaltige Technologien und Innovationen für den Exportmarkt entwickeln. Mit den richtigen marktpolitischen Anreizen schaffen wir so eine deutliche Lenkungswirkung.

Nehmen wir beispielsweise die Stahlindustrie: Kein Unternehmen produziert klimaschonenden Stahl nur für den Klimaschutz. Am Ende des Tages muss es sich auch wirtschaftlich rechnen. Unternehmen müssen wettbewerbsfähig sein. Mit steigendem CO_2-Preis und einer Art Ausgleichszahlung gegenüber Wettbewerbern, die weiterhin »schmutzig« produzieren, können wir Anreize setzen, um in neue Hochöfen zu investieren. Umweltschädliche Subventionen gehören im Gegenzug konsequent abgebaut. Es ist grotesk, wenn wir die Klimakrise als größte Herausforderung unserer Zeit begreifen, gleichzeitig aber klimaschädliches Verhalten steuerlich begünstigen. Neue Technologien müssen zudem vom ersten Tag an so nachhaltig wie möglich sein. Wir können nicht zuerst energieintensive Digitalisierung flächendeckend ausrollen, um sie irgendwann später klimaneutral zu bekommen. Im Kern geht es um kluge, an Zielen orientierte Regulierung, die entsprechende Innovationen anreizt und Unternehmen zugleich genügend Freiraum gibt, um wirtschaftlich profitabel zu sein und Arbeitsplätze zu schaffen. Es geht darum, mit grünen Ideen schwarze Zahlen zu schreiben.

Innovationen »made in Europe« antreiben

Wenn wir die Klimaziele 2050 erreichen wollen, brauchen wir entsprechende Technologien, und wir brauchen sie schnellstmöglich. Dabei geht es darum, sowohl staatliches als auch privates Kapital zu aktivieren. Ein staatlicher Wagniskapitalfonds für Innovationen und Resilienz in wirtschaftlichen Bereichen, in denen wir bereits erfolgreich sind und starke Unternehmen und Forschung haben, kann dabei helfen, wünschenswerte Entwicklungen voranzutreiben und neue Märkte zu entwickeln, deren Treiben dem Klimaschutz nützt. Ich denke dabei beispielsweise an Umwelttechnologien, künstliche Intelligenz, Medizintechnik und nachhaltige Mobilität. Mit kluger Regulierung und Kapital können wir Zukunftsbranchen und Jobs schaffen, ohne dabei endliche Ressourcen zu verbrauchen. Das muss unser Ziel sein.

Die Corona-Pandemie hat dazu geführt, dass digitaler Zahlungsverkehr weiter an Bedeutung gewonnen hat. Die Wachstumsraten digitaler Bezahlaktivitäten und vieler FinTech-Unternehmen sind beachtlich. Das geht so weit, dass Obdachlose auf der Welt inzwischen Spenden per QR-Code entgegennehmen. Allerdings: Die Innovationen dazu stammten aus China und den USA.

Wenn jedoch nur Big Techs wie Apple, Alibaba und Co. über Smartphones Zahlungen an der Supermarktkasse anbieten, wirft das Fragen auf für Datenschutz, Datensouveränität und die Kontrolle der Finanzströme.

Das ist Grund genug, einen E-Euro zu entwickeln, zugleich Standards nach unseren Werten zu setzen und nicht wie bei den großen Internetplattformen den wirtschaftlichen Entwicklungen hinterherzulaufen. Der E-Euro könnte auf einer staatlich abgesicherten Infrastruktur basieren. Private Firmen könnten darauf innovative Produkte und Apps aufbauen. Dabei müssten europäische Standards bei Datenschutz und Finanzmarktregulierung gelten. Das bedeutet keine Abschaffung des Bargelds, sondern wäre eine Ergänzung. Wir betreten dabei Neuland. Doch angesichts des globalen Wettbewerbs, der auch das Setzen von Standards beinhaltet, an denen sich andere dann orientieren müssen, ist das auch ein wichtiges Signal für technologische Souveränität.

Die Arbeitswelt ist sozialer und gerechter

Die Digitalisierung verändert auch die Arbeitswelt. Und zwar nicht so, dass viele Menschen ihren Job verlieren. Ebenso wie beim Einzug des Computers gilt auch hier das Wort Historikers Caspar Hirschi: »Welche Auswirkungen Automatisierung hat, bestimmen weniger technologische Sachzwänge als gesellschaftliche Aushandlungsprozesse. Nach wie vor tragen wir Menschen die Hauptverantwortung dafür, wie viel Arbeit, Ausbeutung und Armut in unserer Gesellschaft vorkommen kann.«

In dieser Hinsicht ist Digitalisierung kein Selbstzweck, sondern dient den Menschen. Sie macht das Leben leichter. Das bedeutet sicher auch, viel mehr Wert auf lebenslanges Lernen, Qualifizierung und Weiterbildung zu legen. Weiterbildung hat inzwischen denselben Stellenwert wie die Erstausbildung, auch wenn das immer noch nicht wirklich gesellschaftlich akzeptiert und politisch umgesetzt und organisiert worden ist – Weiterbildungsweltmeister sind wir jedenfalls noch nicht.

Auch der Acht-Stunden-Tag oder die Fünf-Tage-Woche sind kein Naturgesetz. Nur sechs Stunden am Tag arbeiten bei gleichem Lohn und trotzdem Gleiches schaffen? Vielleicht sollten wir es hier und da einfach testen! Denn Fortschritt bedeutet auch mehr freie, selbstbestimmte Zeit ohne materielle Not. Denken wir etwa an Mitmenschen, die einen Familienangehörigen pflegen – solche Modelle könnten für Entlastung und Sicherheit sorgen.

Wer über Arbeit redet, sollte über die Verteilung der Früchte dieser Arbeit nicht schweigen. Automatisierung und Roboter steigern die Produktivität und Unternehmensgewinne. Aber wie kommt dieser Erfolg bei der Bevölkerung an? Ganz einfach: Wir machen Mitarbeiter zu Miteigentümer von Firmen und beteiligen sie etwa durch Aktien oder einen Staatsfonds.

Vielfalt als Stärke nutzen
Mischwälder sind ertragreicher und widerstandsfähiger als Monokulturen. Sie ergänzen sich gegenseitig, sind besser mit Wasser und Nährstoffen versorgt, trotzen Trockenheit, Sturm oder Schädlingen. Mischwälder sind stark, weil sie vielfältig sind. Teams, die gemeinsam an einem Strang ziehen, sind auch stark, wenn sie vielfältig sind.

In diesem Sinn sind Vielfalt (Diversity) und Innovation zwei Seiten derselben Medaille. Teams, die mit Personen unterschiedlicher Herkunft, Backgrounds, Geschlechter und Charaktereigenschaften zusammengesetzt sind, bringen bessere Ergebnisse und mehr innovative Ideen hervor als homogene Teams. Das gilt für Unternehmen wie für die Politik.

Unsere Gesellschaft hat sich in den vergangenen 60 Jahren stark verändert. Wir sind heute offener, toleranter, diverser. Und trotzdem bleibt noch einiges zu tun. Wir müssen gezielter Gründerinnen und Menschen mit Migrationshintergrund bei der Finanzierung, beim Networking und beim Coaching unterstützen. Dazu könnte ein Fonds geschaffen werden, der sich explizit an Gründerinnen mit Migrationshintergrund richtet. Und dazu gehört auch, Frauen bei Gründungen besser zu unterstützen und mehr erfolgreiche Gründerinnen in den Vordergrund zu rücken. Wir sollten die Macht von Vorbildern nicht unterschätzen, sondern nutzen.

MEINE ZUKUNFTSBAUSTEINE

#1 Europa ist Vorreiter auf dem Weg zur Klimaneutralität 2050 und gibt ein nachahmenswertes Beispiel dafür ab, wie man erfolgreich mit grünen Ideen schwarze Zahlen schreibt.

#2 Wir subventionieren klimaschädliches Verhalten nicht mehr und setzen gezielt Anreize für klimafreundliches Wirtschaften, das sich lohnt.

#3 Europa hat den Rückstand bei der Digitalisierung aufgeholt, und europäische Unternehmen schaffen digitale Innovationen und Technologien, die sich an unseren Werten orientieren und Menschen das Leben leichter machen.

#4 Wirtschaftlicher Erfolg und Produktivitätsgewinne kommen fair bei den Bürgerinnen und Bürgern an, sodass wir vielleicht weniger arbeiten, aber deshalb nicht weniger für das Gemeinwohl tun.

DR. DANYAL BAYAZ ist als gebürtiger Heidelberger fest in der Region verwurzelt. Nach dem Abitur studierte er Politik und Wirtschaft und promovierte über Finanzmärkte. Als »Kind der Globalisierung« mit einem deutschen und einem türkischen Elternteil ist er überzeugter Europäer. 2017 wurde er in den Bundestag gewählt. Seine jahrelange Erfahrung in einer globalen Strategieberatung in den Bereichen Arbeitsmarkt, Digitalisierung und Finanzmarktregulierung bringt er heute in die Politik ein, unter anderem als Mitglied im Finanzausschuss im Bundestag, als Start-up-Beauftragter, in die Enquete-Kommission für Künstliche Intelligenz und Leiter des Wirtschaftsbeirats der Grünen-Bundestagsfraktion.

Die Entdeckung eines neuen sozialen Narrativs verändert die Welt

JOHN KORNBLUM

Düstere Zukunft für Europa?
Diese Frage stellt sich ganz bewusst jetzt: Corona ist schließlich die jüngste Herausforderung für die Zukunftsfähigkeit Deutschlands.

- Erstmals in der jüngsten Geschichte sind Deutschland und Europa weltweit nicht mehr Spitzenreiter in Wissenschaft und Industrie.
- Technologien, die die digitale Zukunft vorantreiben, werden meistens andernorts entwickelt.
- Junge begabte und ambitionierte Europäer wissen, dass sie in die USA gehen müssen, um Karriere zu machen.
- Global betrachtet, haben die Mitgliedsstaaten der Europäischen Union, die zu den reichsten und am höchsten Ländern der Welt zählen, eine düstere Zukunft.
- Die Frage stellt sich, ob Deutschland sich der westlichen Welt nach wie vor verbunden fühlt. Eine kürzliche Umfrage hat ergeben, dass 35 Prozent der jungen Generation Deutschlands glaubt, dass Deutschland sich eher China und nicht den USA zuwenden soll.

Wie konnte es dazu kommen? Ich glaube nicht, dass man dem Schulsystem die Schuld dafür geben kann. Erfolg oder Versagen einer

Gesellschaft hängt am Ende von den Botschaften ab, die eine Nation ihren jungen Leuten übermittelt.

Neue Roadmap für morgen
Über Jahrzehnte wurden bei Deutschlands und Europas junger Generation Zukunftsängste und Ungewissheit genährt. Keine Experimente. Keine Risikobereitschaft. Deutschland und Europa haben den Punkt erreicht, an dem sich der Frieden der Nachkriegszeit und das Narrativ der Stabilität als kontraproduktiv erwiesen haben. Europa braucht eine gänzlich andere Roadmap in Richtung Zukunft, und zwar im gesellschaftlichen, aber auch im intellektuellen Bereich. **Das soziale Narrativ zu überdenken ist in meinen Augen das Beste, um die Zukunftsfähigkeit anzukurbeln.**

Bis 1933 kamen mehr Nobelpreisträger aus Deutschland als aus jedem anderen Land. Auch während des NS-Regimes war Deutschland ein Innovationsstandort. Seit 1945 hat die Bedeutung Deutschlands und Europas kontinuierlich abgenommen. Liegt das daran, dass Europäer nicht so klug wie die Amerikaner sind? Sicher nicht. Die vielen Europäer, die im Silicon Valley arbeiten, und europäische Unternehmer weltweit beweisen das Gegenteil.

Wenig risikofreudig
Als ich vor mehr als 50 Jahren als amerikanischer Vize-Konsul nach Deutschland kam, war ich jünger als die meisten Studenten dieses Landes. Mich interessierte sehr, wie sie lebten. Was lernte ich? Die jungen Leute in Deutschland empfanden ihre Schulzeit und das Studium von Angst und Druck dominiert: Angst zu scheitern und Druck, Regeln und Normen zu erfüllen, ohne ihren Lehrer und Dozenten kritische Fragen zu stellen. Auch heute höre ich die gleichen Geschichten: Risikofreudigkeit wird nicht belohnt.

Traumata bleiben mächtig
Warum diese Ablehnung von Risiko? Die Traumata der Vergangenheit scheinen das persönliche und berufliche Leben in Europa und vor allem in Deutschland maßgeblich zu beherrschen. Vor zehn Jahren gründete ich eine Organisation in Berlin, und zwar das John F. Ken-

nedy Atlantic Forum. Unser Ziel war, den transatlantischen Dialog zwischen jungen Unternehmern zu fördern.

Nach sechs Jahren lösten wir die Organisation wieder auf, da weder die Industrie noch die jungen Leute an diesen Dialogen interessiert waren. Sie wollten einzig eine einfache Formel, die ihnen helfen würde, amerikanischen Erfolg zu kopieren. Immer wieder hörte ich: »Wir scheuen einfach die Ungewissheit.« Oder: »Meine Eltern zwingen mich, im öffentlichen Dienst zu arbeiten.«

Ich habe auch eine weitere Expertengruppe zum Thema »Verteidigungs- und Sicherheitspolitik« ins Leben gerufen. Sie setzt sich aus mehr als 20 jungen Vertretern aus Regierung, Wissenschaft und Wirtschaft zusammen. Innerhalb kürzester Zeit stellte ich fest, dass sich das Gremium nicht sehr für die Details im Bereich Verteidigung interessierte. Man wollte sich eher über Hoffnungen und Ängste austauschen. Wenn ich beispielsweise Fragen stellte, ob Deutschland Truppen in den Mittleren Osten senden sollte, reagierte man nahezu emotional und sagte, es zieme sich eher nicht, als Deutsche über Krieg zu sprechen.

Warum Amerika erfolgreich ist

Die Meinungen der Deutschen über Amerika steigen und fallen, sind oft aber öfters negativ. Warum? Weil wir stören. Aber genau diese Disruption führt zu Kreativität und Innovation. Amerikas Einfluss basiert nicht nur auf seinen für Führungsaufgaben prädestinierten Talenten oder seiner Macht, sondern auf der selbstzündenden Dynamik seiner Gesellschaft ...

Der einzigartige Mix von Völkern und Kulturen, der die amerikanische Gesellschaft ausmacht, bestimmt immer wieder neue Wege. Europa ist viel diversifizierter als Amerika. Sein Kulturreichtum sollte fruchtbarer Boden für Erfindungen und Innovationen sein. Aber er ist es nicht. Warum?

Ein in Amerika lehrender Professor, Frank Bies, versucht, uns auf 650 Seiten eine klare Antwort zu geben. Das Buch *Republik der Angst* beschreibt die vielen Ebenen von Furcht und Angst, die die Deutschen durchdringt. Ihm zufolge lähmt diese Angst Innovation und unterbindet Wandel. Aber dann belegte Professor Biest seine eigene These: Er kam zu dem Schluss, dass Angst offenbar auch etwas Gutes ist. Ohne Angst würde Deutschland vielleicht wieder zu stark und so zu einer Bedrohung des Weltfriedens werden …

Welche Schlüsse ziehe ich aus dieser Situation?
Deutschland und Europa stehen noch immer unter dem Einfluss, den Professor Jeffrey Alexander aus Yale ein »kulturelles Trauma« nennt. Seiner Meinung nach tritt ein kulturelles Trauma dann auf, wenn Mitglieder einer Gemeinschaft spüren, dass sie einem schrecklichen Ereignis ausgesetzt sind, das unauslöschliche Spuren in ihrem kollektiven Bewusstsein hinterlässt. Es wird Jahre oder sogar Jahrzehnte dauern, diese Geisteshaltung zu überwinden. Weder beträchtliche Umstrukturierungsprogramme in der Bildung noch Unternehmen und auch nicht die Europäische Union werden die schrecklichen Ungewissheiten eines Traumas überwinden.

Infolgedessen ist ein Wandel in Deutschland möglich, aber er muss fast immer so verkauft werden, als ob sich im Wesentlichen nichts ändert. Um akzeptiert zu werden, muss ein Wandel einen Beitrag zur Stabilität leisten.

Europa braucht ein neues und dynamischeres Narrativ, um mit dieser »Unbeweglichkeit« umzugehen; ein Narrativ, das optimistisch in die Zukunft weist und nicht versucht, sich gegen die Vergangenheit zu schützen. Parolen wie »Europa ist ein Friedensprojekt« oder »Wir müssen gute Europäer sein« unterdrücken Innovation und Risikobereitschaft und wirken als Bedrohung für junge Leuten, dass, wenn sie sich nicht regelkonform verhalten, ihr Leben ruiniert wird.

Ein neues Narrativ könnte auf einer Kombination des Wirtschaftsbegriffs »Wert« oder »Wertschöpfung« und dem sozialen und politischen Konzept von Werten basieren. Die Entwicklung eines Narrativs, das westliche Werte als besten Weg in Richtung Digitalisierung definiert, wäre eine solide Basis für eine transatlantische und europäische Integration.

Vorbild: Mondlandung von Apollo oder der Mauerfall von Berlin.

MEINE ZUKUNFTSBAUSTEINE

 Zukunftsfähigkeit hängt vor allem von Botschaften ab, die eine Gesellschaft ihrer jüngeren Generation übermittelt. Jemand muss die Initiative ergreifen, das gegenwärtige Narrativ infrage zu stellen. Dies muss ein ehrgeiziges, mutiges Bestreben sein. Nichts darf unangetastet bleiben.

#2 Deutschland braucht ein neues Narrativ, das so drastisch wie Willy Brandts Ostpolitik vor 50 Jahren ist. Weder politische Parteien noch Kommissionen aus Regierung und Universitäten werden derartige neue Ideen liefern. Es sind die jungen ambitionierten und innovativ denkenden Köpfe, die die Initiative ergreifen müssen.

#3 Ein erster Schritt wäre, die letzte Ära des Radikalismus in Deutschland zu untersuchen, die 50 Jahre her ist. Oder die Friedensbewegung vor rund 40 Jahren. Die sogenannten Reformer waren am Ende konservativer und unbeweglicher als die Generation ihrer Eltern. Eine Untersuchung der 68er-Bewegung und der Gründe für ihr Scheitern wäre hilfreich. Man sähe, dass radikale politische Bewegungen in Deutschland nichts erreichen. Wandel muss von pragmatischen Kreisen ausgehen.

 Die Europäer entwickeln in der Nach-Trump-Ära gemeinsam mit gleichgesinnten Amerikanern ein neues Narrativ.

BOTSCHAFTER JOHN KORNBLUM ist einer der führenden Kenner der deutschen und transatlantischen Politik. Er ist auch einer der aktivsten Kommentatoren zu Fragen der Globalisierung und ihrer Wirkung auf die internationale Wirtschaft und Politik. Nach seiner Amtszeit im diplomatischen Dienst der Vereinigten Staaten von Amerika übernahm er wichtige Positionen in der internationalen Wirtschaft. Zwischen 2001 und 2009 war er Mitteleuropa-Chairman der internationalen Investment Bank Lazard Frères. Seit mehr als zehn Jahren dient er als Senior Counsellor bei der Kanzlei Noerr LLP in Berlin.

Werteministerium und Orte zum Träumen

DÜZEN TEKKAL

2030 gibt es keine Fernsehtalks mehr über gelungene Integration und auch keine deutschen Staatsbürger, die nur mit Unbehagen von ihrer Herkunft erzählen. Wenn ich an die politische Landschaft im Jahr 2030 denke, denke ich an die Mitte unserer Gesellschaft. Das heißt, an uns alle – egal, ob wir in erster oder fünfter Generation deutsch sind, ob uns das Deutschsein quasi angeboren ist oder wir gerade erst hier angekommen sind. Ich stelle mir vor, dass künftig weniger die Unterschiede zwischen uns allen kommuniziert werden, sondern vielmehr das, was uns verbindet. Denn wir haben alle etwas gemeinsam: unseren #GermanDream und Werte, die uns dabei helfen, den Traum zu verwirklichen.

Trennlinien in den Köpfen? Gibt es nicht mehr

Mit dem Begriff Einwanderungsland hat sich Deutschland lange schwergetan. Mittlerweile ist vor allem in der Gesellschaft das Gefühl gewachsen: Wir sind längst eine diverse und bunte Gesellschaft! Mit Blick auf die institutionellen Strukturen sind wir allerdings noch kein Einwanderungsland – so viel steht fest. Denn ein *Integrations*ministerium – egal wie gut es seine Arbeit macht – spaltet die Gesellschaft und teilt uns in »wir« und »diejenigen, die integriert werden« ein. Im Jahr 2030 gibt es stattdessen ein *Werte*ministerium. Es soll darum gehen, die Trennlinien in den Köpfen verschwinden zu lassen und das Prinzip des gemeinsamen Nenners institutionell zu verankern.

Ich bin als Kind jesidischer Eltern anders sozialisiert worden, und meine Erziehung war nicht wie die meiner Mitschüler. Trotzdem gab es Werte, die ich mit allen anderen geteilt habe und für die ich eingetreten bin – auch gegenüber meinen Eltern, wenn es um meine Selbstbestimmung ging. Diese menschlichen Werte und Gemeinsamkeiten sollten auch im Prozess der Integration betont werden. Ich stelle mir vor, die Einbürgerung der Menschen als Festakt zu begehen. Was würde sich in den Köpfen neuer stolzer Mitglieder unserer Gesellschaft abspielen, wenn wir ihnen Einwanderungsurkunden übergäben, auf denen ihre neuen Rechte und Pflichten geschrieben stehen würden? Ich bin davon überzeugt, dass diese Maßnahmen Integration und Zugehörigkeit bewirken, ohne dass »Integration« draufsteht.

Die Parteien werden 2030 wieder präsenter sein und sich mehr darum bemühen, Identität zu stiften. Mein Vater – bekennendes SPD-Mitglied – fand viel Halt und Orientierung in der Partei nach seiner Ankunft in Deutschland. Während die SPD es geschafft hatte, meine Elterngeneration mitzunehmen, gelang ihr das in den nachfolgenden Generationen nicht mehr. Im Jahr 2030 gehört die Deutschlandflagge in die Mitte der Gesellschaft und wird nicht mehr von den extremen Rändern der Gesellschaft missbraucht.

Zoom out: Deutschland als Global Player
Eine gute Außenpolitik hat im Jahr 2030 verinnerlicht, dass es nicht das Ziel sein sollte, Schulden zu begleichen. Unsere Aufgabe wird es sein, für menschenwürdige Verhältnisse weltweit zu sorgen – auch aufgrund unserer Historie. Aber die Kapazitäten des Landes sind begrenzt. Und auch für mich, als Kind von Geflüchteten, ist das keine Verleumdung von Hilfeleistung, sondern die Wahrheit. Allerdings muss diese Feststellung immer mit Hilfeleistungen für die zivilgesellschaftliche Entwicklung in den Herkunftsregionen einhergehen. Und diese Hilfeleistung bedeutet nicht die alleinige Finanzierung von Hilfe vor Ort, sondern auch eine Konditionierung. Wir müssen die Finanzierung an zivilgesellschaftliche Forderungen koppeln. Frauen müssen beispielsweise vor Ort die Möglichkeit einer Jobbeschäftigung erhalten, um damit Migration konkret entgegenzuwirken. Entwicklungspolitik ist hier das entscheidende Stichwort. Im Jahr 2030 wird die deutsche Außenpolitik verstärkt menschenrechtsgeleitet sein – ohne den Blick auf das eigene Land zu verlieren. Um das zu erreichen, ist Mehrsprachigkeit an den Verhandlungstischen Bedingung, ebenso, dass Projekte nur vergeben werden, wenn Frauen am Tisch sitzen.

Unsere Identität, unsere Politik
Letztendlich ist für die Politik im Jahr 2030 allerdings eine Frage besonders entscheidend: Wer ist denn *die Politik*? Für mich gibt es

kein »die da oben«. Deutsche Politik sind wir alle. Allerdings ist es dafür auch notwendig, dass wir alle tatsächlich ins Handeln kommen: Wenn wir beispielsweise als Frau das Gefühl haben, es kommen zu wenig Frauen zu Wort, dann müssen wir auch den Mut besitzen und aktiv auf Akteure zugehen, sobald wir etwas zu sagen haben. Wir können nur durch unser Handeln eine Politik entstehen lassen, die uns besser gefällt. Allerdings schließt eine *bessere* Politik auch im Jahr 2030 Kompromissfähigkeit ein. Demokratie ist ein zarter, dünner Lack, und nicht alles ist perfekt. Demokratie kann müde machen. Und trotzdem ist und bleibt sie Teil unserer Identität und unserer gemeinsamen Werte als in Deutschland lebender Mensch.

MEINE ZUKUNFTSBAUSTEINE

Die Abschaffung des Integrationsministeriums und der Aufbau eines Werteministerium, das die Einhaltung der gemeinsamen Werte in unserer Gesellschaft sichert.

Eine Innenpolitik, die das Grundgesetz als Säule unserer Demokratie mehr in den Mittelpunkt rückt, und Parteien, die sich dafür einsetzen, wieder zu Orten der Identität zu werden.

Eine Außenpolitik, die das Prinzip »Hilfe vor Ort« realisiert. Eine Außenpolitik, die nicht nur finanziert, sondern auch konditioniert ist.

DÜZEN TEKKAL ist deutsche Journalistin, Kriegsberichterstatterin, Bestseller-Autorin, Dokumentarfilmemacherin und Tochter nach Deutschland geflohener Jesiden. Nach dem Völkermord durch den IS 2014 wurde sie zur Menschenrechtsaktivistin und gründete die Menschenrechtsorganisation HAWAR.help e.V. sowie die bundesweit tätige, parteiübergreifende Bildungsinitiative GermanDream. Sie wurde mehrfach ausgezeichnet und ist ernanntes Mitglied der Fachkommission Fluchtursachen-Bekämpfung der Bundesregierung.

Digitale Süßigkeiten und machtvolle Akteure

THOMAS JARZOMBEK

Die digitale Disruption hat viele Branchen in den vergangenen Jahren – zuweilen eiskalt – erwischt. Dabei waren Anzeichen dafür schon lange vorhersehbar. Doch der Blick von innen ist oftmals durch viele strukturelle Zwänge verstellt, die innerhalb von Organisationen und Systemen einen schnellen Wandel erschweren und teilweise unmöglich erscheinen lassen. Daher bin ich, als aktiver Politiker, möglicherweise selbst mit dieser verstellten Sicht von innen belastet. Dennoch ist dies ein Versuch, fünf Thesen für die Disruption der Politik zu identifizieren.

These 1: Meinungsmache wie im Süßwarenladen
Politik und Presse – eine symbiotische Beziehung. Presse berichtet, ordnet ein, prägt Meinungen. Waren es früher Abonnentenzeitungen, die nicht mit jedem Artikel um die Aufmerksamkeit der Leser buhlen mussten, so unterliegt das Produkt Zeitung im Internet heute anderen Regeln. Im Internet ist jeder Artikel de facto Boulevard, er muss Klickzahlen bringen und damit im Ergebnis über eine (reißerische) Headline verkaufen. Für Artikel mit wenigen Klicks bleibt kaum noch wirtschaftlicher Raum. Wer bestehen will, muss auf Emotionen setzen. Und so werden Informationen zu einer Art digitaler Süßigkeiten, die stets neue emotionale Anreize an unser Gehirn senden. Aber wie bei Gummibärchen gilt: Man kann kaum aufhören, wird trotzdem nicht satt und endet mit einem schlechten Gefühl.

Folge: Lange und sachliche Artikel haben es schwer. Damit wird das Meinungsklima immer emotionaler. Für die Stabilität der Politik ist es wesentlich, auf die Frage eine Antwort zu finden, wie der öffentliche Diskurs wieder stärker eine sachliche Ebene einnehmen kann.

These 2: Viele Verleger verschwinden
Früher wurde mit einer Zeitung ordentliches Geld verdient. In einem Paket wurden Inhalte gemeinsam mit Anzeigen für Stellen, Wohnungen, Autos und Ehewünsche verkauft. Heute ist das Produkt entbündelt,

der Inhalt steht am Ende betriebswirtschaftlich entkleidet da, während Autos bei Autoscout24 angeboten werden, Ehewünsche bei Parship und so weiter. Funktionierende Modelle zur Monetarisierung von Inhalten sind bis heute nicht gefunden, der größte Teil der Erlöse von Verlegern kommt nach wie vor aus dem Geschäft mit bedrucktem Papier.

Genau jetzt kommt der Punkt, an dem es wirklich kritisch wird für die meisten Verleger. Denn ein Jahrzehnt des Umsatzrückgangs bringen die Einnahmen vieler Verlagshäuser in die Nähe ihrer Fixkosten. Bald wird es nur noch wenige Verleger geben, die meisten werden den Markt verlassen müssen. Für die Politik eine dramatische Entwicklung, treten doch an die Stelle der nach klaren Regeln arbeiten Medienhäuser unzählige neue Meinungsmacher mit Blogs, YouTube und Co. Unbeeindruckt davon bleibt lediglich das öffentlich-rechtliche Fernsehen, das aufgrund seiner Zwangsentgelte gegenüber dieser Entwicklung immun und mit großen Mediatheken bereit ist, einen Teil dieses Vakuums zu füllen.

These 3: Erste Parteien verschwinden ebenfalls

Bisher kannte die Entwicklung des deutschen Parteispektrums nur eine Richtung: mehr. Waren es in den 1970ern noch drei Parteien (beziehungsweise Parteigruppen im Falle CDU und CSU), die im Bundestag vertreten waren, so kamen zunächst die Grünen, nach der Wiedervereinigung auch die PDS/Linke und nun eben die AfD hinzu. Den Zerfall von maßgeblichen Parteien, wie man es in anderen Ländern bereits öfter sah, gab es bislang in Deutschland in den letzten Jahrzehnten nicht.

Wenn neue Akteure in den Markt eintreten, dann müssen irgendwann auch alte gehen. Betriebswirtschaftlich würde man sagen: Es findet eine Neuallokation von Faktoren statt. Soll heißen: Mitglieder von Parteien springen irgendwann ab und machen bei anderen Organisationen mit. Die SPD hat das bereits erlebt, wie sich nach den Reformen unter dem Titel »Agenda 2010« ein Teil der Mitgliedschaft neu organisierte, gemeinsam mit ehemals SPD-nahen Gewerkschaftlern, unter dem Mantel der WASG (Wahlalternative Arbeit & soziale Gerechtigkeit) und schließlich in der »Linkspartei« mündete.

In diesem Jahrzehnt werden nun erstmals Parteien auch in Deutschland verschwinden. Dabei steht und fällt das Schicksal der bestehenden Parteien immer mehr mit den führenden Personen. Wer auf Dauer hier nicht überzeugen kann, wird verschwinden.

These 4: Neue, machtvolle Akteure entstehen
Was Emmanuel Macron in Frankreich geschafft hat, ist auch in Deutschland möglich: die Gründung einer neuen erfolgreichen Partei als Annex einer charismatischen Persönlichkeit. Denn wie in der Wirtschaft sind es sind die Herausforderer, die Neuen, die jungen Wilden, die die Zeichen der Zeit erkennen und früh mit ganz neuen Ansätzen die Platzhirsche herausfordern. Das ist gut! Nur Wettbewerb und offene Märkte treiben Innovation.

Was bedeutet das aber für die Politik? Aus den gleichen Gründen entstehen auch hier neue Akteure. Like it or not: Die AfD ist nicht nur eine radikale Partei, sie ist auch eine der ersten Internetparteien in Deutschland. Ohne Social Media und digitale Werkzeuge wäre ihre Entstehung so nicht möglich gewesen. Denn der Eurokritiker aus Gräfenwiesbach kannte bislang nicht unbedingt den Eurokritiker im Nachbarort. Er braucht das Internet, um diese kritische Masse zu erreichen. So beschreibt es jedenfalls Justus Bender, Politikredakteur der F.A.Z., die Beziehung zwischen AfD und Internet. Es werden auch in diesem Jahrzehnt weitere neue Akteure entstehen – als neue Parteien, innerhalb der Parteien als Gruppierungen, als NGOs, als Meinungsmacher außerhalb der klassischen Strukturen. Und diese werden erheblichen Einfluss auf die politische Kultur und Entscheidungsfindung nehmen.

Um heute Politik zu machen, braucht es nicht mehr zwangsläufig eine Partei. Die Formen der Einflussgewinnung sind vielfältig geworden, da Regierungen wie Parlamente auf eben diese neuen Formen reagieren und versuchen, Blogger und andere für sich zu gewinnen, zumindest aber deren Themen so zu integrieren, dass die eigene Wählerschaft weiter befriedigt werden kann. Das wird oft missverstanden als opportunistisches Verhalten, ist aber doch der Kern von Demokratie und auch im Sinne der Wählerinnen und Wähler.

These 5: Entscheidend für Parteien ist, sich ernsthaft zu digitalisieren
Wenn die Parteien in Zukunft relevant bleiben wollen, dann müssen sie sich digitalisieren. Damit sind aber keine Websites gemeint oder

andere kommunikative Einbahnstraßen. Entscheidend ist, dass sich die Parteien digital öffnen und ein Angebot machen, Inhalte mitzugestalten. Dazu gehört, dass die Parteien dort im Netz mitdiskutieren, wo über Politik geredet wird. Das bedeutet auch, sich in den sozialen Netzwerken sichtbar zu machen. Aber der Kern ist: Statt den Stammtisch in der Eckkneipe zu bespielen, geht es darum, neue interaktive Onlineformate zu finden und damit neue Personen für einen Diskurs zu begeistern. Wem das gelingt, der kann politisch interessierte Multiplikatoren an sich binden. Wer diesen Kulturwandel nicht schafft, wird auf Dauer nicht überleben können.

MEINE ZUKUNFTSBAUSTEINE

 Die Medienlandschaft wird eine andere: Klassische Verlagsinhalte werden es schwer haben. Zeitungen werden boulevardesker, Blogger und öffentlich-rechtliche Medien erlangen neue Relevanz und werden das Vakuum füllen, das durch das Verschwinden zahlreicher Medien entsteht.

 Berichterstattung wird emotionaler und auch undurchsichtiger. Das hat großen Einfluss auf das Meinungsklima und die Demokratie.

 Die Parteienlandschaft verändert sich: Es entstehen neue machtvolle Akteure, Parteien und Interessensgruppierungen, die vor allem via Social Media Einfluss nehmen.

 Parteien müssen ernsthaft digital werden, um künftig noch Bindungswirkung zu entfalten.

THOMAS JARZOMBEK ist aufgewachsen in Düsseldorf und hat während seines Studiums der Betriebswirtschaftslehre in den 1990er-Jahren eine Firma für IT-Services gegründet. 2009 wurde er erstmals in den Deutschen Bundestag gewählt, war Sprecher der CDU/CSU-Fraktion im Ausschuss für Digitale Agenda und ist seit 2018 Luft- und Raumfahrtkoordinator der Bundesregierung sowie seit 2019 Beauftragter des Bundeswirtschaftsministeriums für Digitalwirtschaft und Start-ups.

Staat digital: für eine erfolgreiche Zukunftsrepublik Deutschland

PHILIPP MÖLLER

»Daten sind der Rohstoff der Zukunft«, erklärte die Bundeskanzlerin Angela Merkel auf dem Digitalisierungskongress der CDU im Jahr 2015. Bis 2020 waren die Erkenntnisse aus ihrer Zukunftsvision im Staatsapparat noch nicht angekommen. Beamtentum, Bürokratieberge und extrem komplexe Entscheidungsstrukturen standen im Gegensatz zur effektiven, datengetriebenen Welt außerhalb der Berliner Parlamentskuppel. 2030 sind wir deutlich weiter: Deutschland ist ein datengetriebener und digitalisierter Staat. Die staatlichen Strukturen funktionieren nicht nur, sondern haben sich selbst zu Innovationstreibern entwickelt.

Part 1: Datengetriebener Staat
Was wäre, wenn der deutsche Staat im Jahr 2030 Entscheidungen nur noch auf Basis von Datenanalysen trifft? Würden die politischen Entscheidungen seltener dem »Mainstream« folgen, wenn datenbasierte Fakten zu den Entschlüssen führen? Ich denke, ja! Die Voraussetzung dafür ist, dass sich das Verhältnis der Bürger zur Nutzung von Daten verändert. Bis 2030 müssen wir die Angst verlieren – denn Daten spiegeln *unsere* Zielvorstellungen und Bestrebungen wider; sie sind das effektivste Mittel der Zukunftsgestaltung. Die Abänderung der DSGVO ist hierfür ein entscheidender Schlüssel. Warum sollte der Staat nicht mit unseren und weiteren vorhandenen Daten arbeiten dürfen, wenn sie laut Angela Merkel doch die Rohstoffe der Zukunft sind?

Ganz konkret stelle ich mir beispielsweise vor, dass Betriebsprüfungen und deren Tiefe nicht pauschal angesetzt werden, sondern sich aus Datenanalysen ergeben. Ein einfacher Schritt, der zu wirkungsvolleren Prüfungen führt. Ich denke sogar noch weiter: Was wäre, wenn Gesetze und behördliche Verordnungen an zuvor definierten und veröffentlichten KPIs gemessen würden? Durch das Monitoring könnte erfasst werden, ob die versprochenen Ziele erreicht werden. Bei Verfehlung des Zwecks folgt die Änderung oder die Einstellung der jeweiligen Verordnung. Das führt nicht nur zur Steigerung der Transparenz, sondern auch zu mehr Effizienz: Regelungen, die ihrem Ziel nicht gerecht werden, erlöschen und sind damit kein zusätzlicher Stein auf dem Bürokratieberg.

Part 2: Digitalisierter Staat
Ein datengetriebener Staat muss auch ein digitalisierter Staat sein. Das heißt konkret: Alle staatlichen Vorgänge, die digital umgesetzt werden *können*, werden auch digital umgesetzt. Nicht der Digitalisierung wegen, sondern damit der Staat schneller und kostengünstiger einfache Vorgänge bearbeiten kann und somit die vorhandenen, knappen Ressourcen auf komplexere Abläufe fokussieren kann. Ich denke hier beispielsweise an die administrativen Hürden, die Start-ups in Deutschland bewältigen müssen und die aufgrund der Überlastung der Ämter zu viel Wartezeit beanspruchen. Der digitalisierte Staat beschleunigt Innovationen und garantiert, dass deutsche Unternehmen international wettbewerbsfähig bleiben – denn andernfalls fällt es Deutschland nicht zu, sich »Innovationsreichtum« auf die Fahnenstange zu schreiben.

Part 3: Datengetriebene und digitale Staatsdiener
Das größte Problem: Der Aufbau des öffentlichen Sektors entspricht aktuell noch nicht den Anforderungen, um digitale und datengetriebene Arbeitsabläufe zu ermöglichen. Das Beamtentum gehört deshalb nur noch sehr beschränkt zu meiner Vorstellung der Zukunftsrepublik Deutschland – wenn überhaupt. Es ist in vielen Bereichen eher innovationsfeindlich als opportun und eigentlich nur noch in den sicherheitsrelevanten Bereichen, wie der Polizei oder des BND, zu rechtfertigen.

Zudem kann allein die Aussicht auf eine Verbeamtung junge Nachwuchskräfte schon lange nicht mehr überzeugen: Laut einer Studie von McKinsey aus dem Jahr 2019 werden im öffentlichen Sektor aufgrund von Pensionierungen bis 2030 mehr als 730 000 Beschäftigte fehlen. Die Studie zeigt auch: Besonders junge Nachwuchskräfte mit akademischem Abschluss vermissen im öffentlichen Sektor attraktivere Karrierepfade, eine innovative Arbeitsatmosphäre und überzeugende

Wertversprechen (Quelle der Studie: https://www.mckinsey.de/news/presse/2019-04-02-die-besten-bitte#). In meinen Augen kann nur ein Umdenken in wesentlichen Punkten die Attraktivität des Staates als Arbeitgeber gewährleisten: eine Erhöhung der Gehälter, das Prinzip von »Digital First«, ein intensiverer Austausch des öffentlichen Sektors und der Privatwirtschaft, eine Abschaffung der strengen hierarchischen Systeme und – auch hier – ein KPI-basierter Zahlungsanreiz für engagierte Beschäftigte.

MEINE ZUKUNFTSBAUSTEINE

 Der Staat arbeitet flexibler, digitaler und datengetriebener – auf politischer Ebene, aber vor allem auf der Ebene der Verwaltung.

 Dafür werden Investitionen in die digitale Infrastruktur sowie in digitale Prozesse und Software getätigt. Das ursprüngliche Budget in Höhe von 3,8 Milliarden Euro (2020), das lediglich rund 0,7 Prozent des ursprünglichen Haushaltsplanes umfasst, wird vervierfacht. Kompensiert werden die Mehrausgaben durch Effizienzsteigerungen. Gleichzeitig wird in das behördliche Prozessmanagement investiert, um die Umsetzung garantieren zu können.

 KPIs werden in vielen Bereich eingesetzt, um die erreichten Ergebnisse mit den ursprünglichen Zielen zu vergleichen. Hilft der veränderte Bußgeldkatalog tatsächlich dabei, mehr Fahrradfahrer zu schützen und Verkehrstote zu reduzieren? Nein? Dann muss der Katalog erneut angepasst oder gestrichen werden.

 Die Bürger der Zukunftsrepublik Deutschland haben die Angst vor dem Digitalen verloren und konnotieren die Nutzung von Daten positiv.

PHILIPP MÖLLER ist seit 2006 Geschäftsführender Gesellschafter bei Möller & Förster. Seit 2010 ist Philipp Mitglied des Aufsichtsrats der Deutschen Beteiligungs AG, einer der führenden Private-Equity-Gesellschaften in Deutschland. Weiterhin ist er Mitglied des Verwaltungsrats der GWF MessSysteme, Schweiz, und Mitglied des Beirats der Dirk Rossmann GmbH. Er war von 1997 bis 2000 Geschäftsführender Gesellschafter der CityVox/CityVoice, eines Start-up-Unternehmens. Er ist seit 2006 Mitglied im Verband DIE JUNGEN UNTERNEHMER BJU und war von 2010 bis 2012 Stellvertretender Bundesvorsitzender. Philipp Möller ist Gesellschafter von Startup Teens und Beiratsvorsitzender.

Die Vereinten Regionen Europa – Wer hätte das gedacht?!

SONJA STUCHTEY UND LAETITIA STUCHTEY

Mit einem leisen Ticken rückt der Zeiger weiter, es ist jetzt Punkt 10 Uhr. Erster Tag einer neuen Dekade. Wie jeden Dienstag sitzt Nicky Belts auf derselben tiefen Holzfensterbank des kleinen Cafés im Süden Berlins. Wie jeden Dienstag nippt Nicky erst einmal vorsichtig an dem heißen Kaffee und sortiert Gedanken. Heute scheinen sie von weit her zu kommen: »Wer hätte das gedacht? Wer hätte gedacht, dass ein so festgefahrener Zug durch einen Stoß das Gleis wechseln würde?«

Damals. 2020. Das Jahr begann wie ein dystopischer Science-Fiction-Roman. Eine Seuche, die sich über die ganze Welt verbreitete. Zahlreiche Tote, Demonstrationen, Verschwörungstheorien und xenophober Nationalismus. Und welche Ironie! Die Köpfe der Forschung – sonst geduckt und in die eigene Sache vertieft – suchten den Schulterschluss abseits der aufgeheizten Kirmes, auf der politische, religiöse oder gesellschaftliche Hetzer ihr Unwesen trieben, von der Weltherrschaft der Milliardäre faselten, den Klimawandel verneinten und nach starken, männlichen Führern schrien. Die Grundfesten der EU schienen zu wanken, und der amerikanische Präsident verabschiedete sich gemeinsam mit seinem Land von der Weltbühne, während der neue

Populismus ein Attentat auf Wissenschaft und Journalismus plante. Kostbare Freundschaften und Allianzen, zarte Gewächse der Zeit nach 1945 und 1989, wurden in dem Getöse erschüttert.

Das Streichholz in diesem Pulverfass, so schien es, führten wirre Machthaber in demokratischem Gewand wie in einer Realsatire. Damals schien es, als beginne die Unterwerfung der Demokratie durch Anarchie, ungeregelte Wirtschaftsmächte oder den drohenden Drachen China. Verheerende wirtschaftliche und gesellschaftliche Verwerfungen in allen Teilen der Erde schafften offenbar nach 2020 den wirkungsvollen Bremsblock für die vorherrschende Gedankenlosigkeit, Superkonsum und Egomanie. Wie zur Besinnung geprügelt, schüttelte sich eine ganze Generation von Frauen und Männern nach dieser Grenzerfahrung – und begann neu.

Die Vereinten Regionen von Europa
Gedankenverloren stützt Nicky Belts den Kopf in die Hände. Die *Vereinten Regionen* haben die ewigen Zweifler Lügen gestraft. Die verschiedenen Sprachen und Kulturen waren nicht mehr Ursprung von Konflikten, Missverständnissen, gar Feindschaft, sondern der Quell von Innovation und Inspiration. Die Buntheit der Kulturen wurde nicht mehr als Verunreinigung, sondern als Kunstwerk betrachtet, das nur mit all seinen Farben und Formen ein vollständiges Bild abgibt. Dieses Bild zeigte seine volle Schönheit in dem, was man kollektive Intelligenz nennt. Befeuert von einer durch die Kontaktsperre komplett auf den Kopf gestellten Bildungslandschaft, entzündete sie ein Feuerwerk von technologischen Neuerungen dank einer neuen Generation in einer erfrischend veränderten Gesellschaft. Die Generation der Selbstdenkenden entwickelte eine nie da gewesene Kreativität. Die steile Entwicklung der europäischen Start-up-Szene sowie die herausragende wissenschaftliche Stellung der führenden europäischen Universitäten im Bereich Digitaltechnologie in Verbindung mit den wieder erwachten Geisteswissenschaften liefern heute ein beredtes Zeugnis für diesen tief greifenden Wandel.

Erstaunlich waren die Entwicklungen in China nach 2020. Hatten alle Fachleute die Macht der Daten in den Händen der Chinesen als den Schlüssel zu ihrer Weltherrschaft gesehen, so hatte doch niemand geahnt, wie gespalten Chinas Führung hinter den Kulissen war. Es brauchte nur den einen Brutus, und die Hüllen fielen wie einst in Ostberlin. Nach wie vor ist unklar, woher das Zerwürfnis letztendlich gekommen war und in welcher Weise die neuen politischen Kräfte das Land gestalten werden. Alle Anzeichen deuten jedoch auf eine sozial-ökologisch vielversprechende Erneuerung hin. Auch die Jugend Chinas ist »for Future«. Nicky erinnert sich zurück an die bunten Transparente der Freitagsdemonstrationen, an nicht besuchte Englischstunden, und grinst.

Der Duft des Kaffees holt Nickys Gedanken zurück nach Berlin. Wie hatten sie damals die Spießigkeit der Datenschutz-Grundverordnung verlacht. Die DSGVO führte dazu, dass jeder Anbieter, jede Plattform und jede App E-Mails verschickte. Auf jeder Website musste man den neuen Richtlinien zustimmen. Nicht nur Nicky Belts selbst hatte sich beschwert. Doch unerwartet wurde die DSGVO ein Vorbild für digitale Sicherheit auf der gesamten Welt. »Goldstandard« nannte man sie schnell. Dasselbe gilt für den »Europäischen Digitalen Vertrauensraum«, der in besonderer Weise Rechenschaft im Internet und im Informationsaustausch einfordert. Er dient als Schablone für ganze Regionen im benachbarten Afrika und in den ASEAN-Staaten. Selbst die USA, die sich inzwischen auch von den bürgerkriegsähnlichen Auseinandersetzungen der frühen Zwanzigerjahre erholen, folgen dem europäischen Beispiel. Nicky fährt mit den Fingern durch die Haare. Tja, wer hätte das gedacht?

»Green Deal« – der Marshallplan für das 21. Jahrhundert

Ein weiterer Grund für den allgemeinen Erfolg der Vereinten Regionen Europa ist sicherlich in dem Entwicklungsplan für sozial-ökologische Gerechtigkeit zu suchen: dem »Marshallplan« des 21. Jahrhunderts. Der sogenannte Green Deal war ein Wiederaufbauprogramm für eine neue Welt unter den Anforderungen der sich dramatisch zuspitzenden Klimakrise. Es ging um Klimaneutralität, um Generationengerechtigkeit, um gesellschaftlichen Ausgleich, um einen neuen Sicherheitsstandard. Auch das beflügelte die Gründerszene der Generationen Y und Z. Die Erneuerungen von Transport, Produktionstechnik, Agrarwirtschaft und Bildung revolutionierten alle Bereiche des Lebens – nicht zuletzt für eine heranwachsende Generation A. Somit entwickelte sich Europa von einem kontinentalen Museum zu einem Motor beflügelnder Erneuerung. Junge Unternehmer in bunter, kultureller Mischung und zunehmend weiblich begannen die Wirtschaft und Politik Europas umzuwälzen.

Nicky Belts stellt die Tasse auf den Tisch, zückt das Smartphone, um zu zahlen. Nicky ist dankbar, dass das kleine Café den Start in die Dreißiger überlebt hatte. Nicht zuletzt wegen eines neuen Zahlungsmodells, das in der finanziellen Krise nach 2020 die staatlichen Stützungsgelder in der regionalen Wirtschaft schnell wandern ließ und den Karren in unglaublicher Geschwindigkeit aus dem Dreck zog! Das junge Team aus den Niederlanden hatte leichtfüßig und unbekümmert die Logik der Fiat-Währung auf eine Regionalfiktion übertragen. Das half Kleinunternehmern und Handwerkern, Nickys Lieblings-Café, dem Barber-Shop an der Ecke und dem regionalen Selbstbewusstsein. Die globalen Marktführer im Onlinehandel oder gewinnmaximierende Spekulanten konnten von diesem Modell allerdings wenig profitieren.

Es entstand ein neuer regionaler Gestaltungswille, dessen Ideenreichtum sich nicht nur auf die Unternehmenswelt, sondern auf Politik, die Zivilgesellschaft, Kunst, den Sport auswirkte. Das Prinzip Verantwortung in der Gesellschaft verabschiedete das Ideal des skrupellosen Siegertyps und ersetzte es durch ein neues Erfolgskonzept, in dem Gesundheit, Generationengerechtigkeit und ökologisches Wachstum zum Ziel erklärt wurden. Nicht die schnelle Mark treibt, sondern große, gemeinsame Ziele. Wer sagte das noch? »Wohlstand für alle!« Ach ja, Ludwig Erhard nach dem Zweiten Weltkrieg. Scheint plötzlich erreichbar!

Inspiriert von dieser Dynamik haben die Vereinten Nationen zu ihrem 90-jährigen Bestehen die Schaffung eines »Unterhauses« angekündigt. Gruppen aus der Gesellschaft sollen an politischen Entscheidungen mitwirken – online und abwechselnd, so wie weltweite Zusammenarbeit seit rund zehn Jahren erfolgreich gelebt wird. »United in Diversity« ist jetzt die Qualitäts- und Innovationsformel der *Vereinten Regionen Europa*.

Nicky Belts öffnet die Tür und schließt für einen Moment die Augen. Tief atmet Nicky die frische Januarluft ein und läuft heimwärts. Ein

Song dringt aus einem gekippten Fenster in die Kälte: »When you're in need of love they give you care and attention.« Ein Lächeln schleicht sich auf Nickys Lippen. Dieser Song hatte sich den Platz auf Nickys Playlist redlich verdient. »Friends will be Friends« von A4E aus dem Remake von 2019. Nicky summt leise mit. Dieser Song wird nie alt.

UNSERE ZUKUNFTSBAUSTEINE

 Die europäische Zusammenarbeit basiert jetzt auf den vielfältigen Regionen (statt Nationen als konstituierende Elemente) – »United in Diversity« lautet die Qualitätsformel für die Vereinten Regionen Europas.

 Der Marshallplan des 21. Jahrhunderts, der Green Deal, setzt endlich auf echte Nachhaltigkeit. Klimaneutralität, aber auch Generationengerechtigkeit sind die beiden Säulen dieses Programms.

 Paneuropäische Zusammenarbeit, die auf unabhängigen Medien und rechtsstaatlichen Grundsätzen wie zum Beispiel unabhängigen Gerichten basiert und die Möglichkeiten moderner Technologien nutzt, um die Bürger unmittelbarer an der Politik zu beteiligen.

 Ein »Europäischer Digitaler Vertrauensraum« fordert in besonderer Weise Rechenschaft im Internet und im Informationsaustausch ein. Er dient weltweit als Blaupause.

SONJA STUCHTEY ist Beraterin und Investorin von Technologie-Start-ups, ausgezeichnete Sozialunternehmerin, Autorin und Mutter. Das von ihr mitgegründete On- und Offline-Netzwerk Alliance4Europe, dem sie als Aufsichtsratsvorsitzende dient, verbindet gesellschaftliche und wirtschaftliche Akteure mit dem Ziel, Demokratie, Menschenrechte und Rechtsstaatlichkeit zu stärken und zu schützen.
LAETITIA STUCHTEY versteht sich (nicht nur) auf Creative Writing, ist aktiv bei »Fridays for Future«, klima-vegan und als Mitglied der Generation Z Zeitgenossin der erzählten Fiktion.

Liberale Lebensart: Europäische Pässe für Demokraten in der ganzen Welt

CHRISTOPH GIESA

Im Rückblick erweist sich ein radikaler Richtungswechsel in der Außenpolitik Deutschlands und der Europäischen Union als entscheidend dafür, dass die liberale Lebensart 2030 nicht in kleine Reservate in Mitteleuropa, Nordamerika und rund um Australien zurückgedrängt wurde. Dieser war eine Reaktion auf die Erkenntnis, dass nur konsequente, an den eigenen Werten orientierte Politik gute Politik sein kann. Dazu gehörte auch das Eingeständnis, dass die Konsequenzen, die eine solche Politik mit sich bringt, nicht immer schön sind, man diese aber trotzdem zu akzeptieren bereit sein muss. Zum Beispiel, wenn man Menschen, die für ihre westliche, ihre liberaldemokratische, Überzeugung in ihrer Heimat unter Druck geraten, großzügig und ohne Zögern EU-Pässe anbietet. Nicht, um sie alle nach Europa zu holen, sondern in erster Linie, um ihnen den Rücken im Kampf für die Freiheit zu stärken, wo auch immer sie ihn gerade ausfechten. Denn dieser Kampf, das haben das Deutschland und das Europa des Jahres 2030 verstanden, ist immer auch unser Kampf.

Hongkong als Lackmustest

Das erste Spielfeld, für das diese Forderung umgesetzt wurde, war Hongkong. In Großbritannien war eine ähnliche Debatte schon eine ganze Weile geführt. Die Stadt hat bekanntermaßen eine Geschichte als britische Kolonie, von 1843 bis 1997, um genau zu sein. Vollwertige britische Staatsbürger waren die Bewohner Hongkongs zwar nie, doch über 150 Jahre unter britischer Herrschaft haben ihre Spuren hinterlassen. Viele Briten waren 2020 davon überzeugt, dass Großbritannien gegenüber den Bürgern seiner ehemaligen Kolonie eine besondere Verantwortung hatte. Sie warben dafür, zumindest einem großen Teil der Einwohner von Hongkong britische Pässe zu geben. Selbst Premierminister Boris Johnson zeigte für die Idee zunächst große Sympathie. Doch der Brexit verschob die Prioritäten. Und es war an der EU, auf einen Impuls Deutschlands hin tätig zu werden.

Die Briten hatten den Bewohnern ihrer Kolonie Hongkong einst die britische Staatsbürgerschaft versprochen. Bekommen haben sie stattdessen europäische Pässe. Als Großbritannien sein Versprechen genau den Menschen gegenüber nicht einlösen konnte, die am anderen Ende der Welt an dieselben Werte – Demokratie, Liberalismus und Rechtsstaatlichkeit – glauben, war die EU zur Stelle. Hongkong fallen zu lassen wäre das finale Einknicken des freiheitlichen Denkens vor dem Autoritarismus gewesen und hätte den Menschen, die unter schwierigen Bedingungen überall auf der Welt die Fahne der westlichen Werte hochhalten, eine klare Botschaft übermittelt: Wenn es darauf ankommt, könnt Ihr nicht auf uns zählen.

Liberale Pässe für liberale Menschen
Deutschland und die EU standen vor dem Dilemma, wie sie Worte und notwendige Taten in Einklang bringen sollten. In der Vergangenheit hatten wir uns von schwierigen Situationen wie diesen allzu gern mit schönen Worten ablenken lassen, weil wir spürten, dass uns keine der möglichen Antworten gefallen würde. Nun müssen wir uns in die Augen schauen und überlegen, ob das unseren Ansprüchen gerecht wird.

Zuwanderung wurde in der Vergangenheit in der Regel nach humanitären oder wirtschaftlichen Gesichtspunkten diskutiert. Das änderte sich. Weil es sich ändern musste. Plötzlich stand die Frage im Raum: Was soll uns davon abhalten, all denjenigen Pässe – und damit europäische Bürgerrechte – anzubieten, die in einer immer unüberschaubareren Welt ganz offensichtlich unsere Werte teilen und dafür unter Druck geraten? Zumal der Effekt einer solchen Aktion nicht ist, dass Millionen Bewohner Hongkongs nach Berlin, Lüneburg oder Idar-Oberstein kommen. Vielmehr erhöht dieser Schritt mit all seinen diplomatischen Implikationen die Chancen der Menschen, in Hongkong oder sonstwo bleiben zu können. Und zwar in dem Hongkong, das sie kennen und lieben. Denn wer legt schon Hand an europäische Bürger?

Das Prinzip Hoffnung ist zynisch
Die deutsche Politik und mit ihr die deutsche Gesellschaft handelten außenpolitisch zu häufig nach dem Prinzip Hoffnung. Mit Worten standen wir zumeist auf der richtigen Seite. Auf der Seite der Bedroh-

ten und der Angegriffenen, auf der Seite der Kleinen und der Schwachen. Das machte sich gut in den Nachrichten, auf Facebook und auf Twitter. Aber jeder Äußerung zur Ukraine oder zum Nahostkonflikt, zum Krieg zwischen Saudi-Arabien und dem Jemen, zu Hongkong oder zur Unterdrückung der Uiguren schickten die Verantwortlichen ein Stoßgebet hinterher, dass sie während ihrer Amtszeit niemals gezwungen werden, ihren Worten auch Taten folgen zu lassen. Diese Schwäche war irgendwann einfach zu offensichtlich.

Saudi-Arabien unterdrückt Frauen, foltert liberale Oppositionelle und führt einen schmutzigen Krieg gegen den Jemen? Klar. Aber wenn wir dorthin keine Waffen mehr verkaufen, wer gibt dann den Angestellten der deutschen Rüstungsfirmen neue Jobs? Wer stopft die Steuerlöcher in den Kommunen?

China greift nach Hongkong, steckt Millionen Angehörige der uigurischen Minderheit in Umerziehungslager und bricht gnadenlos einen internationalen Vertrag nach dem anderen? Klar. Aber wenn wir gegen China Sanktionen verhängen, wer übernimmt dann unsere insolventen Mittelständler? Wer beliefert uns mit billigen Handys, Medikamenten und Atemmasken?

Russland hat sich nicht nur völkerrechtswidrig die Krim einverleibt und die Ostukraine zu einem Schlachtfeld gemacht? Es mischt sich ständig in die Wahlen anderer Staaten ein und schikaniert deutsche Unternehmen nach allen Regeln der Kunst? Klar. Doch warum sollten wir für die Sicherheit der Ukraine, der Baltischen Staaten und Polens eine üble innenpolitische Debatte riskieren?

Konsequenz hilft, Konsequenzen zu vermeiden

Es war diese Position irgendwo zwischen Baum und Borke, frei nach dem Motto: »Wasch mich, aber mach mich nicht nass«, mit der wir lange durchgekommen sind. Aber sie stand uns zum einen nicht gut zu Gesicht. Zum anderen war sie eine Einladung an die Feinde der offenen Gesellschaft, mit uns zu machen, was sie wollen. Weil Angriffe auf unsere Werte keine Konsequenzen jenseits von ein paar diplomatischen Adressen hatten. Noch dazu: Wenn die liberalen Demokratien ihren Anhängern keine Zukunftsperspektiven in der freien Welt geben, werden irgendwann auch diese Anhänger immer seltener werden.

Dieser längst zu beobachtende Trend hat sich in den Jahren vor 2030 umgekehrt. Deutschland als größte und wirtschaftlich stärkste Nation innerhalb der EU musste an dieser Stelle vorangehen und ein glaubwürdiges Versprechen an die Verfolgten dieser Welt formulieren, dass sie bei uns ein offenes Ohr finden und zumindest ernsthaft geprüft wird, was man für sie tun könnte. Und Deutschland ging voran. Unter Inkaufnahme aller Konsequenzen. Es war genau diese konsequente Haltung, die dafür sorgte, dass viele autoritäre Herrscher es gar nicht erst so weit kommen ließen.

Seien wir uns also unserer geopolitischen Macht auch in Zukunft wieder bewusst und setzen diese ein, um für freiheitliche und demokratische Werte einzustehen, wo sie infrage gestellt werden. Die Jahre vor 2020 sollten uns Mahnung sein, nicht mehr hinter diesen Anspruch zurückzufallen. Die Jahre zwischen 2020 und 2030 zeigen uns, dass es möglich ist.

MEINE ZUKUNFTSBAUSTEINE

Deutschland ist – gemeinsam mit seinen europäischen Partnern – endlich bereit, seinen außenpolitischen Forderungen auch Konsequenzen folgen zu lassen. Die Freiheit als Leitmotiv wird nicht mehr nur allgemein beschworen, sondern diejenigen, die für diese eintreten, finden in den liberalen Demokratien Europas einen verlässlichen Partner. Und zwar ganz egal, wo sie leben und sich engagieren.

Konkret wird diese neue Haltung am Beispiel Hongkong greifbar. Diejenigen Bewohner des Stadtstaates, die keinen Anspruch auf einen britischen Pass haben, haben im Jahr 2030 einen europäischen Pass. Der erlaubt ihnen, sich in Europa niederzulassen, dient aber noch mehr dazu, ihnen eine Zukunft in Hongkong zu ermöglichen, weil China vor Übergriffen auf EU-Bürger zurückschreckt.

Auch liberale Demokraten aus anderen Regionen der Welt haben in der Europäischen Union endlich den verlässlichen Partner, der ihnen mit seiner diplomatischen und wirtschaftlichen Macht Freiheitsräume in ihren Heimatländern sichert. Die Freiheit, die noch 2020 arg unter Druck wirkte, strahlt längst wieder als Leitmotiv rund um den Globus.

CHRISTOPH GIESA beschäftigt sich als Publizist, Drehbuchautor, Redner und Moderator seit mehr als einem Jahrzehnt mit relevanten Zukunftsthemen an der Schnittstelle zwischen Politik, Wirtschaft und Gesellschaft. Im September 2020 ist sein neues Buch *Echte Helden, falsche Helden – Was Demokraten gegen Populisten stark macht* bei Droemer Knaur erschienen. Im Netz ist er unter www.christophgiesa.de und auf Twitter unter @christophgiesa zu finden.

Die Europäische Union 2030: Vorreiter durch Überzeugung

MARIE-CHRISTINE OSTERMANN

Unsere Zukunft wird politisch, gesellschaftlich und wirtschaftlich zunehmend davon abhängen, wie sich die Europäische Union entwickelt und im Wettbewerb der Systeme positioniert.

Eine generelle Erfolgsformel gibt es nicht: Weder ist die EU dafür verantwortlich, was alles nicht rundläuft in Europa, noch würde alles besser, wenn wir die Verantwortung der Mitgliedstaaten weitgehend beiseitewischen und die Kompetenzen für die Reglung weiterer Lebensbereiche allein in die Hände der EU legen.

Europa hat mehr denn je die Chance, als modernes Staatenbündnis für die Herausforderungen des Jahrtausends die fortschrittlichsten Lösungen zu präsentieren.

Die EU von heute: flexibel, gemeinschaftlich und verstanden
Eine flexible EU von heute hat aufgegeben, der überholten Formel hinterherzulaufen, nach der sich eine starke Position im globalen Mit- und Gegeneinander erst aus besonders starker Zentralität ableiten lässt. Stattdessen nutzt sie die Chance, den Mehrwert gemeinsamer europäischer Lösungen für die Bürger*innen greifbar zu machen. Im Ergebnis ist die EU nach innen gefestigt und überzeugt nach außen. Unternehmen können in Europa unter Einhaltung fairer und realitätsnaher Standards mit maßvollen Abgaben und schlanker Bürokratie produzieren. Weil der Standort und der europäische Konsumentenmarkt attraktiv sind, kann Europa anderen Wirtschaftsmächten wie China auf Augenhöhe begegnen und souverän über Voraussetzungen für Investitionen sprechen.

Die Regierungen der Mitgliedstaaten, vor allem aber die Menschen, stimmen gemeinschaftlichen europäischen Lösungen aus Überzeugung zu. Europäische Regelungen, die keiner versteht und deren Zustandekommen nur wenige erklären können, weil sie gemeinsam mit anderen Themen im Rahmen von *package deals* verhandelt wurden, gehören der Vergangenheit an. Dadurch hat der Zuspruch der Bürger zur EU neue ungekannte Rekordhöhen erreicht.

Für viele neue Herausforderungen liefert das europäische Miteinander mittlerweile viele gute Ansätze. Gute europäische Vorhaben lösen die positiven ökonomischen und politischen Skaleneffekte aus, die viele schon lange von einem Zusammenschluss von 450 Millionen Menschen erwartet haben. Worin das Plus einer gemeinschaftlichen Lösung besteht, kommt endlich bei den Bürgern an. Auch weil die EU-Kommission ihrer fortlaufenden Mammutaufgabe nachkommt und erklärt, dass die EU ist kein Selbstzweck ist.

Dabei gilt: Die EU muss den Menschen Nutzen bringen. Jede europäische Maßnahme, die zu mehr Wohlstand oder mehr Frieden führt, hat breite Unterstützung verdient. Für die Politik bedeutet dies aber auch, dass die EU die Finger von den Themen lassen muss, bei denen es keinen grenzüberschreitenden Mehrwert gibt.

Erst mal machen

Genug zu tun gibt es allemal. Die internationalen und globalen Herausforderungen sind nur im europäischen Kontext zu meistern. Kein Mitgliedstaat der EU hat zum Beispiel eine Chance, sich auf eigene Faust für fairen und freien Handel mit anderen Wirtschaftsmächten zu messen. Die EU, die einst Gefahr lief, sich im Klein-Klein zu verzetteln, hat sich thematisch fokussiert.

Europa kann deshalb für die wichtigen zukunftsweisenden Politikfelder die beste Organisation der Zusammenarbeit liefern. Dabei hat sie sich einen Ruck gegeben und die zermürbende Suche nach der »One size fits all«-Lösung aufgegeben. Denn wie im richtigen Leben gilt auch für 27 unterschiedliche Länder, dass der Durchschnitt keinem so richtig passt und nur wirklich wenige glücklich macht.

Die EU hat sich von einem unternehmerischen Impuls lenken lassen und das »Erst mal machen!« nach vorne gestellt.

Inzwischen starten gemeinsame Projekte auch dann, wenn weniger als 27 EU-Mitglieder dabei sind. So haben eine Hand voll Mitgliedstaaten beschlossen, ein grenzüberschreitendes Energienetz zu errichten, ohne dadurch die Rechtsgemeinschaft und -einheit der Europäischen Union zu schwächen.

Weil das gemeinsame Projekt eine Erfolgsstory ist, gibt es Nachzügler, die der Projektgemeinschaft beitreten wollen. Wo früher durch Zwang Push-Faktoren die Skepsis an der EU wachsen ließen, erhöhen heute Pull-Faktoren einer Option die Zustimmung zur EU.

Verharrungskräfte und Zukunftsängste müssen auch heute noch bei den Bürger*innen und Regierungen überwunden werden. Dies gilt umso mehr, je zukunftsweisender ein Thema ist.

Europa kommt mit seiner anpassungsfähigen Strategie unterm Strich schneller vom Fleck und facht gleichzeitig den Wettbewerb der Ideen an.

Die Zukunftsbausteine, die wir flexibel voranbringen müssen, liegen auf der Hand. Europa hat den Ansporn, klug, weltoffen und nachhaltig zu sein.

Europa investiert in Bildung und wird klug
Europa hat endlich erkannt, wo seine stärkste Ressource liegt: Es investiert in die Köpfe und hat Ausbildung und Wissenschaft zu einem zentralen Thema gemacht. Dadurch haben wir junge Menschen, die so gut ausgebildet sind, dass ihr Know-how überall in der EU und auf der Welt gefragt ist. Weil fremde Sprachen auch immer noch ein großes Hemmnis sind, sich auf den Weg zu machen, übernimmt die EU die Lehrkosten der ersten Fremdsprache. Die Bildungshoheit der Mitgliedstaaten tastet sie dabei nicht an.

In der Wissenschaft gibt es keine nationalen Grenzen mehr, und immer mehr Forschungsnetzwerke kommen aus Europa. Weil die Ressourcen besser gebündelt werden, ist internationale Spitzenforschung »Made in Europe« selbstverständlich. Neue Wissenschaftsprogramme wurden aufgelegt, von denen man nach Auslaufen guter Ansätze, wie dem von »Horizon 2020«, einem EU-Förderprogramm für Forschung und Innovation, das von 2014 bis 2020 lief, nur träumen konnte.

Europa macht Ernst mit dem Klima
Eng verknüpft mit weltweitem Handel ist die Bekämpfung des Klimawandels. Die EU hat dafür die richtigen marktwirtschaftlichen Anreize geschaffen und so die CO_2-Emissionen in Europa drastisch reduziert. Nachdem der Green Deal anfangs drohte, zu einem ineffektiven Durcheinander vieler Maßnahmen zu werden, hat man sich klugerweise auf eine transparente Bepreisung von CO_2-Emissionen in allen Bereichen des Lebens geeinigt. Hochinnovative Unternehmen nehmen am CO_2-Zertifikatehandel teil. Dadurch werden, wenn irgend möglich, Schadstoffe vermieden oder zu realistischen Preisen durch Klimaschutzprojekte kompensiert. Europa zeigt der Welt, dass Ökologie und eine prosperierende Ökonomie Hand in Hand gehen.

Die EU ist flexibel zusammengewachsen und hat bürokratischen Ballast abgeworfen. Weil die EU mit den besten Lösungen für kluge und freiheitliche Köpfe zum Vorreiter geworden ist, haben wir die Schicksalsgemeinschaft Europa, zusammengeschweißt durch den Euro oder durch gemeinsame Schulden, hinter uns gelassen.

Europa ist eine wissensbasierte Wirtschaftsmacht, die endlich das Potenzial ihrer soziokulturellen Vielfalt nutzt.

MEINE ZUKUNFTSBAUSTEINE

 Die Europäische Union kommt voran, weil sie zu einer Macherin geworden ist. Gute Projekte werden auch dann umgesetzt, wenn nicht alle Mitgliedstaaten dabei sind.

 Europa investiert in Bildung und avanciert zum Wissensstandort Nummer eins.

 Marktwirtschaftliche Anreize sorgen in Europa endlich für Nachhaltigkeit. Nachhaltigkeit wird damit zu einem weltweiten Wettbewerbsvorteil.

MARIE-CHRISTINE OSTERMANN ist geschäftsführende Gesellschafterin des Lebensmittelgroßhändlers Rullko Großeinkauf GmbH & Co. KG und führt seit dem Jahr 2006 das Familienunternehmen in vierter Generation. Von 2009 bis 2012 war sie Bundesvorsitzende des Verbandes Die Jungen Unternehmer und ist seit 2013 Mitglied des Präsidiums von Die Familienunternehmer e.V. Von Juni 2010 bis September 2013 gehörte sie dem Mittelstandsbeirat des Bundeswirtschaftsministeriums an und ist seit Juli 2010 Aufsichtsratsmitglied der Optikerkette Fielmann AG. Ostermann absolvierte neben einer Banklehre ein Studium der Betriebswirtschaftslehre an der Universität St. Gallen, das sie als Diplomkauffrau abschloss. Im Jahr 2015 gründete sie gemeinsam mit anderen Unternehmern die Non-Profit-Initiative Startup Teens, die aktuell reichweitenstärkste digitale Bildungsplattform für Entrepreneurship Education und Coding für Jugendliche in Deutschland.

WIRTSCHAFT

Als Amazon in der Bedeutungslosigkeit versank

RAOUL ROSSMANN

Ein Bummel durch die Innenstadt von Hannover zeigt: Das Leben ist zurück. Lebensmittel- und Drogeriemärkte, Boutiquen oder Secondhand-Marktplätze prägen die größte Einkaufsmeile der niedersächsischen Landeshauptstadt heute ebenso wieder wie kulturelle oder Generationen-Begegnungsstätten, 24-Stunden-Kitas und natürlich die Gastronomie.

Viel Grün, etwa auf den Dächern neu designter Wohnanlagen, sieht man inzwischen in allen Städten der Republik, die Autos sind verbannt, Menschen, E-Mobiles und der gute alte ÖPNV bestimmen heute das Stadtbild. Die verwaisten Innenstädte der großen Metropolen, die noch Ende der 2021er-Jahre traurige Realität waren, sind Geschichte. Stattdessen erleben wir seit 2025 eine echte innerstädtische Renaissance.

Obwohl es damals kurz so schien, als würden die Dominanz des Digitalen überwiegen und Onlineplattformen wie etwa Amazon oder Google als die großen und vor allem einzigen Corona-Gewinner aus der Pandemie hervorgehen. Und tatsächlich: Betrachtet man die damaligen Zahlen, die allein Amazon erwirtschaftete, schien dieser Sieg programmiert: Allein im ersten Pandemiejahr betrug der Amazon-Anteil an den Onlineeinzelhandelsumsätzen in Deutschland 48 Prozent. An dem Riesen, der seinen Umsatz in nur drei Jahren auf mehr als 280 Milliarden Dollar im Jahr 2019 verdoppelt hatte, schien keiner mehr vorbeizukommen.

Und doch ist es gelungen, denn:

Wir haben das Monopol geknackt

Schon in den 2020er-Jahren beginnt sich in den USA eine Bewegung zu formieren, die den Einfluss der großen Onlinemonopolisten, allen voran Amazon, begrenzen wollten. Athena, so der Name eines Zusammenschlusses von etwa 50 Organisationen, ist zwar in den USA zunächst nur mäßig erfolgreich, wird aber für Europa zum Vorbild ähnlicher Initiativen. 2022 schließen sich dann – auf europäische Initiative – weltweit mehr als 10 000 Konzerne, Einzelhändler, Organisationen, Politiker und Wissenschaftler zusammen, um den Giganten zu brechen und seinen Einfluss auf Wirtschaft und Gesellschaft zu stoppen. Bereits 2020 war klar, dass das weltweite Kartellrecht angesichts der Marktmacht von Amazon & Co dringend überholungsbedürftig ist. Auch die von den Kartellwächtern durchgewinkte Übernahme von Instagram durch Facebook zeigte deutlich, wie dringend diese Überholung war. Ansätze und Ideen gab es einige. So zum Beispiel den »Digital Service Act« der EU, der 2021 vorgestellt wurde und die Marktmacht der Big-Techs begrenzen sollte. Doch das Vorhaben scheiterte, weil es viel zu zurückhaltend und nicht weitreichend genug abgefasst war.

Erst das internationale Konglomerat vermag es, die Politik weltweit zum Handeln zu zwingen. Angefasst wird zunächst das Kartellrecht: Größe und Umsatzrendite werden jetzt zu den zentralen Aspekten, die die Kartellwächter bei weltweit agierenden Unternehmen sehr genau unter die Lupe nehmen. Auch die Umsatzbesteuerung von Onlineumsätzen nimmt man sich vor: Die neue Gesetzgebung sieht vor, dass Netzgiganten für alle auf ihren Plattformen gehandelten Produkte direkt zur Kasse gebeten werden – die Steuervermeidungstaktik vieler Drittanbieter greift damit nicht mehr, und eine Umgehung nationaler Umsatzbesteuerungen wird faktisch unmöglich. Auch die bis 2025 im Vergleich zum stationären Handel fehlende vergleichbare Marktüberwachung nicht verkehrsfähiger Produkte im Onlinehandel oder die Haftungsfrage bei unseriösen Angeboten und Plagiaten nehmen sich die Wettbewerbshüter endlich vor.

Doch erst das jüngste Instrument im Werkzeugkasten der internationalen Wettbewerbsbehörden, die Möglichkeit der Zerschlagung von Tech-Monopolisten, bringt die entscheidende Wende. Was lange als Ultima Ratio gehandelt wurde, ist 2026 endlich akzeptiert und sorgt dafür, dass Amazon, Google und auch Facebook mit all seinen Tochterunternehmen aufgeteilt und damit letztlich zerschlagen werden. Die Zerschlagung trennt bei Amazon beispielsweise die sehr erfolgreichen Cloud-Sparte, Amazon Web Service (AWS), vom Konzern ab und überführt sie in eine eigene Gesellschaft. Das Ergebnis:

Die Aufteilung der zwei Konzernteile in zwei unabhängig voneinander agierende Unternehmen beendet die aggressiven Vermarktungs- und Bestellmodelle ebenso wie die fortlaufende Quersubventionierung. Google und Apple müssen sich von ihren App-Stores trennen und konzentrieren sich inzwischen wieder auf ihr Kerngeschäft. Dem Onlinehandel hat die Entwicklung übrigens keineswegs geschadet. Sie hat lediglich dafür gesorgt, dass der stationäre Handel nicht länger benachteiligt wird und sich inzwischen neben den digitalen Angeboten positionieren und damit behaupten kann. Man spricht von einer fairen Koexistenz zwischen analogem und digitalem Handel.

Schöne neue Welt
Die geknackten Monopole beflügeln Innovationen und den stationären Handel. So entwickelte zum Beispiel 2027 nach der Zerschlagung von Google ein kleines Social Start-up eine neue Suchmaschine. Der Clou des neuen Modells: Anders als zu den alten Google-Zeiten schüttet die Plattform eine jährliche »Digitale Dividende« an die Nutzer aus und »übersetzt« damit quasi den Wert der gesammelten Daten in Geld – Social Entrepreneurship wie dieser Ansatz setzt sich übrigens immer mehr durch und macht Schule.

Die Läden in der Innenstadt werden zu autonomen Erlebniswelten, das Smartphone zum zentralen Navigations- und Bezahlmodell. Ausgerechnet Amazon ist hier übrigens mit seinem »Amazon Go«-Modell wegweisend gewesen. Sensoren erfassen die Entnahme von Waren durch den Kunden und leiten diese Daten dann an das Smartphone weiter, wo sie erfasst und abgerechnet werden. Kassen gibt es hier nicht mehr. Ein Algorithmus analysiert das Kaufverhalten der Kunden und findet so heraus, welche Produkte bevorzugt gekauft werden – ein unschätzbarer Vorteil für den Einkauf von Waren. Allerdings: Das ursprüngliche Amazon-Modell, das auf den Präsenzhandel verzichtete, setzt sich in dieser Form nicht durch. Der Konzern hatte schlicht den menschlichen Faktor, den persönlichen Kontakt beim Einkaufen, unterschätzt.

Die neuen Ansätze im Handel kombinieren daher neueste Technologien mit Menschen vor Ort. Heute übernimmt das Personal in den Läden vor allem Beratungsfunktionen oder die kundengerechte

Platzierung von Produkten. Fast in allen Geschäften findet man heute auch sogenannte »Retail as a service«-Flächen, auf denen Prototypen neuer Produkte vorgestellt und Kunden zum Testen angeregt werden. Das Nutzungsverhalten der Tester wird getrackt und dem Hersteller zur Verfügung gestellt. Die so gewonnenen Erkenntnisse fließen in die weitere Entwicklung der Produkte ein und verheißen auf diese Weise den schnelleren Durchbruch am Markt.

Zurück in der Innenstadt von Hannover: Die Hektik, die man aus den Vor-Pandemie-Zeiten in den Einkaufsstraßen kannte, ist weitestgehend verschwunden. Die Menschen sind deutlich »entschleunigter« unterwegs. Sicher nicht zuletzt auch deshalb, weil die innerstädtischen Konzepte schlicht ansprechender geworden sind und wir heute als Folge der Pandemie-Verordnungen anders arbeiten und so deutlich mehr Zeit für alle entsteht. Wir arbeiten und leben heute einfach anders.

So ist es kein Wunder, dass man, wenn man heute in den Einkaufsmeilen dieser Republik unterwegs ist, nicht selten an die guten alten Flanierzeiten erinnert wird.

MEINE ZUKUNFTSBAUSTEINE

#1 Das weltweite Kartellrecht ist angepasst und bricht die Monopolmacht der Big Techs. Das Ergebnis ist die friedliche Koexistenz des analogen und digitalen Handels.

#2 Innovationen wie »Retail as a service« und neue Konzepte sorgen für eine neue Blütezeit des Handels.

#3 Die Innenstädte erleben eine Renaissance. Sie sind grüner und erlebnisreicher geworden. Kultur- und Generationenbegegnungsstätten sind ebenso selbstverständliche Elemente der innerstädtischen Räume wie die Gastronomie oder neue Retail-Konzepte.

#4 Die neue Art zu arbeiten sorgt für ein entschleunigtes Miteinander. Wir gehen anders, achtsamer und gemeinwohlorientierter miteinander um.

RAOUL ROSSMANN ist seit seinem Abitur 2004 im gleichnamigen Unternehmen tätig. Er studierte Betriebswirtschaft in Hannover und London und graduierte mit dem Bachelor of Arts 2009 sowie dem Master of Science 2010. Bevor er 2015 den Geschäftsbereich Einkauf und Marketing übernahm, hatte er vier Jahre lang den Non-Food-Einkauf des Unternehmens geleitet.

Eine neue DNA für Deutschland – Innovationsvorreiter und globaler Player

FRANK THELEN

Flugtaxis, Fleisch aus dem Labor, Hyperloops, autonomes Fahren – all das ist sehr viel näher, als viele von uns glauben. Was für die meisten noch nach Science-Fiction klingt, ist in Wahrheit in den Laboren bereits fertig entwickelt und teilweise sogar schon im Einsatz. Unsere Welt wird sich in den nächsten zehn Jahren stärker verändern als in den vergangenen 100 Jahren. Wir befinden uns im Zeitalter des exponentiellen Fortschritts. Künstliche Intelligenz, Roboter, Blockchain, Quantencomputer, 3D-Druck, IoT, 5G, synthetische Biologie – es stehen gleich mehrere Grundlagentechnologien an der Schwelle zum Markteintritt. Jede einzelne von ihnen hat das Potenzial, ganze Märkte umzuwälzen. Miteinander kombiniert werden zudem komplett neue Märkte entstehen, die wir uns heute nicht einmal vorstellen können.

Welche Auswirkungen haben diese technologischen Entwicklungen auf unsere Wirtschaft?
Was wir in den letzten Jahren an Umwälzungen in der Weltmarktwirtschaft durch die Internet-Riesen GAFAM (Google, Apple, Facebook, Amazon, Microsoft) und BAT (Baidu, Alibaba, Tencent) beobachten konnten, war nur ein kleiner Vorgeschmack auf das, was uns mit der nächsten Welle an technologischen Innovationen erwartet. Ich spreche hier gerne von der 10xÄra 1.0. Mit dem Aufkommen von Chips, dem Internet, dem Smartphone und der Cloud haben die oben genann-

ten Unternehmen aus vier Grundlagentechnologien einen Wert von inzwischen rund 5 Billionen Euro geschaffen und damit unseren Dax 30 und mit ihm die 30 wertvollsten Unternehmen Deutschlands in den Schatten gestellt. VW, BMW und Daimler wurden an der Börse Anfang 2020 allesamt von Tesla überholt, und damit scheint auch eine der wichtigsten Schlüsselindustrien unserer Wirtschaft den Anschluss verloren zu haben.

Wir dürfen die nächste Welle an technologischen Innovationen nicht verpassen.
Es ist aktuell noch kaum vorhersehbar, welche Werteverschiebung die nächste Welle an Technologien, die 10xÄra 2.0, mit sich bringen wird. Was ich aber schon heute mit Sicherheit sagen kann: Künstliche Intelligenz, IoT, 3D-Druck, Automatisierung, Blockchain und Co. sind die Technologien der Zukunft. Hier werden bis 2030 riesige, neue Märkte entstanden sein – für die deutsche Wirtschaft ist es extrem wichtig, dass wir in mindestens einem dieser Märkte mitspielen. Schauen wir nur zu, wie sämtliche Innovationen in diesem Bereich in den USA und China entstehen, wird Deutschland bis 2030 zum reinen Abnehmer und Datenlieferanten. Das hätte nicht nur zur Folge, dass wir keine Kontrolle mehr über die Produkte hätten, die unseren Alltag bestimmen. Wir würden außerdem unsere Wirtschaftskraft und somit unsere Verhandlungsposition in globalen Debatten verlieren. Eine Welt, in der nur noch die USA und China über die großen Herausforderungen unserer Zeit diskutieren, möchte ich persönlich nicht erleben.

Deutschland muss wieder zum Innovationsland werden
Deshalb dränge ich unsere Politik und unsere Wirtschaft so sehr darauf, wieder mutig auf Innovation zu setzen. Die 2 bis 3 Prozent Verbesserungen, mit denen unsere Unternehmen bislang gut gefahren sind, werden zukünftig nicht mehr reichen. Wir brauchen 10xSprünge, wir brauchen ein 10xMindset – oder, wie ich sie nenne, eine 10xDNA. Wir müssen uns wieder trauen, groß zu denken und große Visionen in die Tat umzusetzen. Wenn uns das gelingt, sehe ich eine wirtschaftlich starke, nachhaltigere und bessere Zukunft auf uns zukommen. Wir haben das nötige technische Wissen, herausragende Unis, großartige

Ingenieure und die Erfahrung, die es braucht, um Innovationsvorreiter zu werden. Ich hoffe sehr, dass wir noch rechtzeitig aus unserem Wohlstandsschlaf erwacht sind und jetzt bereit sind, wieder mutig nach vorne zu blicken und vorausschauend zu handeln, wie es ein Elon Musk, ein Steve Jobs und ein Jeff Bezos damals getan haben.

Deutschland im Jahr 2030: ein Ausblick
Nehmen wir mal an, Deutschland kriegt die Kurve und entwickelt sich in den nächsten zehn Jahren wieder zum Innovationsvorreiter. Nehmen wir an, unsere Politik bereitet jetzt konsequent den Weg für junge, disruptive Start-ups, und unser Mittelstand traut sich, in technologische Innovationen zu investieren. Wie könnte unser Land 2030 dann aussehen?

Wenn Deutschland wieder zum Innovationsvorreiter wird und in mindestens einem der eben beschriebenen, neu entstehenden Märkte eine bedeutende Rolle einnimmt, würde sich das automatisch auch auf die Weltwirtschaft auswirken. Neben den USA und China hätte dann auch Deutschland wieder die nötige Finanzkraft, um weitere Innovationen hervorzubringen, und es würde eine ähnliche, positive Spirale entstehen, wie es aktuell im Silicon Valley und in China der Fall ist. Wir hätten eine bessere Verhandlungsposition, was den Umgang mit globalen Herausforderungen wie den Klimawandel und die Energiewende (die bis dahin hoffentlich stattgefunden hat) angeht, und könnten außerdem unseren Teil dazu beitragen, dass unser Leben nachhaltiger, sicherer und besser wird.

Flugtaxis, Hyperloops, Fleisch aus dem Labor
Ich glaube an ein Deutschland 2030, in dem wir uns emissionsneutral mit Flugtaxis, Hyperloops und autonom fahrenden E-Autos fortbewegen. In dem keine ganze Kuh mehr geschlachtet, sondern das geliebte Steak im Labor gezüchtet wird. Ich glaube an ein Deutschland 2030, in dem unsere Energie ausschließlich von grünen Energiequellen wie Wind und Sonne kommt und mithilfe von – hoffentlich in Deutschland entwickelter – innovativer Speichertechnologie zwischengespeichert und nach Bedarf in ein smartes Stromnetz eingespeist werden kann. Ich hoffe, dass wir bis 2030 eine Lösung für die

durch die Automatisierung zwangsläufig wegfallenden Jobs gefunden haben werden – ein weitestgehend bedingungsloses Grundeinkommen. Hierbei wird es sehr wichtig sein, dass wir unseren Fokus anpassen und als Bevölkerung neu definieren, warum wir überhaupt auf der Welt sind.

Bislang ist für viele Menschen die Arbeit der zentrale Lebensinhalt, das könnte sich bis 2030 ändern. Auch ich habe nicht auf jede der auf uns zukommenden Fragen eine Antwort, und ich sehe in den nächsten Jahren viele zentrale Fragestellungen auf uns zukommen. Deshalb ist es extrem wichtig, dass wir lernen, über diese Themen breite, öffentliche Debatten zu führen.

Wir müssen das Diskutieren neu lernen.
Bis meine Vision von einem wirtschaftlich starken, unabhängigen und friedlichen Deutschland 2030 wahr wird, gibt es noch viel zu lernen. Vor allem müssen wir als Land wieder lernen, öffentliche Debatten zu führen und zentrale Fragestellungen zu diskutieren. Zu oft werden mögliche Innovationen aus Deutschland im Keim erstickt, weil Bedenkenträger sie zunichtemachen und es keinen Raum für einen offenen, fairen und faktenbasierten Dialog gibt.

Gelingt es uns jedoch, das Diskutieren neu zu erlernen und die Dinge besser abzuwägen, sehe ich große Hoffnung in Deutschland. Wir sind ein Land mit guten, ethischen Werten. Es sollte daher in unser aller Interesse sein, bei den Entwicklungen im Bereich KI, synthetische Biologie und Co. mitzulenken und nicht nur zuzusehen. Denn eines ist sicher: Bei allen berechtigten und unberechtigten Bedenken – aufhalten werden wir die Entwicklungen nicht.

Ich persönlich freue mich auf das Jahr 2030 in Deutschland, aber ich habe auch Respekt vor den Herausforderungen, die wir bis dahin gemeinsam überwinden müssen. Ich bin der festen Überzeugung, dass Technologie unser Leben sicherer, nachhaltiger und effizienter machen kann und dass hier die Zukunft der Weltwirtschaft liegt.

Deshalb investiere ich mit Freigeist in Deeptech-Start-ups und deshalb ist es mein großes Zehn-Jahres-Ziel, einen Weltmarktführer aus Deutschland und Europa heraus mit aufzubauen.

Eine 10xDNA für Deutschland

Deshalb lasst uns eine 10xDNA entwickeln und die uns bevorstehenden Herausforderungen mutig, konsequent und intelligent angehen.

MEINE ZUKUNFTSBAUSTEINE

 Deutschland wird wieder zum Innovationsland.

 Wir bringen einen oder mehrere Weltmarktführer in den neu entstehenden Märkten hervor.

 Unsere Unternehmen setzen mutig und konsequent auf Innovation.

 Wir verhandeln auf Augenhöhe mit den Weltmächten USA und China über globale Fragestellungen

 Wir führen breite gesellschaftliche Debatten über die Fragestellungen unserer Zeit und handeln faktenbasiert und lösungsorientiert.

FRANK THELEN ist ein europäischer Seriengründer, Technologie-Investor und eine TV-Persönlichkeit. Seit 1994 gründet und leitet er technologie- und designgetriebene Unternehmen. In seiner Rolle als Gründer und CEO von Freigeist Capital konzentriert er sich auf Investitionen in der Frühphase. Seine Produkte haben über 200 Millionen Kunden in über 60 Ländern erreicht. Frank war der erste Investor in Start-ups wie Lilium Aviation, Wunderlist, Y-Food und Ankerkraut. 2018 veröffentlichte er mit 42 Jahren seine Autobiografie *Startup-DNA*, die zehn Wochen auf der *Spiegel*-Bestseller Liste stand. Im Mai 2020 brachte er sein zweites Buch *10xDNA* heraus, das sich mit Innovationen und Technologien der Zukunft befasst und ebenfalls zum Bestseller wurde.

Mehr staatliche Eingriffe, aber ein Tech-Boom, zurück aufs Land und deutlich grüner

NATALIE MEKELBURGER

Was wird sich 2030 – zehn Jahre nach Beginn der Corona-Krise – geändert haben? Die kurze Antwort ist: Corona war nicht der riesige Game Changer, den viele zu Anfang der Krise heraufbeschworen haben. Einiges geht schon bald wieder seinen gewohnten Gang. Und doch: Vieles hat sich bewegt, Trends haben sich beschleunigt – sowohl erfreuliche als auch unerfreuliche.

Die Wirtschaft lahmt, der Staat breitet sich weiter aus
Seit der Krise hat die Armut überall in der Welt wieder deutlich zugenommen, und auch im reichen Europa läuft die Entwicklung ihren Zielen für 2030 weit hinterher. Unternehmen fehlt es über Jahre an Investitionskraft, die Löcher in den öffentlichen Kassen werden immer größer, und die Kehrseite der staatlichen Hilfen wird schnell deutlich: Der Staat arbeitet sich in immer weitere Teile der Wirtschaft vor und nistet sich bei einigen Firmen sogar dauerhaft ein. Dort heißt es nun Bürokratie statt Unternehmertum. Einige Airlines und einzelne Großkonzerne hängen auch zehn Jahre später noch an der staatlichen Finanzspritze und haben viel von ihrem unternehmerischen Momentum verloren.

Ein Markt für Klimaschutz
Die ganz große Gefahr staatlicher Eingriffe im Bereich Klimaschutz ist jedoch durch die beherzte Fürsprache einer Vielzahl liberaler Politiker und engagierter Unternehmer abgewendet werden: Statt eines Flickenteppichs nationaler Eingriffe ist 2030 der europäische Markt für Emissionszertifikate kompromisslos für alle Branchen ausgerollt. Die Reduktionsziele für 2030 konnten so zu einem Bruchteil der eigentlich veranschlagten Kosten erreicht werden. Neue Firmen punkten mit überraschenden Ideen und neuen Technologien am Markt. Die Fusion mit dem chinesischen Emissionsmarkt steht kurz bevor.

Comeback des Landlebens und des Mittelstands
Die deutsche Wirtschaftsstruktur hat sich 2030 nur mühsam vom Schock des Jahres 2020 und von den staatlichen Eingriffen erholt. Große Teile unserer mittelständisch geprägten Unternehmenslandschaft sind zwar von einer Pleitewelle weggeschwemmt worden, und das verarbeitende Gewerbe war durch seine internationalen Lieferketten zunächst stark geschädigt. Interessanterweise stellt sich aber nach und nach heraus, dass das Know-how in Natur- und Ingenieurswissenschaften des deutschen Mittelstands nach wie vor gefragt ist. So gewinnen Top-Unternehmen, die die Krise überstanden haben, die besten Köpfe für sich und machen sogar gute Geschäfte damit. Ein Nachwachsen neuer Champions ist aber durch die im Vergleich zu den USA stark verkrusteten Arbeitsmärkte behindert.

Und ein weiteres Merkmal der deutschen Wirtschaft hat ein Comeback erlebt: die mittelständischen Unternehmen im ländlichen Raum. In den Metropolen wurde während Corona das Leben schwerer, weil die physische Distanz dort viel mehr zur Last fiel. So sind die mittelständischen Arbeitsplätze auf dem Land attraktiver und das Wohnen in der Fläche wieder wertvoller geworden. Auch die Gesundheitsvorsorge auf dem Land hat sich verändert: Im Tandem mit Know-how-Zentren in den Metropolen und Onlinemedizin wurde das Angebot auf dem Land erhalten und erlebt, auch weit über 2030 hinaus, eine nicht für möglich gehaltene Blüte.

Renaissance: die neue Landwirtschaft
Der Agrarsektor profitiert von verschiedenen Innovationen. Der Mangel an osteuropäischen Erntehelfern in der Corona-Krise hatte einen Veränderungsschub erzeugt. Von deutschen Mittelständlern entwickelte Ernteroboter haben gelernt, aus verschiedenen Feldfrüchten die jeweils richtigen zu ernten und Daten über den Zustand des Feldes zu erheben. Durch den so möglichen Verzicht auf Monokulturen haben es Schädlinge schwerer, sodass weniger Schädlingsbekämpfungsmittel nötig sind. Die Bewässerungsanlagen arbeiten durch Datenanalyse wassersparender. Und schließlich haben sich in vielen Städten vertikale Gärten durchgesetzt, die zusammen mit der Abwärme von Gebäuden, Kaffeesatzabfällen und Dünger von Fischzuchtanlagen Obst

und Gemüse in Bioqualität ganz nah beim Verbraucher herstellen. Die neue Landwirtschaft ist auch an die regionalen Klimazonen wesentlich besser angepasst und hilft, die unmittelbare Zerstörung von Lebensräumen zu verhindern. Das Insektensterben ist weniger ausgeprägt, und insgesamt hat sich Deutschland als Klimagewinner herausgestellt.

Globalisierung: Totgesagte leben länger
Die Finanzkrise 2009, Brexit und der Handelskrieg zwischen den USA und China sorgten in den 2010ern dafür, dass die Globalisierung ins Stocken geriet. Der Schock durch Corona brachte sie dann für einige Zeit fast ganz zu Fall: Der Luftverkehr wurde praktisch eingestellt, Schlagbäume an den Grenzen wieder heruntergelassen. Die Abhängigkeit von global verteilten Zulieferern erschien kurzfristig als eine Schwäche. Auch das Wiederanfahren der Automobilproduktion war zunächst quälend. Zudem hingen viele Industrien plötzlich am Tropf staatlicher Subventionen, die ihnen Preisvorteile gegenüber ausländischen Konkurrenten verschafften. Die internationale Arbeitsteilung hat sich für die meisten Industrien jedoch als so vorteilhaft herausgestellt, dass die Schwierigkeiten aus dem Weg geräumt und die Lieferketten wieder zusammengefügt wurden. Nur die in Krisensituationen erforderlichen Güter sind speziell definiert, und für sie gelten Sonderregelungen.

Von Gewinnern und Verlierern
Die in der Corona-Krise eingeführte physische Distanz hat den Sinn für Hygiene stärker werden lassen. Das Gesundheitswesen und die gesamte Branche für Gesundheitsdienstleistungen und -produkte profitieren davon. Schon weit vor 2030 landete die Gesundheitsbranche neben dem Klima europaweit sogar auf der Zukunfts-Agenda. Die öffentliche Versorgung in Krisen und Pandemiepläne wurden überarbeitet. Im Bereich Pharma entstand eine neue Produktion in Deutschland. Nicht jeder Centbetrag wird bei der Grundstoffproduktion als ausreichend für eine Verlagerung angesehen; Liefersicherheit und Transparenz über die Inhaltsstoffe haben an Relevanz zugenommen. Der Jackpot für den ersten Impfstoff geht 2021 an eine Biotech-Firma aus Rheinland-Pfalz. Noch im selben Jahr überholt ihr Börsenwert den der großen Automobil-OEMs.

Clean Valley

Das gestiegene Gesundheitsbewusstsein verändert auch unseren Blick auf die Ernährung. Personalisierte Food-Apps zeigen uns 2030 live, welche Produkte optimal in unseren Ernährungs- und Fitnessplan passen, und liefern sie uns über Nacht erntefrisch an die Haustür. Künstliche und natürliche Zuckerersatzstoffe sind auf dem Markt, die weniger gesundheitsschädlich sind. Fleischersatzstoffe werden immer beliebter und ersetzen den Billigfleischkonsum. Das Steak in Bio-Qualität genießt man inzwischen wie den früher üblichen Sonntagsbraten.

Im Rhein-Main-Gebiet haben sich eine Biotech-Industrie und eine kreative Entwicklerszene gebildet, die von dieser neuen Nachfrage profitieren und in Deutschland nicht nur entwickeln, sondern auch produzieren. Entlang des Rheins bildet sich von BASF in Ludwigshafen bis zu Bayer nach Leverkusen das »Clean Valley« für die Biotech-Industrie, das es mit dem Silicon Valley der 2000er-Jahre durchaus aufnehmen kann.

Die neue Mobilität

2030 blicken wir auf eine in vielen Bereichen erneuerte Mobilitätslandschaft. Es wird weniger gependelt, Geschäftsreisen gibt es deutlich seltener. Der virtuelle Austausch ist das neue Normal, Hauptversammlungen, einige Messen und Parlamentssitzungen sind auf digitaler Basis eine echte Alternative. Der Wunsch nach Urlaub und Fernreisen ist dennoch geblieben und hat lange vor 2030 ein Revival erlebt. Echtheit und sinnliche Rundum-Erlebnisse in der Freizeit werden noch wertvoller.

Das Fahren mit dem eigenen Auto, vor der Krise geradezu dämonisiert – wer erinnert sich noch an die SUV-Debatte? –, hat einen Imagewechsel erlebt, da es eine als sicher empfundene Umgebung schafft. Die Automobilindustrie setzt inzwischen auf das emissionsfreie Fahren.

Allerdings: Die Herstellerstruktur ist kaum wiederzuerkennen. Nur noch drei führende Anbieter – ein amerikanischer, ein europäischer und ein asiatischer – von Plattformen und Autobetriebssystemen sind übrig geblieben. Die renommierten deutschen automobilen Marken mit ihren hohen Markenwerten haben sich durch Kooperation den Plattformanbietern angeschlossen. Ein stärkeres Einsteigen ausländischer Investoren ist von der Bundesregierung kurzerhand verboten worden.

In diesem verklumpten oligopolistischen Umfeld haben sich inzwischen kleinere automobile Start-ups hervorgetan, die überraschende Alternativen für klimafreundliche alternative Antriebe auf den Weg gebracht haben. Sie widmen sich mit vollem Erfolg der Nutzung von synthetischen Kraftstoffen, während die großen Oligopolisten voll auf batterieelektrische Antriebe für Kurz- und Mittelstrecke und Wasserstofftechnologie für alle anderen Anwendungen setzen.

Die Oligopolisten werden auch den Zulieferern eine deutlich erhöhte Marktmacht entgegensetzen. Doch auch auf dem nachgelagerten Zulieferermarkt ist Konzentration angesagt. Ein deutsches Zuliefererkonsortium ist in den fahrerlosen elektrischen Transportsystemen noch größer geworden und macht den OEMs als Plattformanbieter einigen Wettbewerb. Das Auto ist zum Smartphone auf Rädern geworden, und datengetriebene Dienste übertrumpfen den Verkauf der Automobilhardware als Profitquelle. Nicht nur das: Schon basteln die großen Hightech-Konzerne am Betriebssystem für die gesamte Smart City, das eine nahtlose Vernetzung zwischen Infrastruktur und Mobilen ermöglichen wird.

Das autonome Fahren hat sich 2030 nicht auf breiter Basis durchgesetzt. Autofahren ist zwar viel sicherer geworden, denn Autos können Unfälle vorausahnend simulieren und so vermeiden. Doch das Gefühl, Herrscher über das Geschehen bleiben zu wollen, bleibt weiterhin wichtig.

Event-Wandel: vom Live- zum E-Erlebnis

Den wahrscheinlich krassesten und dauerhaftesten Bruch hat die Event-Branche erlebt. Messen zu Informationszwecken sind durch hybride Formate ersetzt worden, aber große Sportereignisse, Festivals und Tanzveranstaltungen waren über Jahre hinweg kaum durchführbar. Etliche Sportarten haben eine lange Durststrecke durchlaufen, auch nachdem der Corona-Impfstoff gefunden worden war.

Schon 2021 sind E-Sports-Events im Autorennen populärer und ökonomisch erfolgreicher als ihre analogen Zwillinge geworden. Die Technik für virtuelle Konzerte, die per Virtual Reality in die Wohnzimmer gesendet werden, hat sich schon in der zweiten Hälfte der 2020er durchgesetzt. Die so gesprengten Grenzen des Machbaren haben zu einer Explosion von Kreativität und neuen Möglichkeiten geführt. Die Stars von 2030 sind hybride Wesen mit digitalen und humanen Anteilen; die Grenzen verschwimmen zusehends. Die Gegenbewegung von halblegalen Underground-Clubs, in denen noch real geschwitzt und gefeiert wird, erlebt allerdings auch einen Boom.

Eine kuriose Blüte wird die Krise im Laufe der 2020er noch treiben: Greta Thunberg, die Begründerin von Fridays for Future, wird volljährig und macht aus Angst vor Corona zunächst einmal ihren Führerschein. Doch damit nicht genug: 2029 besteigt sie mit Elon Musk ein SpaceX-Raumschiff, um eine fünfjährige Reise zum Mars anzutreten und dort mit ihm und anderen Gleichgesinnten eine Kolonie für die Rettung der Menschheit zu gründen.

MEINE ZUKUNFTSBAUSTEINE

#1 Die deutsche Wirtschaft lahmt, denn in zu vielen Bereichen sind die marktwirtschaftlichen Strukturen durch staatliche Eingriffe zurückgedrängt.

#2 Doch im Bereich Klimapolitik sind nationale Alleingänge durch ein transnationales Handelssystem von Emissionszertifikaten für alle Industrien abgelöst worden.

#3 Von dem in der Corona-Krise und durch staatlichen Zugriff geschwächten Mittelstand haben nur einige wenige Hidden Champions überlebt.

#4 In der Automobilindustrie gibt es weltweit leider eine noch stärkere Oligopolisierung und eine Konzentration auf einige wenige große Hersteller mit eigenen Antriebsplattformen und Betriebssystemen.

#5 Die Pharma- und Agrarindustrie erlebt weltweit einen nachfrage- und technologieinduzierten Aufschwung, während Tourismus, Messen und Events teilweise durch digitale Angebote ersetzt werden.

NATALIE MEKELBURGER führt die Coroplast Group in der dritten Generation. 1928 hatte ihr Großonkel Fritz Müller die Manufaktur für Elektroisoliermaterialien gegründet. Daraus entwickelte sich ein Global Player für technische Klebebänder und Leitungssätze bis hin zu Hochvoltleitungen für Elektrofahrzeuge. Seit 1997 ist sie in der Geschäftsführung und seit 2006 leitet sie das Familienunternehmen. Neben ihrer unternehmerischen Tätigkeit engagiert Mekelburger sich in den Bereichen Bildung, Wissenschaft und Soziales. Sie gehört unter anderem dem Senat der Fraunhofer-Gesellschaft an und lobt mit CoroArt einen vielbeachteten Preis für junge Künstler aus. Als engagierte Streiterin für die freie Marktwirtschaft meldet sie sich regelmäßig auch öffentlich zu Wort.

Bauen für die Zukunft: Digitalpakt für den Wohnungsbau

PATRICK ADENAUER

Deutschland leidet unter Wohnungsnot, rund eine Million zusätzliche Wohnungen werden benötigt. Wir brauchen in Zukunft vor allem günstigen Wohnraum. Allein die Zuwanderung von Geflüchteten erhöht den Bedarf um 400 000 bezahlbare Wohnungen. Und hier liegt die Krux: Mit nur 3,3 Prozent ist der Anteil des sozialen Wohnungsbaus am gesamten deutschen Gebäudebestand im europäischen Vergleich in Deutschland eher gering (Critical Housing Analysis). Heißt: Der Bedarf an Sozialwohnungen kann heute schon nicht gedeckt werden.

Zwei Faktoren behindern die Bautätigkeit: hohe Kosten – auch für Grund und Boden – und zu lange Genehmigungsverfahren.

Eine Lösung liegt in der Digitalisierung. Wenn sich Unternehmen und Verwaltungen gleichermaßen der Digitalisierung öffnen, bleibt damit auch (sozialer) Wohnungsbau weiterhin unternehmerisch interessant. Und: Die existenzielle Notwendigkeit und soziale Aufgabe des Staates, nämlich die Bereitstellung von Wohnraum, wird damit sichergestellt.

Die moderne Baustelle: Der Roboter arbeitet neben dem Polier
Bei uns im Unternehmen arbeiten wir bereits digital und dadurch sehr effizient. BIM (Building Information Modeling) eröffnet uns große Chancen der Produktivitätssteigerung, wenn alle Gewerke in einem 3D-Modell vertreten sind und man genau sehen kann, wo beispielsweise die Durchbrüche für Leitungen sind. Man baut so schneller und auch weniger fehleranfällig, was die Kosten erheblich senkt. Alle Baubeteiligten sind in einer Cloud. BIM ermöglicht es, den gesamten Bauprozess, vom Grundstückskauf bis zur Abnahme, digital zu steuern.

Ein Problem des Baugewerbes ist immer schon die Ineffizienz und der damit einhergehende Verlust an Wirtschaftlichkeit. Es gibt Schätzungen, dass fast 20 Prozent jedes Bauprojekts Nacharbeiten sind. Die Branche erwirtschaftet im Durchschnitt viel zu geringe Gewinnmargen. Das liegt daran, dass die Bauindustrie immer noch auf Werkzeuge und Verfahren angewiesen ist, die teilweise vor über 100 Jahren entwickelt wurden. Robotik auf der Baustelle kann hier die Lösung des Problems sein.

Unternehmen wie Scaled Robotics (aus Barcelona, an dem wir einen kleinen Anteil halten), die digitale Lösungen für den Bau anbieten, modernisieren und verschlanken den Bauprozess, reduzieren die Fehleranfälligkeit um ein Vielfaches und steigern damit die Produktivität.

Die größte Baustelle: der betonierte Reglementierungsdschungel
Nicht nur auf Unternehmensseite muss digitalisiert werden: Gerade in den Verwaltungen könnten wir langwierige Genehmigungsverfahren extrem beschleunigen, wenn digital gearbeitet wird. Das Gegenteil ist der Fall: Bauanträge müssen heute noch x-fach kopiert in den Verwaltungen abgegeben werden – der interne Postverteilweg läuft noch wie im vergangenen Jahrhundert ab. Ständig geht etwas verloren, und man muss nachliefern. Das Resultat: Der Wohnungsbau stockt, und Menschen finden keinen bezahlbaren Wohnraum.

Auch hier ist die Digitalisierung der Schlüssel: Genehmigungsfristen und Verfahren der Baurechtschaffung müssen digitalisiert und damit beschleunigt werden.

Meine Vision als Bauunternehmer: Alle Seiten im Bauprozess können gleichzeitig und remote arbeiten und nicht, wie es heute noch praktiziert wird, nacheinander, was Prozesse natürlich extrem verlangsamt.

»Denkmalschutz« und falsche Staatgläubigkeit
Warum arbeiten Verwaltungen denn noch so langsam und veraltet?
Wir haben immer noch einen falschen Glauben an den Staat, dessen Regulierungshoheit wir schützen wie ein schönes Baudenkmal. Wir brauchen eine klare Rechtsordnung als Rahmen. Wenn der Staat aber ins Geschehen eingreift und organisiert, wird es immer langsam oder zu langsam sein. Ohne Digitalisierung hätte nicht ein einziges Unternehmen der Baubranche die Corona-Krise überleben können. Wir sehen hingegen das Theater bei den Schulen während der Corona Krise. Die Bautätigkeit hingegen konnte fortgeführt werden, weil Planungen komplett remote weiterlaufen konnten. Das zeigt doch, dass es auch auf Verwaltungsseite funktionieren kann. Die digitale Entwicklung wurde im Bauwesen komplett verschlafen. Und was noch viel schlimmer ist: Dem Staat wird in diesem Land mehr als der fortschrittlichen Wirtschaft geglaubt.

Systembau + Digitalisierung = Renaissance des sozialen Wohnungsbaus
Bezahlbarer Wohnraum muss nicht bedrückend oder hässlich sein. In der Kosteneffizienz liegt der Schlüssel für attraktiven, preisgünstigen Wohnungsbau. Dem Widerspruch zwischen Kosteneffizienz und architektonischer Qualität wollen wir uns mit einem eigenen Start-up gemeinsam mit anderen Marktteilnehmern im Bereich digitaler Systembau widmen.
Unser Ziel: Mieten von 8 bis 10 Euro pro Quadratmeter in guten Lagen in Mittelstädten. Das gibt es unternehmerisch so noch nicht in Deutschland. Die Baukosten werden deutlich gedrückt, wir wollen aber trotzdem attraktiv bauen und Menschen schönen Lebensraum bieten. So kann man in Zukunft bezahlbaren Wohnraum in vielen Städten, in denen der Grund und Boden nicht zu teuer ist, schaffen.

Bezahlbare Fassadenästhetik mit Backsteinen
Bezahlbarer, attraktiver Wohnraum in Städten bedeutet aber auch, dass man »in die Höhe bauen muss«, insbesondere wenn man weniger Grundfläche versiegeln will. Hierzu planen wir einen ganz neuen Hochhaustyp, einen 50 bis 60 Meter hohen Turm, der preiswert gebaut und architektonisch attraktiv ist. Was mir dabei wichtig ist: Form follows function. Die Architektur soll für die Menschen gemacht sein und einer Ästhetik folgen, die gefällt. Wir planen dabei langlebige und ästhetische Backsteinfassaden aus Fertigteilen. Ein Baumaterial, das zu Recht schon im sozialen Wohnungsbau der 1920er-Jahre zum Einsatz kam. Ein schönes Beispiel aus meiner Heimatstadt Köln ist ein Ensemble des sozialen Wohnungsbaus mit Backsteinfassaden im Klettenberggürtel.

Unsere Vision: Wir wollen durch die Systematisierung der Abläufe, der Vorfertigung im Systembau und ihrer digitalen Planung dann nach außen auch Architektur zeigen, die gut aussieht. Rund 100 Jahre nach der Blüte des sozialen Wohnungsbaus wollen wir eine Renaissance einläuten.

Natur und Beton: gelungene Beispiele im sozialen Wohnungsbau
Es gibt schon viele gelungene Beispiele aus Dänemark und den Niederlanden. Im Kopenhagener Stadtteil Bispebjerg zum Beispiel wurde ein Gebäude in Form einer Welle mit hochwertigen Sozialwohnungen geschaffen. Hier zeigt sich, wie gut ein »Wohnblock« aussehen und in den baulichen Kontext der Nachbarschaft integriert werden kann.

In Eindhoven erregt der Bau der »Trudo Vertical Forests« von Stefano Boeri zu Recht Aufsehen. Das wichtige Thema der Grünflächen bei Bauprojekten wird hier vertikal gelöst. Gärten werden in die Höhe gebaut und somit zur Fassade. Urbane Bewaldung in der Architektur kann somit auch zur Verbesserung der Umwelt in Metropolen beitragen.

In Amsterdam begeistert das Gebäude »Terras op Zuid« Bewohner und Anwohner gleichermaßen mit großzügigen Terrassen in Südausrichtung.

Die Beispiele zeigen, dass sozialer Wohnungsbau das Potenzial hat, auch zum Prestigeobjekt für Bauherren und Architekten zu werden, was natürlich dem Standort genauso zugutekommt wie den Bewohnern.

Warum die Schlüsselübergabe oft nicht funktioniert: politisches Klein-Klein

Eines ist klar: Mietpreisbremsen, so wie sie der Berliner Senat durchgeboxt hat, sind das denkbar ungünstigste Mittel, um Wohnraum günstig zu halten. Innenstädte mit gedeckelten Mieten verfallen, so wie Lissabon in den 1970er-Jahren. Keiner will mehr bauen, man senkt den Wert der Wohnungen. Was man so erreicht: Eigentümer wie Mieter werden geschädigt. Es ist ein großer Irrtum des linken Parteienspektrums, Preise kontrollieren zu wollen. Man wird damit keinen sozialen Wohnungsbau begünstigen, das Gegenteil ist der Fall. Mietpreisdeckelung führt zu einer deutlichen Verschärfung auf dem Wohnungsmarkt.

Attraktiver sozialer Wohnungsbau geht aber nie ohne die andere Seite, also die Planungsbehörden und Städte. Sie müssen hier mitspielen, um dem Problem der Unterproduktion von Wohnungen zu begegnen. Das hat einfach viel mit Genehmigungsprozessen und der Verfügbarkeit von Grundstücken zu tun. Hier widersprechen sich oftmals die verschiedenen Ebenen der Politik. Wenn die Bundesregierung 400 000 Wohnungen bauen will, heißt das noch lange nicht, dass dies beispielsweise der Bezirk Köln-Mitte auch so sieht.

Hier kommt es oft zu aberwitzigen Geschichten, wenn zum Beispiel in einer Stadt die Mehrheiten in der Regierung wechseln. Dann wird schon mal um ein Stockwerk gestritten, und ein Baum kann den Ausschlag geben, dass 400 Wohnungen eben nicht gebaut werden. Was mich ärgert: Die Politik verhindert somit den Bau von bezahlbarem Wohnraum für die Menschen.

Das Bau- und Vergaberecht muss dringend reformiert und durch Digitalisierung beschleunigt werden. Der Schlüssel liegt in der Schnelligkeit, um Menschen schlussendlich den Wohnraum zu bieten, und zwar zu dem Zeitpunkt, zu dem sie ihn brauchen. Wohnraum ist und bleibt eine existenzielle Notwendigkeit.

MEINE ZUKUNFTSBAUSTEINE

 Hand in Hand: Roboter und Poliere. Digitale Lösungen für den Bau modernisieren und verschlanken den Bauprozess, reduzieren die Fehleranfälligkeit um ein Vielfaches und steigern damit die Produktivität

 Ende des Reglementierungsdschungels: Alle Seiten im Bauprozess arbeiten digital und damit gleichzeitig und remote.

 Natur und Beton: Mit der Systematisierung der Abläufe, der Vorfertigung im Systembau und ihrer digitalen Planung zeigen wir Architektur, die gefällt. Rund 100 Jahre nach der Blüte des sozialen Wohnungsbaus läuten wir eine Renaissance ein.

DR. PATRICK ADENAUER studierte Betriebswirtschaftslehre an der Universität zu Köln und schloss sein Studium 1985 als Diplom-Kaufmann ab. Anschließend promovierte er ebenfalls an der Universität zu Köln. Von 1985 bis 1989 arbeitete er bei Peat, Marwick, Mitchell & Co. (heute KPMG) in New York und Düsseldorf. Seit 1989 leitet er zusammen mit seinem Bruder, Paul Bauwens-Adenauer, zuerst als Geschäftsführer und ab 1993 als Geschäftsführender Gesellschafter die Unternehmensgruppe Bauwens. Neben seinen beruflichen Verpflichtungen nimmt er seit vielen Jahren Ämter im öffentlichen Leben wahr, so als Präsident des Family Business Network Deutschland – FBN e.V., als Präsident des Verbandes »Die Familienunternehmer « (2005–2011), als Mitglied im Senat der Deutschen Nationalstiftung, sowie als Aufsichts- und Beirat unter anderem bei der Talanx Bancassurance Holding AG, Vollack Management und Beteiligungen GmbH & Co. KG, DuMont Mediengruppe und der TÜV Rheinland AG. Gesellschaftlich engagiert sich Dr. Patrick Adenauer, gemeinsam mit seinem Bruder Paul Bauwens-Adenauer, beispielsweise als Gründer der Kölner Grün Stiftung.

Schöne neue Welt: Kommunikation mit Haltung

SUSANNE BACHMANN

»Das Recht auf freie Vernetzung« wird zum SDG

19. August 2030: Mein Tag beginnt mit der üblichen Medienlektüre, die automatisch neben der Kaffeemaschine als Videostream an der Wand aufpoppt, als ich die Küche betrete. Freundlich begrüßt mich Felix, mein persönlicher Avatar, auf der Vidi-Wall und fragt, was ich zuerst konsumieren möchte: Tagesaktuelles oder News der Unternehmen, die meine Agentur betreut. Ich entscheide mich für die News. Gleich die erste Nachricht freut mich: Das »Recht auf freie Vernetzung«, seit Jahren ein Dauerbrenner, ist endlich auf der UN-Agenda 2050, der Weiterentwicklung der Agenda 2030, gelandet und gehört jetzt offiziell zu den SDGs (Sustainable Development Goals). Das ehrgeizige Ziel: Alle sozial benachteiligten Menschen sollen weltweit Zugang zum Internet erhalten. Google ist einer der Industriepartner, die dieses Thema seit Jahren unterstützen und seit 2013 per Stratosphärenballons abgelegene Landstriche ins Netz holen.

Die EU entscheidet heute über die Zulassung des neuen Covid-Impfstoffes. Inzwischen die fünfte neue Zusammensetzung der Impfung seit 2021. Dank KI-basierter Systeme, die unterschiedlichste Szenarien im Körper eines Menschen simulieren und bestimmte Wirkstoffkombinationen damit ausschließen oder präferieren, werden solche Impfstoffe heute deutlich schneller zugelassen. Die Impfgegner-Bewegung der 2020er-Jahre ist heute kaum noch präsent – die Möglichkeit, hinter die Kulissen der Entwicklungslabore zu schauen, und zahlreiche Online-Tutorials unabhängiger Experten haben dafür gesorgt, dass dem Protest schließlich die Luft ausging. Während ich den medialen Mix genieße, gehe ich mit Felix meine Termine für den heutigen Tag durch.

Felix gibt es übrigens wirklich: Ich spreche mit seinem Hologramm, einer naturgetreuen technischen Adaption meines 35-jährigen Assistenten. Um die Termine hat er sich bereits am Vorabend gekümmert und entsprechende Notizen für unser heutiges Gespräch angelegt.

Smarte Bots in der Kundenkommunikation
Automatisch poppt auf der Vidi-Wall mein erster Termin auf: Planung mit dem Team steht auf der Agenda. Im Hintergrund wird die Verbindung hergestellt – im Split-Screen sehe ich das gesamte Team plus eine Animation der Themen, über die wir sprechen werden. Wir diskutieren kurz, wie sich unsere smarten Chatbots im Kundendialog machen. Eingesetzt haben wir sie vor sechs Jahren; inzwischen sind die kleinen Helfer so gut trainiert, dass sie uns im Abstimmungsprozess mit den Kunden deutlich entlasten. Freigaben – etwa die von Inhalten, Rechnungen oder Angeboten – erfolgen nur noch über diesen Weg. Hat ein Kunde ein Problem, das die intelligenten Bots nicht lösen können, wird automatisch jemand aus dem Team aufgeschaltet.

Wir diskutieren, ob wir Bots auch für unsere Medienarbeit einsetzen werden. Einiges spricht dafür: Könnten wir uns doch mehr um Strategisches kümmern. Die Hälfte des Teams ist dafür, die andere dagegen. Wir verschieben die Entscheidung und konzentrieren uns auf den nächsten Punkt: die steigende Nachfrage nach Gender-Consulting.

Intelligente Audit- und Lernplattformen sorgen (endlich) für mehr Diversity
Ende 2020 haben wir als neuen Geschäftszweig die Beratung zu Diversity aufgebaut und gehören heute zu den bekanntesten Anbietern auf europäischer Ebene. Mit der Corona-Pandemie hatten die Gleichberechtigung und alles, was mit Diversität zu tun hatte, einen Rückschlag erlitten: Viele Frauen in der Corona-Krise (abgesehen von Ex-Bundeskanzlerin Angela Merkel) wurden wieder reduziert auf das, was längst als überholt galt: ihre Rolle als Hüterin des Zuhauses, als Unterstützerin oder Pflegerin – kurz auf alte Rollenklischees, die wir nicht mehr sehen wollten. Für uns Anlass genug, gemeinsam mit britischen Kollegen ein Modell zu entwickeln, das es Organisationen ermögliche, in Strukturen Diversity-Schwachstellen zu identifizieren und gegenzusteuern. Der Renner unseres Consulting-Programms sind die automatisierten intelligenten Audit-und Lernplattformen, die in Firmen, Verbänden, Behörden oder auch Parteien eingesetzt werden, um Organisationen auf zeitgemäßes Gender-oder Diversity-gerechtes Verhalten zu trainieren. Basis dieser Plattform: KI und smarte Bots, die

sich im Lernprozess weiterentwickeln. Wir unterstützen die Organisation in der anschließenden internen Kommunikation, wenn es darum geht, das Gelernte anzuwenden.

Medienneustart mit Prosumenten
Unser nächster Punkt auf der Agenda: Medienarbeit für unsere Kunden. Die großen Medien, wie *Spiegel*, *Die Zeit* oder auch *Bild* haben ihr gedrucktes Angebot komplett eingestellt, sind aber mit einem breiten interaktiven Onlineangebot präsent. Seit der ersten kritischen wissenschaftlichen Auseinandersetzung mit der Berichterstattung während der Corona-Epidemie 2020 stellen sich Spiegel & Co regelmäßig einer unabhängigen Expertenrunde, die nicht nur die Fakten checkt, sondern auch dafür sorgt, dass alle Positionen Gehör finden. Eine der spannendsten Entwicklungen der vergangenen Jahre: Klassische Leser sind zu Prosumenten geworden, die aktiv an den Plattformen mitarbeiten und so die Medieninhalte anreichern, ergänzen oder auch kritisch auf den Prüfstand stellen. Prosumenten kontrollieren sich gegenseitig, sodass Fake-News oder auch Verschwörungstheorien hier keine Chancen haben. Ein Prinzip übrigens, das sich auch in der Politik durchgesetzt hat: Wähler werden inzwischen im politischen Entscheidungsprozess über Onlineplattformen aktiv mitgenommen. Das eine oder andere Gesetzesvorhaben wurde so deutlich bürgernäher verabschiedet als ursprünglich geplant.

MEINE ZUKUNFTSBAUSTEINE

 Das Recht auf freie Vernetzung gilt weltweit und für alle und ist von den Vereinten Nationen als SDG verankert.

 Diversity stellen wir durch intelligente Audit-und Lernplattformen sicher.

 Da, wo Kundenkommunikation automatisiert ablaufen kann, setzen wir auf KI und Bots.

 Medien stellen sich regelmäßig einer kritischen Expertenrunde und ergänzen beziehungsweise hinterfragen ihr Angebot durch Prosumenten.

SUSANNE BACHMANN hat sich, aus dem Journalismus kommend, schon früh in Richtung Marketing und PR orientiert. 1999 gründete sie ihre eigene PR-Agentur Impressions Kommunikation. Zu ihren langjährigen Kunden zählen unter anderem die Deutsche Bahn, E.ON oder das Führungskräftenetzwerk Generation CEO. Der Schwerpunkt ihrer Arbeit liegt in der strategischen Kommunikationsberatung.

Deutschland – Investiere in dich und deine Menschen!

CHRISTIAN MIELE

Das Unternehmertum steht am Scheideweg. Unternehmer und Unternehmerinnen müssen in Zukunft nicht mehr nur darüber nachdenken, Profite zu maximieren, sondern vor allem, welchem gesellschaftlichen Nutzen ihre Unternehmung dient und was sie über das Erwirtschaften von Profiten hinaus für unsere Gesellschaft tun.

Die Rolle der Start-ups spielt in diesem Zusammenhang eine wichtige Rolle. Aktuell steigt eine völlig neue Generation von Unternehmerinnen und Unternehmern auf, die Verantwortung für das Gemeinwohl übernimmt. Und das müssen wir fördern, damit sie florieren können – für unsere Wirtschaft und zum Wohle unserer Gesellschaft.

Der Zweck der Arbeit sollte das Gemeinwohl sein, denn dann ist Arbeit Segen

Genauso wie die Menschen, sprich Konsumenten, angefangen haben, über Nachhaltigkeit nachzudenken, sind Unternehmen im Jahr 2030 nicht mehr ausschließlich auf Profitmaximierung ausgerichtet. Der Zweck der Arbeit ist das Gemeinwohl, und ich glaube, dass sich das für die soziale Marktwirtschaft als ein Must-have durchsetzen wird.

Unternehmen, die dies bereits früh erkannt haben, sind die Otto Group und das Familienunternehmen Viessmann, die ihre Unternehmen als eine der Ersten auf Nachhaltigkeit und soziale Verantwortung ausgerichtet haben. Auch in der Start-up-Szene gibt es zahlreiche Beispiele von Akteuren, die zurückgeben. Eine besonders positive Story dreht sich um Lawrence Leuschner, den Gründer von TIER Mobility, der seine ganzen Anteile gespendet hat. Ein verloren gegangenes Bild – 2030 Normalität.

Denn was wir gelernt haben, ist, dass soziales Engagement nicht zwingend einhergeht mit Verzicht auf Gewinn. Während es früher oft hieß, dass ein Social Start-up zwangsläufig weniger profitabel sei, ist soziales Engagement im Jahr 2030 völlig normal. Die Menschen erwarten gesellschaftliches und ökologisches Engagement, und Unternehmen, die beispielsweise ein Ölunternehmen oder ein Braunkohlekraftwerk aufbauen wollen, werden mit sehr vielen Widerständen zu kämpfen haben. Diese Widerstände hat der dänische Öl- und Gaskonzern Orsted auch zu spüren bekommen und sein Unternehmen in nur wenigen Jahren zum größten Offshore-Windunternehmen der Welt umgebaut. Es ist möglich, Profit und Gemeinwohl in einem Geschäftsmodell zu vereinen.

Unternehmerinnen und Unternehmer halten die Zügel unserer Wirtschaft in ihren Händen und sind sich dieser Verantwortung bewusst geworden. Nichts zu tun oder nur in seine eigene Tasche zu wirtschaften ist im Jahr 2030 glücklicherweise keine Option mehr.

Menschen müssen unternehmerisch handeln.
Auf der globalen Bühne hat sich der War for Talent zugespitzt. Wer im Jahr 2030 Top-Mitarbeiter haben will, muss ihnen auch etwas bieten können. Und damit meine ich nicht einen Kicker im Büro oder eine Karte für den öffentlichen Nahverkehr. Etablierte Unternehmen können mehr Sicherheit und höhere Gehälter bieten. Aber auch Start-ups haben glücklicherweise in den vergangenen Jahren gelernt und bessere Incentives in Form von Mitarbeiterbeteiligungen geschaffen. Letztendlich sind Mitarbeiterbeteiligungsprogramme nichts Neues, allerdings waren sie in Deutschland lange schlecht umgesetzt und nicht wettbewerbsfähig im Vergleich zu internationalen Playern. Das hat sich geändert.

Mitarbeiterbeteiligungsprogramme sind deshalb wichtig, weil man Anreizsysteme für die Mitarbeiterinnen und die Unternehmerinnen, Investoren – alle, die mit einem Unternehmen verbunden sind – aneinander anpasst. So haben Mitarbeiter und Mitarbeiterin den gleichen Anreiz und die gleiche Motivation, sich für die Firma einzusetzen, wie der Unternehmer selbst. Firmen wie Facebook, Google und Co. haben es vorgelebt. Aus diesen Unternehmen sind zahlreiche Millionäre hervorgegangen. Denn eine Beteiligung führt dazu, dass alle in eine Richtung arbeiten und davon profitieren, wenn das Unternehmen erfolgreich ist – und das ist wichtig.

Mitarbeiterbeteiligungen sind zudem gut für das gesamte wirtschaftliche Ökoystem, denn wir kreieren dadurch eine Art sich selbst befeuerndes System. Mitarbeiterinnen und Mitarbeiter, die finanzielle Gewinne mitnehmen, gehen mitunter zurück in die Wirtschaft und gründen selbst ein innovatives Start-up. Das ist wie eine Art Flywheel.

Das bekannteste Beispiel ist sicher Paypal und die sogenannte »Paypal-Mafia«. Elon Musk selbst und einige seiner Mitarbeiter haben später ein paar der weltweit erfolgreichsten Unternehmen gegründet, darunter Tesla, LinkedIn, YouTube oder Yelp – und das auf Basis des Erfolgs von Paypal. Dieses sich selbst befeuernde System dahinter, der Netzwerkgedanke – ist wichtig und damit auch gesamtwirtschaftlich relevant. Davon wird es auch in Deutschland viel geben.

Wir müssen in uns investieren
Für eine neue Gründerzeit in Deutschland brauchen wir bessere Bedingungen für Investoren – vor allem institutionelle. Der Mangel an Wagniskapital war ein Grund, warum jedes vierte Start-up ins Ausland ging – zu Hause fehlte das Geld und die Mitarbeiterbeteiligung war zu kompliziert. Wir spielen schon lange auf einem globalen Spielplatz, was dazu führt, dass Gelder, die unsere heimischen Start-ups in ihrer Wachstumsphase einsammeln, oft aus dem Ausland kommen und die Renditen das Land wieder verlassen.

Der Zukunftsfonds der Bundesregierung hat die Richtung verändert, denn wir haben erkannt, dass in der sozialen Marktwirtschaft das »Soziale« in der Marktwirtschaft eben auch Geld kostet. Und das müssen wir finanzieren. Um unsere Zukunft kontinuierlich weiter selbst gestalten zu können, ist es wichtig, dass wir in schnell wachsende High-growth Companies aus Deutschland investieren. Denn wenn wir in deutsche Firmen investieren, können wir auch die Gewinne sichern.

Das Geld, das wir hierzulande einsetzen, hat zudem soziale Effekte, denn auch Sozialleistungen, das Gesundheitssystem, Straßen und vieles mehr müssen finanziert werden. Das Geld fällt nicht einfach vom Himmel – wird aber durch den Zukunftsfonds bereitgestellt. Aber: Der Staat kann hierbei den Rahmen setzen, darf aber selbst nicht Unternehmer spielen. Das heißt für mich: Wir sind alle gefordert.

MEINE ZUKUNFTSBAUSTEINE

 Wir bilden eine neue Generation an Unternehmerinnen und Unternehmern heran, die Gemeinwohl und Profit auf eine Stufe stellen, damit es 2030 die Norm statt die Ausnahme ist, zum Wohle der Menschen zu agieren.

 Wir denken kollaborativer mithilfe von Mitarbeiterbeteiligungen. Wir brauchen viel mehr Menschen, die unternehmerisch handeln, und vor allem mutigere Menschen. Mit den richtigen Incentives fördern wir dieses Handeln und schaffen ein sich selbst befeuerndes Innovationssystem.

 Wir investieren in uns. Wir haben großartige Firmen, schaffen es aber nicht, die Gewinne für uns herauszuziehen. Mit einem Zukunftsfonds sichern wir Investitionen in unsere Wirtschaft und unsere Gesellschaft. Der Staat kann hier den nötigen Rahmen setzen, darf aber nicht Unternehmer spielen.

CHRISTIAN MIELE ist Partner beim globalen VC Fonds e.ventures. Derzeit betreut er die Investitionen von e.ventures in Coya, Futrli, Leapwork, Paykey, Global Savings Group, Cosi und Herzsache. Christian hat einen Master-Abschluss von INSEAD und ist Präsident des Bundesverbands Deutsche Startups e.V. Er wird von internationalen Medien wie *Wallstreet Journal*, *Bloomberg* und *Handelsblatt* häufig als Experte für Unternehmertum und Risikokapital zitiert. Christian wird auch als Gründungsexperte auf dem nationalen Nachrichtensender n-tv ausgestrahlt. Vom Finanzmagazin *Capital* wurde er zweimal unter die »40 unter 40« Deutschlands gewählt.

New und Old Economy sind obsolet!
Die Zukunft lautet hybride Unternehmensführung – Plädoyer für eine neue Symbiose

FELIX STAERITZ

Das Problem, online Schuhe kaufen zu können, ist gelöst. Durch Venture Capital (VC) finanzierte Start-ups haben sich der Sache angenommen, im Internet Shops aufgebaut und Produktentwicklung, Supply und Marketing auf die Beine gestellt. Sollte das Paket mit den Schuhen einmal unterwegs verloren gehen, geht davon die Welt nicht unter.

Doch die drängenden gesellschaftlichen Herausforderungen reichen aktuell weit über Konsumgüter hinaus. Sie betreffen das Klima und die Gesundheit. Im Gegensatz zu Onlineshops sind solche Herausforderungen systemischer Natur. Die Klimaziele wurden in Paris von 180 Staaten ratifiziert, die verschmutzten Ozeane des Planeten unterliegen internationalem Recht. Wer unternehmerischen und gesellschaftlichen Mehrwert kreieren möchte, der muss sich mit politischen Entscheidern, nationalen Behörden, internationalen Organisationen, wirtschaftlichen Interessen ganzer Branchen auseinandersetzen. VC-finanzierte Start-ups stoßen bei solch systemischen Herausforderungen an ihre Grenzen. Ohne die Durchschlagskraft und Assets von Konzernen und großen Institutionen werden wir keine systemischen Lösungen erleben. Vice versa sind Konzerne und Institutionen auf ein echtes unternehmerisches Mindset angewiesen, geprägt von der festen Überzeugung, binnen kurzer Zeit große Dinge anpacken und skalieren zu können.

Ohne Entrepreneure, die ihre Begabung bereits durch erfolgreiche Gründungen bewiesen haben, werden wir die großen gesellschaftlichen Probleme daher nicht so rasch lösen. Bis 2030 müssen die Treibhausgasemissionen um mindestens 40 Prozent verglichen mit 1990 gesenkt werden. Impfstoffe sollen binnen zwei Jahren entwickelt und vermarktet werden. Wir sprechen hier von Menschenleben, nicht von Sneakern. Der einzige Weg, unsere ganz großen aktuell drängenden Probleme zugleich nachhaltig wie schnellstmöglich zu lösen, ist der

Schulterschluss der besten europäischen Entrepreneure mit Konzernen und Institutionen.

Zur neuen Asset-Klasse Corporate Venture Building
In den Bereichen Klima und Gesundheit hat bis dato kein Innovationsinstrument für nachhaltigen Impact gesorgt: weder Corporate Acceleratoren oder Labs noch Merger & Acquisitions. Wie aber können Ventures aussehen, die die systemische Herausforderung in minimal kurzer Zeit maximal effektiv lösen?

Die Zukunftsfähigkeit europäischer Digitalunternehmen hängt in beiden Bereichen an dem erfolgreichen Schulterschluss von Entrepreneuren und Konzernen. Der Schlüssel für einen echten Kulturwandel? Neue Prozesse und neue Methoden, Zugriff auf neue Talente und damit auf ein gänzlich neues Ökosystem jenseits der Konzernwelt. Dies gelingt nur, wenn Entrepreneure die *gemeinsame* Innovation vorantreiben. Voraussetzung dafür sind geteilte Anreize und Mitsprache. Willkommen im Zeitalter der hybriden Unternehmensführung.

Hybride Unternehmen
Wieso brauchen wir überhaupt so dringend neue Formen jenseits von Start-up und Konzern?

- Klassische Start-ups sind auf Unabhängigkeit und Skalierung getrimmt. Sie wollen ihr Produkt logischerweise einer möglichst breiten Kundenbasis zur Verfügung stellen und ihre Profitabilität maximieren.
- Konzerne wollen für sich hingegen das Maximum aus den Partnerschaften herausholen – sie sehen in der Technologie des Start-ups ein Alleinstellungsmerkmal, einen Vorteil gegenüber der Konkurrenz. Sie wollen logischerweise nicht, dass das Start-up sein Produkt auch an die Konkurrenz verkauft.

Rein spieltheoretisch gedacht stecken wir damit in der Zwickmühle: Denn Profitmaximierung durch größtmögliche Effizienzsteigerungen gelingt nur auf systemischer Ebene, nicht aber durch autarkes, rein profitorientiertes Agieren einer jeden Einheit.

Gesellschaftliche Herausforderungen sind systemischer Natur
Nun sind aber gerade die großen Herausforderungen unserer Zeit systemischer Natur – also die Bereiche, in denen Wertschöpfung für die Gesellschaft und den Planeten dringend notwendig sind. Die digitalen Herausforderungen der 2020er sind nicht mehr der Aufbau des nächsten Onlineshops. Drängende Themen sind die Modernisierung des Gesundheitswesens oder der Kampf gegen den Klimawandel. Die Komplexitäten und Interdependenzen der verschiedenen Stakeholder dieser Bereiche erreichen ein ganz neues Level. Eine Faustformel lautet: Je komplexer es regulatorisch wird, desto höher die systemische Herausforderung.

Die Vorgaben zur Reduzierung der Treibhausgase sind nicht frei erfunden. Jede Tonne Kohlendioxid ist gleichbedeutend mit Menschenleben. Es droht nicht weniger als das Ende des Planeten, so wie wir ihn kennen und lieben. Der Status quo von Wohlstand, Gesundheit und allgemeinem Wohlergehen – in den vergangenen 30 Jahren konnte die Anzahl der Menschen, die in absoluter Armut leben, um 35 Prozent gesenkt werden – ist keine Selbstverständlichkeit: Ohne Innovation in den Bereichen Klima und Gesundheit gibt es keinen gesellschaftlichen Wohlstand. Dafür brauchen wir systemische Lösungen. Und dafür brauchen wir die neue Asset-Klasse Corporate Venture Building.

Nehmen wir das Beispiel »Modernisierung des Gesundheitssystems«: Um hier etwas zu erreichen, muss ein System wie ein Orchester zusammenspielen, die Krankenhäuser und Ärzte, die Patienten, die Krankenkassen und das Abrechnungssystem.

Oder nehmen wir die Mobilitätsbranche, noch immer geprägt durch die Nutzung einzelner Autos: Wir können nicht einfach jeden Verbrenner verschrotten, wohl aber überlegen, was wir tun müssen, damit die Auslastung eines jeden Pkw zunimmt, jeder Einzelne weniger Kilometer individuell im Auto fährt oder sich auch die ausgestoßenen Schadstoffe der bestehenden Pkw-Flotte verringern. Den Bestand kann man nicht einfach abreißen und vernichten, aber man kann ihn optimieren. Dies schafft aber kein Player alleine:

- Start-ups: Nur die Technologie reicht nicht aus. Erforderlich sind Netzwerke, Marktzugang oder Lizenzen. In systemischen Bereichen stoßen sie an ihre Grenzen.
- Konzerne: Neue (plattformbasierte) digitale Geschäftsmodelle sind nicht ihre Kernkompetenz. Um Produkte mit dem richtigen Market Need zu identifizieren, zu bauen, zu vermarkten und zu skalieren, brauchen sie die Erfahrung von Entrepreneuren. Diese kennen solche Prozedere aus dem Effeff.

Es braucht daher entsprechende Anreize durch Eigentum, Verantwortung und Mitsprache. Und es braucht die Einbindung relevanter Stakeholder, politischer Entscheider und führender Organisationen. Die Strukturen unserer Welt zu ignorieren und utopische Lösungen zu denken wäre ein Irrweg. Wir werden nur durch die Zusammenarbeit mit historisch gewachsenen Institutionen radikale systemische Neuerungen erreichen. Es gibt bereits Krankenkassen, Krankenhäuser, Ärzte, Labore, Medikamente und so weiter. Die müssen wir nicht neu erfinden, aber das System, also die Art und Weise, wie sie auf der Plattform »Gesundheitssystem« interagieren, können wir verbessern. Dann erst sprechen wir von Kollaboration, und dann erst lassen sich Lösungen rasch und effizient verwirklichen.

Agilität trifft Wucht
Erst die echte Zusammenarbeit erfolgreicher Entrepreneure und Konzerne in hybriden Unternehmen wird solche Kollaborationen ermöglichen und damit eine neue unternehmerische Epoche prägen. Entrepreneure brauchen die Möglichkeit, einerseits flexibel an Konzernstrukturen anzudocken und andererseits wie echte Unternehmer zu arbeiten. Sie müssen in hybriden Organisationsformen ihre Unternehmer-Natur voll und ganz ausleben können. Aber als Teamplayer. Die Zeit der Alleingänge ist vorbei. Weder internationale Organisationen noch Konzerne noch Start-ups werden daher die Zukunft prägen: Es sind die hybriden Unternehmen, in denen Entrepreneure und Konzerne Eigentum, Verantwortung, Mitsprache und operatives Geschäft so aufteilen, dass jede Organisation und jedes Individuum die jeweilige Stärke im Sinne der Ideallösung einbringt. Wir ziehen alle an einem

Strang. Denn wenn das Paket »Hybride Unternehmensführung« nicht ankommt, dann droht diesmal tatsächlich die Welt unterzugehen.

MEINE ZUKUNFTSBAUSTEINE

#1 Hybride Unternehmensführung: Konzerne, Entrepreneure und politische Entscheider verzichten auf Alleingänge – Kollaboration steht im Vordergrund.

#2 Die neue Asset-Klasse Corporate Venture Building incentiviert Konzerne, ihre Assets in unabhängig agierende neue Digitalunternehmen einzubringen. Dadurch entsteht Mehrwert und Innovation in regulatorisch komplexen Bereichen wie Klima oder Gesundheit.

#3 Durch hybride Unternehmensführung strebt nicht jede Einheit autark nach einer Maximierung des eigenen Benefits. Stattdessen suchen Entrepreneure und Konzerne im Zusammenspiel mit politischen Entscheidern und den relevanten Stakeholdern nach systemischen Lösungen.

FELIX STAERITZ ist Gründer und CEO von FoundersLane, der führende Corporate Venture Builder für Climate und Health. Er ist Mitglied des Board of Digital Leaders des Weltwirtschaftsforums und Autor des Bestsellers FightBack Now. Als Gründer führte er seine Unternehmen erfolgreich bis zum Exit und IPO. Zudem investiert er als Business Angel, Venture Capitalist und durch Private Equity. FoundersLane hat unter anderem Solytic gemeinsam mit Vattenfall aufgebaut. An die weltweit am schnellsten wachsende Plattform für Monitoring und Analyse von Photovoltaikanlagen wurden binnen drei Jahren über 120 000 Anlagen in mehr als 60 Ländern angebunden. FoundersLane hat mit über 30 von *Forbes* gelisteten Unternehmen zusammengearbeitet und ein Team aus über 200 Digitalexperten, wie zum Beispiel Delivery Hero Co-Founder Markus Fuhrmann, zusammengestellt. Felix beteiligte sich auch am Aufbau der Non-Profit-Initiative ShareTheMeal, einer Spendenplattform zur Bekämpfung des globalen Hungers und Teil des World Food Programme der Vereinten Nationen.

Meine Vision für die Next Generation: Deutschland, Land der Denker und Gründer

SARNA RÖSER

Im Jahr 2030 hat die junge Generation der Familienunternehmer die Corona-Scherben zum größten Teil wieder aufgesammelt. Die hohe Staatsverschuldung wird langsam abgetragen. Es war eine Herkulesaufgabe, die Unternehmen nach der Pandemie wieder auf die Straße zu bringen. Doch der Mut und die Entschlossenheit der jungen Unternehmer, die Verantwortung für die Mitarbeitenden, für die Regionen und für den Wirtschaftsstandort Deutschland zu übernehmen, haben Früchte getragen. Bei den Benchmarks, die Marktposition der Unternehmen zu stärken, die Technologieentwicklung zu gestalten und Talente in Deutschland zu halten, sind wir auf einem guten Weg.

Enabling statt Funding

Wir sind mutiger geworden, legen mehr Wert auf unsere eigene Verantwortung. Der Diskussion über die Aufgaben und Ausgaben des Staates ist eine Neusortierung gefolgt. Denn die Krise hat der jungen Generation einen unvorstellbar großen Berg an Neuschulden hinterlassen. Deswegen mussten wir uns einen Staat bauen, der schlank ist – eine Alternative zum allmächtigen Superwohlfahrts- und Maximalrentenstaat der 2010er- und frühen 2020er-Jahre. Ein Staat, der auf Wohlstand durch mehr Eigenverantwortung fußt.

Start-up statt Hängematte

Die Krise hat verdeutlicht, dass wir noch mehr auf den Unternehmergeist in Deutschland setzen müssen. Im Jahr 2030 ziehen junge Menschen nicht mehr eine Verbeamtung und die Hängematte einer Pensionsversorgung vor, sondern verändern ihre eigene Welt mit der Gründung eines Start-ups. Deutschland ist zu einem Land der Denker und Gründer geworden. Endlich wird schon in der Schule vermittelt, was Unternehmertum ist und wie Soziale Marktwirtschaft funktioniert. Es geht darum, junge Leute mit einer unternehmerischen Vision dazu zu ermutigen, ihre Ideen voranzubringen, weiterzuentwickeln, innovative Produkte auf den Markt zu bringen und sich dem Wettbewerb zu stellen.

Unternehmensgründung online statt Amtszimmer

Im Jahr 2030 wird die Digitalisierung so selbstverständlich sein wie heutzutage die Versorgung mit Strom. Bürger und Unternehmer kennen den Gang zum Amt zur Erledigung von Verwaltungsakten nur noch aus Filmen. Mit ihrer digitalen Identität und ihrem Personalausweis können sie sich zweifelsfrei online ausweisen und sämtliche Anliegen unkompliziert erledigen, sei es die Ausstellung von Urkunden, die Ummeldung oder die Beantragung von Kindergeld. Unternehmensgründer müssen nicht länger einen Marathon zu den unterschiedlichen Ämtern laufen, sondern ein zentraler Ansprechpartner erlaubt die schnelle und digitale Gründung – Start-ups sind dann im wahrsten Wortsinne »In-Gang-Setzer« – von neuen Geschäftsideen, von Wertschöpfung und Arbeitsplätzen. Damit bekommen Menschen die Chance, sich selbstständig zu machen und ihre Aufstiegsträume zu realisieren. Und wer weiß, womöglich stehen sie am Beginn eines neuen Familienunternehmens. Womöglich sind sie die Gründer der ersten Generation.

Think bigger, please

Im Jahr 2030 sind wir auf dem Höhepunkt des digitalen Wirtschaftswunders! Wir halten mit im Wettbewerb mit China und den USA. Wir haben unsere Chance – die EU – erkannt und genutzt: So wie wir einen europäischen Binnenmarkt für physische Güter geschaffen hatten, können wir nun die Vorteile eines digitalen Binnenmarktes nutzen. Virtuelle Binnengrenzen existieren nicht mehr. Es gibt eine echte Digitalunion, die es erlaubt, Geschäftsmodelle in der gesamten EU auszurollen und grenzüberschreitende Geschäfte zu vereinfachen. Konkret bedeutet das:

- bestehendes EU-Recht wird unionsweit vollständig in nationales Recht umgesetzt und

- die Rahmenbedingungen für den Umgang mit Daten sind klarer geregelt und behutsam harmonisiert – etwa die Regulierung von Plattformen hinsichtlich des Urheberrechts, Haftung etc.

So haben wir Start-ups einen großen Schub gegeben.

Mehr Klimaschutz, aber bitte mit der Wirtschaft im Boot
In der Jahrhundertaufgabe Klimaschutz geht man nun endlich der Kernfrage auf den Grund: Wie kann man einen effektiven Klimaschutz mit der Marktwirtschaft versöhnen? Den Durchbruch brachte der europaweite Zertifikatehandel: Dadurch, dass wir der Umwelt einen Preis gegeben haben, verursacht Umweltverschmutzung wie die CO_2-Emissionen für Unternehmen Kosten. Anders als noch zu Zeiten der industriellen Revolution ist der Faktor Umwelt nun eine entscheidende Variable unternehmensinterner Kalkulationen. Dadurch haben Unternehmer*innen einen Anreiz, nach dem effizientesten Weg des Klimaschutzes zu suchen – technologieoffen und wettbewerbsorientiert.

Daher: Maßnahmen der Klimapolitik, Techniken der Energieerzeugung und Mobilitätskonzepte beweisen sich nun in einem technologieoffenen Wettbewerbsprozess. Denn auch dies hat die Krise gezeigt: Es bringt nichts, zu lange und starr an einzelnen Technologien festzuhalten.

Mehr Mut für eine starke Wirtschaft
So also könnte mein Deutschland im Jahr 2030 aussehen, wenn wir jetzt dafür die Weichen stellen.

Wir brauchen den Mut für neue und innovative Lösungen haben. Wir Unternehmer*innen brauchen dafür eine vorausschauende und mutige Politik, die faire Spielregeln setzt und Platz für unser unternehmerisches Potenzial lässt. Ohne staatliche Betreuung, ohne Bevormundung, ohne neue Schulden. Vielleicht hat ja die Corona-Krise auch etwas Erhellendes. Nämlich, dass der Wohlstand in unserem Land nicht gottgegeben ist und dass es gute Rahmenbedingungen für eine starke Wirtschaft braucht. #JungUndMutig

MEINE ZUKUNFTSBAUSTEINE

#1 Der Staat im Jahr 2030 ist schlank und eine echte Alternative zum allmächtigen Superwohlfahrts- und Maximalrentenstaat. Ein Staat, der auf Wohlstand durch mehr Eigenverantwortung fußt.

#2 Deutschland ist ein Land der Denker*innen und Gründer*innen. Schüler wissen, was Unternehmertum ist und wie soziale Marktwirtschaft funktioniert.

#3 Unsere Wirtschaft ist von unnötigen Belastungen befreit und die Verwaltung durch flexible und digitale Wege handlungsfähig. Ein Unternehmen lässt sich digital und unkompliziert gründen.

#4 Ohne ein digitales Wirtschaftswunder wird es nicht gehen. Dazu brauchen wir auch eine echte Digitalunion, die es erlaubt, Geschäftsmodelle in der gesamten EU auszurollen und grenzüberschreitende Geschäfte zu vereinfachen.

#5 Klimapolitik darf nicht gegen die Wirtschaft ausgespielt werden. Maßnahmen der Klimapolitik, Techniken der Energieerzeugung und Mobilitätskonzepte beweisen sich in einem technologieoffenen Wettbewerbsprozess.

SARNA RÖSER ist designierte Nachfolgerin eines in dritter Generation geführten Familienunternehmens aus Baden-Württemberg sowie Mitglied der Geschäftsleitung der Röser FAM GmbH & Co. KG. Seit 2018 ist sie zudem Bundesvorsitzende des Verbands »Die jungen Unternehmer« und im Bundesvorstand von »Die Familienunternehmer e.V.«. Sie sitzt im Aufsichtsrat der Fielmann AG sowie im Beirat der Deutschen Bank. Als Stimme des jungen Unternehmertums vertritt Sarna Röser die Interessen von über 1500 jungen Familien- und Eigentümerunternehmer in Deutschland.

Zukunft entwerfen:
Wir sind die »Generation Saat«

SEBASTIAN BOREK

Societal Value anstatt Shareholder Value

2030 kennen wir klassische Unternehmen nicht mehr. Die Zeit starrer Organisationen liegt hinter uns. Vielmehr dominieren Netzwerke von Menschen das wirtschaftliche Geschehen, die sich flexibel zu komplementären Gemeinschaften formieren, um unterschiedliche Aufgaben zu lösen. Ein Algorithmus identifiziert die passenden Personen auf Basis der jeweiligen Anforderungen und lädt diese ein, sich für das Projekt zu bewerben. Vorreiter dieser Technologien waren 2020 beispielsweise Tools wie Asana, im Jahr 2030 sind aus den Scrum Mastern KI-Roboter geworden.

Es herrscht ein neuer, purpose-getriebener Kapitalismus, der neben dem finanziellen Gewinn die Sustainable Development Goals in den Mittelpunkt stellt. Der New Green Deal wird Wirklichkeit. Für die Bewertung von Managern zählt nicht mehr alleine der Shareholder Value, sondern der erreichte Societal Value.

Was 2020 als Teil der Freizeitgestaltung wahrgenommen wurde, definiert in Zukunft unser gesellschaftliches und berufliches Leben. Die Bedürfnispyramide des Psychologen Abraham Maslow dreht sich um, an erster Stelle steht die Selbstverwirklichung. Work Life Balance wird von zukünftigen Generationen nicht mehr verstanden. Zumal das Wort Arbeit nur im Zusammenhang mit Maschinen Sinn ergibt. Wertschöpfung wird besteuert, auch wenn sie von einem Roboter übernommen wird. Die komplett automatisierte Wertschöpfung in allen Bereichen sichert uns Essen, ein Haus und Gesundheit. Wir wandeln uns in eine Gesellschaft, die nicht mehr für den Lebenserhalt arbeiten muss, sondern sich mit der optimalen Gestaltung des Lebens beschäftigt.

Zwei Szenarien konkretisieren diese Entwicklungen:

Mobilität als Treiber des New Green Deals
Mobilität ist angenehmer, günstiger und ökologischer. Niemand besitzt mehr ein Auto. Vielmehr bucht man die notwendige Transportzeit. Ein Algorithmus bestellt uns immer das passende Transportmittel. Das spart Zeit und bringt nebenbei wirtschaftliche Vorteile. Auch Unfälle gibt es nicht mehr, die Städte sind grüner und ruhiger. Autos sind zu einem Ort geworden, an dem wir arbeiten und relaxen. Flugtaxen wie Lilium verhelfen dem urbanen Land zu neuer Attraktivität. Längere Distanzen müssen wir nicht mehr in Kauf nehmen – wir überbrücken sie stattdessen mit Virtual Reality, da das Gefühl, mit jemandem in einem Raum zu sitzen, täuschend echt erscheint. Wir rücken näher zusammen, obwohl wir uns physisch weniger bewegen.

Von Massentierhaltung zur verantwortungsvollen Ernährung
Die globale Ernährungsindustrie erfährt eine Revolution, getrieben von wegweisenden Innovationen, von Robotik, die die verbleibende Landwirtschaft komplett automatisiert, bis hin zu CRISPR (Clustered Regularly Interspaced Short Palindromic Repeats), die Pflanzen züchtet, die auch in der Wüste wachsen. Die Herstellung von In-vitro-Fleisch oder Fleischersatz wie Beyond Meet oder Impossible Burger verändern die Wertschöpfung massiv.

Insgesamt ist die Ernährung deutlich optimiert: Wir konsumieren nur noch, was notwendig für unseren Biorhythmus ist oder einen klaren Mehrwert bietet. Unsere Smartwatch misst unseren Stoffwechsel und sendet uns Vorschläge für verschiedene Gerichte, die dann automatisch von unserem Kochroboter zubereitet werden. Zeit beim Kochen oder in Restaurants zu verbringen kennen wir nur aus alten Filmen. Nahrung kommt aus dem 3D-Drucker – und das in bemerkenswerter Qualität. Vertical Farming, also Landwirtschaft in mehrstöckigen Gebäuden unserer Großstädte, kommt in unserem Alltag an.

»Heutzutage ist kaum etwas realistischer als eine Utopie« schreibt der amerikanische Schriftsteller Thornton Wilder. Bei allem Zukunftsoptimismus wäre es dennoch töricht, gesellschaftspolitische und wirtschaftliche Implikationen außer Acht zu lassen, die die Entwicklung hin zu einer wahrhaftig technologisierten, digitalen Zukunft mit sich bringt. Massive Umbrüche am Arbeitsmarkt und populistische Dynamiken sind nur einige der Herausforderungen. Aufgabe der Generation der Saat ist es, verantwortungsvoll vorzugehen, damit ein nachhaltiger, gesellschaftlich ertragbringender Samen keimt.

MEINE ZUKUNFTSBAUSTEINE

 Das klassische Unternehmen gibt es nicht mehr. Stattdessen dominieren Netzwerke aus Menschen das wirtschaftliche Geschehen, die sich für die Lösung diverser Herausforderungen zusammentun. Ein KI-basierter Algorithmus findet die jeweils besten Experten zu diesen Themen.

 Wir leben den purpose-getriebenen Kapitalismus und messen Manager am erreichten Societal Value.

 Die Wertschöpfung ist automatisiert. Sie sichert uns das Wohnen, das Essen, das Leben. Wir wandeln uns zu einer Gesellschaft, die nicht mehr für ihren Lebensunterhalt arbeiten muss.

SEBASTIAN BOREK ist CEO und Mitgründer der Founders Foundation, die als führende Kaderschmiede im Herzen des deutschen Mittelstands die nächste Generation erfolgreicher GründerInnen ausbildet und aus der Flächenregion Ostwestfalen-Lippe heraus die digitale Zukunft sowie die Entwicklung von B2B-Start-up-Ökosystemen in Deutschland vorantreibt. Fundament der Ausbildung ist das Founders Foundation Education Model, das den gesamten Start-up-Lifecycle von der Idee über den Reifeprozess bis in die Finanzierungsphase hinein systematisch abbildet. Im Zuge des B2B-Ökosystem-Buildings hat die Founders Foundation die Hinterland of Things als eine der führenden Tech-Konferenzen in Deutschland ins Leben gerufen. Die Founders Foundation wurde 2016 gemeinsam mit der Bertelsmann Stiftung von Sebastian Borek und Dominik Gross, CFO, gegründet und hat ihren Sitz im Founders Home in Bielefeld. Sebastian Borek ist Vollblut-Unternehmer mit langjähriger internationaler Erfahrung im Start-up-Bereich und als Business Angel.

Als Experte für Digitalisierung und Transformation hat er darüber hinaus sowohl im eigenen Familienunternehmen als auch in führenden Medienkonzernen unternehmerische Verantwortung übernommen und neue Geschäftsbereiche aufgebaut. Er hat an der NYU in New York Interactive Telecommunications studiert, hält einen MBA der HSG St. Gallen und hat die Ausbildung zum Systemischen Coach am IFW in München absolviert. Sebastian Borek lebt mit seiner Frau und vier gemeinsamen Kindern in Bielefeld.

Handlungsfähig und agil:
Europa der Clubs

JOHANNA STRUNZ

Starkes Deutschland in einem starken Europa

Ein starkes Deutschland 2030 kann es nur in einer starken Europäischen Union 2030 geben. Wir brauchen also nicht nur eine Vision für Deutschland, sondern mindestens genauso dringend eine Vision für Europa.

Ein starkes Europa ist handlungsstark und agil: Um ausreichend Handlungsstärke und Agilität sicherzustellen, orientieren wir uns an dem Leitsatz: »So wenig Europa wie möglich, aber so viel Europa wie nötig und sinnvoll«. Aus diesem Leitsatz leiten sich für Kleinstaaten wie Malta und Luxemburg andere Konsequenzen ab als für bevölkerungsreiche Staaten wie Deutschland und Frankreich. Ein Lösungsansatz ist hier ein Europa der Clubs, das heißt ein Europa, in dem sich einzelne Länder auf Themenbasis zusammenschließen. So kann man den unterschiedlichen Bedürfnissen – wie von Kleinstaaten und sehr bevölkerungsreichen Staaten innerhalb der EU – begegnen. Außerdem können so einzelne Länder als Gruppe themenbezogen schneller vorankommen, als wenn sie immer warten müssen, bis alle Länder der EU die nötigen Voraussetzungen erfüllen. Nicht zuletzt sind auch der Schengenraum und die Eurozone auf diese Weise entstanden.

Europa – ein Kontinent der Unternehmer und Investoren

Meine Vision ist ein Europa, in dem es als erstrebenswert gilt, Investor zu sein, in dem es als erstrebenswert gilt, Unternehmer zu sein. Statt reflexartig immer weiter umzuverteilen, vermitteln wir allen Kindern in der Schule Finanzwissen. Die Grundzüge des Vermögensaufbaus gehören in jedes Schulbuch. Eine Art Pisa-Test deckt auf, wo das Wissen noch nicht da ist, damit entsprechend entgegengesteuert werden kann.

Statt einer Vermögensteuer ermutigen wir Menschen, Vermögen aufzubauen. Die Grundmechanismen des Vermögensaufbaus ist in den Schulen kein Tabuthema, sondern eines der spannendsten und wichtigsten! So gelingt es nicht nur den Privilegierten, die das durch ihr Elternhaus mitbekommen haben, eigenständig Vermögen und finanzielle Unabhängigkeit aufzubauen. Kinder werden damit in Finanzfragen nicht strukturell dumm gelassen. Wenn es in Europa mehr Menschen gibt, die durch Investitionen Vermögen aufbauen, wächst auch das Verständnis dafür, dass wir letztendlich alle in einem Boot sitzen: Denn unser aller Wohlstand hängt am Wohlergehen der Wirtschaft. Man kann sie nicht immer weiter beliebig schwächen und auf der anderen Seite als Gesellschaft einen steigenden – oder gar auch nur gleichbleibenden – Wohlstand erwarten.

Europa als ein attraktiver Standort

Ein starkes Europa ist ein attraktiver Standort. In einer zunehmend globalisierten und zunehmend digitalen Welt ist es in vielen Jobs immer weniger wichtig, wo man sitzt. Und Menschen werden dort sitzen wollen (und Einkommensteuer zahlen), wo das Leben attraktiv ist: nämlich dort, wo es sicher ist, es einen funktionierenden Rechtsstaat gibt, wo Menschen- und Freiheitsrechte garantiert sind, wo man ein gutes und bezahlbares Gesundheitssystem und eine gute Infrastruktur an Kitas, Kindergärten, Schulen und Universitäten vorfindet, wo es eine gute digitale Infrastruktur gibt, wo es gesund ist zu leben (wenig Luftverschmutzung, guter Zugang zu gesunden Lebensmitteln, saubere Gewässer), wo es schön ist zu leben, wo man sich aufgenommen fühlt, wo man Gleichgesinnte trifft. Es ist unser Ziel, ein attraktiver Standort für die besten Mitarbeiter und die klügsten Köpfe zu sein, denn die besten Mitarbeiter sind die Basis für die besten Firmen. Insbesondere auch von Unternehmern und Gründern aus der ganzen Welt werden wir als attraktiver Standort wahrgenommen – als Kontinent der Chancen.

Als Unternehmer arbeiten wir immer daran, unsere Produkte und Dienstleistungen für unsere Kunden noch attraktiver zu machen. In gleicher Weise arbeiten Politiker mit Hochdruck daran, die EU als Standort immer attraktiver zu machen. Und ebenso wie Unternehmer es für ihre Produkte und Dienstleistungen tun, wirbt die EU weltweit selbstbewusst für sich als Standort.

Der Erfolg der unternehmerischen Arbeit wird gemessen an Umsatz und Gewinn. Messen wir doch auch Politiker an ihrem Erfolg! Denkbar in diesem Zusammenhang: eine jährliche Veröffentlichung von Kennzahlen wie die Anzahl von Unternehmensgründungen durch Nicht-EU-Bürger, die durchschnittliche Dauer eines Immigrationsprozesses oder die Anzahl der Bewerbungen für eine EU Blue Card, die wir analog zur Green Card in den USA eingeführt haben.

Umweltschutz – nach der Krise ist vor der Krise

Dass es früher oder später eine weltweite Pandemie geben wird, war schon lange klar. Dennoch haben wir teilweise recht unvorbereitet und überrascht reagiert. Diese Erfahrung kann uns jetzt helfen, beim Thema Klimaerwärmung etwas vorausschauender zu agieren.

So legen wir möglichst viele Externalitäten des Klimawandels, also die durch die Allgemeinheit zu tragenden Folgen, die zum Beispiel lange nicht im Ticketpreis einer Flugreise enthalten waren, auf die Verursacher dieser Kosten um. Auch der Handel mit Emissionszertifikaten wurde deutlich ausgeweitet.

In diesem Punkt sind aber vor allem auch wir als Unternehmer gefragt. Wir müssen mutig und konsequent in Richtung Nachhaltigkeit denken. Wir müssen Technologien, Produkte und Dienstleistungen entwickeln, die es uns ermöglichen, auf diesem Planeten als Menschheit noch möglichst lange gut leben zu können. Und natürlich müssen wir auch profitable Geschäftsmodelle finden rund um diese Technologien, Produkte und Dienstleistungen – nur so können wir sie auch langfristig anbieten und weiterentwickeln. Gerade Familienunternehmen, die in Generationen denken und nicht in Quartalszahlen, sind hier gut positioniert – und auch in der Pflicht.

MEINE ZUKUNFTSBAUSTEINE

 Wir installieren ein Europa der Clubs für ein handlungsfähiges, agiles und starkes Europa.

 Die Dynamiken des Vermögensaufbaus gehören in jedes Schulbuch; das Thema Finanzen wird Schulfach. Eine Art Pisa-Test zeigt, wo wir nachbessern müssen.

 Wir preisen den Umweltschutz individuell ein und dehnen den Handel mit Emissionszertifikaten deutlich aus.

 Politiker werden an ihren Erfolgen und an den Ergebnissen ihrer Politik gemessen.

JOHANNA STRUNZ ist studierte Volkswirtin und absolvierte den B.Sc. Economics sowie den M.Sc. Economics and Finance an der London School of Economics. Nach dem Studium startete sie zunächst als Investmentbankerin bei Goldman Sachs ins Berufsleben, bevor sie dann ins elterliche Familienunternehmen, die LAMILUX Heinrich Strunz Gruppe, eintrat. Dort ist sie nach mehreren Stationen im Unternehmen inzwischen als geschäftsführende Gesellschafterin aktiv. Seit ihrem Eintritt in das Familienunternehmen ist sie aktives Mitglied beim Verband Die Jungen Unternehmer und war dort für drei Jahre als stellvertretende Bundesvorsitzende Mitglied des Bundesvorstands.

Verantwortungseigentum: Unternehmertum nachhaltig stärken

GREGOR ERNST UND ACHIM HENSEN

Das Konzept »Verantwortungseigentum« setzt im Kern unserer Wirtschaft an: bei unseren Unternehmen und deren langfristigen, intergenerationalen Eigentümerstrukturen.

Unternehmen in Verantwortungseigentum, also Unternehmen, die keine Vermögenseigentümer haben, sondern treuhänderisch geführt werden, machen bei unseren dänischen Nachbarn heute bereits 60 Prozent des Aktienwertes aus. Sie verfolgen zwei Prinzipien:

Erstens: das Prinzip der Selbstständigkeit. Alle diese Unternehmen stellen sicher, dass die Stimmrechte immer von Menschen gehalten werden, die mit dem Unternehmen eng verbunden sind. Dieses sinnbildliche Steuerrad wird weitergegeben von Generation zu Generation in einer Werte- und Fähigkeitenfamilie – es wird nicht verkauft oder automatisch vererbt.

Zweitens: das Primat der Vermögensbindung. Unternehmensvermögen bleibt langfristig im Unternehmen. Gewinne sind Mittel zum Zweck, kein Selbstzweck. Diejenigen, die das Steuerrad des Unternehmens halten, haben eben kein persönliches Interesse, das Vermögen um des Vermögens Willen zu erhöhen. Sie werden vielmehr darin bestärkt, die Verwirklichung der Unternehmensidee bestmöglich zu gestalten.

Dieses Konzept ist aber weder sozialistisch – denn wir stellen die einzelne Person, ihre individuellen Fähigkeiten und das Privateigentum in den Mittelpunkt – noch ist es neoliberal – denn wir plädieren nicht für eine geschichtsvergessene Entfesselung der Märkte und des Shareholder Value. Wir schauen also in die Zukunft, ohne auf die Erfahrungen der Vergangenheit zu verzichten.

Wirtschaft setzt beim Menschen an

Eine Wirtschaft, die für uns Menschen da ist, muss bei Menschen ansetzen und von Menschen gestaltet werden: Dazu sollten wir wieder verstärkt auf die europäische Idee der sozialen Marktwirtschaft setzen, besonders auf die Balance zwischen gesellschaftlichen Bedürfnissen und einem starken dezentralen Unternehmertum.

Es braucht Unternehmer*innen, die sich auf profitable Lösungen für die Bedürfnisse der Gesellschaft und die Herausforderungen ihrer Umwelt konzentrieren. In Verantwortungseigentum aufgestellte Unternehmen zielen auf langfristige Selbstständigkeit, halten Vermögen und Gewinne verbindlich im Unternehmen. Sie machen es so wahrscheinlicher, dass die Erfüllung der ursprünglichen unternehmerischen Aufgaben im Fokus bleibt.

Verantwortungseigentum stärkt unsere Unternehmen
Es gibt immer mehr Start-ups und Mittelständler, die ein Unternehmens- und Eigentumsverständnis von Eigenständigkeit und Zweckorientierung auch eigentumsrechtlich sichern und diese Werte damit ihren Kund*innen und Mitarbeiter*innen versprechen.

Diese Orientierung spielt auf zunehmend wertesensiblen Märkten eine immer größere Rolle; das rechtlich bindende Versprechen, das Mitarbeiter*innen und Kund*innen gegeben wird, gewährt Stakeholdern langfristige Sicherheit und motiviert sie. In manchen Fällen wird dieses Versprechen Teil des Geschäftsmodells. Verantwortungseigentum kann sich so zu einem Wettbewerbsvorteil entwickeln. Durch diese Eigentumsstruktur sichern Unternehmer*innen die Selbstständigkeit des Unternehmens langfristig und zielen nicht auf die kurzfristige Maximierung externer, finanzieller Shareholder-Interessen ab. Verantwortungseigentum hat damit das Potenzial für eine Landschaft vieler selbstständiger Unternehmen und leistet so einen Beitrag zu einer dezentralen Wirtschaftsordnung mit einer vielfältigen und wettbewerbsstarken Wirtschaft.

Öffnung für Vielfalt
Da viele Unternehmenseigentümer weder mögliche Nachfolger in der Familie haben noch das Unternehmen an Private-Equity-Investoren oder Konzerne verkaufen möchten, braucht es alternative Ansätze, die nicht nur die Nachfolge regeln, sondern auch sicherstellen, dass Unternehmen, wie Familienunternehmen ohne existenzgefährdende Mehrbelastungen an kommende Generationen übergeben werden

können. Verantwortungseigentum stellt dafür eine Möglichkeit dar. Nachfolger*innen für solche Unternehmen können auch familienintern sein, müssen es aber nicht. Verantwortungseigentum ermöglicht potenziellen Nachfolgern den Zugang zu Unternehmertum durch Leistung, Fähigkeiten und das Tragen der Unternehmenswerte. Denn weder Geldbeutel noch Abstammung entscheiden über die Unternehmensnachfolge.

Verantwortungseigentum schafft eine stabilere Wirtschaft
Verantwortungseigentum trägt dazu bei, unsere Wirtschaft auch nach Corona krisenresilienter aufzubauen. Diese Eigentümerstruktur gibt Unternehmen den Freiraum, den langfristigen erfolgreichen Bestand und Unternehmenszweck in den Vordergrund zu stellen und so langfristige Strategien zu verfolgen – anstatt kurzfristige Shareholder-Value-Maximierung. Auch kann eine solche langfristige Zweckorientierung zu vertrauensbasierten Stakeholder-Beziehungen führen, die in einer Krise vorteilhaft sein können. Außerdem bietet Verantwortungseigentum Schutz vor feindlichen Übernahmen, denn die Kontrolle über das Unternehmen liegt bei Menschen, die mit dem Unternehmen verbunden sind, aber vom Verkauf nicht profitieren können. In Dänemark beispielsweise konnte 2008/2009 während der letzten Finanzkrise durch institutionalisiertes Verantwortungseigentum ein massiver Ausverkauf der dort ansässigen Unternehmen verhindert werden.

Verantwortungseigentum ist ein Konzept für die Zukunft der Arbeit
Die Arbeitswelt der Zukunft wird stark geprägt sein von der Eigenverantwortlichkeit der Mitarbeitenden – Verantwortungseigentum wiederum stellt die Selbstständigkeit des Unternehmens ins Zentrum. Es bietet das Potenzial, ein Organisationsverständnis in Unternehmen zu etablieren, welches das Ziel der langfristigen Selbstständigkeit der Unternehmung und die Eigenverantwortlichkeit eines jeden Mitarbeitenden vereint. Es wird in Zukunft für immer mehr Menschen eine Rolle spielen, wie sie arbeiten: für das Kapital des Unternehmers oder den Wert des Unternehmens. Für bloße Kompensation oder sinnvolle Entwicklung. Fremdbestimmt oder selbstbestimmt.

Die Eigentumsebene in Verantwortungseigentum ermöglicht die volle unternehmerische Gestaltungsmacht. Einzig die Möglichkeiten der Gewinn- und Vermögensentnahmen werden zugunsten der finanziellen Nachhaltigkeit des Unternehmens begrenzt. Für die finanzielle Kompensation gilt das Leistungsprinzip: Arbeitsvergütung und ein fairer Risikoausgleich. Dieses Verständnis hat Auswirkungen auf die Organisationskultur: Freiheit, Verantwortung, Zweckorientierung und Fairness werden als inhärente Prinzipien dieser Unternehmensform wahrgenommen.

Fazit
Verantwortungseigentum bietet eine Alternative für Unternehmer*innen. Trotz der bestechend einfachen Idee ist es in der rechtlichen Umsetzung heute noch komplex und teuer. In einer freiheitlichen Gesellschaft, in der die nachhaltige Entwicklung eigenständiger und werteorientierter Unternehmen von zentralem Stellenwert ist, sollten rechtliche Mittel zur Verfügung stehen, welche die unternehmerische Selbstständigkeit, Vermögensbindung und Zweckorientierung in Unternehmensverfassungen wirksam und rechtssicher verankern. Wir arbeiten für eine Zukunft, in der die Umsetzung von Verantwortungseigentum leichter wird. Und sind überzeugt, dass darin ein wichtiger gesellschaftlicher Beitrag liegt.

UNSERE ZUKUNFTSBAUSTEINE

#1 Deutschland setzt auf eine europäische Kultur langfristiger, intergenerationaler Verantwortung – auch unabhängig von Staat und Familie.

#2 Unternehmer*innen treten in kleinen und mittelständischen Betrieben die Nachfolge an, ohne das Unternehmen erben oder kaufen zu müssen.

#3 Unternehmen in Verantwortungseigentum bilden in Deutschland einen lebendigen Bestandteil der Unternehmenslandschaft.

ACHIM HENSEN ist Wirtschaftspsychologe und studierte Management und Entrepreneurship. Unternehmensentwicklung auf der Basis von Sinn, Vertrauen und Eigenverantwortung steht im Zentrum von Achims Arbeit. Mit diesem Anliegen und der Erkenntnis, wie eng Zusammenarbeits- und Eigentümerstrukturen verbunden sind, unterstützt er heute als Mitgründer der Purpose Stiftung und Purpose Ventures e.G. Unternehmen dabei, passende Lösungen im Kontext von Verantwortungseigentum zu finden.

GREGOR ERNST begeistert sich seit seinem Studium der Wirtschaftswissenschaften an der Universität Witten/Herdecke für das Thema Verantwortungseigentum und dessen Potenzial für Unternehmer. Seitdem Mitarbeit und -gestaltung bei GTREU – Gesellschaft treuhändischer Unternehmen. Er ist Gründer eines Software-Start-ups mit dem Fokus Datensouveränität. Heute setzt er sich als Gründungsvorstand und Mitglied der Geschäftsführung bei der Stiftung Verantwortungseigentum dafür ein, das zukunftsweisende Unternehmensverständnis »Verantwortungseigentum« gesellschaftlich zu stärken.

Glück ist unsere Währung

THOMAS SCHINDLER

Rückblick

Ungefähr 2020 entstand aus der Situation von Angst und Verwirrung um den drohenden Kollaps aller globalen Ökosysteme die Bewegung »100 Prozent«, die sich zum Ziel gesetzt hatte, im deutschen Grundgesetz zu verankern, dass jede Handlung, die zulasten zukünftiger Generationen geht, als kriminelle Handlung eingestuft und dementsprechend geahndet wird.

Wie der Name 100 Prozent impliziert, richtete sich die Bewegung an jeden Menschen in Deutschland. Die Annahme dahinter ist, dass jeder Mensch ein direktes Interesse am Wohlergehen zukünftiger Generationen hat, weil jeder Mensch Tochter, Sohn, Mutter oder Vater,

Großvater oder Großmutter, Onkel oder Tante eines Menschen ist, dem man eine gute Zukunft wünscht.

Es war, als hätte die Gesellschaft auf diesen Moment gewartet. Nach kurzem Widerstand seitens der Wirtschaft und Politik brachen die Dämme, und eine Welle positiver Neugestaltung erfasste das Land.

Schnell wurde klar, dass die bisherigen Grundannahmen wirtschaftlichen Handelns nicht mehr zeitgemäß waren und zwangsläufig Verschmutzung und Ausbeutung zur Folge haben.

Dies lag daran, dass der Wert der Währungen, die wir als Tauschmittel verwendeten, dem Wachstum der Wirtschaft entsprach. In der Folge lag das Hauptinteresse von Politik und Wirtschaft in der Vergangenheit darin, diesen Wert – das Bruttoinlandsprodukt – zu erhöhen. Wenn man stattdessen aber Geld als »Währung« für die Lebensbedingungen zukünftiger Generationen definiert, würde sich automatisch auch das Interesse darauf richten, diese zu verbessern.

Diese Sichtweise fiel auch innerhalb der Europäischen Union auf fruchtbaren Boden, sodass die EU den Euro neu definierte und festlegte, dass sich sein Wert am Wohlergehen zukünftiger Generationen messen lassen sollte.

In der Folge dieser Veränderungen entstand eine neue Generation an Millionären und Milliardären – Menschen, die vor allem reich an Glück, also schlicht glücklich, sind. Durch die direkte Verbindung von Geld und dem Wohlbefinden der Menschen und des Planeten werden diejenigen unternehmerischen und wirtschaftlichen Aktivitäten belohnt, die diesen Zustand fördern und Ausbeutung abschaffen.

Bereits existierende, aber schlummernde Innovationen und altes Wissen, das nicht zum Bruttoinlandsprodukt beiträgt, erleben eine Renaissance. Man entdeckt, dass es sehr gut möglich ist, mehr als zehn Milliarden Menschen auf dem Planeten gesund zu ernähren, ihnen sicheren und schönen Wohnraum zu bieten und sie mit Bildung zu versorgen.

Viele dieser Innovationen tragen gleichzeitig dazu bei, die Balance des globalen Ökosystems wieder auszugleichen. Auch wenn wir noch weit von dieser Balance entfernt sind, ist schon messbar, dass die Übersäuerung der Ozeane, der Anteil an Treibhausgasen in der Luft und die Menge an Plastik im Lebensmittelkreislauf zurückgehen.

Ausblick
2030 ist absehbar, dass wir noch einige Schritte weiter gehen können. Wir haben es geschafft, unsere Gesellschaftsverträge so umzugestalten, dass sie das widerspiegeln, was wir tief in uns schon immer wussten: Wir sind glücklich, wenn die Menschen um uns herum glücklich sind, wir brauchen nicht viel Materielles zum Leben, und wir können sehr gut und mit sehr vielen Menschen im Einklang mit der Natur leben.

Jetzt bereiten wir uns, gut ausgestattet, auf die nächsten Schritte vor. Wir werden den gesamten Planeten zur Allmende, zu gemeinschaftlichem Eigentum, erklären und damit jede Form von Besitz auflösen. Wir verstehen uns als Verwalter des Wohlergehens zukünftiger Generationen und arbeiten damit auch am Wohlergehen aller aktuell lebenden Menschen.

Damit wir das tun können, verteilen wir uns in kleinere Einheiten von wenigen hundert Menschen auf die noch bewohnbaren Regionen des Planeten. Auch wenn jede dieser Einheiten zum Teil eigene Regeln entwickelt, tauschen sich alle Menschen darüber aus, wie wir den besten Beitrag für die Zukunft leisten können.

Voraussetzung dafür ist innere Klarheit, tiefes und breites Wissen und ein gemeinsames übergeordnetes Ziel. Wir unterstützen uns gegenseitig darin, diese innere Klarheit zu kultivieren, neues Wissen zu schaffen, altes Wissen zu beleben und allen Menschen zugänglich zu machen.

Und in diesem neuen Leben finden wir neue und ungeahnte Tiefen unseres Wesens und unserer Ausdrucksmöglichkeiten – wir finden den Raum und die Zeit, eine Form des Menschseins zu erleben, die wir schon immer in uns gespürt haben, für die wir aber keine Worte, keine Orte hatten. Jetzt haben wir sie.

MEINE ZUKUNFTSBAUSTEINE

 Eine einzige gute Entscheidung setzt eine positive Kaskade in Gang. Das Wohlergehen zukünftiger Generationen wird zum Kern aller gesellschaftlichen, wirtschaftlichen und politischen Entscheidungen.

 Um die positive Kraft unternehmerischen Handelns auf nachhaltiges Wirtschaften zu richten, decken wir unsere Währungen nicht mehr durch das Bruttoinlandsprodukt, sondern messen sie am Wohlergehen zukünftiger Generationen.

 Da wir gemeinsam am Wohlergehen zukünftiger Generationen arbeiten, wird Eigentum obsolet. Allen gehört alles.

THOMAS SCHINDLER ist in einem naturwissenschaftlichen Haushalt und mit Freunden in der ganzen Welt aufgewachsen. Die dominierende Unterhaltung in seiner Kindheit bezog sich auf die Frage, wie wir eine gute Welt schaffen können. Er leistet seinen Beitrag zur Beantwortung dieser Frage in der praktischen Anwendung der tief in ihm angelegten Denkmuster in Form von Technologieprojekten, Initiativen und Unternehmen. Dies tut er als Gründer und Geschäftsführer von delodi.net, als Initiator von GITA Deutschland, als aktives Mitglied diverser Gremien und Vorstände, um nur einige zu nennen. Darüber hinaus tut er sein Bestes, einen offenen und kritischen Geist zu kultivieren und die Grenzen des denk- und machbaren zu erforschen. Dabei wird er aktiv von einem fantastischen Sohn und einer wundervollen Frau unterstützt. Ein Ort, um diesen diversen Aktivitäten zu folgen, ist thomas.cr

Auf digitaler Augenhöhe

CHRISTINA RICHTER

2016 war ich das erste Mal in China und war erschlagen von den technologischen Tools und den Möglichkeiten, die diese mit sich bringen: Mobile Payment via QR Code, Bestellen im Restaurant via Handy, die Verknüpfung von Online und Offline im Einzelhandel, menschenlose Mini-Supermärkte und vieles mehr. Zurück in Berlin fühlte ich mich fortan wie ein digitaler Neandertaler, der noch mit Bargeld zahlt.

Dieses Gefühl blieb über Jahre bestehen – China entwickelte sich rasant weiter, Deutschland blieb gefühlt auf der Stelle stehen. Auch in anderen europäischen Ländern sah ich mehr digitalen Fortschritt als bei uns. Nun stehen sich im Vergleich Deutschland versus China ein zentralistisch gesteuertes und ein föderalistisches System gegenüber, die unterschiedlicher nicht sein könnten. Dennoch müssen wir uns in Deutschland aktiv damit beschäftigen, was in China passiert. Denn China hat auf der digitalen Autobahn links geblinkt und rechts überholt.

Digitale Ökosysteme verknüpfen alle Bereiche unseres Alltags

Die Entwicklung Chinas in den letzten Jahrzehnten ist mehr als beeindruckend: Noch in den 1980er-Jahren war die chinesische Wirtschaft nicht einmal halb so groß wie die westdeutsche. Im Jahr 2030 übertrifft das chinesische Bruttoinlandsprodukt die gesamte deutsche Wirtschaftsleistung um mehr als das Dreifache.

Die chinesischen Tech-Player haben es mithilfe von Technologie geschafft, den Konsumenten wirklich in den Fokus aller Aktivitäten zu stellen. Denn diesen interessiert es am Ende herzlich wenig, welches Unternehmen oder welche Abteilung an welcher Stelle der Customer Journey welche Rolle gespielt hat. Und nicht nur im Einzelhandel ist China digitaler Vorreiter – mithilfe des QR-Codes hat das Land ganze Branchen miteinander vernetzt und alte Strukturen komplett aufgebrochen und neu sortiert.

In Deutschland steht im Jahr 2030 der Konsument im Mittelpunkt jeglicher Aktivitäten. Traditionelle Strukturen, zum Beispiel in Form von Branchen, gibt es nicht mehr. Das Sharing-Konzept, das wir erstmalig in der Mobilitätsbranche kennengelernt haben, zieht sich 2030 durch alle Lebensbereiche des Menschen. Wir arbeiten kollaborativ, und das firmen-, branchen- und länderübergreifend, an innovativen Lösungen. Unsere Häuser und Wohnungen sind komplett smart und vernetzt mit den verschiedenen Bereichen, die für uns im Alltag relevant sind. Unser Bett misst unseren Puls und trackt unsere Schlafgewohnheiten – und gibt bei Bedarf Verbesserungsvorschläge. Unser Kühlschrank kauft automatisch ein, wenn Basislebensmittel ausgegangen sind. Wenn wir die Wohnungstür öffnen, fährt der Fahrstuhl vor, denn die Tür ist per Sensor mit diesem vernetzt. Kein Warten mehr erforderlich.

Unsere Autos sind mit unseren Arbeitscomputern verknüpft, sodass wir während der Fahrt mittels Sprache arbeiten können. Autos fahren 2030 nämlich autonom, sodass wir uns nicht mehr aufs Fahren konzentrieren müssen. Das Auto an sich ist auch nur noch ein Chip, der komplett personalisiert ist, und das Vehikel drumherum nur noch eine Art Gondel, mit der wir auch fliegen können. Unterwegs können wir unseren Einkauf erledigen und diesen nach Hause liefern lassen, pünktlich zu der Zeit, wenn wir zu Hause ankommen. Arzttermine oder Behördengänge werden über das Smartphone gesteuert, und für einfache Beschwerden müssen wir auch nicht mehr zum Arzt gehen – das funktioniert per Videobehandlung.

Einzig autonom fahrende Supermärkte, die auf Abruf vor unserer Tür vorfahren, wird es hierzulande noch nicht geben, dafür ist China uns einfach ein paar Schritte zu weit voraus.

Personalized Learning statt »One fits all« hat Priorität in der Schule
In China fließt ein Großteil der Investitionen in das Schulsystem. Mit gutem Grund. Die wichtigsten Skills, die Computer oder Roboter nicht haben, sind Kreativität oder auch kritisches Denken. Das chinesische Bildungssystem war lange nicht dafür ausgestattet. Technologie hilft, Lernen individueller zu gestalten.

In Deutschland 2030 nutzen wir Lernsysteme, die alle in den Lernsitzungen erstellten Daten erfassen. Die Technologie bildet die Wissenslücken eines Schülers so genau wie möglich ab und nutzt einen Wissensgraphen, der mithilfe von Algorithmen für maschinelles Lernen erstellt wurde. Das System aktualisiert sein Modell auf der Grundlage des Kenntnisstandes eines bestimmten Schülers und passt den Lehrplan entsprechend an. So werden Schüler ihren Bedürfnissen nach geschult, und es werden die Skills, die sie besonders gut beherrschen, noch stärker in den Vordergrund gestellt. Wir unterrichten nicht mehr nach dem »One fits all«-Prinzip, sondern gehen individuell auf die Fähigkeiten und Bedürfnisse des jeweiligen Kindes ein.

Der Unterricht findet modular statt, das heißt, es gibt nach wie vor gemeinsame Unterrichtssequenzen, in denen allgemeines Wissen vermittelt wird. Darüber hinaus gibt es Kleingruppen- oder sogar Einzelunterrichtssequenzen, in denen Schüler mittels Laptop oder Tablet an ihren Fokusthemen arbeiten. Dieser personalisierte Unterricht ermöglicht es Kindern, ihre Schwächen besser auszugleichen, vor allem aber verstärkt an den Fächern und Themen zu arbeiten, in denen sie gut sind.

Die Schule ist weiterhin der Ort, an dem Kinder zusammentreffen, denn Schule als Institution erfüllt ja auch einen sozialen Erziehungsaspekt. Der Lehrplan sieht allerdings im Jahr 2030 viel individueller aus und passt viel besser zu den Anforderungen der 21. Jahrhunderts.

Digitales Mindset als Grundlage für alle Innovationen ist ein Muss
Historisch bedingt haben die Deutschen Angst davor, dass jemand anders ihre Daten kennt. Um digitalen Fortschritt zu ermöglichen, brauchen wir Daten. Denn Technologie, die die Daten lesen und auswerten kann, nutzt uns herzlich wenig, wenn wir die Daten gar nicht erst nutzen dürfen.

Da wir auf globaler Bühne mitspielen möchten, haben wir einen für uns funktionierenden Rahmen für digitale Innovationen geschaffen. Im Rahmen unserer Datenschutzgesetze gibt es 2030 Systeme, die Daten nutzen können und diese zum Wohle der Wirtschaft und Gesellschaft einsetzen können. Wir haben ein digitales Mindset entwickelt, dass uns als Land zugutekommt, und ruhen uns nicht mehr auf den Erfolgen der Vergangenheit aus. Wir blicken stattdessen in die Zukunft und haben eine Neugier entwickelt, die uns neue Tools ausprobieren lässt. Die Erfolge unserer Blockchain- und Climate-Tech-Unternehmen ermutigen uns, auch in anderen digitalen Bereichen weiter voranzuschreiten. Wir sind im Jahr 2030 führend in diesen beiden Bereichen und stellen unsere Technologien auch chinesischen Unternehmen zur Verfügung.

Mit unserem digitalen Know-how sind wir im Jahr 2030 in der Lage, mit China auf digitaler Augenhöhe zu interagieren.

MEINE ZUKUNFTSBAUSTEINE

 Digitale Ökosysteme verknüpfen alle Bereiche unseres Alltags, und die Technologie ist der Enabler. So schaffen wir unnütze Wartezeiten ab und können unseren Alltag bewusster und fokussierter leben.

 Personalisiertes Lernen ersetzt unser »One fits all«-Schulmodell. So werden Kinder besser gefördert, die Themen, die sie gut können, stärker zu verfolgen und die Dinge, die sie nicht gut können, zu verbessern – ohne dass andere Schüler bevorzugt oder benachteiligt werden.

 Ein digitales Mindset ist das A und O digitalen Fortschritts, denn wenn wir digitale Innovationen nicht fördern *wollen*, dann werden wir das auch nie *tun*.

CHRISTINA RICHTER ist Personal-Branding und Kommunikationsstrategin mit Sitz in Berlin und berät Unternehmen und Unternehmer*innen aus aller Welt. Sie ist Expertin für digitale Trends in China und Co-Autorin des Sachbuchs *Digitales China: Basiswissen und Inspirationen für Ihren Geschäftserfolg im Reich der Mitte*, mit dem sie ihre Leser in zwölf Episoden ins digitale China führt. Ihre Mission ist es, mehr Verständnis für die wohl digitalste Gesellschaft der Welt zu schaffen. Christina Richter hat einen Magister in internationalem Informationsmanagement mit Schwerpunkt in interkultureller Kommunikation.

Neu gedacht: Der Nachwuchs macht den Unterschied

THURID KAHL

Fünf Ansagen für die Weiterfahrt
Wie sieht die Wirtschaft 2030 idealerweise aus, wenn der Konsum bewusster wird und Sinn, Qualität und Nachhaltigkeit erfolgreiche Unternehmen definieren werden? Es erfordert neue Strategien, um als Unternehmen profitabel zu sein und sich glaubhaft im Dschungel der neuen Anbieter durchsetzen.

Neue Standards und Kennzahlen – aber bitte mit Purpose
Aus dem veränderten Konsumverhalten ergeben sich nie da gewesene Standards für Produkte und sogar neue Industrien, die (zunächst) dadurch definiert sein werden, was sie *nicht* beinhalten – Leben ohne Auto, verkehrsreduzierter Städtebau – oder was sie anders anbieten können, zum Beispiel neue Ess- und Freizeitgewohnheiten.

Unternehmen werden investieren müssen, um zukünftig für Konsumenten relevant zu sein. Zum Beispiel, indem sie ihre Profitvorstellungen in eine umfassendere Kosten-Nutzen-Analyse einbetten, die Auswirkungen auf die natürlichen Ressourcen der Erde sowie die Lebensräume und die Lebensqualität von anderen Lebewesen berücksichtigt, und zwar nicht nur hier und jetzt in Deutschland, sondern global und auch für zukünftige Generationen.

Finanzierungen werden nur dann genehmigt, wenn es glaubhafte und nachhaltige Zukunftsmodelle gibt, die auf neue KPIs wie Impact, sozialen und ökologischen Purpose sowie Haltung einzahlen. Und damit entfallen beispielsweise Rettungsschirme für Fluggesellschaften, die keine ökologische Umsteuerung in Aussicht stellen. Gefördert werden neue integrierte Konzepte, die ihr Marktumfeld kritisch hinterfragen, indem sie keine Kurzstreckenflüge mehr anbieten für Zielorte, die auch mit der Bahn erreicht werden können.

Ein Unternehmen muss nicht länger nur gewinnbringend, sondern zukünftig insbesondere auch sinnstiftend sein. Das gilt im Verhältnis zu Konsumenten ebenso wie in der Innenbeziehung mit den

Mitarbeitern. Traditionelle Incentivierungssysteme haben ausgedient und schrecken ab. Eine inspirierende Vision und sinnstiftende Produkte entfalten ein größeres Potenzial.

Ökologisch und verantwortungsvoll – mit echtem Mehrwert

Ein ökologisches Wirtschaften wird zunehmend fester Bestandteil eines neuen Marktstandards sein, der durch die Verbraucher vorausgesetzt wird. Der übermäßige Verzehr natürlicher Ressourcen durch starkes quantitatives Wachstum der Wirtschaft muss überwunden werden. Diese Entwicklung wird durch Forderungen der jüngeren Generationen getrieben und muss durch staatliche Regulierungen flankiert werden.

Negative externe Effekte des wirtschaftlichen Handels, zum Beispiel die Kosten des Umweltschadens durch hohen CO_2-Ausstoß in der Produktion, werden im Preis des Angebots einbezogen. Aus der ökologiebewussten Umgestaltung der Wirtschaft ergibt sich eine riesige Chance für die deutsche Wirtschaft, zum Beispiel durch Investition in Innovationen und neue Technologien, die neue Arbeitsplätze schaffen. Große neue Geschäftsfelder entstehen aus der Verbindung aus Wirtschaft und Umweltschutz in der Elektromobilität oder neuen Geschäftsmodellen durch den großen Trend der *Sharing Economy* – dem Nutzen statt Besitzen.

Unternehmen werden umdenken müssen. Wenn sie weniger verkaufen, müssen sie Produkte anbieten, die mehr Profit generieren. Das bezieht sich auf die eingesetzten Materialien, aber auch auf den Mehrwert, den die Produkte bieten: Ein altbackener Trimmtrainer wurde 2020 zum Cardiostudio zu Hause. In zehn Jahren werden solche Geräte Daten sammeln, mit denen sich Gesundheitsprognosen und Ernährungs-, Bewegungs- und Entspannungspläne erstellen lassen, um die Lebensleistung zu maximieren – und Arztbesuche auf ein Minimum reduzieren.

Menschenorientiert und kooperativ

Wir können die Wirtschaft so reorganisieren, dass sie für die Menschen da ist und nicht umgekehrt. Wir haben herausragende Positionen bei Maschinen, Anlagen und Infrastruktur sowie beim technologischen Fortschritt. In den nächsten zehn Jahren können wir diese Spitzenposition so umbauen, dass sie sich mit dem gesunden Fortbestehen unserer Erde verträgt. Was uns dazu befähigt: Wir nutzen die Wachstumschancen von Krisen und denken radikal um.

Sicherlich hat das Prinzip der Konkurrenz in der Vergangenheit zu Innovationen und Fortschritt im Wettstreit geführt. Aber vor dem Hintergrund der globalen Herausforderungen der Zukunft scheint eine Hinwendung zum Prinzip der Kooperation dringend erforderlich.

Um den Wirtschaftsmächten China und USA eine relevante Größe entgegenzusetzen, werden Unternehmen zukünftig in vielen Teilen der Wertschöpfungskette zusammenarbeiten. Der Zusammenschluss in Netzwerken und über Plattformen statt gegeneinander im Wettbewerb bietet einen Nährboden für effiziente, schnelle und innovative Entwicklungen. Was bei dem einen Unternehmen erdacht, wird von einem anderen auf Basis deutscher Ingenieurskunst gebaut, ein drittes übernimmt den Sales- und Marketingprozess. Das erleichtert die große Komplexität zukünftiger Aufgaben und die daraus resultierende zunehmende Spezialisierung. Ein erfolgreiches Beispiel für eine kooperative Zukunftswerkstatt ist das Rezyklat-Forum – ein Zusammenschluss aus Handel und Industrie, mit dem gemeinsamen Ziel, eine mehrwertstiftende und gesellschaftlich bedeutsame Lösung für Verpackungsmüll zu finden.

Global und lokal – mit gemeinschaftlichem Wertesystem

Die negativen Effekte der Globalisierung werden zunehmend sichtbar: Umweltschäden, eine steigende Ungleichheit der Verteilung von Wohlstand und Ressourcen, Verlagerungen ganzer Industrien und Wirtschaftszweige in andere Volkswirtschaften im Zuge des globalen Wettbewerbs sind Erscheinungen einer hochskalierten weltweiten Wirtschaftsweise. Auf den Erfolgen der Globalisierung gilt es aufzubauen. Das gemeinschaftliche Wertesystem trägt und verbindet die Staatengemeinschaft. Die gewonnenen Freiheiten sind große Errungenschaften. Dennoch ergibt sich eine Sehnsucht nach einem lokalen Bezug im globalen Kontext. Die voranschreitende Umweltzerstörung verlangt nach einem maßvollen Umgang mit den vorhandenen Ressourcen in kleiner und lokaler Skalierung. Dies erfordert auch eine

Wiederbelebung der lokalen Vielfalt statt großer Monokulturen für die Bedienung internationaler Märkte.

Das Wirtschaften wird einen globalen und gemeinschaftlichen (Werte-)Kontext finden und zugleich die Vorzüge regionaler Strukturen und Produktion entdecken. Wir werden exponentielles globales Wachstum verzeichnen, aber wir werden kooperativer agieren und lokal tief verwurzelt sein.

Dem Nachwuchs eine (große) Chance

Als Teenager produzierte ich meine eigene Naturkosmetik, denn nachhaltige Cremes für junge Haut gab es damals nicht. Ich habe meine Familie und meine Freundinnen damit versorgt und meine »Produktion« mit deren Feedback optimiert, Verkaufsargumente während meines Nebenjobs im Bioladen verfeinert, Wissen aus Büchern und Seminaren gesammelt. Ich habe daran geglaubt, etwas anders machen zu können und einen Mehrwert zu bieten (damals passte eine Naturgesichtscreme nicht zum Taschengeld einer Schülerin).

Hätte damals schon eine ausreichende Infrastruktur über die gesamte Wertschöpfungskette zur Verfügung gestanden, hätte ich in den letzten 20 Jahren eine Naturkosmetikmarke für Hautbedürfnisse junger Menschen aufbauen und meine Vision nachhaltiger Produkte umsetzen können. Bis heute habe ich keine Antwort auf meine damalige (passionierte) Anfrage erhalten, in der ich bei einem namhaften Konzern um gemeinsamen Erfahrungsaustausch und Zusammenarbeit nachsuchte.

Um einen radikalen Kurswechsel zu bewerkstelligen, brauchen wir natürlich festgeschriebene Werte und Gesetze sowie kollaborative Initiativen der Industrie. Aber meine Erfahrungen als junge Unternehmerin vor 20 Jahren und heute als erfahrene Managerin haben mich gelehrt, dass wir jungen Unternehmer*innen und Aktivist*innen mit ihren bedingungslosen und kompromisslosen Visionen zuhören müssen. Wenn wir sie einbinden und mit erprobten Strukturen verbinden, wird es möglich sein, Visionen zu realisieren und langfristig profitabel zu machen. Dafür müssen wir auch unsere erlernten Grundsätze ändern und bereit sein zum Scheitern – vieles, was wir probieren, wird schiefgehen, aber wir können daraus lernen. Und vielleicht werden wir dann beim nächsten Mal einen Top-Wachstumstreiber des Jahres kreieren.

Eine qualitative Umsteuerung der Wirtschaft geht mit mannigfaltigen Risiken einher. Solange Visionen nicht umgesetzt sind, scheinen sie zum Wegblasen. Aber wenn wir jetzt nicht den Mut aufbringen, neue Wege zu gehen, statt »Business as usual« einkehren zu lassen, werden wir 2030 mit ernsthaften Überlebensproblemen konfrontiert sein. Und nicht nur Krisen sollten uns zu Veränderung bewegen, sondern Innovationen! Dafür steht unsere Wirtschaft jahrzehntelang und kann auch unsere Zukunft prägen.

MEINE ZUKUNFTSBAUSTEINE

#1 Konsument*innen erhalten eine neue Marktmacht. Im Gerangel um das knappe Gut der Aufmerksamkeit wird nur die Marke Gehör finden, die eine bedeutsame Botschaft vermittelt (und lebt).

#2 Unternehmen arbeiten kollaborativ zusammen und schaffen so deutlich kürzere Innovationszyklen.

#3 Der Nachwuchs macht den Unterschied: Hören wir doch ihren Ideen und Visionen zu, nehmen sie ernst und geben ihnen Raum für ihre Träume.

THURID KAHL verantwortet als Direktorin Sales für Beiersdorf Deutschland globale und lokale Marken wie Nivea, Labello und die Naturmarke Stop The Water While Using Me!. Nach dem BWL Studium in Berlin folgten Stationen in Paris und New York im lokalen und strategischen Marketing, bevor sie bei Beiersdorf USA neue Markteinführungen implementierte. Seit 2010 ist sie in verschiedenen Sales-Positionen in Deutschland tätig. Sie ist Teil des globalen Netzwerkes Generation CEO und lebt mit ihrer Familie in Hamburg.

Deutschland 2030 – das Land der Weltmutführer

PHILIPP DEPIEREUX

Wir sind heute das Land der Weltmarktführer – eine Tatsache, auf die wir zu Recht sehr stolz sind. Sie basiert jedoch zumeist auf herausragenden Innovationsleistungen aus der Vergangenheit. Traditionsunternehmen müssen ihre weltweite Marktführerschaft auch in digitalen Zeiten verteidigen. Dafür braucht es ein neues Mindset und vor allem: Mut! Bis 2030 brauchen wir daher eine Transformation von Weltmarktführern zu Weltmutführern.

Im Jahr 2030 hat der Wirtschaftsstandort Deutschland diesen Kultur- und Mindset-Wandel vollbracht. Nach einem Jahrzehnt des Wandels, in dem Unternehmerinnen und Mitarbeiterinnen mühsam gelernt haben, dass Digitalisierung und Transformation keine Technologie-, sondern Kulturthemen sind, ist die vorherrschende Unternehmenskultur geprägt von Kommunikation, Empathie, Teaming, Kreativität und Mut. Das sind ohnehin die wichtigsten Eigenschaften, um mit einer positiven Haltung mit Wandel, Komplexität und Unsicherheit wie auch mit Krisen umzugehen. Es ist ein Mindset, das Start-ups auszeichnet, weil sie mit limitierten finanziellen und personellen Ressourcen unglaublich schnell und kundenzentriert in der Entwicklung sein müssen, agil und flexibel mit unvorhergesehenen Herausforderungen und Hürden umgehen und dennoch mit dem Enthusiasmus und Mentalität von Entdeckerinnen und Welteroberinnen vorgehen.

Neue Unternehmenskultur: Neugierde, aus Fehlern lernen und Mut, Neues auszuprobieren

2030 haben es Unternehmen geschafft, eine Disruptionskultur zu etablieren, die durch Werte geprägt ist wie Neugierde, aus Fehlern lernen und den Mut, Neues auszuprobieren.

Unternehmen in Deutschland haben mit die höchsten Forschungs- und Entwicklungsbudgets (F&E) weltweit. Allen voran die Automobilindustrie – und dennoch hat sie es nicht geschafft, an der Spitze der Entwicklung von Zukunftsthemen wie alternativen Antrieben, autonomem Fahren oder anderen digitalen, komplementären Geschäftsmodellen zu stehen. Warum? Etwas ketzerisch formuliert: weil die Investitionen in Spaltmaß und Reduzierung des durchschnittlichen Dieselverbrauchs von 5,2 l/100 km auf 4,9 l/100 km investiert wurden. Kurz: Wir haben eine ingenieursverliebte Unternehmenskultur, die danach strebt, das perfekte Produkt noch besser zu machen, statt sich immer wieder neu zu erfinden.

Von Einhörnern und Disruption
2030 werden F&E-Budgets gleichwertig in Grundlagenforschung sowie den Aufbau neuer disruptiver Geschäftsmodelle und richtungsweisender Innovationen investiert. Weltmutführer zielen darauf ab, ihr eigenes Geschäftsmodell mit allen Mitteln immer wieder selbst anzugreifen und der Disruptor der eigenen Branche zu sein. Dabei geht es nicht darum, jedes Jahr die »Einhornidee« zu finden. 2030 haben CEOs ein neues Vorgehen und Mindset verinnerlicht: klein anfangen, schnell sein und vor allem radikal vom Kunden und von dessen Bedürfnissen her zu denken. Dabei ist es gleichgültig, ob es um neue Geschäftsmodelle oder inkrementelle Optimierungen geht – alles wird immer zunächst aus Markt- und Nutzerperspektive gedacht. Mit ersten Tests geht es schnell mit einem Mindset rund um Design Thinking und Lean Start-up in die Umsetzung – es wird frühzeitig und iterativ getestet. Erst wenn der Erfolg im Kleinen nachgewiesen ist, gehen Unternehmen in die Implementierung, in die Perfektionierung und Skalierung. Auf diesem Weg haben sich deutsche Unternehmen weltweit an die Spitze der Innovationsentwicklung gesetzt. Nicht, weil sie wie heute schon die Grundlagenforschung beherrschen und Patente besitzen, sondern weil sie es verinnerlicht haben, wie aus dieser Expertise sehr schnell Geschäftsmodelle und Services für Kundinnen entwickelt werden können.

Zudem haben Unternehmen partnerschaftliche Kollaborationsmodelle aufgebaut, um sich vielfältiges Know-how von außen zu holen und durch eine offene Zusammenarbeit mit Start-ups, großen Digitalplayern und anderen Partnern neue, innovative Lösungen zu entwickeln, die über das Kerngeschäft hinausgehen – Unternehmen beweisen Mut und Risikobereitschaft bei der Entwicklung neuer Geschäftsmodelle.

Neue Gründerinnen hat das Land
Die deutsche Unternehmenslandschaft hat sich 2030 enorm weiterentwickelt, weil die Gesellschaft eine Gründerkultur fördert und sich daraus ein Start-up-Ökosystem entwickelt hat. Das fängt bei der Bildung an und hört bei Finanzierung nicht auf. Die Finanzierung ist 2030 längst kein Problem mehr. Mit Frühphasen-Investments bis zu Anschlussfinanzierungen in Milliardenhöhe werden Start-ups am Land gehalten. Es entsteht eine neue Riege an bekannten Gründerpersönlichkeiten, die ihre jungen Unternehmen aus Deutschland heraus aufbauen, nicht nur weil sie hier gefördert und finanziert werden, sondern auch weil sie hier mittlerweile ein herausragendes Bildungssystem an Schulen und Universitäten vorfinden, das auch das Gründertum im Blick hat. Die Bezos, Zuckerbergs und Sandbergs, die Brins und Pages, Musks oder Mas und Wangs kommen nicht mehr nur aus den USA und Asien, sie kommen auch aus Deutschland und sind hier starke Role Models für zukünftige Generationen.

Das Bildungssystem ist dahingehend reformiert, dass es von Beginn der Ausbildung an auf die Förderung der schon erwähnten Kompetenzen wie Kommunikation, Empathie, Teaming, Kreativität und Mut setzt. Kinder werden gefördert, mit Mut eigene Ideen für eine bessere und nachhaltigere Zukunft zu entwickeln. Ihnen wird Raum gegeben, diese Ideen kreativ auszuprobieren, und sie werden gefördert, daraus zukunftsweisende Projekte aufzubauen. In Kombination mit der schon immer starken universitären Forschung ist das der ideale Nährboden für mutige Gründer und genauso hoch qualifizierte und mutige Mitarbeiter.

Dies sind wichtige Grundlagen, um die Transformation von einer erfolgreichen Industrienation zu einer erfolgreichen Digitalnation zu gestalten. So werden unsere Weltmarktführer zu Weltmutführern. Es ist ein Kulturwandel und kein Technologiewandel, bei dem der Mensch im Mittelpunkt steht. Das heißt auch, den Wandel unter den Aspekten zu gestalten, die uns heute schon wichtig sind, nämlich Werte und Ethik zu berücksichtigen. Wenn wir diesen Wandel mutig angehen, werden wir 2030 eine florierende, hoch innovative und diverse Unternehmenslandschaft vorfinden, bestehend aus unseren Traditionsunternehmen, die mit neuen Geschäftsmodellen zu alter

Innovationskultur zurückgefunden haben, sowie jungen aufstrebenden Unternehmen. Und das Wichtigste: Bei den meisten Menschen wird die Lust auf Neues die Angst vor dem Wandel sowie ihre generell bewahrende Haltung besiegt haben.

MEINE ZUKUNFTSBAUSTEINE

 Eine Transformation von Weltmarktführern zu Weltmutführern.

 Unternehmen denken immer aus Markt- und Nutzerperspektive, also vom Kunden aus. Es wird frühzeitig und iterativ getestet. Ist der Erfolg im Kleinen nachgewiesen, geht es in die Umsetzung. Damit sind deutsche Unternehmen mit Innovationen weltweit an der Spitze.

 Wir halten Start-ups im eigenen Land; Gründer werden die neuen Vorbilder für nachwachsende Generationen.

PHILIPP DEPIEREUX treibt seit über zehn Jahren als Gründer und Geschäftsführer der Digitalberatung und Start-up-Schmiede etventure den digitalen Wandel in Wirtschaft und Gesellschaft voran. Diese Erfahrungen hat er aktuell in dem gleichnamigen Buch *Werdet WELTMUTFÜHRER* zusammengeführt, eine Blaupause für die Digitalisierung in Unternehmen, mit konkreten Handlungsempfehlungen und Beispielen von Transformationsprojekten.

Reaktion des Realen

LAURA TÖNNIES

Neue Instrumente anschlagen

Man braucht kein Ökonom zu sein, um zu erkennen, dass sich unsere Wirtschaft in ungewissen Fahrwassern befindet. Es herrschen global Spannungen, sowohl offensichtlich als auch in latent schlummernden Ausprägungen. Die Eskalationsgefahr ist erschreckend hoch, und uns ist allen bewusst, wie schnell ein Glas springen kann, wenn es übermäßigem Druck ausgesetzt wird. Nicht nur national bröselt der Zusammenhalt. Die Wählerbasis fühlt sich hintergangen. Zumindest vereinzelt werden in Reaktion darauf Standbilder gestürzt. Stabilität, dies ist 2020 unsere oberste gesellschaftliche Pflicht. Auch das wirtschaftliche Handeln geht damit einher.

Und nur mit dem Gedanken, auf Zeit zu spielen, ist die exzessive Geldpolitik zu erklären. Die Notenbanken befeuern mit ihren Rettungsmaßnahmen ein sorgloses Handeln, indem immer wachsende Schuldenberge nicht nur geduldet, sondern sogar unterstützt werden. Ernüchtert werden wir auf kurz oder lang feststellen, dass unsere Munition verschossen ist. Daher gilt es zu handeln, nicht nur mit Selbstverantwortung. Resolute Reformen werden unser nächstes Jahrzehnt prägen, daher lassen Sie uns ein paar Jahre weiterspringen und erahnen, was Bisheriges unterwandert haben wird.

Nach dem Ohnmachtsgeständnis

Nach dem Kontrollverlust kam die Aktualisierung. Wir haben uns gesellschaftlich verändert, sind aufgrund von Naturkatastrophen, Pandemien und supranationalen Verschiebungen enger zusammengewachsen. Genau dieses Zusammenwachsen zeigte Anfang unserer 2020er-Jahre verheerende Auswirkungen. Der Staat als Leviathan setzte voraus, dass unsere Notenbank direkt die Ausgaben des deutschen Staatshaushaltes finanzierte. Eine Intervention, die wachrüttelte, denn durch den »Whatever it takes«-Ansatz in neuen Gewändern war etwas, das den Belastungscharakter unser Post-Corona-Realität freilegte. Die mangelnde Tragfähigkeit der öffentlichen Finanzen und die wenige Souveränität, die uns unsere Bürokratie verlieh, hätten Paralyse hervorrufen können. Doch wir, als starke Industrienation, waren von der Kapitulation weit entfernt. Nachdem 2023 die Staatsschuldenquote noch über den 82 Prozent von 2010, nach der damaligen Finanzkrise, lag, gab es zwei konkrete Handlungsanweisungen:

1. Nicht mehr Staat, sondern ein effizienter Staat
2. Konsequentes Zurückführen der Staatsschuldenquote durch Wirtschaftswachstum

Doch wie wird dies befähigt? Glücklicherweise wird man nicht erst bei übermäßiger Krängung nervös und justiert den Kompass neu. Wir verfügen über genug Kenntnisse: Deutschland greift auf ein dickes Polster zurück. Ein Polster an Spezialisierung und Innovationsfreude.

Die notwendige Beigabe zur Stabilität
Entgegen aller Unkenrufe entschied sich die Regierung, die steuerlichen Rahmen- und Investitionsbedingungen in Deutschland konsequent zu lockern. Die Pandemiekrisen der frühen 2020er-Jahre hielten massive Produktivitätsschocks für unsere Wirtschaft bereit. Als fernes Echo ist ein damaliger Ruf zu noch mehr staatlichen Beteiligungen zu vernehmen. Wir erinnern uns daran, was dies mit Unternehmen unserer Luftfahrtbranche Anfang des Jahrzehnts gemacht hat. Unsere Trägheit hätte mit mehr staatlicher Abhilfe und geschlossenen Wertschöpfungsketten weiter floriert. Stattdessen entschieden wir uns für eine marktfreundliche Politik, die mit einem effizienten Steuersystem neuen Leistungen dienlich wurde. Fakt ist, Souveränität steigt nicht durch Steuererhöhungen, sondern durch wirtschaftliche Vielfalt. Wir durchleben aktuell einen Umbau der deutschen Kernwirtschaften, die sich noch stärker an Wertschöpfungsprozessen und Kundenwünschen ausrichten. Wir rücken weg von Eigentumsverhältnissen, hin zu Abomodellen. Und dies ist genau der Schlüssel zu Wachstum nach dem Ausnahmezustand.

Die neue Leistungswelt
Die Geschäftsmodelle verändern sich drastisch hin zu Wertschöpfungsprozessen, die sich an schnell wechselnden Kundenwünschen orientieren und sich dazu wesentlich auf unternehmensnahe Dienstleistungen stützen. Abomodelle sind der Treiber dieser Veränderung. Sie ermöglichen Nutzung ohne Eigentumsverhältnisse und erstrecken sich mittlerweile über alle Teile der Gesellschaft hinweg. Was mit Streaming-Diensten, Jobfahrrädern und Weiterem im Privaten begann, hat sich nun ganzheitlich auf unsere industrielle Wertschöpfung erstreckt. Sie optimieren nicht Maschinen, Produkte oder Teilprozesse. Mit ihrem ganzheitlichen Ansatz machen sie den Gesamtprozesse effizienter und beenden damit die Fragmentierung, wie wir sie kannten. »The Winner takes it all«-Merkmale, die wir bisher nicht in der Industrie gesehen haben, sind nun auch dort angekommen. Die »industrial subscription economy« ist die Zukunft für Deutschland. Auch die Baubranche folgt diesem Trend, der die Konsolidierung stark vorantreibt und die Fragmentierung in den »alten« Industriemärkten beendet.

Keiner muss mehr stempeln
Früher gaben wir mehr Geld für Bürokratie als für Bildung aus. Um überbordenden Staatsausgaben weiter entgegenzuwirken, wurde im vergangenen Jahr eine weitere Aktualisierung implementiert. Die reale Form unserer neuen Mitwirkung im Sinne aller setzt auch ein Mitwirken aller voraus. Als die Quote von jungen Firmenverkäufen und Börsengängen immer mehr zunahm, entschied sich die Regierung zu einem radikalen Gesetz: Alle Unternehmer*innen verpflichten sich direkt nach dem Exit ihres Start ups zu einer ganzheitlichen Digitalisierung von mindestens einem administrativen Prozess innerhalb der öffentlichen Verwaltung, um die Effizienz im Verwaltungswesen weiter voranzutreiben – und das selbstredend unentgeltlich. Was bedeutet das konkret und bietet sich hier nicht nur ein Schlupfloch für Profilierung der neuen Innovationsgarde? Nicht im Entferntesten. Die neue föderale Strategie wird gemeinsam mit Mitgliedern öffentlicher Verwaltungen auf lokalen Ebenen erarbeitet. Dies verlieh der Föderalismusdebatte einen frischen Esprit. Denn nur aufgrund der engen, lokalen Zusammenarbeit, wurden Themen akribisch erarbei-

tet, Herausforderungen konnten sofort live erprobt und in lokalen Kommunen auf den Prüfstand gestellt werden, und erst nach diesem erfolgreichen Pilotprojekt wurden die neuen Tools und Methoden auf Landes- und Bundesebene implementiert.

Die Vision auf dem Prüfstand
Zurück zur Gegenwart: Was verrät uns dieser Ausblick? Wir müssen anpacken und nicht auf verlorene Schlachten und Potenziale warten, um uns dann darüber aufzuregen. Entlang sämtlicher Wertschöpfungsketten, die unsere modernen und tradierten Einflüsse in Deutschland vereinen, bestehen massive Potenziale. Wir müssen fair und gleichzeitig gierig agieren. Gierig nach sozialer Gerechtigkeit, die einem nachhaltig finanzierbaren Nährboden entsprießt.

UNSERE ZUKUNFTSBAUSTEINE

#1 Eine Erholung nach Krisen befähigen wir durch neue, flexible Geschäftsmodelle, die weg von Eigentumsverhältnissen hin zu krisenresistenter Nutzung gehen.

#2 Ein Abbau der Bürokratie setzt neue Kräfte frei, und wir sollten unsere generationsübergreifenden Kompetenzen einsetzen, um die Herausforderungen in öffentlichen Haushalten zu lösen.

#3 Wir brauchen, auch in Zeiten von Pandemien, keine Rückabwicklung von Globalisierung, sondern müssen klar identifizieren, welche Wachstumstreiber in Deutschland vorhanden sind und wie wir diese resilienter aufstellen können.

LAURA TÖNNIES ist Gründerin und Geschäftsführerin von corrux, einem Betriebssystem für industrielle Daten rund um Baustellen. Mit ihrem familiären Ursprung im Baugewerbe treibt sie leidenschaftlich die Mission der Digitalisierung in traditionellen Industrien voran. Aufgewachsen ist Laura rund um die Welt: in Deutschland, Spanien, Thailand, Australien, Italien und Nordamerika. In München hat sie Mathematik und Philosophie studiert, nebenbei hat sie als Analystin die Trends in der Gründerszene verfolgt, bevor sie selbst gründete.

No risk, no future – Deutschlands Rolle im New Space

CÉLINE FLORES WILLERS

Wer mir auf LinkedIn folgt, der kennt die Themen, die mein Herz höherschlagen lassen: Technologietrends, Innovationen und Entrepreneurship. KI-Lösungen wecken in mir größte Begeisterung, und die Blockchain-Logik bringt mich zum Staunen. Um Deutschland bis zum Jahr 2030 zu einer Zukunftsrepublik zu entwickeln, sollte sich unser Blick aber nicht nur auf »irdische« Zukunftstechnologien beschränken. Da der Schlüssel für Technologien wie das autonome Fahren und die Industrie 4.0 im All liegt, möchte ich mich in diesem Beitrag einem echten Zukunftsthema widmen: der Weltraumfahrt. Auch für mich war dieser Themenbereich vor 2019 eher was für Nerds, Forscher und Star-Wars-Fans. Bis diese eine Anfrage in mein Mail-Postfach flatterte und mir die Augen öffnete. Es war der Auftrag, den ersten deutschen Weltraumkongress in Berlin zu moderieren. Ein großer Tag, denn an Peter Altmaier sollten die Weltraumforderungen des Bundesverbands der Deutschen Industrie (BDI) übergeben werden – und ich war mittendrin.

New Space, New Business

Aber was bedeutet »New Space« überhaupt? Fangen wir erst einmal mit dem »Old Space« an: Im »Old Space« ging es hauptsächlich um den Aufbau von Raumstationen und die Erkundung von Planeten. Angetrieben wurden die Staaten weltweit von dem Wettlauf um die erste Mondlandung, den die NASA schließlich für sich gewinnen konnte. Auch die nachfolgenden Raumfahrtmissionen waren hauptsächlich staatliche Unterfangen – und genau in diesem Punkt grenzt sich das New Space ab. Der Begriff New Space beschreibt die Kommerzialisierung des Weltraums. Sprich, immer mehr private Unternehmen drängen in diesen Zukunftsmarkt. Wer noch glaubt, Elon Musk sei ein Fantast, der täuscht sich gewaltig. Seine Satellitenkonstellation »Starlink« ist längst nicht mehr die einzige dort oben. Im New Space geht es um Satelliten, Daten, schnelles Internet und neuartige Geschäftsmodelle. Mit dem New Space bricht eine neue Ära der Raumfahrt an. Die »Googles, Facebooks und Amazons« des Weltalls entstehen jetzt gerade – die Frage ist: Kommen sie diesmal aus Europa?

Ein **Satellit** ist ein künstlicher Himmelskörper, der mit Instrumenten ausgestattet wurde, um beispielsweise Erdbeobachtungen anzustellen. Satelliten kreisen in elliptischen oder kreisförmigen Umlaufbahnen um die Erde und erfüllen wissenschaftliche, kommerzielle oder militärische Zwecke: Telekommunikation, Navigation und Erdbeobachtungen sind ohne Satellitentechnologie undenkbar. Im Zeitverlauf sind es immer mehr Satelliten geworden und die Satteliten selbst immer kleiner – teilweise nicht größer als ein Schuhkarton.

Nur um einen Einblick zu geben, wo wir bereits heute stehen: Das Unternehmen Up42 bietet eine Handelsplattform für Daten aus dem All an. Start-ups haben so die Möglichkeit, auf Basis ebendieser Daten neue Geschäftsmodelle zu entwickeln. New Space ist also ein Data Business. Das Startup LiveEO überwacht beispielsweise die Vegetation am gesamten Streckennetz der deutschen Bahn mithilfe von Satellitenbildern. Das rechnet sich! Zuvor wurden die Gleise mit dem Hubschrauber oder sogar zu Fuß abgesucht. Unkompliziert Datasets aus dem All einkaufen, Use Cases definieren und Algorithmen entwickeln, ohne je dort oben gewesen zu sein – und das ist erst der Anfang! Die Ausbreitung von Waldbränden, Flüchtlingsströmen, Staus: All diese Bild- und Geodaten werden im All generiert, aber bis heute kaum wirtschaftlich genutzt. Dabei sind die Anwendungsbereiche beinahe unerschöpflich! Meine Forderungen bauen also auf dem enormen Potenzial des Weltraums auf:

1. Weltraumbahnhof als Tor ins All

Ein Weltraumbahnhof ist nichts weiter als eine Plattform, von der aus Trägerraketen starten, die wiederum Satelliten ins All transportieren, um Daten zu generieren. Die Rechnung ist einfach: Ohne Startplattform, keine Raketenstarts, keine Satelliten, keine Daten. Die Infrastruktur für unsere Autos sind die Straßen und Autobahnen. Ein Weltraumbahnhof ist die Infrastruktur für die Raketen. Um heutzutage Satelliten in den Orbit zu befördern, müssen deutsche Unternehmen ihre Satelliten »einpacken« und ins Ausland reisen – beispielsweise nach Französisch-Guyana. Abgesehen davon, dass der Export teuer ist, kosten der Antrag und die Prüfung jedes einzelnen Satelliten unfassbar viel Zeit. Viel schlimmer ist aber, dass wir ohne Startplattform auch ein komplett unattraktiver Standort für innovative Satelliten-Start-ups und -Projekte sind.

Schätzungen zufolge werden bis 2028 9 938 Satelliten ins All geschossen. Ein Startplatz in Deutschland ist nicht nur ein wichtiger Schritt, um eine Beteiligung an diesem Zukunftsmarkt zu realisieren, sondern eine essenzielle Systemkomponente, um die gesamte New-Space-Industrie zu befeuern. Das bringt mich zu meiner ersten Forderung: Wir brauchen dringend ein eigenes Tor zum All. Unternehmen könnten die bestehende Infrastruktur sogar zu einem solchen Weltraumbahnhof umrüsten. Der Preis? Rund 30 Millionen Euro Anschubkosten in den ersten sechs Jahren. Laut Recherchen des *Handelsblatts* vom 7. September 2020 gerade einmal so viel wie der Bau von drei Kilometern Autobahn. Kein Wunder, dass sogar kleinere Staaten wie Schottland bereits über eigene Weltraumbahnhöfe verfügen.

Ohne **Trägerraketen** oder »**Mircolauncher**« gäbe es weder Satelliten noch Menschen im All. Denn die Trägerraketen dienen dazu, die bemannten Weltraum-Shuttles und Satelliten in den Weltraum zu befördern. Die Raketen schießen durch ihren starken Antrieb mit unglaublicher Geschwindigkeit (circa 28 000 Stundenkilometer) von den Weltraumbahnhöfen aus in die Erdumlaufbahn. Sie haben ein Startgewicht von mehreren Hundert Tonnen. »Ariane-5« ist die bekannteste Trägerrakete der europäischen Union.

2. Der deutsche Staat als Großkunde

Man sollte meinen, es wäre notwendig, dass der Staat den Weltraumbahnhof selbst baut und betreibt. Fakt ist aber: Der Staat muss seine Rolle als Kunde annehmen. Was das bedeutet, zeigt ein Blick in die USA: Der größte Kunde von Elon Musks Unternehmen SpaceX ist mit knapp 80 Prozent am Gesamtumsatz die amerikanische Regierung. Ohne die Aufträge von NASA, Space Force und Nachrichtendiensten würde es vermutlich kein SpaceX geben. Ich fordere den deutschen Staat auf, Start-ups und Unternehmen als Ankerkunde mit Aufträgen zu unterstützen. Konkret heißt das: Der Staat verpflichtet sich zu einer Mindestabnahme von Starts kleiner Trägerraketen. Denn eine Art deutsches Äquivalent zu Elons Musks SpaceX haben wir in Deutschland bereits – sogar gleich drei davon! Isar Aerospace, HyImpulse und Rocket Factory Augsburg heißen die drei Start-ups, die kleine Trägerraketen schon ab 2021 ins All befördern sollen. Sie haben es hier in Deutschland nur verdammt schwer. Durch den Staat als Ankerkunde würde mehr Sicherheit entstehen, die wiederum Mut macht. Nicht zuletzt potenziellen New-Space-Investoren.

3. Mit öffentlichen Ausschreibungen abheben

Zur Wiederholung: Trägerraketen dienen dazu, Satelliten ins All zu befördern, die Daten generieren oder auch für schnelles Internet auf der Erde sorgen. In Deutschland verfügen wir über solche Start-ups im Bereich der kleinen Trägerraketen, wie oben beschrieben. Das Problem: Es wird ihnen aktuell nicht ernsthaft eine Chance eingeräumt. Wir brauchen einen Systemwechsel in der Raumfahrt nach US-Vorbild mit mehr Wettbewerb: Bundesregierung, staatliche Institutionen und weitere europäische Staaten müssen jetzt endlich mehr ausschreiben und dabei gezielt Aufträge an junge Raketen-Start-ups vergeben, um mehr Wettbewerb und Innovation zu födern. Da selbst der kleinste Moderationsauftrag für staatliche Events öffentlich ausgeschrieben werden muss, fordere ich mehr Transparenz in Sachen Raketenstarts. Gebt unseren Start-ups eine Chance, auch mal einen großen Auftrag zu ergattern!

4. Pitch, Baby!

Nicht nur die fehlenden Ausschreibungen, sondern auch die Art und Weise, wie solche Ausschreibungen in Zukunft ablaufen, müssen zukunftsfähiger gestaltet werden. Aktuell müssen New-Space-Start-ups nicht nur ellenlange, 100-seitige Berichte einreichen, sondern teilweise auch aufwendige Studienergebnisse produzieren oder sich per Abkommen zu absurden Vertragslaufzeiten verpflichten. Das berichtet mir Matthias Wachter, New-Space-Experte beim BDI, auf dem Weltraumkongress. Mein Vorschlag: Bewerbung auf Staatsaufträge als Pitch-Wettbewerb. Jedes Start-up hat 15 Minuten Zeit, sich vorzustellen, es folgt ein 45-minütiges Q&A, und eine Stunde später ist klar, wer den Auftrag erhält.

5. Freifahrtschein ins All

In meiner Zukunftsvision haben wir also einen eigenen Weltraumbahnhof, unsere Trägerraketen-Start-up als deutsche Space-X-Konkurrenz sowie einen gesicherten Auftraggeber, den Staat. Durch diese Infrastruktur ist Deutschland als Standort für Satelliten-Start-ups jetzt endlich interessant. Es fehlt jedoch immer noch das letzte, unschlagbare Argument für Start-ups, um nach Deutschland umzusiedeln. Dies könnte wie folgt lauten: Wir schenken eurem Start-up den ersten Start vom deutschen Weltraumbahnhof! Der Staat als Ankerkunde befeuert so das Wachstum der Trägerraketen-Start-ups und die Gratis-Starts wiederum ziehen innovative Satelliten-Newcomer an. Win-win für das gesamte System.

6. 15 000 europäische Satelliten bis 2030

Der Blick auf die aktuelle Satellitenbilanz verdeutlicht das letzte große Problem: Amerika ist uns – mal wieder – meilenweit voraus in Sachen Geschäftsmodelle der Zukunft. Von Google, Amazon und Facebook sind wir doch schon abhängig, wir sollten nicht auch noch unsere letzte Autonomie an Elon Musks Starlink verlieren. Lasst uns verhindern, dass wir im Jahr 2030 Daten der Amerikaner einkaufen müssen, um unsere Autos autonom fahren zu lassen, oder auch in anderen noch nicht abzusehenden Bereichen von den amerikanischen Daten abhängig zu sein. Was wir dazu benötigen, ist eine eigene Satellitenkonstellation. Wir brauchen einen Zusammenschluss der vielen kleinen Satellitenanbieter in Europa, die in gemeinsamer Sache eine Konstellation ins All jagen, die Elon Musk die Stirn bietet. So zumindest lautet meine Vision für unser Deutschland im Jahr 2030!

MEINE ZUKUNFTSBAUSTEINE

 Bis 2030 besitzt Deutschland einen Weltraumbahnhof.

 Als Ankerkunde unterstützt der Staat junge Unternehmen mit Aufträgen und fördert so Wettbewerb und Innovation im deutschen New Space.

 Start-ups können sich auf öffentliche Ausschreibungen bewerben und erhalten so ernsthaft eine Chance, sich langfristig als Player zu etablieren.

 Bye-bye 100-seitige Berichte und aufwendig erhobene Studienergebnisse! Die Bewerbung wird keine Doktorarbeit mehr sein. Ein modernes Pitch-Verfahren reduziert Regularien.

 2030 locken Gratis-Starts Satelliten-Start-ups aus ganz Europa an den Wirtschaftsstandort Deutschland.

 Eine Satellitenkonstellation mit bis zu 20 000 Satelliten lässt das Unternehmen Starlink nicht der einzige Stern am New-Space-Business-Himmel sein.

CÉLINE FLORES WILLERS gehört zu Deutschlands bekanntesten B2B-Influencern auf LinkedIn. Für ihre Beiträge zu den Themen Innovation, Technologie und Entrepreneurship wurde sie zweifach als LinkedIn TopVoice ausgezeichnet, was sie zu einer gefragten Expertin macht. Mittlerweile folgen ihr über 80 000 Professionals, CEOs und Entscheider. Um ihre Expertise im Bereich Personal Branding und Corporate Influencing weiterzugeben, hat Céline die »The People Branding Com-

pany« gegründet. Mit ihrem digitalen Campus hilft sie einer Vielzahl
an Professionals beim strategischen Aufbau ihrer Personal Brand. Zu
ihren Kunden zählen viele renommierte Unternehmen, wie unter anderem Accenture und funk.

Danksagung

Ein Herausgeberwerk zugunsten einer Non-Profit Organisation ist nicht möglich ohne wunderbare Unterstützung.

Zunächst möchten wir uns im Namen aller Herausgeber*innen und von Startup Teens bei allen 80 Autor*innen dafür bedanken, dass sie sich die Zeit genommen, den Sprung ins Jahr 2030 gewagt und ihre Innovationen aufgeschrieben haben. Dass dabei alle zu Gunsten von Startup Teens auf ihr Honorar verzichtet haben, macht uns besonders dankbar und glücklich.

Ein großes Dankeschön geht auch an den Campus Verlag, der immer an dieses besondere Buchprojekt geglaubt und ausgezeichnet begleitet hat.

Die großartigen Illustrationen verdanken wir Anne-Marie Pappas. An sie und das kombinatrotweiss ebenfalls ein dickes Dankeschön.

Einen außergewöhnlichen Dank auch an Susanne Bachmann und Dr. Sabrina Lechler für ihr hochklassiges und unermüdliches Sparring – ganz stark!

Der letzte Dank geht an jemanden, der nie Dank möchte, daher nur: Philipp Möller, wir wissen dich in höchstem Maße zu schätzen!

Wir wünschen uns, dass dieses Werk ganz viele Menschen in diesem Land inspiriert und Startup Teens mittel- und langfristig viele Gründer*innen, Unternehmensnachfolger*innen und Intrapreneur*innen hervorbringt.

Mehr Infos unter:
www.startupteens.de

Guy Raz
How I Built This
Die Geheimnisse der erfolgreichsten
Gründer unserer Zeit

2020. 320 Seiten. Gebunden
Auch als E-Book erhältlich

26 verblüffende Lektionen für Gründer

Wie haben sie das nur geschafft?! Um erfolgreiche Gründer und ihre Unternehmen ranken sich mehr Mythen als es Start-ups gibt. Aber Guy Raz hatte sie alle auf dem Interview-Stuhl und sie haben ihm ihre Geheimnisse verraten: Von James Dyson, dem Designer, der Erfinder wurde, bis hin zu Stacy Brown, einer geschiedenen Hausfrau und Mutter, die aus der Not heraus selbstgemachten Geflügelsalat verkaufte und heute die Restaurantkette Chicken Salad Chick mit 139 Filialen in den USA führt. Bekannte und unbekanntere Beispiele – wie Airbnb, die Burger Brater von Five Guys, Instagram oder Randy Hetrik, dem Ex-Navy Seal, der das TRX Schlingentraining erfand – fügen sich zu einem spannenden, lustigen und bisweilen dramatischen Lesevergnügen, aufgeteilt in 26 wertvolle Lektionen für Gründer und die, die es werden wollen.

campus.de

Frankfurt. New York

Manfred Tropper
Vertrauen
Wie dein Business von echten Partnerschaften profitiert

2020. 256 Seiten. Kartoniert

Auch als E-Book erhältlich

Gut für Langzeitbeziehungen

Als Angestellte eines Unternehmens oder auch als Externer kommst Du schnell in Situationen, in denen du denkst: Das muss doch auch anders gehen! Weshalb immer diese Grabenkämpfe, dieses Heimlichtun und nach Vorteilen gieren, damit einer vorm Chef oder der Öffentlichkeit gut dasteht? Und das sollst natürlich niemals du sein. Ist klar. Aber Business ist kein Quickie! War es noch nie und kann es unter VUCA-Bedingungen erst recht nicht mehr sein. Manfred hat einen Weg gefunden, wie man Partner gewinnt und mit ihnen fair und auf Augenhöhe zusammenarbeitet. Durch Vertrauen. Klingt old-school? Überhaupt nicht. Vertrauen ist der Grundstein für jede langfristige Beziehung. Und dann kommt ihr gemeinsam von Silber zu Gold!

campus.de

Frankfurt. New York

Guy Raz
How I Built This
Die Geheimnisse der erfolgreichsten Gründer unserer Zeit

2020. 320 Seiten. Gebunden
Auch als E-Book erhältlich

26 verblüffende Lektionen für Gründer

Wie haben sie das nur geschafft?! Um erfolgreiche Gründer und ihre Unternehmen ranken sich mehr Mythen als es Start-ups gibt. Aber Guy Raz hatte sie alle auf dem Interview-Stuhl und sie haben ihm ihre Geheimnisse verraten: Von James Dyson, dem Designer, der Erfinder wurde, bis hin zu Stacy Brown, einer geschiedenen Hausfrau und Mutter, die aus der Not heraus selbstgemachten Geflügelsalat verkaufte und heute die Restaurantkette Chicken Salad Chick mit 139 Filialen in den USA führt. Bekannte und unbekanntere Beispiele – wie Airbnb, die Burger-Brater von Five Guys, Instagram oder Randy Hetrik, dem Ex-Navy Seal, der das TRX Schlingentraining erfand – fügen sich zu einem spannenden, lustigen und bisweilen dramatischen Lesevergnügen, aufgeteilt in 26 wertvolle Lektionen für Gründer und die, die es werden wollen.

campus.de

Frankfurt. New York

Manfred Tropper
Vertrauen
Wie dein Business von echten Partnerschaften profitiert

2020. 256 Seiten. Kartoniert

Auch als E-Book erhältlich

Gut für Langzeitbeziehungen

Als Angestellte eines Unternehmens oder auch als Externer kommst Du schnell in Situationen, in denen du denkst: Das muss doch auch anders gehen! Weshalb immer diese Grabenkämpfe, dieses Heimlichtun und nach Vorteilen gieren, damit einer vorm Chef oder der Öffentlichkeit gut dasteht? Und das sollst natürlich niemals du sein. Ist klar. Aber Business ist kein Quickie! War es noch nie und kann es unter VUCA-Bedingungen erst recht nicht mehr sein. Manfred hat einen Weg gefunden, wie man Partner gewinnt und mit ihnen fair und auf Augenhöhe zusammenarbeitet. Durch Vertrauen. Klingt old-school? Überhaupt nicht. Vertrauen ist der Grundstein für jede langfristige Beziehung. Und dann kommt ihr gemeinsam von Silber zu Gold!

campus.de

Frankfurt. New York